COACHING

MUDE seu MINDSET
para o sucesso
vol. 2

CB035292

Presidente:
Mauricio Sita

Capa:
Lucas Chagas

Diagramação:
Lucas Chagas e Gabriel Uchima

Revisão:
Camila Oliveira e Giovanna Campos

Diretora de Projetos:
Gleide Santos

Diretora de Operações:
Alessandra Ksenhuck

Diretora Executiva:
Julyana Rosa

Relacionamento com o cliente:
Claudia Pires

Impressão:
Impressul

Dados Internacionais de Catalogação na Publicação (CIP)
(eDOC BRASIL, Belo Horizonte/MG)

C652   Coaching: mude seu mindset para o sucesso: vol II / Coordenador
       Jaques Grinberg. – São Paulo (SP): Literare Books International,
       2019.
       16 x 23 cm

       Inclui bibliografia
       ISBN 978-85-9455-166-5

       1. Assessoria pessoal. 2. Assessoria empresarial. 3. Liderança.
       I.Grinberg, Jaques.

                                                      CDD 658.3124

Elaborado por Maurício Amormino Júnior – CRB6/2422

Literare Books International Ltda
Rua Antônio Augusto Covello, 472 – Vila Mariana – São Paulo, SP
CEP 01550-060
Fone/fax: (0**11) 2659-0968
site: www.literarebooks.com.br
e-mail: contato@literarebooks.com.br

Sumário

Sumário

1

Como ser um profissional jurídico de alta *performance* com ferramentas de *coaching*

Levar ao advogado orientações não jurídicas para o desenvolvimento e crescimento profissional, por meio da mudança de *mindset*, com o auxílio de ferramentas de *coaching*, seja para a iniciação na carreira, adequação do atual ambiente de trabalho, fidelização de clientes, bem como criar uma *network* saudável com colegas de profissão

Ada Cristina Ferreira da Costa

Ada Cristina Ferreira da Costa

Advogada, graduada em direito pela Universidade de Mogi das Cruzes. Formada em negócios (gestão, liderança e inteligência emocional) pela Harvard Business Review. Certificação em *compliance* pela AASP (Associação dos Advogados de São Paulo). *Professional and self coach* pelo Instituto Brasileiro de Coaching, com foco em *coaching* de carreira e *coaching* para advogados. Atuante nas áreas de direito civil (família, consumidor, empresarial), processual civil, direito empresarial, fusões e aquisições (M&A), *compliance* e reestruturação empresarial. *Coach* de carreira para diversos profissionais, especialmente da área jurídica.

Contatos
ada.cristina@hotmail.com
(11) 3996-7019

Quando se escolhe uma profissão, não se escolhe um trabalho, mas, no mínimo, uma carreira. As razões pelas quais escolhemos esta ou aquela profissão é que nos fazem ver inúmeros profissionais em crises psicológicas e até psiquiátricas, relacionadas à atividade exercida.

Essas razões de escolha devem estar, intimamente, ligadas ao seu propósito de vida, assim, com quem quer que você trabalhe, ou onde quer que exerça a sua atividade, haverá satisfação, felicidade e alta *performance*.

Quer um exemplo? Você já deve ter ouvido falar dos Médicos Sem Fronteiras, certo? O Médicos Sem Fronteiras[1] é uma organização não governamental, que possibilita vários profissionais da área da saúde irem a zonas de conflitos em crises humanitárias. Esses profissionais trabalham em condições insalubres, cruéis e arriscadas. E, por que, então, eles não retornam para seus países, e atuam em hospitais particulares? Porque o mister ali exercido está relacionado ao propósito de vida, não à infraestrutura.

Isso não significa que você deva largar seu escritório, seu hospital, sua sala de aula, e seguir correndo para uma zona de guerra. Não! Mas, deve direcionar seu querer profissional ao seu propósito e missão de vida.

Desde quando decidi rumar para a vida acadêmica, com o ingresso numa faculdade, coloquei algo na minha mente que era: se eu me formar na carreira que escolhi, seja ganhando muito, seja ganhando pouco, é nela que eu serei feliz!

Então, desde 2006, todos os meus atos foram em busca da minha satisfação profissional. Nos primeiros anos, acreditava estar ligada somente ao *status*, ao nome, mas, ao longo dos anos, percebi que minha visão era limitada, bem aquém da realidade infinita diante de meus olhos.

Quando fiz o meu primeiro curso de inteligência emocional, ocasião em que descobri que o equilíbrio das nossas emoções é muito mais importante e valioso do que o nosso Q.I., começou a se descortinar à minha frente que a capacidade que eu queria ou precisava ter, o que almejava para minha vida, profissional ou pessoal, dependia, exclusivamente, de mim, de eu saber desejar e criar a tela mental de como chegar àquele objetivo.

1 https://www.msf.org.br/quem-somos

Não vou negar que tinha (e ainda tenho) muitos medos, mas, hoje percebo que isso é necessário. Medo é algo que está dentro de nós, mas não nos pertence. Serve apenas para uma coisa: para nos deixar alerta quanto ao risco daquilo que fazemos.

Isso mesmo! Somente daquilo que nós mesmos fazemos. O que está fora de nossa alçada, o que não é nossa responsabilidade, que esteja fora de nosso controle, não deve (nem tem capacidade) nos amedrontar. Sua escolha profissional e suas atitudes, no exercício da atividade, devem estar conectadas com a sua consciência. É nela que residem alguns sentimentos, inclusive o medo, que deverá ser somente o termômetro, e não obstáculo para o sucesso.

Os obstáculos estão fora do nosso círculo de responsabilidade. No desenho a seguir, você verá que existem, do lado de fora do círculo, alguns exemplos de interferências externas. Estas podem ou não ser obstáculos; algumas são degraus.

Este meu diagrama tem base na matriz SWOT, ou, no Brasil, matriz FOFA, que é uma ferramenta utilizada para fazer análise de cenário, podendo, devido a sua simplicidade, ser utilizada para qualquer tipo de análise de cenário, desde um pequeno negócio, até a gestão de uma multinacional. Ela significa: forças, oportunidades, fraquezas e ameaças. Forças e fraquezas fazem parte do ambiente interno, e oportunidades e ameaças, do externo.

Note que a influência negativa externa é somente uma, a ameaça. Você, por outro lado, pode pensar: mas existe o ponto negativo interno. Sim! Você tem toda razão. É a fraqueza. Mas, a fraqueza, se trabalhada, pode ser transformada em algo incrível. Ou seja, se é algo seu, se está sob a sua responsabilidade, a você cabe essa transformação. Catalisando a sua fraqueza em força, em dom.

O *coaching* para o profissional jurídico visa, justamente, isso, catalisar a fraqueza em algo único e positivo. Mas, claro, não estamos falando em transformar água em vinho. Ou seja, se você tem inclinação para determinada área do direito ou para determinada carreira jurídica, não queira ser transformado no oposto daquilo. Isto é, se você tem inclinação para a magistratura, não queira trabalhar o *coaching* para ser o melhor advogado tributarista da cidade. Isso, fatalmente, será um desastre ao longo dos anos.

E, sabe por quê? Certa vez, li um livro incrível *Psicologia positiva* que dizia, basicamente, que a felicidade não está na realização do intento, mas no caminho percorrido até atingi-lo.

Vou além. A felicidade é a soma de pequenas alegrias e realizações, isto é, o seu fim de dia profissional, por mais intenso que seja, e por todas as dificuldades que possua, deve ser aquele final de dia em que você diga: "hoje valeu a pena". Seja pela concretização daquele contrato, a solução de um conflito, a criação de uma nova tese. Essas pequenas alegrias é que constroem a felicidade profissional como um todo, e não somente o benefício financeiro ou *status* profissional.

O despertar dessa consciência, de que pequenos atos diários é que são essenciais à nossa felicidade e a realização profissional, se adquire com muito treinamento.

O profissional que se dedica a seguir determinada carreira, seja ela na iniciativa privada, como empregado ou profissional liberal, empreendedor, ou seja ela pública, deve, antes de mais nada, entender que vai desempenhar um papel social. Isso, porque, as pessoas que utilizarão seus serviços, a comunidade com quem você se relacionará, criada no seu ambiente de trabalho é, diretamente, impactada, e influenciada por suas ações e comportamentos.

Vou além, todas as nossas ações impactam as comunidades e sistemas aos quais pertencemos e assim também é com cada um de nós. Somos o resultado de comportamentos de várias pessoas com as quais convivemos. Quer um exemplo?

Repare como você age, fala ou gesticula como uma ou outra pessoa de algum desses seus sistemas. Assim, também, há nesses sistemas pessoas que "copiam" nossos comportamentos. Mas, isso são reações involuntárias, não são racionalizadas. Já ouviu falar do neurônio espelho? Ou sobre o bocejo? Quando alguém boceja próximo de nós, nossos neurônios espelhos se agitam e espelham aquele ato involuntário.

Outras ações, como um trejeito, ou até mesmo um novo hábito matinal, ativam nossos coleguinhas neurais, e "bum"! Estamos copiando ou sendo copiados.

Agora, imagine o quanto de diferença e impacto você pode causar na vida das pessoas que querem seguir o seu exemplo?

Por isso, os motivos da escolha de determinada carreira devem estar, diretamente, ligados aos seus princípios e valores, e não apenas às razões financeiras ou de status social. Algo maior deve estar por trás disso, afinal, é a escolha daquilo que se quer ser e não apenas ter.

Muitas vezes, ainda acadêmico, há opção por determinada carreira, tendo como fundamento a estabilidade de emprego ou financeira. Este é um erro crasso de muitos profissionais, isso porque o viés para se chegar até ali não foi o mais saudável ao verdadeiro sucesso na carreira.

Enfim, definido seu tipo profissional (liberal, empreendedor, público ou da iniciativa privada), você deve ter em mente os seus objetivos. O financeiro, como já dito, não é um objetivo, ele deve ser uma consequência. Para começar a traçar esse objetivo, você pode se perguntar: que impacto eu quero deixar no meu mundo, em meus sistemas?

Se você não sabe como definir isso, vou apresentar uma técnica poderosa e muito fácil de fazer: seja empático. Como isso? Se você contratar um profissional da sua área, ou entrar em contato com esse profissional, o que o deixaria feliz com o serviço prestado? Neste momento, não importa focar no serviço em si, afinal, contratamos algo para que ele seja executado, correto?

O que seria para você o algo a mais? O que o faria recontratar e, ainda, falar para outras pessoas desse serviço recebido ou desse profissional?

Fazendo o diferente, e tornando isso uma rotina, não só com o auxílio dessa, mas de várias ferramentas poderosas, você fará a diferença na sua vida profissional e em seus sistemas.

Mas, para que você atinja esse nível de raciocínio, e veja esse *mindshift* em sua maneira de pensar, é preciso muito treinamento.

Assim como para ter um corpo saudável é necessário exercício, para ter uma mente saudável não é diferente.

O *coaching* é uma ginástica mental, pela qual, ao longo de um curto período de tempo, você verá a mudança em seu *mindset*, e em consequência lógica, a mudança em sua visão de mundo e vida.

Assim como para se fazer exercícios, precisamos de técnicas e de um profissional que nos oriente, no *coaching* você conta com poderosas ferramentas e com o *coach*, que é o profissional ideal para aplicá-las.

O profissional *coach* irá ajudá-lo a voltar ou a encontrar os trilhos da sua vida profissional, respeitando seus anseios mais genuínos, de acordo com a sua inclinação profissional e pessoal.

Com isso, seja você um advogado, um juiz, um promotor ou um acadêmico, o sucesso, pautado na sua satisfação pelo percurso a percorrer ao longo da carreira, é algo certeiro e verdadeiro.

Quando começar a identificar que se doa, seja para seus subordinados, para a sociedade ou para o núcleo acadêmico com quem você se relaciona, com o exercício da sua profissão, a "mágica" da realização profissional acontecerá.

Mas, essa doação somente ocorrerá se, desde o início, o profissional identificar os motivos reais de sua escolha de carreira.

Num outro livro de que gosto muito, e o tenho na minha cabeceira, do grande Deepak Chopra[2], ele cita, na quinta lei espiritual para o sucesso, a seguinte frase:

> "A mudança consciente acontece por meio de duas qualidades inerentes à consciência: a atenção e a intenção. A atenção energiza. A intenção transforma."

Transportando essa lição curta e bastante sábia, para o dia a dia profissional, pode-se concluir que:

(I) Devemos dar a devida atenção a tudo o que fazemos. Mas, como bons humanos, só damos atenção àquilo que gostamos ou, ao menos, pelo que nos interessamos. Então, é importante repisar, fazer o que se gosta, por simplesmente gostar e estar ligado à sua essência. Este é o primeiro grande passo para a felicidade e alta *performance* profissional.

(II) Ter boa intenção (sem foco no resultado final, quando sua atividade for atividade fim), significa o mesmo que se dedicar àquilo que faz. Ter iniciativa e acabativa.

Por isso, é necessário esse 'treinamento' para uma outra forma de ver, ou seja, criar um novo *mindset* para a sua vida profissional, de forma a se reconhecer, se conectar com seus princípios, anseios e missão de vida, e o impacto de suas escolhas profissionais na vida daqueles com quem você se relaciona.

Ao cumprir essa meta do caminho, quando iniciar ou se reconectar com a sua profissão, a alta *performance* será um resultado lógico, pois tudo o que realizar, ligado ao exercício da profissão, será feito com prazer e em busca da felicidade do caminho a percorrer.

Isso é alta *performance*!

É performar, realizar, afastando do seu dia atos de procrastinação e autossabotagem oriundos de insatisfação na realização dessa

---

2 CHOPRA, Deepak. *As sete leis espirituais do sucesso*. 7ª ed. São Paulo: Editora Best Seller, 1994.

ou daquela atividade, pois todas serão parte do caminho da felicidade profissional que se busca.

A alta *performance* do profissional jurídico, por ser, em regra, uma atividade meio, não está no resultado final, porquanto depende de inúmeros fatores e de outros setores da sociedade para atingir o escopo do cliente, mas, sim, na realização com presteza e satisfação, como já dito, pelo realizado durante o dia.

A alta *performance* não está ligada somente ao resultado, ou ao número produzido, mas, na soma desses dois, significando fazer com excelência. Isto é, realizar muitas tarefas ao mesmo tempo, sem a acabativa delas, pode ser um sinal de procrastinação, assim como fazer ao longo do dia apenas uma, sob a pecha de falta de tempo também o é.

O profissional jurídico, profissional que trabalha 90% de seu tempo com esforço intelectual, deve estar atento aos sinais de procrastinação, sendo um deles a estafa exacerbada ao final de um dia nada produtivo.

O *coaching* focado na alta *performance* do profissional jurídico visa, justamente, isso. Identificar as razões primeiras daquela escolha de carreira, os caminhos de felicidade ou insatisfação percorridos até então, eliminar a autossabotagem e a procrastinação, para, enfim, atingir a alta *performance*.

Por fim, é importante frisar que um *coaching* de carreira jurídica deve ser ministrado pelo profissional experimentado em ambas as áreas, ou seja, a jurídica, em qual ramo for (acadêmico, advocacia, magistratura, entre outras), bem como ter o conhecimento técnico de *coaching*, devidamente certificado, de forma a garantir o sucesso na aplicação das ferramentas essenciais para se atingir o objetivo desse *coachee*.

Referências

CHOPRA, Deepak. *As sete leis espirituais do sucesso*. 7. ed. São Paulo: Editora Best Seller, 1994.

KAMEI, Helder. *Flow e psicologia positiva: estado de fluxo, motivação e alto desempenho*. 2. ed. Goiânia: Editora IBC, 2016.

MARQUES, José Roberto. *Desperte seu poder*. Buzz Editora, 2017.

MÉDICOS SEM FRONTEIRAS. Quem somos. Disponível em: <https://www.msf.org.br/quem-somos>.

SLIVNIK, Alexandre. *O poder da atitude*. 4. ed. São Paulo: Editora Gente, 2012.

2

Da escola que temos à escola que queremos

Se houve um tempo em que manter o filho na escola era um processo natural e os sacrifícos estavam, somente, na questão da logística familiar e financeira para possibilitar isso, hoje, a realidade se mostra muito mais estranha, cheia de conflitos e dualidades nas intenções... Poucos alunos consideram-se alunos! Quase nenhum quer viver essa fase! Como lidar com essa nova percepção?

Adriana Pirani Meyer

Adriana Pirani Meyer

Pedagoga, pós-graduada em psicopedagogia, matemática com licenciatura e bacharelado, formada pela PUC de São Paulo. MBA de gestão de pessoas, *coach* educacional de alta performance formada pelo I.B.C (Instituto Brasileiro de Coaching), e analista comportamental pelo método *assessment*. Idealizadora dos projetos P.A.I (Programa de Aproveitamento Infantil) e Farol do Saber (Treinamento educacional para professores, oficineiros e gestores). Orientadora e mediadora da plataforma Identidade Educacional fundada pela agência de turismo pedagógico e eventos corporativos *Meeting Way* e *Personal Organizer*, da Alquimia Organizacional.

Contatos
alquimia.organizacao@gmail.com
Skype: adrianameyer2
(11) 97107-8017

Vamos analisar hoje, aqui, um universo escolar! Todos já vivenciamos ou ainda estamos participando desse cenário. Fica fácil mentalizar a questão, já que estivemos por muito tempo, ou ainda estamos, dentro desse contexto. Mesmo não nos tornando professores, pertencemos, inevitavelmente, a um ambiente educacional, durante muito tempo (por nós, pelos nossos filhos, e assim vai).

Pensemos, então, para entender a lógica do que estou ressaltando aqui, em um ano letivo qualquer. Que tal, o ano de 2018?

O primeiro semestre transcorreu com velocidade. Questões de recepção, acolhimento e organização do ano se sucederam como, frequentemente, acontece, sobrepondo um dia ao outro, muitas vezes, abaixo das expectativas, mas, nunca negando sua intencionalidade.

Na escola, a preocupação tem foco no aproveitamento e quer, democraticamente, incluir todos; fazer os alunos se sentirem respeitados e aprimorarem, em seu próprio tempo, sua inteligência emocional, fortalecendo autonomia, relações, conteúdos e processos, entre muitas outras questões emocionais e cognitivas.

Toda escola almeja essas conquistas e se instrumentalizam por meio do trabalho do professor, que deve compor essas intencionalidades, administrando e gerindo as melhores formas de conquistar o sucesso.

Verbalizar essas questões e necessidades é bem fácil...Realizar esse contexto é o maior desafio da atualidade, e a busca incansável dos últimos 50 anos.

Se falamos, aqui, de mais de meio século de análises, pesquisas e dúvidas, podemos fracionar o tempo, tentando entender algumas nuances de forma mais lógica e prática. Afinal, uma das grandes críticas à educação é sua pequena e morosa inovação.

Pois, então, ao se passarem apenas seis meses de 2018, algumas questões evoluíram, não podemos negar, mas, são pouquíssimas conquistas perto das expectativas de aprendizagem que queremos às novas gerações.

Nosso maior desafio continua sobre o aproveitamento: fazer uma escola para e pelo aluno. Mas, visitando os estabelecimentos, vemos que não estão bem assim os andamentos.

E agora? Quando chegamos em julho...

Finalmente, o período de férias escolares. Momento de descanso, fortalecimento familiar, tempo de recarregar as baterias...Aqui em São Paulo, julho é aquele espaço de justo intervalo, em que o aluno e professor podem relaxar, rever as metas do ano, redesenhar planejamentos, retomar andamentos de calendário, traçar novas estratégias de ensino mais eficazes etc.

Tanto na educação particular quanto na pública há um intervalo propício para esse momento de reflexão.

É essencial um período de retomada e reconstrução nos grupos que se fortaleceram e estabeleceram, de forma natural ou construída, para que vinguem ou até para amenizar as dificuldades que possam ter surgido nos conflitos diários.

Pense que os grupos (séries) são articulados e, como na maioria das questões sociais, construídos de forma aleatória ou condizente às necessidades. A idade, o número de salas, e algumas pequenas variáveis definem quem vai estudar com quem no processo escolar. Porém, também se formam subgrupos pela identidade e perfil, por orientações familiares e diversas outras questões não planejadas intencionalmente. E há (sempre houve e sempre haverá) um choque nessa convivência.

Gostar de alguém, ou simplesmente não gostar gera, automaticamente, questões que, na escola, se intensificam e eclodem, acredito que em toda faixa etária.

O que eu quero deixar claro é que qualquer projeto precisa de um período de reavaliação, seja pela cobrança social, emocional e/ou cognitiva. E a escola, pela intensidade deste trabalho, torna mais essencial e funcional esse intervalo; precisa muito mesmo de uma pausa. Que haja espaço para que se arejem emoções, reabasteçam descobertas e restabeleçam o equilíbrio propício à aprendizagem.

Até a cidade muda nesse período. Veja, por exemplo, como o trânsito melhora, o tempo fica mais flexível e há uma mudança no estresse do ar. Seria um compromisso bem lógico, então, usar o período para uma organização e aprimorar a retomada no segundo semestre; uma correção de rota e de atitudes!

Administrar esse intervalo com sabedoria poderia trazer um impulso progressivo e, extremamente funcional, nessa fase de tanta importância e conquistas. Não se trata só de descansar, é necessário fazer grandes reflexões, estabelecimento e formalizações de metas e ações... Só que não é bem assim que as coisas acontecem.

Os alunos, estressados, não usam este tempo para rever estratégias e pensar em novos instrumentos de ação. Acho que nem sabem como fazer isso...

Os professores, desgastados, demoram muito para retomar a inspiração, estão, muitas vezes, reféns das angústias do trabalho e isolados de um contexto de retomada e reavaliação. Evitam a autoanálise e não conseguem formalizar a base de fundamentação para alavancar seu potencial trabalho.

Há uma boa pausa escolar, a qual sou, extremamente, a favor. Mas, ao usarem uma força real para rever, espontaneamente, os direcionamentos, ficam mesmo na utopia...infelizmente!

E então? Agosto recomeça e quem está em dificuldade vai entrar em pânico. Quem poderia ter um espaço para rever posturas se vê caindo, novamente, no mesmo erro. Podemos até dizer que todos (alunos, professores, gestores) empurraremos mais seis meses com a barriga.

Isso cai como uma "maldição" na nossa vida.

Na verdade, pior, vemos que essa condição se perpetua pela sociedade.

Vamos aprendendo a procrastinar na escola, continuamos na profissão, fazemos isso no casamento, empurramos, sem reflexão, grande parte da nossa vida!!!

A prova disso é que temos a sensação de que vivemos, muitas vezes, somente esperando pelo final de semana e fazendo contagem regressiva para as férias.

Nós nos inspiramos na expectativa de que algo aconteça no Cosmos, e que nos tire, magicamente, da "cobrança" que nos invade no trabalho, e das frustrações que dominam o nosso dia a dia.

Quando chegam as tão esperadas férias ou o curto final de semana, somos tomados de angústia, por não sabermos o que fazer ou como nos distrair.... Não sabemos lidar com o tempo!

É assim que aprendemos a pensar no futuro: quando virá o próximo feriado? Nosso "oxigênio", em muitos casos, não se renova na semana. Vaza de nossos pulmões e nos causa transtornos que se agravam com o passar do tempo e do ano.

Parece pesado e exagerado?

Infelizmente, dados comprovam que mais de 70% dos alunos sofrem ao ir, todos os dias, para a escola. E pasmem, uma pesquisa feita pelo Instituto Locomotiva revela que 56% dos trabalhadores com carteira assinada estão insatisfeitos com seus empregos (data da pesquisa: 11/12/2017). Mera coincidência?

Isso prova que a escola perde parte de sua função essencial, que é construir autonomia, preparar para uma atitude mais assertiva e fortalecer emocional e cognitivamente os alunos, treinando mais, sem querer, para uma postura de burlar os procedimentos e criar falsas regras de fazer o mínimo como se fosse o suficiente.

A situação se agrava com o passar das séries.

Por que isso acontece?

Ano após ano, as dificuldades se institucionalizam e, somente no período de aula, com a demanda que temos de conceitos e de conteúdo, o tempo fica escasso para tratar questões tão subentendidas e fundamentais: a verbalização das emoções e as percepções sociais, por exemplo.

Fracassamos de cara na formação do ser. E o que visualizamos, atualmente, é a formação do ter!!!

Se me sinto sobrecarregado, frustrado, excessivamente cobrado, ou se não entendo o que querem de mim, como sozinho trabalho isso?

Como faço positiva e qualitativa minha vivência na escola? E que expectativas tenho para aprimorar minhas retomadas e redirecionadas na vida?

Nas relações de emprego, existe a máxima: se eu não sei as especificações de meu cargo, não posso exercê-lo com qualidade. E, na vida: "se você não sabe para onde está indo, qualquer caminho serve". (*Alice no País das Maravilhas*).

Essas questões são definitivas para torná-lo um candidato com possibilidades de promoção ou um inevitável demitido/excluído.

Pois, na vida escolar, isso não é muito diferente!

Pensando nesse contexto, no Brasil e no mundo, faz todo sentido a prática do *coaching* educacional.

Um processo de instauração de relações que constroem, retomam ou fortalecem bases de inteligência emocional, auxiliando no desenvolvimento de aprendizados técnicos, emocionais e comportamentais em relação aos docentes, aos discentes e/ou aos gestores educacionais.

Com os docentes, o trabalho tem significado nos processos de otimização profissional. O educador precisa se autogerenciar e autoempreender. Mas, isso não ocorre na sociedade atual, de tantos valores mudados e não mais reconhecidos, de forma natural e fluente. Precisamos investir para valorizar e apoiar as relações interpessoais e a própria vida pessoal, por meio do autoconhecimento e de vivências que levem ao estado desejado.

A questão é desenvolver professores e profissionais da educação, habilitando-os com a compreensão da inteligência emocional e social, planejamento, organização, autoconhecimento e melhoria na qualidade de vida. Agregar conhecimentos e habilidades para crescer e conquistar sucesso. Promover-se para promover o outro!

O professor precisa se autovalorizar, superando questões que menosprezam sua ação e resgatando sua autoestima, sendo apoiado a saber lidar com as dificuldades como indisciplina, trabalhar a gestão do tempo e investir na sua capacitação.

Precisa saber estabelecer possibilidades na parceria com o aluno.

Um crescimento e desenvolvimento integral da tarefa docente, que precisa de investimento.

A sociedade perde muito quando se priva desse cuidado, como a família corre riscos enquanto não atenta para o seu jovem.

Com os discentes, a meta consiste em vencer os desafios escolares e trabalhar mais as questões socioemocionais.

Identificar seus pontos fortes e saber lidar com os pontos de melhoria, buscar uma atuação e comunicação mais assertiva, eliminar crenças limitantes, compreender seus sentimentos, emoções e comportamentos, tendo noção de ação, reação e consequência. Trabalhar a autoconfiança, empatia, responsabilidade, autodisciplina e respeito são questões que não podem ser negligenciadas.

Podemos, facilmente, promover uma reflexão do aluno sobre seu contexto de aprendizagem, e buscar a autonomia, propondo o trabalho com definição de metas e elaborando planos de ação.

Técnicas para aprimorar a inteligência emocional, lidar com *feedbacks* construtivos e aprimorar a gestão do tempo são questões comuns na vida de adulto, que podem e devem ser institucionalizadas, desde a infância.

Daniel Goleman aborda esses princípios em seu livro *Foco*, de forma bem detalhada. Este é endossado por Augusto Cury, que nos alerta sobre a Síndrome do Pensamento Acelerado.

Esses são dois exemplos de trabalho que convergem para atender uma questão preocupante na sociedade moderna: como garantir que os adolescentes e jovens se fortaleçam no período escolar e não se condenem ao fracasso ou desilusão?

Busquem, sim, olhar a formação de uma forma integral. Não é "mi mi mi" a carência social atual. É fato! Precisamos ser senhores e senhoras do nosso tempo e favorecer a vida acima de qualquer coisa!

Referências

CURY, Augusto. *A síndrome do pensamento acelerado.* Disponível em: <https://blog.academiadegestaodaemocao.com.br/blog/post/sindrome-do-pensamento-acelerado-e-seus-sintomas>.

CURY, Augusto. *Manual dos jovens estressados, mas muito inteligentes.* Editora Academia, 2015.

CURY, Augusto. *Pais inteligentes formam sucessores, não herdeiros.* Editora Saraiva,2014.

CURY, Augusto. *Treinando a emoção para ser feliz.* Editora Academia, 2007.

GOLEMAN, Daniel. *Foco: a atenção e seu papel fundamental para o sucesso.* Editora Objetiva, 2014.

3

E agora? Como mudar de carreira?

Mudança: um processo de autoconhecimento e tomada de decisão. Mudar para que e por quê? Aprender com as experiências da vida e aproveitar o tempo. O tempo de Cronos ou de Kairós? Mudar requer persistência, determinação e alteração do *mindset*. Aproveite a jornada e pratique a agilidade emocional, que o resultado é consequência

Adriana Reis

Adriana Reis

Mestre em desenvolvimento humano e responsabilidade social. Especialista em gestão estratégica de recursos humanos e gestão de empresas. Pós-graduada em gestão do desenvolvimento e responsabilidade social e graduada em ciências contábeis. Facilitadora de grupos nas metodologias Multireferencial e de grupos operativos de Pichon Rivíere. Formação em *coaching* sistêmico ACSTH e membro da ICF – International Coach Federation. Certificada em Lego® Serious Play® Methods e *Practtioner* em PNL. Professora de graduação e pós-graduação. Mais de dez anos de experiência em gerenciamento de projetos nacionais e internacionais em responsabilidade social e consultoria organizacional em diversas áreas: gestão de clima organizacional, inclusão de PcDs e preparação para aposentadoria. Gerente de projetos sustentáveis no SESI Bahia e *Coach* na Neopsy – Psicologia e Desenvolvimento Humano.

Contatos
http://neopsy.com.br/
reis_adrianas@hotmail.com
Instagram: reis_adrianas

O que se ouve no mercado é: "preciso mudar e começar uma nova carreira". Seja porque se inseriu no mercado de trabalho, porque mudou de profissão, perdeu o emprego ou se aposentou. O que fazer? Como seguir? Essas são as perguntas que ouço nas sessões de *coaching*. A minha resposta vem com outra pergunta: e agora?

Algumas reflexões começam a partir dessa pergunta e a identificação do *mindset* é uma delas. Segundo Dweck (2017), existem dois tipos de *mindset*: o fixo e o de crescimento. O de crescimento é o foco, aquele capaz de se desenvolver com as dificuldades da vida, o que transforma um fracasso em oportunidade de aprendizado e desafio. Partimos do princípio que uma certeza da vida é que ela é mutável e que passaremos por diversas situações, sejam elas boas ou ruins. Entretanto, como vamos passar por tais situações? Essa é a chave para o crescimento, transformação e constante aprendizado.

Algumas vezes, os obstáculos chegam a nossa frente e temos três opções: a primeira é contornar, deixando os problemas de lado e seguir em frente. A segunda é paralisar e esperar que os obstáculos se resolvam, se é que se resolverão ou crescerão. A terceira é enfrentar e passar pelas dificuldades. Qual o melhor caminho a seguir? Vai depender de como você estará no momento, seja pelas influências do ambiente externo, ou seja, pelo seu mundo interno. Somos um ambiente vivo e pulsante, além do que ocorre a nossa volta, há também como nós internamente estamos. Não há certo ou errado nas respostas às situações de dificuldade, desde que sigam os padrões de moral e ética da sociedade. Para encarar as vicissitudes da vida, precisamos nos autoconhecer e compreender o meio para tomar a melhor decisão.

O autoconhecimento vem dos momentos de reflexão e introspecção da meditação, dos estudos, dos diálogos com os amigos, do convívio familiar, da terapia, da tomada de consciência e das sessões de *coaching* com os seus *insights*. E a decisão? Esta precisa se tornar uma intenção que deve conter metas claras, factíveis, perseguidas e regidas por um propósito.

Se esses itens estiverem evidentes no seu mapa mental, o universo conspira para o bem e você se direciona e compreende cada situação como oportunidades. Uma oportunidade de viver intensamente, de alcançar ótimos resultados, de amadurecer com o outro, de se transformar e crescer como pessoa, independentemente do tempo. Ah! O tempo! Ele passa, mas qual tempo estamos levando em consideração para seguir em frente e aprender, mudar e se transformar.

O tempo de Cronos ou o de Kairós? Ambos são importantes no momento da transição de carreira. Um medido pelo relógio, pelo calendário, dentro de um limite e o outro pelo significado e aproveitamento qualitativo deste tempo, a oportunidade, o momento certo e melhor vivido. A vida tem a necessidade contínua de administração do tempo. Horário para acordar, para ir ao trabalho, pegar as crianças na escola, ir à faculdade, constantemente regido pelo Cronos. Mas, temos o direito de aproveitar Kairós, quando o tempo que estamos no trabalho é vivido com prazer, festejando os resultados, atingindo uma meta e na escola das crianças, quando recebemos o abraço afetuoso e ouvimos os pequenos contarem como ganharam o seu dia. Os momentos com a família, amigos devem ser alegres e gratificantes. Portanto, é importante aproveitar e ganhar tempo sempre alinhando Cronos e Kairós.

Pensar no tempo para criar novas perspectivas de ver a vida e mudar nossa forma de agir. Há sempre dois lados e podemos escolher enxergar o lado positivo das coisas. Em qualquer situação, mesmo as ruins, sempre haverá benefícios e é preciso entender isso para que sigamos no caminho adequado e com escolhas que nos permitam ser feliz. Quando detectamos o benefício da situação, nos é permitido mudar. Fica a critério de cada um optar por permanecer em uma situação ruim que lhe traz algum benefício ou mudar para ampliar os benefícios de maneira mais consistente e prazerosa. Mas, para isso, é preciso também enxergar os benefícios da mudança e construir os resultados de acordo com o progresso de cada passo.

Mudar requer persistência. Mudar para que e por quê? Essas são as primeiras perguntas que devem ser feitas. Quando um *coachee* chega até a mim, é porque, muitas vezes, o resultado pretendido não foi alcançado na tentativa de mudança e ele não consegue sozinho descobrir suas potencialidades, suas crenças limitantes que o impediram de seguir e seus gatilhos que podem impulsionar a transição.

Segundo Marshall, no livro *O efeito gatilho*, as questões diárias de engajamento ajudam a entender o nosso progresso, pensando no esforço e não só no resultado. Quando dizemos "eu fiz o meu melhor", estamos, automaticamente, nos responsabilizando pelos resultados que surgiram. Quando colocamos os porquês na frente, o sucesso ou fracasso estará sempre no ambiente externo, no outro. Como, por exemplo: "você atingiu as metas previstas?". Podemos ouvir como resposta: "não, porque o mercado não está fácil". Se fizermos a pergunta: "você fez o seu melhor para atingir as metas previstas?". Provavelmente, a resposta seja: "eu???? Bem, eu planejei, visitei cliente, mas...".

Enfim, há uma corresponsabilidade e o sujeito é parte integrante do resultado proposto. Abaixo, uma tabela com algumas perguntas utilizadas no livro que eu apliquei e foram positivas para apoiar na mudança. Ainda há um espaço para complementar com suas novas perguntas. Nos dias da semana, cada um pode atribuir notas e acompanhar o seu esforço diário para atingir tal resultado.

Questões diárias	Dias da semana							Média semanal
Fiz o meu melhor para:	1	2	3	4	5	6	7	
Definir metas claras								
Progredir para conquistar as metas								
Encontrar significado								
Ser feliz								
Construir relacionamentos positivos								
Estar totalmente engajado								

A mudança requer encarar a vida de frente e praticar a agilidade emocional que Susan David propõe em seu livro. A maneira como as pessoas lidam com seu mundo determina o quanto serão felizes e bem-sucedidas em todas as áreas da vida. É possibilitar a mudança do *mindset*. O *mindset* fixo que nos paralisa e que acredita que as qualidades são imutáveis e é preciso provar a cada instante a sua inteligência, seu caráter e a sua competência. Se entendermos que estamos em constante mudança, podemos gerar um gatilho que incita a curiosidade do que vem pela frente, a sede de conhecimento e a coragem de aprender. Desta forma, a competência é consequência e não ponto focal do seu desenvolvimento. Ao invés de querer provar suas qualidades, você pode aperfeiçoar. Aí começa a mudança do *mindset* fixo para o crescimento.

Acreditar na mudança é o passo fundamental para a transição de carreira. Em seguida, manter um *mindset* de crescimento. Não digo aqui que seja tarefa fácil, mas uma questão de persistência. Em alguns momentos de decisão na vida, é natural que alguns pensamentos que nos boicotam surjam, como por exemplo: será que sou capaz? Tenho as competências e habilidades necessárias? Enfim, as dúvidas são muitas, mas se não mantivermos o foco na tentativa, jamais saberemos. Não é sermos irresponsáveis e nos lançarmos em uma mudança que sequer estarmos preparados, mas avaliar as potencialidades e seguir.

Alguns itens precisam ser vistos em cada momento. Primeiro, avaliamos o que gostamos de fazer. Nesse instante, deixar a mente aberta para extrair o que lhe faz bem, que traz significado e que o deixa feliz. Em seguida, verificar o que você faz bem. Atenção, há uma diferença em gostar e fazer bem. Podemos explorar todas as coisas, desde cuidar de criança, bater papo com os amigos, preparar um *drink*... A partir desse momento, as potencialidades começam a ficar mais evidentes. E em um processo de mudança de carreira, cabe pensar se o que faço que pode me trazer remuneração.

Se encontrarmos uma semelhança entre esses três pontos, há uma grande chance do que se propõe a fazer dar certo. Ainda cabe uma reflexão do benefício para o mundo. Mas atenção, precisa manter o *mindset* de crescimento aberto às novas possibilidades e acreditar no processo.

Quando a mudança é para as pessoas que se aposentam, a lista de possibilidades pode ser grande. Afinal, foram anos de experiências, de trabalho, em que se construiu uma carreira com muitas ações. Para apoiar na identificação do que pode ser feito, o processo de *coaching* ajuda muito. Podemos utilizar algumas ferramentas desde identificação do IKIGAI – autoconhecimento capaz de ajudá-lo a alinhar seus valores, expectativas, desejos e possibilidades reais de trabalho, a constelação com pedras que permitam captar o que está mais próximo da sua essência, as cartas de baralho com suas perguntas reflexivas e até da utilização do Lego® Serious Play® Methods que, na projeção, deixa suas mãos expressarem, por meio de modelos, o que realmente você se interessa, gosta, sabe fazer e pode ser remunerado por isso.

Com essas ferramentas, podemos apoiar o *coachee* a analisar os prós e contras de cada possibilidade, identificar as características do profissional de mercado de sucesso, correlacionar suas potencialidades/habilidades com essas características e juntos elaborar um planejamento de carreira com acompanhamento do esforço para atingir o resultado esperado.

Quando direcionamos esta mudança para quem está em início de carreira profissional, o processo muda um pouco, pois o histórico resgatado não será de experiências de trabalho e, sim, de vida, relação familiar, interesses e prospecção. Então, quem está no ensino médio e vai fazer a escolha de uma profissão e quem está na faculdade e vai ingressar no mercado de trabalho deve ampliar sua mente para uma infinidade de possibilidades.

Independentemente de em qual fase da vida você esteja, é preciso se conhecer. Com o autoconhecimento, esforço para atitude positiva que lhe permitirá um engajamento para a mudança, resgate do histórico de vida e experiência, conhecimento do mercado que irá atuar, agilidade emocional para lidar com as diversas situações e suporte de um *coach*, é possível passar por qualquer transição de carreira com sucesso e felicidade.

Referências

DAVID, Susan. *Agilidade emocional: abra sua mente, aceite as mudanças e prospere no trabalho e na vida.* São Paulo: Editora Cultrix, 2017.

DWECK, Carol. *Mindset: a nova psicologia do sucesso.* São Paulo: Editora objetiva, 2017.

GOLDSMITH, Marshall. *O efeito gatilho: como disparar as mudanças de comportamento que levam ao sucesso nos negócios e na vida.* São Paulo: Companhia Editora Nacional, 2017.

MOGI, Ken. *Ikigai.* São Paulo: Astral Cultural, 2018.

4

Feedback visionário muito além dos resultados

Neste capítulo, irei levar você por uma viagem de autoconsciência e autoconfiança tanto na construção de um novo modelo mental visionário e positivo, quanto na arte de dar e receber *feedback* de forma positiva, inovadora e criativa, e que irá desenvolver a sua capacidade de adaptação, aperfeiçoamento contínuo e, principalmente, de crescimento pessoal e profissional

Adriano Levy Barbosa

Adriano Levy Barbosa

Palestrante, *talker, executive & life coach*. Analista comportamental DISC e analista Access. Consultor, mentor, empreendedor, analista de sistemas, analista de negócios, graduado em gestão da tecnologia da informação. Certificado pela SLAC *Coaching* (Sociedade Latino Americana de *Coaching*); AC – PECC – *Professional Executive Coach Certification*; EMCC – PECC; IAC – PECC; e PCA – PECC. Trata, principalmente, os assuntos relacionados ao empreendedorismo tradicional e social inclusivo; *startups*; comunicação interpessoal e não violenta; desenvolvimento de líderes e liderança; autodesenvolvimento e profissional. Já realizou diversos *workshops* e palestras, e é idealizador e criador do curso *Real Leadership Experience*, além de diversas oficinas e cursos.

Contatos
www.coachadrianolevy.com.br
contato@coachadrianolevy.com.br
Instagram: coachadrianolevy
LinkedIn: adrianolevy/
Facebook: coachadrianolevy

> Uma ideia, para se tornar realidade, deve inspirar e
> motivar as pessoas. Para isso, é preciso se comunicar
> de forma assertiva, efetiva e contínua. Você não
> precisa ser a melhor pessoa do mundo, mas, tem que
> ser a sua melhor versão. – Adriano Levy Barbosa

D o momento em que levantamos até a hora que vamos dormir, somos bombardeados de *feedbacks* dos mais diversos tipos. Agressivos, depreciativos, insignificantes, positivos, corretivos, duvidosos, entre outros milhares. Ainda mais, arrisco a dizer que até mesmo o *bullying* é um *feedback*.

O que determina o tipo de *feedback* que recebemos está mais para nossa realidade, crenças, valores e necessidades do que, na verdade, o *feedback* em si. Todo *feedback*, seja recebido ou passado, deve ter um foco positivo na construção de um modelo mental positivo. Deve ser totalmente livre de qualquer julgamento, pressuposição ou interpretação, evitando, assim, resultados subjetivos e unilaterais.

Todo o processo de comunicação começa pela premissa de que não existe como não se comunicar. Dessa forma, seja verbal ou não verbal, a comunicação parte do duplo vínculo entre locutor e interlocutor e vice-versa. O simples fato de não expressar, absolutamente, nada, e nem falar nada já é uma comunicação que, nas entrelinhas, entende-se como algo subjetivo, pois não estão claras as intenções do interlocutor. Isso pode gerar não somente conflitos, mas, também, entendimentos equivocados da intenção positiva que está por trás da comunicação.

Outra frase muito conhecida e que serve como base para todo processo de *coaching* é a de que "toda intenção é positiva por parte de quem a pratica". Considerando isso, o segredo é descobrir quais intenções, motivações, necessidades, emoções e propósitos estão por trás de cada *feedback* ou ação.

Para que haja o que chamarei de "a descoberta", antes mesmo de qualquer forma e tipo de comunicação, é preciso que existam cinco componentes básicos e essenciais, *soft skills* ou habilidades pessoais, para que o processo de conhecimento e aprendizado seja contínuo. São eles:

1. Curiosidade: adquire o hábito de questionar o "porquê" das coisas, a sua intenção positiva e sua motivação;

2. Reflexão: visualizar o contexto dos mais diversos ângulos, perspectivas e pontos de vista;

3. Atitude: ter a capacidade de agir e experimentar, avaliando erros, fracassos e acertos e aprender com eles;

4. Foco: ter a capacidade de se manter com foco no propósito e nos objetivos a serem alcançados;

5. Continuidade: estar sempre buscando o aperfeiçoamento contínuo dos processos, de forma a minimizar tempo, recursos e atingir alta performance.

Apesar de considerarmos alguns tipos de *feedbacks* positivos, corretivos, ofensivos, depreciativos ou insignificantes, os piores tipos não são oriundos do mundo externo nem das relações de duplo vínculo. Os *feedbacks* mais cruéis e avassaladores são aqueles que chamamos de auto*feedback*, ou seja, aqueles que, diariamente, damos a nós e interpretamos de forma diferente, em cada momento de nossa vida, desde a infância até a vida adulta.

É o caso do espelho e da balança. Quem nunca se olhou no espelho ou o seu próprio reflexo, e quem nunca se pesou e pensou: "estou bonito(a)", "estou feio(a)", "estou gordo(a)" ou "estou magro(a)". A questão é: gostamos do *feedback* que nos damos? Somos gentis com esse *feedback*? Em cada fase da nossa vida, este *feedback* muda, tem peso e relevância, completamente, diferentes. Agora, vamos refletir se no auto*feedback* não conseguimos ser assertivos na forma como recebemos e damos estas informações. Como seria possível, quando este vem do mundo externo, onde temos todo um contexto complexo de relações humanas, com ambiente e atores distintos?

Seja no *autofeedback* ou ao dar e receber *feedback* de terceiros, precisamos praticar quatro tipos de comportamentos e hábitos que geram assertividade, afetividade e efetividade nos resultados esperados. São eles:

Empatia: ter a capacidade de entender, tolerar e respeitar as necessidades, sentimentos e emoções dos outros, recebendo essa informação de forma positiva;

Honestidade: ser capaz de focar nas intenções e motivações primárias, evitando a desonestidade e, principalmente, o excesso de sinceridade, que nos leva a conflitos, desentendimentos e a julgamentos, pressuposições e juízos de valor subjetivos;

Estabilidade emocional: conseguir direcionar reações, emoções e sentimentos para comportamentos que gerem consequências positivas e resultados efetivos, balanceando o emocional do pragmático;

Propósito: manter-se focado na ressonância das relações, voltado para pessoas e resultados ao mesmo tempo, tanto no que tange os propósitos individuais e coletivos, quanto aos organizacionais como missão, visão e valores.

Caso qualquer um desses comportamentos não esteja alinhado, a probabilidade de dar ou receber um *feedback* de forma incorreta, sem entendimentos ou conflituosa é grande. Isso pode acarretar uma insatisfação e, consequentemente, uma desmotivação pelas necessidades não atendidas de ambas as partes.

Além desses comportamentos, é necessário que, ao darmos ou recebermos um *feedback*, o mesmo esteja, completamente, alinhado aos nossos códigos de conduta e ética que, na maioria dos casos, tem base em:

- **Família;**
- **Espiritualidade;**
- **Sociedade;**
- **Outras pessoas que inspiram e motivam.**

Ao alinharmos com nosso código de conduta e ética, devemos nos fazer quatro perguntas que servirão como guia para darmos o *feedback* ou para o interpretarmos. São elas:

1) Alguma regra ou conduta está sendo violada conforme meu código de ética?

2) Isso é justo para com o indivíduo, assim como para com todos os envolvidos?

3) Como me sentiria se isso fosse aplicado a mim?

4) Isso vai contra meus valores, crenças e necessidades?

Respondidas essas perguntas, seremos capazes de obter assertividade, afetividade e efetividade tanto ao nos comunicarmos e transmitirmos o *feedback*, quanto ao interpretarmos a devolutiva. Isso nos diz por que, como e o que o interlocutor visualiza como intenção positiva e o que o motiva a fazer.

Mas, como podemos reduzir ainda mais o impacto de estarmos habituados a ignorar aquilo que não podemos ver, sentir e perceber num processo de comunicação. O que podemos chamar de entrelinhas e que, na maioria das vezes, causa desconforto, interpretações equivocadas e conflitos.

- **Clarificação:** todos os contextos que nos levam À interpretação devem ser clarificados de forma a entender pelo ponto de vista alheio coisas subjetivas como "sucesso", "felicidade" e outros. Não devem ser avaliados pelos nossos pensamentos e modelo mental, mas, sim, pela clarificação em detalhes do modelo mental do outro;

• **Conjecturas e suposições:** todo juízo de valor, interpretação, avaliação, e suposições tais como "muito lento" e "grande erro" devem, pelo mesmo princípio da clarificação, ser detalhados com base no nosso modelo mental ou do outro, no ato de dar *feedback*. Frases como: "Eu acho você muito lento", devem ser completadas com "(...) quando demora mais de 30 minutos para realizar uma tarefa de 15 minutos". Veja que, no caso, está sendo explicado o que significa "muito lento";

• **Razões, provas e fatos:** algumas vezes, para que fique claro e haja uma referência, o detalhamento com base em provas e fatos esclarece, de forma concisa e objetiva, o ponto onde se deseja chegar;

• **Ponto de vista e perspectiva:** outra questão é obter o máximo de perspectivas e pontos de vista que puder, de forma a gerar o máximo de informações possíveis, para entender e construir um modelo mental mais sólido e conciso;

• **Implicações e consequências:** todo pedido ou intenção traz consigo implicações e consequências na sua execução ou não. A questão aqui é determinar a responsabilidade e a autorresponsabilidade, assim como a autoconfiança a cada vez que o sucesso é obtido;

• **Perguntando:** ao ouvirmos uma citação ou afirmação, ou ao falarmos, quase sempre utilizamos palavras e sinônimos que podem não ser entendidos. Devolver a pergunta, de forma a esclarecer a intenção por trás da mesma, é uma forma do interlocutor escutar-se e refletir.

Outro fator importante no ato de dar e receber *feedbacks* é que cada pessoa e indivíduo tem uma forma de agir, de se comportar, seus hábitos e atitudes e seus comportamentos básicos que definem sua identidade e a forma como se comunicam.

É preciso considerar estes perfis comportamentais distintos, de forma a se construir *feedbacks* assertivos para cada perfil, assim como entender os *feedbacks* recebidos com base nesses comportamentos, determinando, assim, o modo de operação mental ou modelo mental de cada um.

Basicamente, todos temos um pouco de cada tipo de perfil comportamental, porém, um sempre se destaca, de forma a identificar com clareza o mesmo.

Os quatro tipos básicos de perfis que compõem a análise DISC e suas características principais são:

1) Dominância: motivação por poder e controle e medo de fracassar;
2) Influência: motivação por reconhecimento e medo de rejeição;
3) Estabilidade/segurança: motivação por segurança e medo de insegurança;

4) Conformidade/cautela: motivação por regras e procedimentos e medo do conflito.

Cada um dos perfis possui características que os definem e, com base nisso, podemos gerar reflexões e novas soluções por meio do processo de meta, programas do modelo mental. Por exemplo, uma pessoa muito detalhista pode ser desafiada a resumir ou sintetizar uma informação. Isso fará com que ela saia da sua zona de conforto de operação e pense de forma diferente.

O mesmo aplica-se à pessoa que sempre retrata o passado. Podemos desafiá-la a visualizar o presente, ou até mesmo construir uma imagem do futuro, novamente, tirando-a da zona de conforto do seu modelo básico mental.

Esse processo gera e cria inovações no modo de ver, pensar e até mesmo de agir, pois resulta em alternativas e opções de escolha antes ignoradas ou desconhecidas.

Um processo de *feedback* deve ter motivação, objetivo, clareza, questionamentos e reflexões. Deve gerar plano de ação, pedido ou intenção não somente no que queremos manter e repetir, mas, também, no que desejamos melhorar, mudar e aperfeiçoar.

Para isso, o processo de *feedback* deve ir além do simples ato de manter o positivo e corrigir o negativo. É preciso a intenção de construir um novo modelo mental inovador, com adaptação e aperfeiçoamento contínuo, focado na construção de um futuro de alta performance. Para consegui-lo, é preciso, também, que ao dar e ao receber *feedback*, haja:

1) Presença: esteja totalmente centrado na comunicação presente, gerando empatia com escuta atenta;

2) Paciência: tenha paciência de permitir ao interlocutor concluir seus raciocínios e dissertações, sem interromper ou criar adivinhações de frases e palavras;

3) Positivo: sempre ter uma visão positiva e construtiva dos objetivos e propósitos;

4) Pensamento: respeitar o momento de reflexão e silêncio do interlocutor, sem apressar ou gerar ansiedade.

Para que isso ocorra, é necessário que estejamos conscientes das intenções, assuntos, necessidades e emoções dos atores, contexto, ambiente, motivações e, principalmente, das ações, que no caso, devem estar mais voltadas ao como poderia ser do que o como é.

Tendo em mente o processo, devemos, então, nos concentrar na intenção do *feedback*, que deve gerar autoconfiança, autonomia, alta *performance*, aperfeiçoamento contínuo e adaptação às mudanças. Isso refere-se tanto quando damos *feedback*, ou seja, em como desejamos que o interlocutor adquira essas competências e se torne uma pessoa e profissional melhor, tanto quando recebemos *feedback*, analisando de que forma a informação recebida contribui para que você adquira essas competências.

Assim como os processos de sustentabilidade, o *feedback* deve estar centrado em cinco "Ps". São estes:

Pessoas: o *feedback* é construído e dado para pessoas, pelas pessoas e por pessoas;

Planeta: deve ser voltado para o ambiente que o cerca, como sociedade, país, cidade, bairro, comunidade, cultura e raça, contextualizando e direcionando de forma assertiva;

Prosperidade: deve gerar resultados positivos e duradouros para todos, considerando o ganha-ganha de todas as partes e atores envolvidos;

Paz: não deve gerar conflitos e desentendimentos, sendo claro, objetivo e honesto;

Parceira: deve gerar cooperação mútua com respeito e confiança.

Da mesma forma, considerando um *feedback* sustentável e positivo, voltado ao propósito, o mesmo deve comunicar, inspirar e ser visionário, indo além de, simplesmente, corrigir ou perpetuar comportamentos, hábitos e atitudes. Deve levar, além disso, a um processo inovador e criativo de melhores práticas, que gerem mais resultados e que seja alimentado, continuamente, para o crescimento individual e coletivo.

Superados os processos de dar e receber *feedbacks* de forma positiva, é necessário, ainda, passarmos para um próximo passo de evolução e crescimento contínuo, que é o processo desenvolvido por Marshall Goldsmith, que se chama *feedforward*.

Basicamente, o conceito consiste, antes mesmo de ser apontado um comportamento a ser preservado ou corrigido, que o indivíduo admita suas vulnerabilidades e medos, e proponha, por meio da divulgação, do esclarecimento e da escuta afetiva, solicitar sugestões e opções para seu próprio desenvolvimento, de forma grata e sincera, utilizando sem questionar ou justificar as que melhor se aplicam a sua realidade, e podem ajudar no seu crescimento pessoal e profissional.

Para concluir, o processo de *feedback* inovador e criativo, é preciso que a prática seja constante e que os *feedbacks* sejam diários, pontuais e com frequência igual e proporcional às necessidades de melhoria e aperfeiçoamento do seu eu e do outro. Não existe medida exata de *feedback*; onde houver oportunidade de crescimento e aperfeiçoamento, ele deve ser praticado, ensinado e aperfeiçoado.

5

Você sabe o que significa *mindset* e como ele pode influenciar as suas crenças?

Mindset é uma palavra encontrada nos dicionários de língua inglesa. Ela possui três significados, sendo: mentalidade, atitude mental, ou, ainda, modelos mentais

Agnaldo de Oliveira

Agnaldo de Oliveira

Formação em *personal, professional, leader & positive coaching* – Sociedade Brasileira de Coaching. Participou do *Day Training* no evento Tony Robbins Brasil. *Coaching* da mente e fundamentos de hipnose para *coaches* – Café com Coaching. Hipnoterapeuta certificado pela OMNI Hypnosis Training Center – International Board of Hypnosis. Contador e pós-graduado em controladoria de gestão pela Faculdade Alvares Penteado (FECAP).

Contatos
agnaldocoach@gmail.com
Instagram: _coach_agnaldo
(11) 98260-7686

O especialista com PhD no assunto, Daniel Goleman, autor do *bestseller Inteligência emocional,* define que as fontes dos modelos mentais é a maneira encontrada pelos seres humanos de se organizar para dar sentido as suas experiências. Goleman diz que o nosso comportamento é condicionado pelo *mindset.*

Meu objetivo é simplificar para que o maior número de leitores entenda que modelo mental é a forma que enxergarmos o mundo em que vivemos. Qualquer pessoa pode construir e aplicar os seus próprios modelos mentais.

Podemos fazer nossas interpretações, julgamentos e somos capazes de construir nossas atitudes e criarmos nossos modelos mentais de forma mais assertiva. Isso contribui de forma positiva para formação de nossas crenças, que são capazes de nos guiar para agirmos ou não.

As crenças são de extrema importância na definição dos nossos pensamentos e comportamentos. Elas influenciam nossas atitudes que geram determinados resultados limitantes ou potencializadores.

Sendo assim, os *mindsets* que adotamos são muito importantes para atingirmos nossos objetivos, seja em nossa carreira ou em nossos relacionamentos pessoais, inclusive melhorando nossa qualidade de vida.

Temos uma ânsia dentro de nós em ver tudo mudar rapidamente. Essa ansiedade acelerada cria grande tendência em paralisarmos nos efeitos negativos do passado e até mesmo do futuro. Atitudes de pensamentos negativos criados, muitas vezes, por nossas crenças limitantes afetam todo o desempenho em nosso trabalho, criando crises nos relacionamentos.

É hora de ajustar o seu *mindset.* Isso é bem simples, dessa forma você poderá crescer como empregado, empreendedor e, principalmente, como ser humano. Terá resiliência para aumentar a produtividade e manter o foco em resultados extraordinários. Com esse conhecimento absorvido, terá atitudes que serão utilizadas de forma positiva em todos os processos da sua vida, gerando significativa mudança em qualquer cenário.

Os grandes especialistas no assunto informam que existem dois grupos de *mindset* listados abaixo. Convido todos a se aprofundarem nesse conhecimento tão importante, ou melhor, essencial para nosso sucesso. Você poderá usá-los a seu favor, e terá a capacidade de promover todas as mudanças que desejar. Com isso, desenvolverá o seu autodesenvolvimento.

Mindset fixo: é o modelo mental que interpreta nossa inteligência ou nossos talentos como características inatas que permanecem relativamente estáveis ao longo da nossa vida. Esse modelo é limitante, porque nos oferece ampla zona de conforto e cria várias crenças limitantes.

Mindset expandido: é o modelo mental que nos favorece e define nossas características que podem ser desenvolvidas mediante nossos esforços. Ele não é estático, esse modelo é mais importante, porque enxerga o ser humano em constante evolução, todos temos muitos potenciais a serem desenvolvidos, podemos atingir qualquer objetivo.

No processo de *coaching*, quando pergunto a meus *coachees* o que eles pretendem em sua profissão, sempre me deparo com a seguinte resposta: "eu desejo construir uma carreira sólida e ter sucesso". Porém, a pergunta que eu faço: você sabe o que é sucesso?

Sucesso é o processo e não o fim. Você precisa trabalhar muito seu *mindset* expandido, mudando suas atitudes mentais. É dessa maneira que ele irá agir positivamente e ajudará na sua automotivação, provocando todas as mudanças que desejar. Nada de ficar estacionado sem combustível, acomodado em sua zona de conforto. Saia agora do sofá! Essa é a forma que nosso cérebro utilizará para você economizar energia.

Devemos romper essas barreiras e focar em algo que você mais deseja, por exemplo: você quer ser bem-sucedido fazendo o que gosta? Você acredita mesmo que será capaz de mudar sua situação fazendo exatamente as mesmas coisas? Será capaz de ter resultados diferentes?

Entenda que você pode ser o seu maior "adversário". Provavelmente, está procurando a solução dos seus problemas nos outros, e até agora não a encontrou. Pare e olhe para dentro de si. Esse "adversário interno" está se alimentando e destruindo os seus potenciais. Utilizando as suas crenças limitantes e os seus pensamentos negativos, você estará permitindo que eles o impeçam de alcançar seus projetos de vida.

Agora, chegamos ao ponto-chave deste capítulo: as nossas crenças. Podemos definir como sendo a ação de crer ou acreditar em algo ou alguém, pode ser algo já concretizado ou a possibilidade de algo futuro. Na definição religiosa, isso é convicção e fé. Essa crença é relativamente maior do que o conhecimento, embora o conhecimento tenda a se tornar uma crença com o tempo.

Nossas crenças nos ajudam a moldar os acontecimentos que surgem em nossos relacionamentos. Se um indivíduo tem e valoriza as crenças fortalecedoras, o meio em que ele está inserido reagirá de acordo com essa atitude. Já as crenças limitantes são as sugadoras de energias. Elas minam qualquer relacionamento e, muitas vezes, contaminam as pessoas que estão próximas a esses tipos de crença. Devemos interagir com intenções conscientes e saber quais crenças estamos utilizando em nosso dia a dia.

Entendendo nossas crenças

Devemos dar muita atenção a esse ponto de fusão das crenças com os sentimentos. Esses dois serão sempre inseparáveis em nossa mente. Os dois unidos são capazes de fundir-se com nossa consciência, as crenças são responsáveis por transportar as imagens e as vibrações que percebemos por meio dos nossos sentimentos.

As crenças têm vibração particular, os pensamentos carregam sempre vibrações específicas. Elas são o reflexo dos nossos pensamentos e se mostram por meio de nossas ações, emoções e sentimentos.

Pensamos > sentimos > agimos de acordo com essa formação. Essa é a sequência que nosso cérebro utiliza para criar nossos hábitos subconscientes, pensamentos, sentimentos e ações negativas (inclusive não agir). O mais interessante é escolhermos pensamentos positivos, sentimentos positivos e ações positivas, essa sequência é extraordinária, e, sabendo disso, podemos crescer e atingir nossos objetivos.

Citarei dois exemplos. Primeiro, se você solicitar a qualquer pessoa para ela se lembrar de um momento que a deixou com raiva, qual imagem virá a sua mente? O que ela será capaz de sentir? Você já pode imaginar quais as sensações e ações dela.

E, segundo, pergunte algo que a deixou alegre, realizada, feliz, satisfeita. Nesse caso, seja sincero. O que você acha que acontece?

Comparando os dois episódios, essa pessoa compreenderá a base dos seus próprios sentimentos, será capaz de compreender de forma consciente quais as emoções que sentirá se pensar de uma forma ou de outra. Conscientemente, ela será capaz de fazer a melhor escolha. Você concorda?

Você tem a capacidade de preestabelecer suas crenças, sendo elas positivas ou negativas. Se uma pessoa possui uma crença limitante de baixa autoestima, ela transmitirá isso de alguma forma e ficará propensa a atrair indivíduos e situações que reforçarão esse sentimento angustiante.

Provavelmente, você já pronunciou ou pronuncia diariamente algumas das afirmações que listei abaixo:

Entenda que nosso cérebro entende que sempre estaremos certos. Quando verbalizamos a frase "eu não posso!" ou "eu posso", ele entende o comando. Essa máquina maravilhosa é programável e sempre respeitará a sua decisão, seja ela para paralisá-lo ou para você avançar.

Se enxergar apenas o problema e não focar na solução, será bloqueado e dificilmente sairá da zona de conforto. Ao invés de afirmar "isso é difícil", aproveita para falar é "desafiador". Nosso cérebro entende a palavra desafio como algo a conquistar e não a paralisar como as coisas difíceis. Coloque ele para trabalhar a seu favor, assim criará os meios para ajudá-lo a alcançar, cumprir suas metas e realizar seus sonhos. Um belo exemplo de desafio é um maratonista que não se prende ao tamanho do percurso. Ao invés disso, ele visualiza o prêmio, se enxergasse a dificuldade será que ele conseguiria cumprir a prova? Claro que não!

As crenças limitantes podem prejudicar a sua autoestima

Escutamos diariamente as frases abaixo, reflita se você já falou e como se sente quando escuta isso de alguém próximo.

> "Se você acha que pode ou que não pode fazer alguma coisa, você tem sempre razão."
> Henry Ford

- As coisas nunca dão certo para mim;
- Eu não mereço;
- Eu me considero muito medrosa;
- Eu não sou uma boa pessoa;
- É muito tarde para encontrar a felicidade;
- Eu sou cabeça dura mesmo;
- Meus pais me ensinaram assim;
- Estou velho demais para estudar;
- Eu não mereço sucesso ou coisas boas;
- Se eu falar o que penso, eu vou ser rejeitada;
- Nunca vou conseguir alcançar meus objetivos ou realizar meus sonhos;
- Eu sofri muito no passado e não é agora que as coisas irão mudar;
- Eu sempre fui rejeitado (essa eu sempre dizia).

Por acaso você está com problemas de saúde física, mental ou emocional

Suas crenças limitantes talvez o estejam deixando doente. As suas afirmações diárias ou mesmo pensamentos podem empurrar você para o fundo, causando diversos problemas em sua saúde física, mental e até mesmo emocional. Se por acaso se identificar com essas frases, minha humilde sugestão é que reflita melhor sobre suas crenças e tenha capacidade e força de vontade para mudar de atitude.

Mude as afirmações negativas para afirmações positivas, viva sempre em busca para transformar suas crenças limitantes em crenças potencializadoras. Elas serão capazes de levá-lo a conquistas e sempre viver no processo do sucesso. Para esclarecer e transmitir melhor esse entendimento, listarei a seguir as crenças que podem deixá-lo bem doente.

- Eu não consigo parar de fumar, porque o cigarro me domina;
- Eu só consigo ficar bem quando fumo um cigarro;
- Se eu parar de fumar, com certeza, irei engordar;
- Consigo parar de fumar quando eu quiser;
- Eu não vejo mal algum em fumar;
- Eu posso emagrecer quando eu quiser;
- Eu não consigo deixar de comer o que eu gosto. É meu único prazer.

No final deste capítulo, possivelmente, você foi capaz de reconhecer suas crenças limitantes. Perceba como você e muitas pessoas que ama estão se bloqueando e criando barreiras para atingir o que desejam, serem mais livres e, consequentemente, mais felizes. Saiba, de uma vez por todas, que é possível modificar/transformar suas crenças limitantes em crenças fortalecedoras. A partir de hoje, procure tirar o não das suas afirmações.

Acredite, as crenças definem quem você é e como atua na vida. Por consequência, avalie os resultados que está trazendo para sua vida e relacionamentos. Só você pode decidir mudar tudo a partir de hoje!

Consegue entender o que isso significa?

O seu sucesso dependerá das mudanças que somente você pode iniciar na substituição de crenças limitantes por crenças fortalecedoras!

Diariamente, busque conhecer melhor suas crenças e não deixe que elas o limitem ou boicotem os seus resultados e o impeçam de realizar seus sonhos.

A crença fortalecedora que mais gosto aprendi estudando a bíblia: eu sei que tudo posso naquele que me fortalece!

Permita-se mudar! Eu posso, eu quero, eu vou.

6

Linguagem quântica

A linguagem quântica é um conjunto de técnicas e ferramentas com base em poderosos princípios do desenvolvimento humano, como a filosofia, hipnose, *feedback* sistêmico, *coaching* e inteligência emocional e relacional. Tem o objetivo de aprimorar a relação entre nossa comunicação interna e externa, criando ou transformando a realidade em que vivemos

Alexandre Vitoriano

Alexandre Vitoriano

Educador físico, pós-graduado no curso de *personal training*. Filósofo, mestre em arte marcial chinesa e especialista em medicina tradicional chinesa (Qi Gong). *Master coach* pela Sociedade Brasileira de *Coaching*. MBA em *coaching* pela FAPPES. Hipnoterapeuta com formação pela ACT Institute, em hipnose ericksoniana e hipnose avançada: transe conversacional e em grupo. Formação em hipnose clássica e clínica pela Academia Brasileira de Ensino Clínico e Experimental da Hipnose. Facilitador em PSYCH-K®. Praticante de barras de *Access*. Formado em *feedback* sistêmico pelo Instituto Espaço Conexão Sistêmica. Especialista emocional com formação pela Sociedade Brasileira de Inteligência Emocional. Ministra palestras, cursos e treinamentos sobre desenvolvimento humano, comunicação, relacionamentos de alta performance e linguagem quântica para grupos e pessoas que buscam expandir a consciência para transformar a realidade.

Contatos
www.alexandrevitoriano.com.br
vitoriano003@gmail.com

efino como linguagem quântica a capacidade de comunicação interna (pensamentos, sensações, sentimentos e emoções) e/ou externa (verbalizações, palavras, ações, comportamentos), que influenciam, transformam e criam a nossa realidade. Aquilo que se manifesta, na realidade, é apenas o resultado dessa comunicação pessoal e interpessoal. O objetivo da linguagem quântica é proporcionar conexão, transformação e domínio do ambiente interno, para criação e mudanças no ambiente externo. Para isso, devemos ter a consciência de que somos seres únicos. Jamais existiu, na história da humanidade, e nunca existirá alguém, exatamente, como você é agora!

Isso nos dá uma grande responsabilidade, pois nunca existimos, nem existiremos com essa consciência, experiências e conhecimentos que temos agora. Tudo é, e está no momento presente. Então, para manifestar uma vida de sucesso, com resultados satisfatórios, independentemente de qual seja sua definição de sucesso, satisfação e felicidade, é preciso vivenciar o poder de estar presente no momento presente, pois, em tempo algum, seremos os mesmos ou teremos as mesmas experiências.

Perceba que você já não é mais a mesma pessoa que iniciou a leitura deste texto; alguma coisa já mudou em você ou no ambiente em que está. Essa unicidade mostra o quanto somos os autores, os escritores de nossa própria história, e estamos escrevendo o livro da nossa vida, no original, sem rascunho. Cada dia é uma nova página que escrevemos sem nenhuma rasura! Agora, pense... Um dia seu livro da vida será editado... Quantas pessoas o comprariam, ou quem gostaria de ler a sua história? Quantas pessoas irão ser influenciadas observando as páginas que foram escritas por você, todos os dias? Somos, realmente, responsáveis pela nossa história! Jamais podemos esquecer de que cada dia a mais é um dia a menos... Essa unicidade representa poder e responsabilidade sobre a nossa história.

Outro ponto fundamental, dentro da linguagem quântica, é a conscientização de que, mesmo com o todo o poder da unicidade humana, sempre estaremos conectados e influenciados pelas forças do ambiente e de outras pessoas. Lembrando as palavras do filósofo grego Aristóteles: "O homem é um ser social", notamos a importância de outras pessoas para podermos manifestar a existência e vivermos nosso propósito no mundo. O que dá sentido a nossa humanidade é sempre o outro. Criamos, trabalhamos, pensamos com o objetivo primário de facilitar, ajudar e contribuir para a vida de outras pessoas.

Pensando, até de forma básica, para nascer, dependemos de outros seres humanos, e para sobrevivermos, nos primeiros anos de vida, também dependemos de outras pessoas que nos alimentem, deem proteção e garantam nossa sobrevivência. Dependemos e interdependemos de pessoas o tempo todo, pois não foi você, sozinho, que plantou o alimento que consumiu hoje, nem construiu a cadeira em que está sentado, ou confeccionou a roupa que está vestindo...

Partindo da importância desse equilíbrio interno e externo, vamos à prática de alguns exercícios. Primeiro, vamos aprender a entrar na postura de poder pessoal: olhos fechados, sinta a sua respiração, perceba o seu corpo, sinta-se dentro do seu próprio corpo, como se sua pele fosse um divisor, um limite entre o que está dentro de você e o que está fora. Identifique o que está dentro (sensações, pensamentos, emoções, sentimentos), e vá executando o seguinte comando: "aqui dentro só Eu!". Vá repetindo essa frase, internamente, enquanto você visualiza tudo aquilo que está dentro de si sendo colocado para fora, pode ser sobre uma grande mesa imaginária a sua frente.

Comece a se desconectar, por alguns instantes, de coisas, pessoas e situações. Quando perceber o corpo mais leve, ou alguma mudança positiva, comece a se imaginar subindo... elevando-se sobre as pessoas, sobre as coisas, sobre as situações. Vá repetindo o comando até que tenha a sensação de que não há nada mais sobre sua cabeça. Sinta-se seguro, pleno, elevando sua vibração. O exercício leva apenas alguns minutos e, com a prática, ficará cada vez mais fácil, rápido e divertido entrar em sua postura de poder pessoal.

Outra ferramenta é a desconexão energética, pois, como vimos anteriormente, somos conectados com pessoas ou situações e acabamos, muitas vezes, sofrendo desequilíbrios devido a essa conexão. Então, o exercício de desconexão energética é realizado da seguinte maneira: comece prestando atenção no seu corpo, em sua respiração e pergunte ao seu corpo: "como estou me sentindo?" Aguarde a resposta. Usualmente, virá algo como por exemplo: irritado, com medo ou preocupado. Assim que perceber a resposta (não tenha pressa, confie na comunicação com seu corpo!), faça a seguinte pergunta: "de quem é essa preocupação?"(caso a sensação tenha sido essa). Aguarde a resposta e, rapidamente, surgirá a imagem de alguém em sua mente (por exemplo: pai, mãe, filho, cônjuge, amigo, ou chefe...). A partir Daí, você começa a realizar o exercício de desconexão, visualizando a pessoa, repetindo, mentalmente, a seguinte frase: "eu devolvo sua preocupação... eu devolvo sua preocupação... eu devolvo sua preocupação..." (ou qualquer outra sensação que tenha surgido). Vá repetindo a frase, internamente, algumas vezes, até sentir uma mudança interna. Essa ferramenta tem o objetivo de nos dar clareza sobre as sensações que, realmente, são nossas e eliminar as que não são.

Para transformar nossa realidade externa, é fato que precisamos estabelecer uma boa comunicação com nosso interior, não é mesmo? Mas, você já parou para observar como é essa comunicação? Quantas palavras limitantes pensamos, falamos ou ouvimos, diariamente? Cuidado, pois os pensamentos influenciam, diretamente, a forma que sentimos e vimos o mundo e o nosso interior. Vamos fazer um exercício de comunicação interna: pegue um caderno ou uma folha de papel, e escreva três palavras que você irá eliminar do seu vocabulário. Palavras limitantes que nunca mais utilizará, por exemplo: complicado, azar, impossível. Seu exercício é, realmente, eliminar essas palavras do seu vocabulário. Escreva, agora, três palavras que você acrescentará a seu vocabulário. Palavras que irão potencializá-lo, por exemplo: gratidão, amor, alegria. Comece a utilizá-las com frequência. Agora, escreva três palavras que você substituirá no seu vocabulário, por exemplo: difícil por desafio; problema por situação; vou tentar por farei. Sinta como o comando interno muda toda a sua vibração e transforma a energia envolvida naquilo que estamos realizando.

Entrar em contato com o corpo, entender a sua linguagem, contribuir com estímulos positivos e vivenciar o poder do momento presente são elementos fundamentais para a criação de estados mentais e emocionais fortalecedores. Assim, vamos pensar sobre três pontos que limitam a comunicação interna, gerando dificuldades para experimentarmos a postura de poder pessoal. São eles: julgamento, culpa e expectativa. Julgamento é um padrão estabelecido socialmente, usualmente, tendo como referência processos passados. Ao julgarmos algo, automaticamente, somos lançados ao mundo das dualidades, em que isso é certo ou errado, bom ou mau, adequado ou inadequado... Julgar sempre levantará pontos de vistas limitantes, pois, ao julgar algo, você sempre partirá de experiências, vivências, conhecimentos passados que limitarão a percepção real do evento que está sendo julgado. O não julgamento é uma postura de observação e de distanciamento daquilo que está acontecendo, estamos somente observando. A intenção de mudar uma situação a partir dos nossos julgamentos limita as infinitas possibilidades de transformação da situação e de nós mesmos, pois, temos apenas uma pequena percepção dos eventos nos quais estamos conectados. O não julgamento contribui para uma comunicação mais efetiva e verdadeira com o que está acontecendo.

O segundo fator limitante da comunicação interna é a culpa, que, usualmente, tem três pontos focais: nós, os outros e a vida. É comum e recorrente falarmos, pensarmos ou ouvirmos frases assim: "eu fiz tudo errado" (culpando-se); "você me faz sofrer!" (culpando os outros), ou, ainda: "isso não pode ser assim... Não é justo!" (culpando a vida). A culpa anula o poder pessoal, gerando uma comunicação ineficaz e densa, que acaba "congelando" os pensamentos, sentimentos e ações, uma vez que nos aprisiona na ilusória ideia do erro, da injustiça e da vitimização. Tudo está certo como está, nós nunca erramos, apenas geramos resultados. Caso os resultados não estejam de acordo com o que desejamos, podemos, a qualquer momento, fazer outras escolhas para transformar a situação.

O terceiro ponto é a expectativa. Ter expectativa é sempre estar conectado aos processos futuros e isso, inevitavelmente, irá nos tirar do momento presente. Observe que todas as vezes em que você criou expectativa sobre alguém ou alguma coisa, se decepcionou. Toda expectativa gera desilusão, pois é uma ideia que existe apenas em seu mapa mental, algo com base em experiências anteriores, projetando o futuro. E daí nos decepcionamos, pois criamos expectativas, por exemplo, de que a pessoa que você ama não pode fazer algo que o magoe, até que, um dia, ela faz. Então, concluímos que não ser magoado foi apenas uma expectativa que você criou sobre a pessoa, pois ela poderia magoá-lo, sim, tanto é que ela o magoou, e você acabou sofrendo por algo que você mesmo criou. Então, pense em objetivos para seus negócios e não crie expectativas, crie relações com empatia, eliminando as distorções e suposições. Não se deixe levar por diálogos internos limitantes. Perceba e sinta o outro apenas como o outro é, e não como você gostaria que ele fosse.

Agora que aprendemos a estabelecer uma conexão interna mais efetiva, vamos ver como podemos nos conectar com as pessoas e situações externas. Ao estabelecer um contato com alguém, automaticamente, estará abrindo um campo relacional. Para isso, seguiremos o seguinte princípio: não importa como vamos sair de uma relação ou situação, o mais importante é como vamos entrar nela! Então, antes de começar uma conversa ou fechar um negócio com alguém, entre em sua **postura de poder pessoal**, livre-se de julgamentos e expectativas. A partir desse ponto, sinta o que está acontecendo no exato momento presente. Em seguida, utilize estas três ferramentas:

1- Tenha em mente a seguinte pergunta: "o que ela(e), realmente, está querendo me dizer?" Dessa maneira, você quebrará as estruturas que estão atrás daquilo que é a real questão.

2- Olhe sobre a pessoa e imagine como se os antepassados dela (pais, avós, bisavós) estivessem atrás dela. Assim, você abrirá um campo de inclusão, pois, seja qual for a questão, essa pessoa está lhe contando, ela sempre terá como base toda a história de vida de seus ancestrais, que colaboraram para a formação dela. Você pode, também, imaginar seus pais, avós e bisavós atrás de si, dando suporte e apoio sempre que sentir essa necessidade.

3- Lembre-se de que toda relação, primeiramente, é uma relação humana! Não há hierarquias como pais e filhos, chefe e funcionário, professor e aluno. Fundamentalmente, toda relação é uma relação entre dois seres humanos, e aí existe uma conexão de almas e não de poder. As hierarquias existem e são necessárias, mas, inicialmente, devemos ver "o outro", simplesmente, como "o outro". O ser humano é diferente na unicidade, mas igual na humanidade.

Em relação aos ambientes, é fato que você já entrou em um lugar que, sem ter acontecido nada, não se sentiu bem ali... Sentiu-se estranho ou com uma sensação "pesada". Isso é bem comum, e precisamos aprender a processar essas informações, para não limitar a realidade.

Então, perceba qual a sensação do seu corpo diante do lugar que você está conectado. A energia do seu corpo expande ou recolhe? Relaxa ou contrai? Aproxima ou afasta? Sua vontade é de avançar ou recuar? Perceba esses sinais. Se notar algo que está gerando incômodo, faça o exercício de desconexão energética e, mentalmente, vá estabelecendo o equilíbrio entre você e o ambiente. Outras ferramentas que podem ser utilizadas são as seguintes perguntas: "o que é isso que estou sentindo?"; "de quem é isso que estou sentindo?"; "o que está me impedindo de me sentir bem aqui?". Apenas faça a pergunta. Não precisa se preocupar com as respostas, lembre-se de que o processo não é algo apenas racional. Para potencializar o efeito, utilize a postura de poder pessoal e execute este comando interno: "expandir!"..."Expandir"... "Expandir"... Imagine-se crescendo mais do que o local em que você está, mais do que a cidade, mais do que o país, mais do que o planeta, mais do que o universo... Sinta seu corpo expandindo! Esta prática provocará, rapidamente, uma mudança interna positiva.

Estes são poderosos conceitos e ferramentas que visam o desenvolvimento e a evolução do ser humano. Existe uma conexão entre cada elemento do Universo, e quando mudamos algo dentro de nós, mudamos, "magicamente", aquilo que está fora. Viva plenamente e escolha, agora, ter sucesso, equilíbrio e felicidade expandindo a sua consciência.

7

O *mindset* e os três princípios básicos do *coaching*

Neste capítulo, o *coaching* é abordado sob a ótica da influência do *mindset* em seus três princípios básicos. Para sair da situação em que se encontra (estado atual), e ir em direção aos objetivos (estado desejado), o *coachee* é, diretamente, influenciado pelo *mindset*. O estado mental adotado de prosperidade ou de estagnação, em conjunto com a definição de um propósito, são determinantes para que o *coachee* atinja seus objetivos

Almir Peruck

Almir Peruck

Graduado em administração de empresas. Pós-graduado em gestão empresarial pela UNESC-SC. Gestão estratégica de recursos humanos pelo SENAC-SC, e MBA pela Fundação Getulio Vargas (FGV-SP). Mais de 35 anos de experiência com carreira executiva realizada em empresas nacionais e multinacionais. Atuou como diretor de recursos humanos em empresa multinacional com mais de 40 mil colaboradores. *Master Coach* executivo pela SLAC – Sociedade Latino Americana de *Coaching*. *Master coach* executivo e de negócios para *development international*.

Contatos
www.almirperuck.com.br
contato@almirperuck.com.br
Facebook: @aperuckcoach
LinkedIn: Almir Peruck

Existem muitas definições do que é *coaching*. Algumas, muito elaboradas, outras, mais simples. Em comum, várias apontam que se trata de um processo com base em três pontos:

1. Identificar a situação atual;
2. Definir o objetivo, onde quer chegar, o que deseja alcançar, ou seja, o estado desejado;
3. Atuação do *coach* como facilitador do processo de pensar, da autodescoberta dos caminhos para a realização.

Aqui, o *coaching* será abordado com um enfoque, diretamente, ligado ao *mindset* de cada pessoa, e como este pode interferir e impactar em cada um dos pontos ao longo de um processo.

Mindset é uma palavra da língua inglesa, que significa mentalidade, atitude mental, modelos mentais. Refere-se à forma como a mente é "calibrada", ou seja, às convicções criadas a partir das experiências vivenciadas ou aprendidas.

A forma como a mente é "calibrada" é determinante para ter sucesso na vida, isso porque o tipo de modelo mental predominante determina como uma pessoa compreende o que é o sucesso. Alguns entendem o sucesso como ter uma carreira liderando uma empresa e sendo muito bem remunerado. Outros, veem sucesso em trabalhar de forma autônoma, em casa, com flexibilidade de horário. Outros, sentem o sucesso trabalhando em projetos sociais etc. Em comum, a compreensão do que é o sucesso depende do *mindset* adotado, e de haver um propósito definido. "A opinião que você adota a seu respeito afeta, profundamente, a maneira pela qual leva a sua vida." (DWECK)

O *mindset* é reflexo direto das crenças e convicções pessoais, e pode ser dividido em dois tipos: estagnado ou de prosperidade. O *mindset* estagnado é dominado por suposições de escassez, foco grande no problema e no que pode dar errado. Dessa forma, acaba tornando-se um grande limitador do potencial de realização. Ao focar no que pode dar errado, qualquer pequeno revés acaba se tornando um grande entrave que retroalimenta o *mindset* estagnado.

O *mindset* de prosperidade acredita e se alimenta da abundância de que cada um é capaz de ser melhor a cada dia, que todos podem cultivar suas qualidades por meio do foco e da ação de seus próprios esforços. O *mindset* da prosperidade foca na solução, na busca de alternativas, na concretização de objetivos, e é alimentado por pensamentos construtivos e encorajadores.

Normalmente, há um bom motivo e uma intenção positiva quando a pessoa se identifica e se apega a um determinado modelo mental, seja ele de prosperidade ou estagnado. Ele, o modelo mental adotado, foi muito útil em algum momento mais crítico.

Ciclo do *mindset*

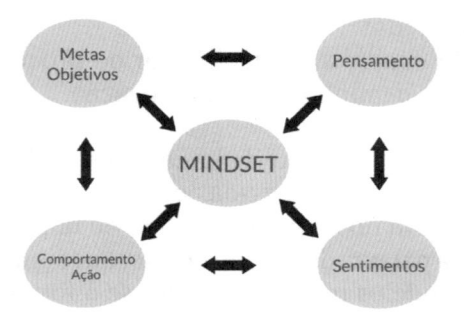

A figura, "O ciclo do *mindset*", ilustra os impactos causados pelo *mindset* e como ele é impactado pelos pensamentos, sentimentos, comportamentos e objetivos. Como pode ser visto, existe uma interligação direta entre o tipo de *mindset* adotado e as metas e objetivos, os pensamentos, os sentimentos e o comportamento.

Existem três princípios básicos que ligam o *mindset* com o *coaching*:

Princípio 1: nosso estado atual é reflexo direto do *mindset* do passado;

Princípio 2: o estado desejado depende do nosso *mindset* atual;

Princípio 3: o caminho do crescimento passa por definir o propósito pessoal e cultivar o *mindset* de prosperidade.

Princípio 1

O *coaching* tem como premissa não abordar assuntos do passado com um olhar terapêutico. Isso é atribuição do profissional de psicologia. No entanto, um processo de *coaching* pode e deve identificar situações ocorridas, que estejam levando o *coachee* (cliente) a se sentir preso, "amarrado" e com poucos recursos no momento atual. O *coaching* não põe foco no problema emocional, embora as emoções possam estar presentes durante o processo. Como visto anteriormente, o *mindset* é formado por experiências vivenciadas ou aprendidas, que são interpretadas de forma única, com base em filtros pessoais (crenças, convicções, experiências anteriores, valores etc.). Dessa forma, a cada interação feita, o *mindset* é formado ao mesmo tempo em que vai moldando a forma como vemos e interpretamos a interação (figura – ciclo do *mindset*). Em uma mesma interação entre duas ou mais pessoas, pode ser uma conversa sobre um filme recém-lançado no cinema, sobre eleições políticas, ou mesmo sobre o que está sendo servido no almoço etc., cada indivíduo interpreta o fato de forma única. Um mesmo acontecimento pode ter diferentes interpretações. Um dos fatores que explica isso são os filtros pessoais. Convicções, valores, crenças e experiências de vida são filtros poderosos que levam cada um a enxergar o mesmo fato, o mesmo acontecimento de formas diferentes.

Outro fator importante na formação do *mindset* é o quão consciente a pessoa está em relação ao seu momento presente. Nossa mente, normalmente, vagueia entre o passado, o que já aconteceu de bom ou de ruim (experiências vividas ou aprendidas), e o futuro, aquilo que causa preocupação (a mente se ocupa de coisas que ainda não aconteceram). O mais interessante de tudo é que, de forma geral, o ser humano vive pouco no momento presente. "Podemos, sempre, lidar com uma situação no momento em que ela se apresenta, mas, não podemos lidar com algo que é apenas uma projeção mental. Não podemos lidar com o futuro". (TOLLE)

Não é possível mudar o passado, mas, podemos mudar a forma como é entendido, para criar um futuro diferente. Constantemente, fazemos escolhas. Observar o reflexo, os resultados das escolhas feitas e buscar novas formas de agir, quando os resultados não são os esperados, é uma parte muito importante da formação do *mindset* de prosperidade. O comportamento no passado, o mais recente, com maior intensidade, reflete as convicções e crenças resultantes dos pensamentos e sentimentos passados.

Princípio 2

Todo processo de criação de alguma coisa, obrigatoriamente, passa por duas fases. Primeiro, é criado na mente e, depois, é criado na ação. Para atingir objetivos e metas, a forma como o *mindset* é calibrado é fundamental. Os pensamentos proativos e positivos que povoam a mente e que formam o *mindset* de prosperidade iniciam um processo de criação das circunstâncias adequadas de comportamento, que levarão a pessoa à ação e, com isso, atingir resultados.

Toda ação leva a uma reação. No enfoque do *coaching*, tudo o que é criado na mente (ação) leva a uma reação, que é o comportamento gerado. Autoconfiança e a iniciativa são fatores primordiais para as conquistas e são, primeiramente, criados e desenvolvidos em nossa mente, em nossa imaginação.

O passado não pode ser modificado, mas, é possível, sim, criar um futuro diferente a partir da criação mental positiva e de prosperidade, e das consequentes ações no presente. As ações do momento impactarão o futuro e é por isso que é tão importante e decisivo focar no que se quer, e não no que não se quer.

Princípio 3

O processo de *coaching* inicia por entender, claramente, o que o *coachee* busca, qual o seu objetivo a ser atingido. Para o *coach*, é de vital importância saber, exatamente, por que o *coachee* quer o que quer. Isso nem sempre fica muito claro. É necessário entender os motivadores que farão com que o *coachee* não desista de seus objetivos ao enfrentar alguma dificuldade ou se deparar com um obstáculo. Esses motivadores estão ligados ao propósito. Quando o propósito é, claramente, identificado, o engajamento com os objetivos fica, exponencialmente, ampliado.

Ter a noção exata do porquê alcançar determinado objetivo é importante e necessário é chave para o sucesso do processo de *coaching*. O propósito cria poder pessoal. "Ao definir um propósito, e ao se comprometer em atingi-lo, organizamos todo nosso conhecimento e energia em torno dele". (HILL)

Cultivar o *mindset* da prosperidade está ligado a vários fatores. Destaco, a seguir, os cinco que considero essenciais:

a) Assumir a responsabilidade pelo próprio progresso

> "É nos momentos de decisão que o seu destino é moldado."
> **Anthony Robbins**

O *mindset* da prosperidade envolve não culpar os outros ou as situações sobre eventuais dificuldades encontradas.

Assumir a responsabilidade pelo próprio progresso envolve, também, reconhecer que nem sempre conseguiremos avançar sozinhos. Nem sempre conseguiremos os recursos dentro de nós, para superar os desafios. Temos dificuldades em reconhecer, claramente, os problemas que aparecem em nosso caminho ou, na eventualidade de reconhecermos, nem sempre sabemos como enfrentá-los em busca da solução.

O resultado é que, em algum momento, paramos de progredir, paramos de crescer. A fórmula do supremo sucesso, segundo Anthony Robbins é: 1) decida o que deseja; 2) entre em ação; 3) verifique o que está funcionando ou não; 4) mude seu enfoque até alcançar o que quer". Todas as etapas focadas em assumir a responsabilidade pelo próprio progresso.

b) Acreditar na mudança

> "Nada é melhor do que ver as pessoas encontrarem os caminhos para chegar àquilo a que dão valor."
> **Carol S. Dweck**

O modelo mental de prosperidade está, intimamente, ligado à crença de que mudanças são necessárias para o crescimento pessoal. Encontrar o próprio caminho para o crescimento passa por entender que as mudanças sempre trazem aprendizados, apesar do desconforto que possam gerar. As mudanças têm o poder de nos levar a um outro nível de resultados.

> "Sempre que você quiser, sinceramente, efetuar uma mudança, a primeira coisa que precisa fazer é elevar seus padrões." - **Anthony Robbins**

c) Acreditar no próprio potencial

> "Ninguém está afim de investir em uma pessoa que não aposta em si." - **Napoleon Hill**

Todos temos potencial para realizarmos ou alcançarmos os objetivos com propósitos, claramente, definidos. Esse potencial pode ser amplificado ou reduzido, de acordo com as convicções e crenças que são adotadas, e que moldam o *mindset*.

Acreditar no próprio potencial significa cultivar pensamentos criadores, positivos e proativos. Acreditar no próprio potencial é enxergar-se de maneira positiva e honrar e respeitar a própria história de vida. Acreditar no próprio potencial é, também, permitir-se sonhar e ir além. Significa cultivar convicções e crenças fortalecedoras, e perguntar-se, constantemente: isso é o melhor que posso ser? Como posso ser melhor a cada dia?

d) Reconhecer a si mesmo

> "Devemos saber que o comandante da nossa vida não está fora, mas dentro de nós."
> **Masaharu Taniguchi**

O que sentimos a nosso respeito, e como reconhecemos nossas realizações têm influência direta nos nossos relacionamentos, em nossa vida. Quando dependemos do reconhecimento externo para nos sentirmos bem, estamos delegando a outros uma tarefa que nem sempre estamos preparados para delegar. O modelo mental de prosperidade é, também, desenvolvido pela capacidade de reconhecermos nossas virtudes, nossas realizações e cada pequeno passo adiante. De nos presentearmos com os parabéns por uma tarefa bem-feita. Não se trata de pensar que é superior aos outros, que realiza mais do que os outros, mas, sim, de uma maneira sincera, reconhecer os próprios esforços e méritos. Essa é a forma de fortalecer a autoestima e a própria disposição em dar mais e mais passos adiante.

e) Agradecer e contribuir

> Evidências recentes da neurociência mostram que doar, realmente, ativa os centros de recompensa e de significado em nosso cérebro, que nos enviam sinais de prazer e propósito, quando agimos em benefício de outras pessoas.
>
> **Adam Grant**

O hábito de agradecer as conquistas e contribuir com outras pessoas e/ou sociedade cria uma atmosfera positiva que acaba fortalecendo a mentalidade de prosperidade. Agradecer e contribuir tem a ver com dar e receber. O mais importante é a intenção existente no ato de dar e receber. No *mindset* de prosperidade, a intenção sempre é de provocar alegria tanto para quem doa quanto para quem recebe. O ato é feito de forma incondicional e sincera.

Depende de cada um escolher o tipo de *mindset* que quer para a vida pessoal ou profissional. Depende de cada um escolher a estagnação por meio da calibragem com pensamentos de escassez de dificuldades, de foco no problema ou a prosperidade, cultivando pensamentos de abundância e de prosperidade, com foco sempre no crescimento e na solução.

Qual vai ser a sua escolha?

Referências

DWECK, Carol. *Mindset: a nova psicologia do sucesso.* Editora Objetiva, 2006.

GRANT, Adam. *Dar e receber.* Editora Sextante, 2012. p. 179.

HILL, Napoleon. *A lei do sucesso.* Editora Leya, 2012. pp. 17 e 40.

ROBBINS, Tony. *Desperte seu gigante interior.* Editora Best Seller, 1991. pp. 25, 35.

TOLLE, Eckhart. *O poder do agora.* Editora Sextante, 2002. p. 46.

8

Mindset de *coaching:* o aconselhamento como ferramenta de mudança

Neste capítulo, você entenderá mais sobre o uso consciente e responsável de aconselhamento/*advice*/perguntas dentro do processo de *coaching*. O aconselhamento se insere dentro dos recursos que o *coach* pode usar para fortalecer o espaço seguro de acolhimento e transformação, buscando juntos encontrar novos argumentos que preencham os questionamentos levantados pelo *coachee*, como uma ferramenta espontânea e eficaz

Ana Maria Carlos de Oliveira

Ana Maria Carlos de Oliveira

Coach pelo SENAC; graduada em recursos humanos pela Universidade Estácio de Sá; técnico em administração de empresas, contabilidade e administração financeira. Palestrante motivacional. Empretec pelo SEBRAE – GO.

Contatos
anamaria@marqcertoetiquetas.com
(62) 99857-3139

O processo de *coaching* está ligado diretamente ao que o cliente quer, onde está e qual a meta desejada. Essa meta tem que ser clara e mensurável. Processo de *coaching* não trata trauma, não é terapia, mas auxilia seu *coachee* a buscar crescimento e autoconhecimento. Conhecer-se, saber seus limites, suas capacidades, ajudará a se tornar uma pessoa mais forte e confiante.

No mundo acelerado em que vivemos, nossas buscas, às vezes, atropelam as emoções e, claro, o nosso tempo. Então, será bom se buscarmos autoconhecimento e desenvolvimento de habilidades que fortalecem atitudes com mudanças de comportamento. Se não aprendermos a proteger e cuidar de nossas emoções, seremos escravos vivendo em uma sociedade livre, e o *advice* no *coaching* tem dado em minhas sessões bons resultados.

Para o ICF (International Coach Federation), referência em *coaching*, este é o processo de desenvolvimento de competência, de investigação e reflexão, descobertas, fraquezas e qualidades, aumento da consciência de si, capacidade de responsabilizar-se pela própria vida com estrutura e foco. Auxilia e apoia o cliente que está firme em sua mudança, deseja atingir metas e seus objetivos. Fica o *coach* (quem aplica o *coaching*), por sua vez, segundo o ICF, com a responsabilidade de:

• Descobrir, esclarecer e alinhar ao cliente para atingir a meta desejada;
• Encorajar o autoconhecimento e as descobertas sobre si;
• Extrair as estratégias e soluções pelo próprio *coachee*;
• Manter a responsabilidade pelo processo e acompanhar com ética e seriedade o *coachee*.

Fica certo que, metodologicamente, o *coaching* tem estrutura básica aberta, que permite adaptar a essa estrutura várias formas de abordagens em que o *coach* pode trabalhar com o seu *coachee*.

Todas as abordagens têm metodologia científica e estão assim resumidas:

1- Aliança: esclarecer o processo de *coaching*, estabelecer confiança entre *coach* e *coachee*, ter empatia;

2- Ser objetivo quanto ao processo e ouvir o cliente, escuta atenta;

3- Estabelecer a meta a partir do seu estado atual;

4- Estabelecer agenda (sessão, prazo e honorários);

5- Verificar a meta e o estado desejado;

6 - Plano de ação, elencar tarefas em busca de alcançar a meta desejada;

7- Monitorar, corrigir, avaliar e rever para consolidar o trabalho a fim de alcançar a meta desejada. Para o *coachee* seguir seu caminho sem comodismo e alienação.

Para essa metodologia são usadas várias técnicas que visam sempre estabelecer ações a estratégias com o objetivo de alcançar a meta, visualizar o desejo do cliente, identificar a melhor técnica para colaborar com o *coachee*, saber fazer escolhas, tomar decisões, trabalhar para ter sucesso em suas escolhas, e possibilitar que o *coach* fique lado a lado com o seu *coachee*. De acordo com o ICF, o profissional *coach* deve ter como alicerce: integridade, excelência, colaboração, respeito e ética.

E é com base nesse contexto, muito estudo, coragem e, claro, colocando em prática para que possa ser validado cientificamente, que venho deixar aqui minha experiência em ter resultados no processo em que incluí, experimentei, trabalhei e, com a permissão do *coachee*, utilizei o *advice* como uma ferramenta, sempre após o uso de outras ferramentas.

Quando se trata da validação científica do processo do *coaching*, é certo afirmar que a primícia do *coaching* é a filosofia, e sendo a filosofia a raiz e estrutura, fortalece com pesquisas e práticas, firmando o conhecimento emergente, sem perder os fundamentos.

Qualquer mudança que se percebe no comportamento ou desenvolvimento cognitivo dentro do contexto, é seguro afirmar que houve um aprendizado. A vida é um autoconhecimento contínuo e, por meio dele e de muita coragem, implantei o aconselhamento em minhas sessões e obtive, juntamente com meus *coachee*s, ótimos e firmes resultados, sempre com a permissão, critérios e respeito em uso durante toda a sessão, em que os *coachee*s percebem o que estão dizendo.

> Quando estamos em conexão com nossos *coachee*s, convidamos para que sejam arquitetos e donos de seu futuro, assumindo escolhas e responsabilidades por suas mudanças.
>
> Carl Rogers

Quando trabalho o aconselhamento dentro da meta estabelecida, e em busca do objetivo desejado, é produtivo e efetivo o desenvolvimento pessoal e profissional. Escutar atenta e compartilhar experiências fez com que o planejamento fluísse bem.

A filosofia e a logoterapia

O aconselhamento dentro da filosofia constitui um exercício ou instrumento de análise, reflexão, gestão de vida, ponderando escolhas, clarificando vazios metafísicos, religiosos e outros.

A prática da filosofia em aconselhamento e no *coaching* não é terapia convencional, um saber fazer, mas propõe o "como ser", por meio de diálogo socrático, questionamento, exercícios filosóficos, conceitos, argumentos de escolhas, valores, contribuindo para o autoconhecimento e a mudança de atitudes para a gestão de vida, equilíbrio e bem-estar da pessoa, com formulação de projetos ou metas, impactos nos valores, na sociedade e no meio ambiente, é o que buscamos no *coaching*.

O que é aconselhamento crítico?

No geral, temos o *counseling* (aconselhamento) e *advice* (conselhos). O *coaching* não pode fazer *counseling*, pois está ligado à terapia, então, está mais próximo do uso do *advice* como ferramenta do processo.

O que buscamos com o *advice* crítico é formar no *coachee* a dúvida à questão dele, e de suas atitudes, deixando que ele se questione sobre suas forças e fraquezas.

Então, vou deixar minha experiência de trabalhar para alcançar o objetivo usando *advice* no processo, sempre com ética, não julgamento, apontando a meta e com a permissão do cliente.

Acreditando no aconselhamento como uma ferramenta que se pode usar no processo de *coaching*, desejo relatar minhas pesquisas e estudos que tenho realizado com a permissão dos meus clientes.

Estou no quinto processo que uso o aconselhamento crítico.

1° caso

A meta: concurso

Advice: perceber que poderia ter uma vida ativa e, ainda assim, estudar para o seu sonho

A cliente estava há anos estudando e se preparando para concurso já definido, e certa do que queria: deixar de ser advogada, para tornar-se uma procuradora.

Diante desse resumo, começamos a trabalhar o que ela estava fazendo para passar no concurso. Feito isso, já na quarta sessão, fiz a análise SWOT e, pronto, percebeu que estava procrastinando e chorou muito. Dei à ela seu tempo e retomamos. Perguntei se me permitia aconselhar para que compreendesse se era isso o que ela desejava. Perguntas poderosas.

Com o *advice*, eu percebi que ela se sentiu mais à vontade e se viu presa a um sonho, sem atitudes que não fosse somente estudar.

Assim, depois de conselhos e conversas, ela se descobriu capaz de estudar, trabalhar e ter uma vida social.

O *advice* começou assim, pedi a ela para se avaliar: vamos imaginar que durante dez anos não haverá nenhum concurso no país. Como vai viver? Como vai deixar passar esses dez anos em sua vida? E, na sequência, indaguei: e se estivesse trabalhando, vivendo, experimentando coisas novas, estudando, será que quando tivesse o concurso estaria mais forte, experiente e segura? Percebe? A partir desse diálogo, ela se desenvolveu e terminamos o processo com onze sessões. Agora, dois anos depois, está bem, segura, por meio do autoconhecimento, fez e passou em dois concursos, mas não no da procuradoria. Vai continuar com o seu objetivo, aguardando e se preparando para o concurso de procuradoria.

2° caso

Meta: segurança em entrevistas
Advice: perceber que o que faltava não era segurança

Já na sétima sessão, percebi que estávamos paradas, não havia mudança e tampouco compromisso. Então, chamando ela para o foco, pedi permissão para usar o *advice* e deixei bem leve para ela tudo o que havia falado e não realizado durante as sessões, no dia a dia, voltando ao primeiro encontro. E, de maneira sutil, comecei a falar o que é insegurança e o que é atitude, e logo tive o *insight*.

Conversamos e a aconselhei a observar os momentos de atitudes (fazer) e os momentos em que não queria e se acomodava (não fazer). Só perguntas, o que faz e por que não fazer.

Fechamos o processo na décima terceira sessão, e hoje, um ano e meio depois, está trabalhando na área administrativa e está firme em sua mudança de comportamento de não se vitimizar. Ela ainda me pergunta como consegui fazer com que percebesse que se enganava, digo que não fiz, ela que se autoconheceu.

3 ° caso

Meta: trabalhar na área de sua formação (psicologia)
Advice: ter atitude para começar

Uma psicóloga com três anos de formação e sem horizonte veio até mim no intuito de entrar no mercado de trabalho. Na quarta sessão, tive o *insight* de perguntar o que era mercado de trabalho para ela, e pronto, tivemos um longo silêncio na sala. Em seguida, ela disse assim: "me dá um conselho?". Aí o silêncio foi de minha parte, mas disse a ela que se me permitisse, eu a aconselharia.

Perguntou se me trataria com uma psicóloga que tem uma questão familiar mal resolvida, pois não aceita conviver com o pai que a abandonou.

Bem, no *advice*, não se julgar seria o primeiro passo, depois de tudo, seguiria, mas de maneira branda. Então, nossas outras sessões, foram todas de *advice*, sempre com fundamentos em nossas conversas e muito cuidado com o sentimento e confiança da minha *coachee*. Hoje, um ano passou e ela está atendendo confiante, já conseguiu uma boa carteira de clientes e, depois do *coaching*, optou por atender crianças.

Quanto a seu pai, conseguiu o primeiro contato e decidiu que seria calma e lenta a aproximação, para que não se machuquem mais.

O autoconhecimento dela foi a sua maior vitória.

Para mim, *mindset* de *coaching* é isso, conseguir ajudar as pessoas a se verem e se fortalecerem para a vida!

Bem, fico extremamente feliz em conseguir expor minha experiência no processo de *coaching*, em que utilizei e ainda uso quando se faz prudente meu *mindset* de *coaching*, o *advice*. Com cautela e responsabilidade, pois se trata de um ser humano ali, diante de mim, com sonhos, metas, objetivos, desejos e segredos. Como profissional *coach*, devo estar respaldada na ética moral e na responsabilidade social para trabalhar para que percebam que são capazes de ver, fazer e se perguntar sobre o que mudar: o que quero e quando começar?

Sei que está sendo e será um grande desafio, porém, instigante. Lutar e elaborar estratégias para continuar com muita responsabilidade e seriedade ao usar o *advice* como ferramenta dentro do processo de *coaching*.

Por amor a minha carreira e compromisso com o crescimento do meu cliente, nunca usar o *advice* sem sua permissão, lembrando que sempre pautada em ferramentas, perguntas poderosas e que o cliente é que conduz sua mudança de comportamento e atitudes para alcançar seus objetivos.

Para encerrar, um *advice*:

Alguém tem que começar. Por que não você?

Referência
FRANKL, Victor F. *O homem em busca de um sentido*. Portugal: Editora Lua de Papel, 2012.

9

Coaching ministerial

Neste artigo, quero chamar a atenção de líderes espirituais em relação às dores causadas pela superficialidade religiosa que esta geração está vivendo, e de como o *coaching* ministerial pode contribuir para maiores experiências espirituais. Em meus 22 anos de ministério, completados em 2018, percebo que existe pouca preocupação em relação ao desenvolvimento de líderes espirituais

Anderson Christofoletti

Anderson Christofoletti

Formado em teologia, Pastor da Igreja do Evangelho Quadrangular em Rio Claro/SP. *Business and executive coach, professional & self coach, life & leader coach,* e analista comportamental pelo Instituto Brasileiro de Coaching. Atua como *coach* ministerial e de liderança cristã. CEO no Instituto Por Toda Vida, em que desenvolveu o programa *Uma vida que Deus deseja*, auxiliando pessoas em soluções para vida, negócios e ministério, por meio de conferências, palestras, cursos presenciais e online no *Portal Por toda vida*. É formado em direito pela Faculdade Claretiano. Advogado especializado no terceiro setor, contabilista e CEO do Escritório de Soluções Dr. Anderson A. Christofoletti, que há 22 anos ajuda pessoas, empresas, associações e igrejas. Capelão Empresarial, Primeiro Tenente e Instrutor em Capelania empresarial na Interchap Global. Atualmente, exerce seu segundo mandato como Vereador na Câmara Legislativa de Rio Claro/SP.

Contatos
www.portodavida.com
www.umavidaqueDeusdeseja.com
pr.anderson@portodavida.com
Facebook: Anderson Adolfo Christofoletti
(19) 97111-1345

F rustrações, divisões e angústias têm se multiplicado no cotidiano do ambiente das igrejas e escolas teológicas, deixando Pastores, mestres, obreiros e líderes tão "doentes", que acabam contaminando a mensagem genuína e poderosa do evangelho de Cristo. Isso acaba formando fiéis com entendimento de fé superficial. É surpreendente e alarmante o número de suicídios de líderes cristãos, e a troca frenética de igreja entre os membros e líderes.

Nesse ambiente, surge o *coaching* ministerial, que é capaz de promover uma transformação no treinamento de liderança, seja na formação de líderes e Pastores, ou na busca pela cura e evolução dos membros.

Apesar desse nicho de *coaching* ainda ser pouco estudado e utilizado, de haver uma certa resistência, medo e, em alguns casos, até repúdio em receber o *coach* como uma pessoa disposta a ajudar, aos poucos, vamos vendo suas ferramentas sendo aplicadas e os excelentes resultados alcançados.

Em algumas pesquisas sobre o *coaching* ministerial, destaca-se, principalmente, um estudo publicado pela *Revista Cristianismo Hoje*, que mostra que 70% dos Pastores dizem sofrer de estresse e depressão, e cerca de 80% afirmam estar despreparados para exercer suas funções em seu ministério. Esses dados mostram o outro lado da moeda, em que por trás de um microfone ou um púlpito, também há um ser humano que precisa de suporte e apoio em seu desenvolvimento para desenvolver e dar suporte ao outro.

Certamente, o Pastor e também os líderes ministeriais, uma vez que passam a se desenvolver interiormente com o auxílio do *coaching*, cuidarão de forma mais intensa das pessoas, podendo contribuir em áreas atuais de conflito tais como relacionamentos, finanças, administração, casamento, liderança, empreendedorismo, entre outras.

Nesse diapasão, líderes religiosos recebem, por meio do *coaching* ministerial, ferramentas e técnicas que ajudam a compreender melhor o comportamento humano, e encontrar as melhores formas para exercer um ministério.

Outro ponto importante é a promoção do autoconhecimento para, assim, vencer seus próprios dilemas, crenças negativas e oferecer o seu melhor ao outro.

Além disso, esses líderes passam a desenvolver habilidades de comunicação, liderança, gestão e relacionamento interpessoal, de modo que isso lhes permita acessar e cuidar de sua comunidade religiosa de forma ainda mais eficaz, correta e positiva.

Certamente, seus membros tornam-se, também, *coachees*, aprendem a ouvir na essência, compreender, honrar e respeitar a história do outro e a sua. Colocam-se no lugar das pessoas, mudam a posição perceptiva, e ampliam a visão sobre o ser humano, o mundo e a maravilhosa obra de Deus.

Ser um *coach* ministerial é algo fantástico, um sonho que já se transformou em legado a ser deixado em minha vida, e tem sido motivo para acordar todos os dias.

Ajudar os homens e mulheres de Deus é, realmente, maravilhoso, pois todos nós precisamos de uma direção espiritual. Assim, quanto mais preparado estiver o líder e o pastor, melhores serão os resultados e a evolução de todos os membros de uma comunidade.

Entre inúmeras ferramentas a serem aplicadas quero, neste artigo, destacar a Roda da Vida que Deus Deseja, que se trata de um círculo dividido em 12 partes, como um gráfico de *pizza*.

Para realizar a avaliação, é necessário colocar uma nota que vai de zero a dez, referente à avaliação pessoal de satisfação, que pode ser comparada ao experimentado em cada área pelos homens e mulheres da Igreja primitiva, narrado no Novo Testamento da Bíblia Sagrada, conforme foi elaborada a pergunta-chave nesse teste.

Após, e somente após, meditar, refletir e responder para si as ʾrguntas referentes ao tema, é que você dará uma nota de satisfação.

Nunca se esqueça de que você está se autoavaliando, e deve ser o ʾs sincero possível. O nível de satisfação deve representar o estado l e não aquilo que você deseja.

ʾor exemplo: você entende que a oração é algo fundamental em ʾaminhada com Deus. Ocorre que você ora, raramente, sem dar importância, mas entende que precisa orar e vai, a partir de intensificar suas orações. Nesse exemplo, você dará uma nota ʾróxima do zero, pois representa o seu estado atual.

ʾselho você, leitor, a iniciar sua avaliação pelo item "fé", pois tudo ʾa fé. Tudo é uma questão de fé. Aquele que quer experimentar ʾrecisa avaliar o quanto tem de fé para alcançar o sobrenatural.

Nesse item, você deve avaliar a qualidade de sua fé. Assim, responda e pinte no gráfico: sinceramente, de zero a dez, qual é a qualidade de sua fé, comparada aos homens e mulheres da Bíblia Sagrada?

Oração: oração é a comunicação com Deus. Ele quer se relacionar com seus filhos, e a oração é o canal de comunicação acessível a Ele. Na Bíblia, encontramos o poder da oração. Nesse item, você deve avaliar como está sua qualidade de oração. Assim, responda e pinte no gráfico: sinceramente, de zero a dez, qual a qualidade de suas orações, comparada aos homens e mulheres de orações descritos na Bíblia?

Batismo no Espírito Santo: o batismo "no" ou "com o" Espírito Santo foi uma promessa de Jesus. A Bíblia refere-se ao Espírito Santo como uma pessoa que habitaria cada indivíduo que aceitasse Cristo como único e suficiente salvador. Nesse item, você deve avaliar como está sua comunhão com o Espírito Santo. Assim, responda e pinte no gráfico: sinceramente, de zero a dez, qual a qualidade de sua comunhão com o Espírito Santo, comparada ao derramar de Batismo sobre os homens e as mulheres na Igreja Primitiva?

Dons: os dons são, certamente, presentes dados aos homens. São dádivas, ferramentas espirituais, para que os planos de Deus se tornem possíveis neste tempo. Nesse item, você deve avaliar a qualidade de sua dedicação aos dons espirituais. Assim, responda e pinte no gráfico: sinceramente, de zero a dez, qual a qualidade de sua dedicação aos dons espirituais em comparação aos homens e as mulheres na Igreja Primitiva?

Ofertas: tudo vem de Deus. Somos administradores de tudo que Ele criou. Viemos sem nada e voltaremos da mesma maneira. O que contará é como administramos tudo o que recebemos. Ao nosso redor, devemos compartilhar, segundo as orientações do dono do ouro e da prata. Nesse item, você deve avaliar a qualidade de sua fidelidade na administração de tudo o que Deus lhe deu, assim, responda e pinte no gráfico: sinceramente, de zero a dez, qual a qualidade de sua fidelidade aos dízimos e ofertas em comparação aos ensinamentos bíblicos?

Obediência: gosto da palavra submissão que, em sentido amplo, é estar debaixo de uma missão. Submetemos ou obedecemos aquilo que colocamos como regra sobre nós. Uma vez aceita as regras, deve-se se-gui-las, pois não obedecê-las poderá gerar consequências. Assim, responda e pinte no gráfico: sinceramente, de zero a dez, qual a qualidade de sua obediência em comparação aos homens e as mulheres na Igreja Primitiva?

Ide: fomos enviados. Não podemos ficar parados. O nosso movimento promove o movimento de Deus. Mas, ir para onde?

Fazer o quê? Ter uma visão clara de nosso papel na evangelização promoverá resultados eternos. Assim, responda e pinte no gráfico: sinceramente, de zero a dez, qual a qualidade e quantidade de Evangelismo em comparação aos homens e as mulheres na Igreja Primitiva?

Comunhão: não sobrevivemos isolados. Relacionar-se com pessoas é algo fantástico. Pessoas têm os resultados que precisamos. Nós temos os resultados que as outras precisam, e na comunhão é que alinhamos e permitimos a troca de resultados. Assim, responda e pinte no gráfico: sinceramente, de zero a dez, qual a qualidade de comunhão em comparação aos homens e as mulheres na Igreja Primitiva?

Ministério: trabalhar é algo que edifica. Deus nos chamou para somarmos esforços em sua obra, neste tempo. Utilizar seus dons, talentos e habilidades específicas na realização da obra projetada por Deus é seu ministério. Assim, responda e pinte no gráfico: sinceramente, de zero a dez, qual a qualidade de trabalho e realização do seu ministério em comparação aos homens e as mulheres na Igreja Primitiva?

Adoração: "Adorar é o que sou" diz uma canção. Em Espírito e em verdade é a característica de um verdadeiro adorador. O ambiente externo e seu coração deve estar preparado, habitável pelo Senhor que receberá sua adoração. Assim, responda e pinte no gráfico: sinceramente, de zero a dez, qual a qualidade de adoração em sua vida em comparação aos homens e as mulheres na Igreja Primitiva?

Bênçãos: bênçãos, milagres, suprimentos de necessidades, motivos pelos quais somos transbordantes de gratidão. Certamente, todos temos motivos para agradecer pelas bênçãos alcançadas, e a expectativa de cada dia sermos agraciados com as bênçãos. Assim, responda e pinte no gráfico: sinceramente, de zero a dez, qual a satisfação em relação as bênçãos recebidas em comparação aos homens e as mulheres na Igreja Primitiva?

Voz de Deus: Deus tem uma voz. Ao longo da história, Ele a tem expressado de diversas maneiras. Saber ouvi-la e dar a atenção devida pode ser a diferença entre alcançar um resultado eterno, ou ficar paralisado sem saber o que fazer ou para onde ir. Assim, responda e pinte no gráfico: sinceramente, de zero a dez, como você avalia a qualidade de conhecimento em relação à voz Deus em comparação aos homens e as mulheres na Igreja Primitiva?

Agora, com o gráfico em mãos, você tem o resultado final, saberá onde precisa evoluir. Essa técnica o ajuda a fazer uma reflexão do estado em que se encontra sua vida espiritual e lhe mostra um caminho a seguir.

Para uma boa avaliação, é necessário que cada esfera ou parte do gráfico esteja acima de 60% de satisfação (ou acima da nota 6), caso contrário, se torna uma área que precisa, urgentemente, ser desenvolvida.

Ao identificar qual área apresenta os maiores desafios, ficará mais fácil organizar um planejamento eficaz para desenvolvimento, levando assim a uma vida mais prazerosa, produtiva e ao equilíbrio pessoal, a uma Vida que Deus deseja.

Nos *sites* **www.portodavida.com** e **www.umavidaqueDeusdeseja.com** você consegue fazer esse teste gratuito e *online*, inclusive com um *feedback* ao final, em relação a sua avaliação.

Ferramenta Roda da vida que Deus deseja

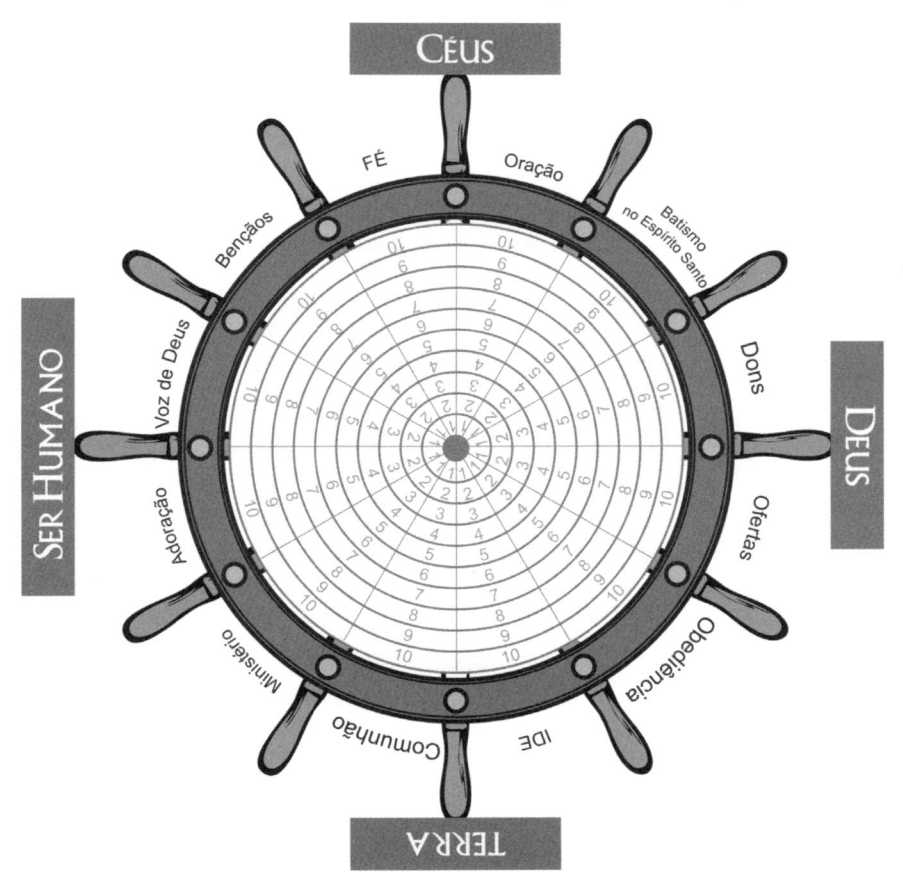

10

Empoderando a sua trilha evolutiva

Uma abordagem distinta de como o modelo mental influencia o modo de ver a jornada chamada vida, da postura diante dela, da responsabilidade de cada um, e a percepção sobre si e sobre o mundo ao seu redor

Andrea Habr

Andrea Habr

Coach, consteladora e terapeuta. Formada em *professional & self coaching*; constelação sistêmica integrativa; *coaching* ericksoniano; analista 360°; e analista comportamental pelo IBC (Instituto Brasileiro de Coaching). *Practitioner* de barras de *access* e espiritualista. Trabalha unindo técnicas como *coaching*, constelação, hipnose ericksoniana e barras de *access* nos atendimentos de pessoas que buscam a evolução pessoal e profissional. Conciliadora e mediadora formada pelo TASP (Centro de Mediação e Arbitragem de São Paulo). Participação na Rádio Mundial no Programa Angelita D'Requena. Bacharel em engenharia mecânica pela FEI (Faculdade de Engenharia Industrial); pós-graduada em administração de empresas pela UNIP (Universidade Paulista); MBA em comércio exterior e negócios internacionais na FGV (Fundação Getulio Vargas). Experiência de mais de 20 anos nas áreas de *Supply Chain*, compras, suprimentos e engenharia, nos segmentos da aviação e automotivo em empresas nacionais e internacionais.

Contatos
andrea.habr@gmail.com
Facebook: Andrea Habr
Instagram: andreahabr
LinkedIn: Andrea Habr
YouTube: Andrea Habr

> "Vida é movimento, e tudo está em constante transformação. Chega o momento em que a vida traz um desafio que faz com que você queira se mover."
> Sri Prem Baba

Desde que nascemos, adquirimos crenças, valores, pensamentos e ideias que acabam por definir o nosso modelo mental, que é a configuração da nossa mente. A partir daí, são definidas as nossas verdades, prioridades e a maneira de nos perceber e enxergar o mundo ao nosso redor.

Todas as nossas decisões, escolhas, atitudes, comportamentos e como reagimos diante de uma situação têm base nesse modelo mental que norteia a jornada chamada vida.

É claro que podemos, ao longo da vida, trabalhar os pontos que entendemos serem oportunidades de crescimento pessoal, e buscar sermos seres humanos cada vez melhores. Normalmente, as pessoas investem tempo e recurso em várias coisas na vida relacionadas ao profissional, financeiro, saúde e lazer. Todas são muito importantes, porém, algumas esquecem da sua espiritualidade e de olhar para si.

Não estou falando, aqui, de nenhuma religião, seita ou prática específica. É claro que uma grande parte das pessoas se sente melhor quando faz parte de um grupo, pois cada ser humano é único e tem a sua própria forma de lidar com a vida. Mas, aqui, especificamente, estou falando de espiritualidade e da busca por si mesmo, seu objetivo de vida, sua paz interior e sua fé.

Neste momento, pergunto: quanto tempo você está investindo na sua espiritualidade? Quanto tempo você está investindo em se tornar um ser humano melhor?

O Universo é dual, portanto, a dualidade também está presente no ser humano. Aí, você me pergunta: como assim dual? E eu digo que todos nós temos um lado luz e um lado sombra, um lado positivo e um lado negativo, o bem e o mal, o amor e o ódio, o caos e a ordem, começo e fim, feminino e masculino e assim por diante. A forma como lidamos com tudo isso e nos comportamos diante das situações é que irá fazer a diferença.

As adversidades que enfrentamos, constantemente, são fundamentais em todo esse processo. Acredito que você já passou por uma situação em que teve que escolher entre desistir ou levantar a cabeça e se reinventar.

Não sei você, mas eu já passei por isso na minha vida, e não foi uma vez só, e sei que ainda virão várias outras. Claro que sou um ser humano e que também sinto medos, mas sempre escolhi aceitar a situação e buscar a melhor alternativa.

O que temos que lembrar é que, nesse percurso chamado vida, estamos sujeitos a tudo que existe no planeta. Vamos vivenciar situações de alegrias e dificuldades, sendo que ambas trazem lições, conhecimentos e oportunidades.

As adversidades, muitas vezes, vêm acompanhadas da dor, e ninguém gosta de senti-la. Na verdade, a dor vem para nos tirar da nossa zona de conforto, para mostrar que algo está errado, e que precisa de mudança.

Muitas vezes, ficamos estacionados na vida, no mesmo lugar. Não temos coragem de mudar, por diversas razões, como comodismo, costume, hábito e só de pensar em mudanças, perdemos o sono e ficamos ansiosos.

Você está pronto para perceber esse aprendizado e começar a aplicar na sua vida? Você se dispõe a enfrentar a situação, ou simplesmente recua? Está preso em padrões antigos e não consegue perceber essas oportunidades?

Toda mudança tem um tempo para acontecer, não é de um dia para o outro, ainda mais quando se envolve uma alteração do modelo mental que, geralmente, está enraizado há muito tempo no nosso ser, e não é fácil.

De qualquer forma, você precisa, em primeiro lugar, tomar a decisão de mudar, colocar-se em ação, ter atitude e, acima de tudo, ter muita perseverança nesse caminho.

Uma das formas é começar revendo alguns conceitos, sentimentos e atitudes na sua vida e ressignificá-los.

Vamos falar agora de aceitação

Como você se posiciona diante das situações que surgem na sua vida? Você se conforma ou aprende com os acontecimentos?

A vida é, exatamente, o resultado de como você reage, das suas atitudes, do que faz em relação a tudo que lhe acontece.

Uma das maneiras de perceber como é o seu posicionamento diante das situações é, justamente, observar se você se mantém mais tempo irritado, ou mais tempo tranquilo e alegre no seu dia a dia. É a forma como você reage diante do que lhe acontece que irá trazer-lhe uma vida com mais dificuldades ou com mais alegrias e sucesso.

Todo acontecimento está certo e tem uma razão, temos que mudar a forma como olhamos para cada situação, mudar a perspectiva, e entender o que precisa ser aprendido. Entender que existem coisas e situações que podemos mudar e outras que não podemos mudar, simplesmente são como são.

Cabe a cada um de nós aceitar o que não pode ser mudado, aprender o que precisa ser aprendido, adaptar-se quando necessário, e ter as atitudes corretas para seguir o caminho.

Que tal perdoar?

Quantas situações acontecem na nossa vida que nos ferem e nos machucam de várias formas? Por que será que é tão difícil para algumas pessoas perdoar?

Existem situações que nos ferem de forma leve, e outras de forma profunda, porém, carregar essas mágoas só irá nos causar mal, tristezas e, até mesmo, reverberar no corpo físico.

Muitas vezes, as pessoas acham que se perdoarem o outro, estarão eximindo a responsabilidade do que fizeram, mas, na verdade, quando perdoamos, estamos nos libertando do vínculo daquela dor, e deixando ela ir embora. Lembrando que o que é da pessoa é dela, e ninguém irá tirar, isso quer dizer que ela sempre terá a responsabilidade pelos seus atos e a consequência sobre isso, mesmo que sejam perdoados por nós.

Se não consegue perdoar o outro pelo que ele fez, perdoe por você, pela libertação dos seus sentimentos de raiva e mágoa.

Pelo que você é grato?

A gratidão faz parte da sua vida? Você se considera uma pessoa grata?

O que acontece nas nossas vidas tem o objetivo de direcionar o caminho para a nossa evolução. Existem situações dolorosas e outras de alegrias, mas ambas têm a função de nos desenvolver. Os momentos mais difíceis vêm, justamente, para que o aprendizado seja mais rápido.

A maneira como irá olhar a realidade a sua volta depende única e exclusivamente de você. Mesmo que tudo pareça estar desmoronando a sua volta, a diferença será a forma como encarará tudo isso, e as suas atitudes e ações diante dessas adversidades.

Entendendo que tanto os eventos de alegrias quanto os de tristezas têm o objetivo de nos tornar pessoas melhores. Por que não agradecer a ambos?

Praticar a gratidão é uma forma de se conectar com o Universo, e de reconhecer que tudo que nos acontece é para a nossa evolução. Quanto mais agradecemos, mais motivos teremos para agradecer na nossa vida.

A congruência faz parte da sua vida?

O quanto você é congruente? Suas ações estão alinhadas com o que fala e pensa?

Ser congruente é pensar, falar e agir na mesma sintonia, isso quer dizer, sentir, expressar e fazer de acordo com o que você acredita realmente. Ser verdadeiro é ser você mesmo o tempo todo e em todos os lugares.

A congruência é um estilo de vida, é ter o alinhamento entre as suas expressões, seus pensamentos, sua fala e suas atitudes. É honrar o ser humano que você é na sua essência. Reflita se é honesto consigo, se é o reflexo de quem você é nas suas atitudes e no seu discurso ou se reflete uma pessoa diferente.

Impermanência. O que é isso?

O que você entende por impermanência? Já pensou que tudo na vida muda? Que a única certeza é que tudo vai mudar?

Tudo a nossa volta está mudando, todos os dias, tudo está em movimento o tempo todo. Não temos como controlar uma situação ou uma pessoa, não temos como ter esse controle, isso é somente uma ilusão.

Podemos fazer uma analogia do trem, que faz paradas em cada estação, com os ciclos que ocorrem em nossas vidas. A cada estação ou em cada ciclo da nossa vida, pessoas entram e saem, oportunidades vêm e vão, trabalhos aparecem e terminam, relacionamentos iniciam e encerram, esperanças aparecem e desaparecem.

A impermanência está presente o tempo todo em nossas vidas, o que acontece é que não queremos enxergar. Na verdade, queremos controlar tudo e a todos a nossa volta, os acontecimentos e as pessoas, por desejo ou por apego. Não queremos aceitar que a transição faz parte de tudo e de todos, que os ciclos têm começo, meio e fim, e que essa é a realidade da vida.

Por outro lado, esquecemos de que, por esse motivo, as dificuldades e sofrimentos também são passageiros ao longo da nossa vida, e que não devemos nos deixar abater e cair no desânimo, mas encarar de frente e entender que são desafios e oportunidades de crescimento e evolução.

Absolutamente tudo será transitório, em períodos de tempo diferentes, não existe uma regra, o tempo será diferente para cada situação, mas, ainda assim, existe a certeza de que nada será permanente.

Com essa visão, é importante ter a clareza que não adianta ficarmos presos ao passado, que devemos viver o presente e abrir espaço para o novo.

Desapego é deixar ir embora

Como você lida com o desapego na sua vida? Permite que o antigo vá embora para o novo fazer parte da sua vida?

O termo desapego, para a maioria das pessoas, faz referência a objetos e coisas materiais, mas é muito mais abrangente. Na verdade, é deixar que o velho vá embora e permitir que o novo entre na sua vida.

Olhando por esse aspecto, o desapego significa retirar objetos quebrados ou que guardamos por guardar, retirar roupas que não usamos mais e que ficamos acumulando, seja por apego ou por sermos acumuladores, mas vai muito mais além.

Significa, também, remover da nossa vida todos os sentimentos, todas as emoções e mágoas que se acumulam ao longo das nossas vidas, e que podem trazer consequências no futuro, até mesmo afetando a nossa saúde.

O novo só entra na nossa vida quando há espaço para isso, portanto, comece a repensar se você é um acumulador de coisas e sentimentos, e dê o primeiro passo.

Quando nos libertamos de coisas que não usamos mais ou de sentimentos que nos fazem mal, tudo começa a fluir melhor ao nosso redor. É a troca de energia que estava parada, por uma energia nova e em movimento.

Tudo depende única e exclusivamente de nós mesmos, de como nos posicionamos diante da vida, porque somos os únicos responsávei pelas nossas escolhas e decisões. Permita-se e acredite em si.

Fé demais ou fé de menos?

Brincadeiras à parte, como está a sua fé em si mesmo? E ser humano?

As pessoas costumam associar a palavra fé com religião, ma verdade, está ligada a acreditar numa inteligência maior, na fé (no outro, na vida e no Universo.

Então, vamos ampliar a visão e considerar que ter fé é acrec próprio potencial, em tudo o que você pode realizar e construir, ter c(na humanidade e, além disso, é a força que precisamos para atra' momentos de dificuldades e continuarmos seguindo em frente.

A fé traz uma força interna poderosa, que dá sentido pa existência e é o princípio da transformação.

Que pena, acabou. Concluindo...

O modelo mental é determinante para atingir sucesso na vida, porque afeta, diretamente, os pensamentos, comportamentos e atitudes.

Seja grato a tudo que lhe acontece, tanto o que for positivo quanto o que for negativo, pois ambos impulsionam a sua evolução. Pratique o perdão para se libertar de padrões limitantes que o estejam atrapalhando, e tenha mais fluidez na sua vida. Elimine o que não lhe serve mais, e abra infinitas possibilidades.

Orar e vigiar os seus pensamentos, emoções, atitudes e hábitos, observando a qualidade de cada um deles e mudando o que for necessário para que atuem na sua vida de modo positivo.

Acredite em você e no seu potencial, lembre-se de quem realmente é, um ser humano completo com inúmeras oportunidades, buscando ser melhor a cada dia.

Somos responsáveis por tudo o que acontece em nossas vidas. O presente é a reverberação de escolhas e decisões feitas por nós. A ida do ser humano é feita de ciclos e oportunidades de crescimento, adurecimento e evolução. Nem sempre entendemos os desígnios ida, e a forma como tudo acontece. O importante é entender que ue ocorre é para nos levar um degrau acima na nossa evolução. mudanças no nosso modelo mental, cada vez mais, nos empo- a nossa trilha evolutiva e reforçam a nossa responsabilidade sse caminho, proporcionando uma nova percepção de nós e o nosso redor.

e de nunca mais esquecer que cada ser humano tem de construir um futuro diferente, com base na sua titudes, pensamentos, emoções, decisões e escolhas feitas

no

, na n si,

tar no fiança ssar os

a nossa

11

Mudança de mentalidade e comportamentos focados na assertividade

Neste capítulo, reflexões para os indivíduos que procuram triunfar em sua vida profissional, na carreira ou como empreendedor. Observações sobre o impacto das mudanças nos diversos ambientes, da mudança de mentalidade, do poder dos pensamentos, do impacto dos comportamentos e do poder da ação

Ane Maria Blank

Ane Maria Blank

Administradora graduada pela FURB (1994), com pós-graduação em engenharia de produção (INPG). *Master coach executive & business*, certificada pela Development International (2018). *Life, Self & Professional Coach*. Certificação internacional de *coaching, mentoring & holomentoring* ISOR®, instituto reconhecido pela International Coach Federation - ICF (2013). *Practitioner* na ciência e arte da programação neurolinguística, certificada pela Metaprocessos Avançados (2012). Atua na área de gestão do conhecimento, é facilitadora e desenvolvedora de mudanças organizacionais, entre elas, na gestão dos processos produtivos e na gestão de pessoas. Exerce consultoria em: treinamento e desenvolvimento individualizado ou em grupo; análise de perfil comportamental; cargos e salários; pesquisa de clima organizacional e análise dos processos.

Contatos
conhecimento@ambgestao.com.br
Instagram: amb.gestao
Facebook: AMB Gestão do conhecimento

"**M**ude seu *mindset*! Foque em resultados! Faça *coaching*! Desenvolva-se, amplie seus conhecimentos e habilidades". São as palavras de ordem na atualidade, não é mesmo?

As mudanças na vida corporativa, profissional e pessoal estão sendo requeridas e intensificadas a cada dia, na mesma intensidade em que a busca pelo autoconhecimento, qualidade de vida, espiritualidade e equilíbrio. Mudar implica em sair da caixa, enxergar de outras formas as situações, modificar, alterar. Mudanças essas em nossos comportamentos, principalmente, que passam pela mudança de nosso *mindset*. Mas, a pergunta que muito se faz é: o que é isso? Como se muda isso? Por que isso é importante? Vamos refletir um pouco...

Ao longo de grande parte da história da humanidade, podemos verificar que uma imensa maioria das pessoas sempre viveu em pequenas comunidades, com seu trabalho e experiências de vida pessoal entrelaçadas. Acompanhando a evolução econômica e populacional, de um contexto agrícola para um industrial, convenções sociais e morais puniam, duramente, qualquer tipo de desvio; pessoas eram lembradas, a qualquer momento da vida, de qual seria o seu papel. Muitas sociedades passaram pelo paternalismo, socialismo ou comunismo, liberando os indivíduos da necessidade ou desejo de pensar por si mesmos. Após a II Guerra Mundial, nas culturas ocidentais, pessoas passaram a buscar, ardentemente, a felicidade individual, ou seja, desejavam um emprego para a vida toda, um crescimento salarial que propiciasse preparar o homem trabalhador a prover um lar, bem como uma vida confortável para sua família. Em um determinado momento, as regras foram jogadas para o alto e a era da informação produziu mudanças como a velocidade da luz. Organizações enxugaram as hierarquias e se globalizaram. Com a implantação da meritocracia, os fundamentos da burocracia ficaram estremecidos, mas, os resultados foram imensos aumentos em produtividade, eficiência e tamanho dos mercados. Concluindo, esses movimentos não poderiam ter nenhum outro motivo a não ser cuidar do que fosse seu próprio destino.

Vivemos, novamente, num novo processo de revolução industrial, em que os robôs ou atividades robotizadas estão tomando o lugar de pessoas, num ritmo muito acelerado. Mas, será que todos já perceberam essas mudanças acontecendo? Será que existem formas de se adaptar a essas alterações que não têm mais retorno?

Em seu livro *Mindset: a nova psicologia do sucesso*, Carol S. Dweck comenta sobre duas formas de pensar nossas atitudes e comportamentos. E, essa opinião que temos sobre nós afeta, profundamente, a maneira como conduzimos a nossa vida. Levando à reflexão, se nos tornaremos a pessoa que desejamos ser ou aceitar a condição em que estamos.

> Acreditar que suas qualidades são imutáveis – *mindset* fixo – cria a necessidade constante de provar a si mesmo seu valor. Se você possui apenas uma quantidade limitada de inteligência, determinada personalidade e certo caráter moral, nesse caso, terá de provar a si mesmo que essas doses são saudáveis. Não lhe agradaria parecer ou sentir-se deficiente quanto a essas características fundamentais.

Estar num *mindset* fixo acarreta em travas que podem ter sido criadas desde a sua tenra infância, e que bloqueiam e impedem você, como indivíduo, de ter comportamentos que o levem ao que deseja, ao sucesso, simplesmente, porque em sua mente está incutido que não é capaz, que não vale a pena o esforço, entre outras crenças que limitam o seu desenvolvimento como pessoa ou profissional.

> O *mindset* de crescimento se baseia na crença de que você é capaz de cultivar essas qualidades básicas por meio de seus próprios esforços. Embora as pessoas possam diferir umas das outras de muitas maneiras – em seus talentos e aptidões iniciais, interesses ou temperamentos – cada um de nós é capaz de se modificar e desenvolver por meio do esforço e da experiência.

O *mindset* de crescimento, como se lê, pode ser considerado o que a maioria das pessoas gostaria de ser, mas não é a realidade. Em nosso cotidiano de vida pessoal ou profissional, nos vemos cercados de pessoas que possuem estes dois tipos de *mindset*. Ter um ou o outro *mindset* significa que não haverá problemas? Que está tudo bem para um, e um horror para o outro? Claro que não, ambos podem achar ruim uma determinada situação, sofrer e até reclamar. Mas, o que difere um do outro é a forma como se comportará daquele ponto em diante. Como mudará seus pensamentos, atitudes e, consequentemente, seus comportamentos.

Se ficar no negativo, só reclamando, não enxergar que tenho responsabilidade e poder sobre o que está acontecendo, para mudar a situação, não elaborar novas ações, vou me mantendo no *mindset* fixo, ou seja, me conformando, me sabotando, me colocando como inferior, incapaz, sem habilidades. Mas, ao fazer o contrário, as chances de mudar a situação e ser uma pessoa diferente são muito prováveis.

Entendemos que o sucesso, frequentemente, é a consequência de todo o trabalho que foi feito. As ações que foram executadas, desvios que ocorreram e foram reconsiderados ou retrabalhados, habilidades que tiveram que ser implementadas, conhecimentos que tiveram de ser buscados.

Colocar o poder de transformação em ação. Mas, como? Outro autor e *coach*, Paulo Vieira, em seu livro *O poder da ação*, cita sete passos que auxiliam as pessoas a alcançarem a mudança de mentalidade e comportamentos desejados:

1º Passo: acorde, ou seja, não viva uma vida medíocre, conformando-se em aceitá-la como é. Mudar o seu *mindset*, acreditar no seu potencial, e que você pode muito mais do que imagina.

2º Passo: aja. Amplie a sua zona de conforto, e perceba quais as historinhas que você conta para si, e que o impedem de tomar as ações necessárias. Acredite em si e pare de se iludir. Busque o auxílio necessário.

3º Passo: autorresponsabilize-se. Aproveite as forças contrárias que ocorrem em sua vida, e as transforme em motor de propulsão. Direcione seu foco para alcançar seus objetivos e se comprometa consigo.

4º Passo: foque. Steve Jobs disse, certa vez, a seguinte frase sobre foco: "Algumas pessoas acham que foco significa dizer sim para a coisa que você irá fazer. Mas não é nada disso. Significa dizer não às centenas de outras boas ideias que existem. Você precisa selecionar cuidadosamente". Ou seja, ser assertivo sobre o que deseja fazer.

5º Passo: comunique-se. Lembrando que a comunicação, para ser assertiva, precisa ter sido entendida pela outra parte, por meio de uma linguagem clara e que traduza em palavras os seus sentimentos, a fim de que se crie um ambiente o mais harmonioso possível.

6º Passo: questione. Precisamos fazer as perguntas certas para nos direcionar ao que realmente nos interessa e o que nos é benéfico.

7º Passo: creia. Acredite que você pode, sim, alterar os seus pensamentos e acordar para a sua vida. Não deixar a vida passar e, sim, agir para fazer diferente. Ao se autorresponsabilizar, mudará o curso da sua vida. Focará no que, realmente, importa. Se comunicará da maneira mais efetiva que puder. Perguntará e questionará para encontrar o que, realmente, importa, e alcançar os objetivos.

Em seu livro, *A nova lógica do sucesso*, Roberto Shinyashiki escreve:

> Sabe a diferença crucial entre os atletas de alta performance e os de fim de semana? O atleta amador, às vezes, treina muito, mas gasta a maior parte do tempo treinando as coisas que lhe fazem bem. Um atleta de ponta encara aquilo que não é bom como um desafio. Quando ele vence esse desafio, elimina as deficiências e dá um salto qualitativo na carreira. Quem treina no que é ruim se torna não apenas alguém com uma habilidade a mais, mas um ser humano de espírito fortalecido e com brilho especial.

O que nos faz voltar ao que já comentamos anteriormente sobre *mindset* fixo e *mindset* de crescimento, estudados pela psicóloga Carol Dweck.

Seguindo, temos outra pessoa, Bernardinho, ex-técnico do time de voleibol feminino do Brasil, inúmeras vezes campeã do mundo, em seu livro, *Transformando suor em ouro*, cita uma frase do jogador de futebol americano, Pat Tillman: "Disciplina é a ponte que liga nossos sonhos às nossas realizações". E comenta que todos nós temos objetivos e queremos conquistá-los, mas é importante que estejamos dispostos a construir essa ponte.

> (...) As pessoas estão confundindo e transformando o que é comum em normal.
> Não se deixe levar pelo mundo ao seu redor e o que ele comunica. Não acredite que limitação é normal. Não acredite que solidão é normal. Não acredite que tristeza

é normal. Tudo isso pode ser comum e corriqueiro na vida de muitas pessoas que permitiram, por ação ou omissão, contaminar-se e cair na zona de conforto dessa pseudonormalidade...nada disso é normal...

...Seus resultados é você quem vai produzir...Você é o dono da sua vida e deve viver de acordo com aquilo que acredita ser o melhor para você, e não da maneira que parece ser comum às outras pessoas.

Percebemos que alcançar o sucesso é algo que muitas pessoas desejam, a glória, o vislumbre, o ouro...Mas, é o que, realmente, queremos? Queremos pagar o preço para alcançar isso? Nos dedicamos, nos preparamos, buscamos apoio? Temos o brilho nos olhos que transmite esse desejo? Se sim, então precisamos buscar as ferramentas adequadas, comportamentos certos, pessoas como mentores ou *coaches*, que nos apoiem e colaborem em alcançar esse sucesso, o que prefiro, pessoalmente, chamar de triunfo.

Buscar apoio em mentores, estes empenham mais esforço para alcançar o cumprimento da meta ou ação desejada. Resolvem as situações, imediatamente, sem procrastinação ou autocomiseração.

Quando falamos em mentoria, estamos colocando que buscaremos o apoio em um profissional que tem a experiência no determinado assunto que necessitamos ser trabalhados e melhorados, que mostrará, por meio de suas experiências vividas, quais alternativas poderão auxiliar no processo de mudança que o indivíduo está buscando.

Outro modo de efetuar mudanças é por meio de um processo de *coaching*, cujo trabalho é, justamente, a mudança de comportamentos e da mentalidade do *coachee*, no caso o cliente. Todo o processo de *coaching* tem um começo, um meio e um fim, e procura trabalhar o autoconhecimento do indivíduo, uma premissa importante, pois é isso que trará à consciência do mesmo o quanto ele se conhece, quais os seus comportamentos, como enxerga suas habilidades, como enfrenta as situações que aparecem no seu dia a dia. Com o apoio de várias ferramentas.

Como já relatado anteriormente, as mudanças ocorridas ao longo do tempo têm implicado em melhorias no desenvolvimento humano, mas, também, trouxeram muitas dificuldades e desafios, pois sempre levaram todos a saírem de suas zonas de conforto. Essas mudanças não se restringiam apenas aos profissionais em questão, mas a todos a sua volta. A maneira como você reage em seu ambiente, e em relação às pessoas com que você se relaciona são determinantes, pois a forma como conduzirá as mudanças necessárias em seu comportamento e mentalidade são o ponto-chave.

Quando trabalhamos um *coachee*, buscamos abastecê-lo com ferramentas que o auxiliem a alcançar o estado desejado. Sendo seu *mindset* fixo, ou seja, cheio de crenças e travas, que não acredita em si e que pode se desenvolver para alcançar o que procura, com certeza, o processo todo será muito mais dificultoso e pode, sim, não ter como resultado o alvo desejado. Pois, as chances de não cumprir com sua parte do acordo são muito grandes, arrumará desculpas para as tarefas não realizadas, entre outras tantas desculpas. Frustração será o sentimento de ambas as partes nesse caso.

Quando, porém, o *coachee* acredita que, mesmo não apresentando certas habilidades ou comportamentos, mesmo que tenha crenças limitantes, mas que, trabalhando cada uma delas, buscando mais conhecimento e experiência, as chances de se alcançar o alvo desejado serão de 100%. Isso porque, num processo de *coaching*, o foco será a busca de resultados conforme o desejado pelo *coachee*, o processo focará na solução das situações apresentadas e não nas causas em si. Serão criados indicadores que possibilitem a mensuração dos resultados, além de toda a jornada de conhecimento e crescimento que se agregará na caminhada.

> Quando o cliente foca a atenção em algo que quer alcançar, a energia mental se modifica e passa a vibrar na frequência da meta fixada. E aí, coisas inesperadas começam a acontecer: abre o jornal e encontra o anúncio de um curso que está começando e que está ligado ao que ele quer fazer. Passa por uma livraria e seus olhos recaem sobre um livro que fala, exatamente, sobre o assunto que está pesquisando, conhece alguém que pode ajudá-lo, de alguma forma, com sua meta. Parece que as coisas começam a se encaixar como em um passe de mágica.

Finalizamos concluindo que a mudança de *mindset*, efetivamente, pode levar qualquer pessoa ao sucesso. Que o *coaching* é um dos caminhos mais propícios e que, ao tomar a decisão, tudo se torna favorável ao sucesso, tudo conspira ao triunfo.

Pense nisso e transforme a sua vida!

Triunfe!

12

A vida é feita de escolhas

O verdadeiro poder está dentro de nós e, conforme vamos nos conhecendo, percebemos o quão poderosos somos. Acreditar que é possível, sem dúvida, fará uma grande diferença na hora de mudar a situação de sua vida. Acredite em seu potencial, você pode fazer tudo aquilo que acredita ser capaz. A limitação está aí dentro de si. Quanto mais se desenvolve, maior será o seu poder de superação

Carlos Antonio Cunha

Carlos Antonio Cunha

Gestão da produção graduado pela FAEX (2014), com pós-graduação em gestão de pessoas com *coaching* (FATO - Faculdade Monteiro Lobato) *Master Coach*, certificado pelo Instituto Brasileiro de Coaching (IBC). Experiência em Liderança de equipes, formação de novas equipes e de líderes. Minha missão de vida é ser um instrumento no desenvolvimento de pessoas, transformando-as em indivíduos melhores do que elas acreditam ser.

Contatos
Instagram: coach_carloscunha
(35) 98413-2626

"Tudo em nossa vida parte de uma decisão tomada."

Tudo começou por um acaso e, de repente, tomou forma e começou acontecer. Permitiram-se viver experiências novas. Por alguns momentos, parecia meio confuso, estranho, talvez, mas, quando foi passando o tempo, as coisas começaram a ficar claras. Juntos, descobriram que a mudança é uma questão de escolha. Como é bom saber que a ação faz mudanças e objetivos acontecerem. Quantos aprendizados e descobertas tiveram e, assim, foi acontecendo o processo de mudança e autotransformação.

É possível compará-los com o universo, que é infinito e, quanto mais se estuda, mais é descoberta sua infinitude. Assim é o conhecimento; aprendemos, aprendemos, e estamos em constante descobertas de que ainda temos muito o que aprender. Quantas vezes, ao deitar, percebemos que o dia não passou de uma rotina, que o cérebro não precisou aprender algo novo. Tudo o que foi feito já estava gravado, foi só executar. Isso pode ser estranho ou confortável. Como você se sente neste momento? É capaz de explicar?

Acordamos, muitos dias, com tanta energia; saímos fazendo várias coisas ao mesmo tempo, sem, ao menos, perceber que podemos nos arrepender do que fizemos. Ficamos presos a nossos hábitos. O mudar é algo que vemos como um sofrimento e que nos faz ficar em modo defensivo, buscando alternativas para amenizar a situação.

Quando descobrimos algo, começamos a mudar sem perceber e saber o que, realmente, está acontecendo. Quando percebemos, já aconteceu. Assim, de que adianta ficar preso no ontem ou pensativo no amanhã, se o que pode ser feito é no agora? Devemos viver o momento presente como se fosse o último. O que você faria se só tivesse cinco horas do tempo do relógio, para viver? O que faria em sua vida, a partir de agora?

O tempo vai passando e, quanto mais ele passa, mais podemos perceber o quanto somos pequenos e perdemos tempo com coisas que não agregam real valor em nossa vida. Gastamos tempo com desentendimentos, querendo mostrar para as pessoas que temos razão.

Agora, a pergunta que faço a você é: qual a vantagem em ter razão sobre a outra pessoa? Isso só nos distancia, e quando paramos para pensar, percebemos que não ganhamos nada em ter razão. O que, realmente, vale nesta vida é sermos felizes, e não pense que, para isso, é necessário ter muito dinheiro, pois a verdadeira felicidade está dentro de cada um, e está presente nas pequenas coisas do dia a dia. O que realmente o faz feliz?

Nossa vida é feita de momentos e de escolhas, por isso, devemos nos conhecer a ponto de perceber o momento de mudar e ir atrás de novos desafios. Cada escolha que fazemos é o que determina o que seremos e como estaremos. Cada decisão que realizamos nos traz novas maneiras de ver a vida e, assim, nos transforma em uma pessoa cada vez melhor.

O grande diferencial é ter coragem de arriscar sem ter medo de errar. É encarar o erro como uma oportunidade de aprender o que ainda não se sabe. A sede em aprender sempre algo novo nos faz ser uma pessoa melhor, e faz com que nos desafie a sempre buscar um novo aprendizado. O que você tem aprendido em sua vida? Qual é a missão de vida que o tem motivado a levantar todos os dias da cama?

A realidade só mudará quando tivermos coragem de enfrentar as nossas limitações, e entender que ela é a nossa oportunidade de sermos uma pessoa melhor. A partir de então, fácil não é para ninguém, mas, a escolha sempre será de cada um. O permanecer aprisionado em uma realidade que não o satisfaz como pessoa é questão de decisão. Nós, seres humanos, viemos a este mundo para deixar uma marca. Então, eu pergunto: qual será o legado que você quer deixar aqui?

Cada começo que temos em nossa vida nos dá uma única certeza: é possível ter um recomeço. O que, realmente, importa é aprender com o que acontece. Aprendemos que ficar lamentando o que aconteceu não resolve em nada a nossa situação. Parece uma coisa simples, mas, infelizmente, não é, pois o que mais vemos em nosso dia a dia são pessoas reclamando da vida e do que acontece com elas.

Quantas vezes nos deparamos fazendo isso? Talvez, você nunca tinha parado para pensar nisso. Acredito que, a partir de hoje, passará a perceber e, provavelmente, irá se assustar com o quanto reclamamos da vida. Convido-o a parar um minuto que seja do seu dia, para agradecer pela vida, pela sua família, por tudo o que fizer sentido. Ser grato é uma das coisas mais maravilhosas que existem, e faz um bem para nós, como seres humanos. Hoje, você é grato pelo o que em sua vida?

Ao longo do tempo, vamos percebendo que não importa o que nos acontece e, sim, o quanto agimos diante do que nos acontece.

As mudanças dependem muito de como pensamos e agimos. Cada decisão que tomamos é responsável pelo que nos acontece. Por isso, se queremos que as coisas mudem, precisamos mudar as nossas atitudes e pensamentos. Achar que a culpa é sempre do outro não o fará evoluir, agora, se assumir a responsabilidade do que acontece em sua vida, será o primeiro passo rumo à mudança de resultados e comportamentos.

Várias pessoas colocam na mão de outras a responsabilidade de seu sucesso, ou seja, vivem a vida dependendo do outro para o seu bem-estar e objetivos de vida. Pois bem, quantas vezes você deixou de fazer algo que gostaria, por se preocupar com o que o outro vai achar? Temos, constantemente, o medo de ser julgados, de não agradar o outro. Agora, reflita quem é a pessoa mais importante na sua vida. Você ou o outro? Se não está bem consigo, como que as coisas ao seu redor ficarão bem? Tudo o incomodará e o deixará mal.

Vivemos em uma sociedade, hoje, em que vemos várias pessoas estressadas e de mal com a vida, passando a maior parte do tempo reclamando. Se soubessem o quanto isso é prejudicial para elas e para quem está ao seu redor, principalmente, para os familiares com quem convive diariamente. Por esse motivo, devemos escolher bem as pessoas com as quais mais convivemos no nosso dia a dia, isso fará uma grande diferença em nossa vida. Pense um pouco se você tem pessoas do seu convívio que pensam positivamente, que sempre têm palavras de motivação e de incentivo. Você ouve delas tudo o que precisava ouvir? Como será a sua vida, agora, se você tem pessoas próximas que só reclamam e que, para elas, nada está bom? Como você acha que ficará convivendo com elas?

O que, realmente, faz diferença em nossa vida pessoal ou profissional é o que fazemos, é a maneira que agimos com o que acontece conosco, ou seja, se as coisas não estão acontecendo conforme gostaríamos, é muito provável que as nossas atitudes perante as situações não estão condizentes com nosso objetivo. A melhor maneira de reverter isso é agir de forma a mudar a situação em que nos encontramos.

Nossa vida não passa de escolhas que fazemos a todo o momento. Sempre achamos que não fazemos o melhor que podemos. Sempre que alguma situação acontece, depois de um tempo, você pensa e fica dizendo que deveria ter feito isso ou aquilo. Nos prendemos ao que aconteceu, de uma forma que ficamos revivendo aquela situação por dias e mais dias. O que precisamos entender é que fazemos o melhor que podemos em cada situação que vivemos.

Se, hoje, vejo que poderia fazer diferente, isso mostra que evoluí como pessoa, que aprendi algo novo e, então, se acontecer alguma situação parecida, aí, sim, poderei fazer diferente. Nós, como seres humanos, partimos do princípio de que fazemos o melhor que podemos com a experiência que temos em determinada situação. E, para que possamos evoluir, precisamos viver situações diferentes que nos levam a novos aprendizados.

Queremos mudar muito em nossa vida e, aí, saímos querendo fazer um monte de coisas ao mesmo tempo, sem foco. Precisamos entender que, para sermos melhores e conseguirmos alcançar nossos objetivos de forma mais clara e objetiva, temos que focar nas coisas que são mais importantes para nós naquele determinado momento, decidir as prioridades, partir para a ação e fazer o que precisa ser feito.

No fundo, sabemos o que, realmente, é importante para nós, mas, temos uma mania de deixar tudo para depois, que nos leva ao não atingimento dos objetivos. Precisamos entender que somos responsáveis pelo resultado dos nossos objetivos, se não dermos prioridades e foco, as coisas não vão acontecer. Acredite, você é capaz de fazer tudo aquilo em que acredita.

Estamos em constante busca de autoconhecimento, a fim de podermos nos desenvolver e gerar mudanças em nossa vida. A motivação é algo que nos move todos os dias, assim, é importante termos objetivos e metas bem claras e estabelecidas. É assim que nos manteremos motivados. O não cumprimento dessas metas nos causará frustração e isso não fará bem para nós como seres humanos.

A autossatisfação em ver nossas metas se realizando, isso, sim, nos fará bem e nós dará mais energia para continuar indo atrás de novas metas. Cada nova meta que conquistamos é um novo desafio que superamos em nossa vida, e um novo aprendizado que conquistamos.

A nossa mente é responsável em nos impulsionar ou em nos limitar. A grande diferença está em como estamos a alimentando. Se você tem dedicado parte de seu dia em coisas sem importância, que não trazem nenhum aprendizado, e tem focado somente em coisas ruins, sua vida será de uma forma. Agora, se você tem buscado novos aprendizados e focado em coisas positivas, será de outra forma. Parece até ridículo falar sobre isso, mas, se analisarmos nosso dia a dia, perceberemos o quanto fazemos diferente disso. O saber não é o suficiente para gerar a mudança. A verdadeira mudança acontece a partir do momento em que reconhecemos as nossas limitações, e trabalhamos para superá-las. Nada é para sempre e, nesse caso, não é diferente. Precisamos estar em constante aperfeiçoamento, para que, assim, possamos estar em constante mudança.

Três dicas poderosas para usar no seu dia a dia, a fim de gerar mudança em sua vida:

Permita-se experimentar, todos os dias.

Dica 1: levante pela manhã confiante
Essa é uma ótima maneira de você mudar a sua vibração, pois seu foco estará em coisas positivas.
Você pode até ter motivos para pensar em coisas ruins, mas foque no positivo.
"Eu posso, eu consigo, sou capaz de realizar tudo aquilo em que acredito e preciso para minha vida."

Faça uma lista de dez coisas que você acredita ser capaz de fazer, e as verbalize.

Dica 2: durante o dia, crie o hábito de repetir as palavras "riqueza e sucesso".

Sugiro que você escreva essas palavras dez vezes. Então, sinta-se rico e bem-sucedido.

O bom de repetir as palavras é que elas não entram em conflito com suas crenças limitantes, e você consegue ir expandindo sua consciência para a prosperidade. E, assim, atrair mais dinheiro, riqueza e sucesso para a sua vida.

Dica 3: antes de deitar, faça uma lista da gratidão e a verbalize.
Essa é uma ótima maneira de você mudar a sua vibração antes de dormir.
Você pode fazer a lista da gratidão assim:

"Eu sou grato pela minha saúde."
"Eu sou grato pela minha família."

Faça uma lista de dez coisas pelas quais você é grato. Sempre utilize no começo da frase o: "Eu sou grato(a) por..."

Viva cada dia de sua vida como se fosse o último, seja ousado e faça seus objetivos acontecerem, você pode fazer tudo o que acredita ser capaz. Parta para a ação em direção aos seus objetivos. Gratidão!

13

Mindset de riqueza: a diferença entre ricos e pobres é como cada um usa o cérebro

Descubra como ter objetivos na vida e se adequar as diversas situações e desafios poderá mudar completamente o rumo dos negócios e relacionamentos, tanto pessoais como profissionais

Carlos Sampaio

Carlos Sampaio

Graduado e pós-graduado em administração de empresas, finanças e recursos humanos. *Master, business, executive & professional coach* (IBC), com certificação internacional pelo IAC – International Association of Coaching – EUA; ECA – European Coaching Association – Alemanha e Suíça; GCC – Global Coaching Community – Alemanha. Consultor financeiro, *coach* corporativo e pessoal, com atendimentos *online* e presenciais no Brasil e no exterior. Criador do canal do YouTube Carlos Sampaio sucesso financeiro, com mais de 67 mil inscritos. Atende empresas para consultorias financeiras em soluções para gestão, planejamento, reorganização, assessoria financeira, administração de capital de giro e investimento para novos projetos. Palestrante de educação financeira pessoal, e desenvolvimento humano, com ferramentas de *coaching* e governança corporativa em empresas. Coautor do livro *Soluções financeiras* (Editora Momentum), e *Mapa da vida* (Editora Literare Books).

Contatos
sampaiosucessofinanceiro.com.br
sampaio@integralconsult.com.br
YouTube: carlos sampaio
(51) 98186-4333

Você sabe o que é *mindset* e como ele influencia sua vida financeira? *Mindset* quer dizer, literalmente, "configuração mental". É a forma como você programou o seu cérebro para enxergar o mundo e viver nele.

No caso de finanças pessoais, especificamente, a abordagem é dirigida para compreender qual o programa que você usa para administrar o dinheiro que ganha, fruto do seu trabalho e quais os resultados que obtém na vida.

Assim são três tipos de programação: gastar tudo o que ganha, gastar mais do que ganha ou fazer o que os ricos fazem, gastam menos do que ganham e então poupam e investem com planos para o futuro.

Assim, o *mindset* que adotamos é determinante para nossas finanças e para os bons resultados que desejamos.

Bem, você deve saber que o seu *mindset* financeiro foi criado quando você era bem pequeno. Foi tudo aquilo que ouviu ou teve como experiência; as influências culturais e sociais que recebeu.

Então, se dinheiro era um problema, estava relacionado à pobreza, ou às dificuldades financeiras, logo você possui enormes probabilidades de ter dificuldades na vida adulta.

Mas, como digo sempre, tudo na vida tem solução. Você pode mudar seu *mindset*. Para fazer isso, é preciso se dar conta de que está programado. E se não fizer nada para mudar, seus resultados serão os mesmos de sempre. Mudar a programação é o primeiro passo, ou seja, reconhecer que seus resultados são apenas consequências de um programa mental. O que vou tratar neste livro é o seu despertar para mudança, de uma forma simples.

Como referência, vou mencionar pesquisas recentes da psicóloga Carol S. Dweck. Ela, em seus trabalhos, concluiu que as pessoas estão separadas em duas categorias quanto à forma de pensar.

90% das pessoas têm um *mindset* fixo e 10% *mindset* de crescimento.

O *mindset* fixo interpreta a inteligência ou talentos como características inatas, tipo: você acredita que nasceu com características pessoais e, assim, será sempre estável, durante toda a vida.

Então, você terá resistência às mudanças e estará propenso a preservar a zona de conforto. As experiências mostraram que aí estão as pessoas que desistem fácil diante de um desafio, sentem-se julgadas e vivem com o medo do fracasso e, desse modo, não se arriscam, não adquirem novos conhecimentos e se colocam num nível inferior em relação aos outros.

Financeiramente, pensam coisas do tipo: "rico já nasce rico", "nasceu pobre, morre pobre".

Se você tem filho e a criança pede um brinquedo ou um sorvete, você deveria evitar dizer coisa do tipo: "dinheiro não dá em árvores". Se fizer isso, vai fixar na mente da criança um conceito de pobreza e dificuldade com o dinheiro, que você deva ter herdado da família.

Se pensa assim, decreta uma limitação ao seu sucesso financeiro.

Você deveria dizer algo diferente como: "o dinheiro é muito importante e precisamos cuidar dele e planejar a compra do seu brinquedo".

Em um processo de educação financeira voltada para produzir a riqueza, o desafio é mudar a forma como o seu cérebro funciona, eliminando as crenças limitantes, buscando e trabalhando as causas dentro e não fora de você. Pessoas que pensam em apenas gastar seu dinheiro e fazer dívidas vivem sob o comando do cérebro límbico, emocional, que trabalha pela sobrevivência. Vivem alimentadas pelo medo, pelo estresse, aprisionadas como dependentes de coisas do mundo exterior.

Mindset de crescimento
É quando você acredita que se desenvolve à medida que se esforça.

Quando não reclama, pois sabe que, agindo dessa forma, cresce sempre. Você se reconhece como o "autor de sua vida".

Quem tem o *mindset* de crescimento (riqueza) reconhece que a sua inteligência é construída com o tempo e constantemente.

As pessoas com esse tipo de programação acreditam que seus talentos e habilidades podem ser desenvolvidos.

É possível mudar as suas crenças? O seu mindset?
Sim, claro! Repetindo o que já falei, essa é a boa notícia. Então, o primeiro passo é sempre reconhecer e perceber onde você está. Qual é a sua situação financeira. Depois, definir o que você quer.

Qual é o seu *mindset*?

Se já percebeu que tem um *mindset* fixo, que deixa você na zona de conforto e que o leva ao fracasso, você já deu o primeiro passo. De agora em diante, apenas assuma a responsabilidade de mudar.

Saiba que mudar não é difícil. Acreditar que é difícil é, na verdade, um pressuposto do *mindset* fixo, quando você resiste a aprender com o erro.

É isso aí: "aprender com o erro".

Na verdade, não mudar ou se manter fixo vai exigir um grande esforço. Em educação financeira, gastar mais do que se ganha, fazer dívidas ou seguir ganhando e gastando cada vez mais, sem a construção de ativos de renda, são padrões mentais que precisam ser mudados, porque vão levá-lo à falência ou a uma eterna dependência de trabalho como única fonte de renda. Exemplo, se você ainda não consegue equilibrar suas contas, isso não quer dizer que você nasceu para a pobreza ou que você é burro, que está condenado.

Nada disso!

Isso apenas significa que você tem que estudar mais sobre finanças, saber onde está gastando seu dinheiro, criar hábitos de economia, ter objetivos financeiros para o futuro e que ainda falta elaborar ações corretivas para aquilo que não está funcionando.

Preste atenção a essa palavra "ainda".

Essa palavrinha faz toda a diferença. Ela reforça a dimensão de possibilidades.

Na vida financeira, é bastante curioso como as pessoas têm algumas iniciativas do tipo:

Economizar, planejar uma aposentadoria, iniciar um negócio, mas, se por alguma razão não dá certo, no tempo esperado, suspendem o seu trabalho.

Ora, mas em quase tudo, para aprender, temos que errar. Errar até acertar. Agora, vamos ver cinco dicas para criar um poderoso *mindset*.

Bem, você já sabe que seu *mindset*, ou seja, o seu padrão de processamento mental e suas crenças é que determinam o sucesso ou o fracasso na vida.

Então, não existe sorte ou azar, embora muita gente acredite nisso.

Existe, sim, uma programação mental que leva cada pessoa a agir e tomar atitudes que determinam os resultados.

Infelizmente, a maioria das pessoas se deixa seguir, inconscientemente, pelo método de "tentativa e erro", sem decifrar o código interno da sua programação mental.

Sendo assim, vou enumerar cinco dicas que determinam o *mind-set* que faz uma pessoa de sucesso.

Vamos lá:

1- Tenha sempre objetivos na vida

Faça sua lista de objetivos separada por períodos cronológicos de tempo, como: os próximos 30, 20, 10 anos, 5 anos...1 ano, 6 meses, 1 mês.

Leia, diariamente, seus objetivos, defina e anote suas metas, você terá muito mais chances de sucesso. Comece já. Pegue uma folha de papel e escreva. Ter um objetivo cria estímulos para o cérebro não se distrair. E se você focar nesse objetivo, é impossível não acertar.

2- Domine seus estados emocionais

Quando estiver envolvido com estados emocionais desfavoráveis, ou seja, se sentindo mal, com pensamentos negativos, reclamando ou coisas do tipo, escreva o que está acontecendo. Ao fazer isso, seu cérebro vai deixar de se afundar no negativo e procurar escolhas com consciência sobre um novo jeito de pensar positivo.

3- Programe sua mente

Coloque no papel tudo aquilo que quer e defina uma data. Pronto! Falar sobre algo que quer é um sonho. Imaginar já passa a ser uma possibilidade, mas, ao programar, será possível tornar um sonho em realidade.

4- Cuidado com as palavras

Palavras são símbolos, mas carregam energia, força e moldam o seu estado emocional pela simples expressão da fala ou o simples pensamento ruminante. Por isso, tenha muito cuidado com as que usa habitualmente. Para não errar, use sempre palavras que transmitam confiança, alegria, que sejam motivadoras. Agindo dessa forma, você está confirmando uma programação mental de sucesso. Exemplo, se você usar palavras negativas, depressivas, elas vão deixá-lo nesse estado emocional.

5- Crie "âncoras" de sucesso

Ancoragem é uma técnica da programação neurolinguística para criar estados desejados. Exemplo: escolha algum momento ou situação vivida, em que você se sentiu confiante, realizado, poderoso. Visualize e sinta. Quando tiver, mentalmente, acessado esse estado em sua memória, feche seu punho da mão direita. Repita essa lembrança e faça o gesto de fechar o punho, algumas vezes ao dia. Fazendo isso, depois de algum tempo, você vai automatizá-lo como um programa, e bastará apenas fechar o punho diante de algum estado mental desfavorável, para acessar a lembrança do momento poderoso, deixando você vibrando positivamente.

Como fazer uma criação mental

Agora, vamos falar um pouco mais sobre questões comportamentais e como você pode ter mais eficácia nos seus resultados.

Por eficácia, vamos entender coisas do tipo:
1- Melhores resultados financeiros;
2- Realização de projetos de vida;
3- Ter melhores estados emocionais;
4- Melhores relacionamentos;
5- Negócios mais lucrativos, mais dinheiro;
6- Passar em concursos;
7- Enfim, tudo o que represente algo de valor que você quer na vida.
Então, a pergunta é: COMO se tornar consciente? Como ser um criador consciente?

A primeira coisa é reconhecer que tudo o que você é, tem e faz foi você mesmo quem criou. Não importa se são resultados considerados bons ou ruins. A boa notícia é que, sim, você pode ser um criador consciente e eficaz, basta seguir algumas regras básicas. Você faz isso avaliando os seus resultados e encontrando as causas do sucesso ou do fracasso.

Depois, com isso, dominando algumas técnicas, pode fazer acontecer coisas que quer, de forma consciente. Aqui é necessário saber que a influência das emoções é muito, mas m-u-i-t-o importante. A mente emocional é mais forte e, quando acionada, as transformações acontecem.

Qual a técnica para atrair coisas ou alcançar objetivos e metas? Resposta: é deixar de colocar barreiras e objeções entre você e aquilo que deseja. Então, as principais técnicas são:

1-Relaxe e sinta a emoção do que você quer. Entre em sintonia emocional. Imagine um cenário com imagens, sons, cheiros, pessoas. Tudo o que represente a cena do que você quer, já existindo.

2- Lembre-se: a emoção é algo físico, percebido no seu corpo. Pode ser alívio, alegria, relaxamento, busque algum tipo de bem-estar.

3-Visualize o que quer aconteça. Tenha a imagem bem clara. Repito: bem clara. Assim, o cérebro forma uma imagem e depois assume um sentimento que vai se transformar em uma nova crença.

4-Depois, sinta o agora, no seu momento presente, como se estivesse acontecendo. Pronto!

Quando faz esse tipo de exercício, você está quebrando as barreiras que existem entre você e aquilo que quer que aconteça.

Bem, para começar, é necessário, antes de tudo, ter um objetivo.

Saiba que existem três tipos de criação mental:

1-Você "já" tem algo e quer que aquilo cresça na quantidade e qualidade. Se for isso, nesse caso, você só precisa agradecer por tudo o que acontece no seu dia a dia. O agradecer o mantém em sintonia com as leis da criação. Quando você agradece por algo, o seu subconsciente reconhece que você está feliz com o que tem e, então, vai procurar melhorar e dar ainda mais do que você já tem.

2-Outra situação é quando você "ainda" não tem algo e existem empecilhos no caminho. Então, seguem as técnicas que expliquei no início, como: definir um objetivo, visualização etc.

3- É a busca de algo mais, que você não sabe muito bem o que é. Então, você se harmoniza com algo superior. O universo ou nome que você quiser. O Universo ou esse nome é mais bem traduzido pelo sentimento de AMOR. Nesta condição, você entra num fluxo de prosperidade. As coisas começam a acontecer automaticamente.

Agora, qual o erro mais comum que todos incorrem? Sabe qual é?

O erro é você ficar focado nos meios (o como) para atingir, ao invés de focar no objetivo final. Ou seja, é você estar dentro do processo de criação e querer comandar, dizendo o que fazer para chegar no objetivo. Você se perde no como você quer e não deixa a sua mente inconsciente ou universo agir com indicações outros caminhos.

Exemplo: você tem objetivo de comprar um carro e não tem o dinheiro. Então, fica pensando em ganhar na loteria, em receber um dinheiro extra etc... Isso vai confundir o subconsciente que é o guia, chefe poderoso. O subconsciente vai se perguntar o que realmente esse cara quer. Você quer o dinheiro para comprar o carro? Ou você quer o carro? Percebe? Se você deixar de ficar focando no como, mas focar no que deseja, abrirá diversos outros caminhos inesperados para você.

Conclusão

A ideia central exposta aqui neste capítulo foi:

1-Mostrar, de forma simples, que *mindset* é uma palavra que define programação mental e que, em termos de objetivos financeiros ou em qualquer área da vida, cada pessoa tem a sua programação que pode direcioná-la ou para riqueza/sucesso ou para pobreza/fracasso.

2- Outro ponto foi deixar, para você, conhecimentos para se avaliar e saber qual é o seu *mindset*. Fixo ou de crescimento? E, sabendo disso, o que pode ser feito para desenvolver uma programação de sucesso.

3- Saber também que as pessoas que são ricas utilizam o *mindset* de crescimento. Ou seja, seguem características de positividade, persistência, aprendem sempre e se motivam, mesmo quando algo sai errado.

4- A importância de ter um objetivo e saber como criar metas e assim ter uma orientação mais eficaz ao sucesso.

14

Você pensa no que você pensa?

Tudo que existe a nossa volta é resultado dos pensamentos. Se você está apoiado sob uma mesa agora, essa mesa é resultado de um pensamento, uma ideia, uma idealização que se tornou real e material. Quando aprendemos a organizar os pensamentos, criamos manifestações incríveis, e podemos modificar tudo em nossa vida. Quando pensamos, ampliamos a percepção sobre nós e iniciamos a criação de um novo *mindset*

Carolina Costa

Carolina Costa

Graduada em ciências da computação pela UNESP. Docente de conscienciologia, e estudante da consciência, desde 1989. Formada em *master coaching* pela SBC. Atualmente, é empresária proprietária da franquia UniCoffee.

Contatos
carolcostacoach@gmail.com
Facebook: @carolcostacoach
(19) 98133-5946

Descartes, no século XVII, escreveu: "Penso, logo existo", construindo a ideia de percepção do próprio pensamento. Estarmos conscientes do que pensamos e quais são nossos pensamentos nos coloca em um novo patamar evolutivo de autoconsciência, autocontrole e, principalmente, autopercepção.

A partir dessa autoconsciência, do reconhecimento de que "eu penso", nos tornamos proprietários da nossa mente.

Passamos a ser senhores, chefes e, inevitavelmente, controladores do que pensamos.

Somos livres para pensar o que quisermos e construir um novo *mindset*. Temos autonomia para sermos criativos, originais e singulares em nossos pensamentos. Percepção que nos traz muito bem-estar.

E os pensamentos não estão sozinhos em nossa mente. Os sentimentos estão, diretamente, ligados aos pensamentos. Eles definem os pensamentos como patológicos, pensamentos de medo, mágoa, angústia, entre outros, ou saudáveis, que geram bem-estar, conforto, satisfação. Os sentimentos são a bússola que orienta os sentidos dos pensamentos.

Associadas aos pensamentos e sentimentos estão as energias. Energias são os combustíveis transformadores dos pensamentos e sentimentos em realidade.

Pensamentos + sentimentos + energias = realidade

Tudo o que existe a nossa volta é resultado dos pensamentos. Se você está apoiado sob uma mesa agora, essa mesa é resultado de um pensamento, uma ideia, imaginação, uma idealização que se tornou real e material. Se você tem uma caneta na mão, essa caneta também é resultado do pensamento materializado.

Os copos, pratos, casas, carros, a televisão, os livros, objetos eletrônicos: tudo o que existe ao nosso redor é consequência de pensamentos, sentimentos e energias que se tornaram matéria.

Algumas vezes, os pensamentos passam por etapas até se tornarem reais, por exemplo, na construção de um prédio. Os pensamentos conjuntos são transformados na planta da construção, colocados no papel e depois passam a ser reais e tomar a forma de prédio.

Nós, seres humanos, somos muito eficientes em transformar nossos pensamentos em matéria. Construímos monumentos, roupas, sapatos, objetos variados. Trabalhamos em conjunto, criando construções enormes a partir de diferentes pensamentos e sentimentos.

Mas, algumas vezes, materializamos pensamentos além da nossa vontade, por não termos lucidez do que estamos pensando. Construímos situações desagradáveis, e criamos contratempos na vida, por focarmos nas dificuldades, e em preocupações constantes.

Quando aprendemos a gerir, administrar e organizar os pensamentos, criamos manifestações incríveis e podemos modificar tudo em nossa vida. Transformamos o que chamamos de "problemas" em "soluções", por meio da construção e desenvolvimento desse autocontrole ou organização dos pensamentos.

Passamos a estar lúcidos para a construção do nosso futuro e a ter mais livre-arbítrio. O livre-arbítrio é proporcional à lucidez dos nossos pensamentos, do quanto reconhecemos o que pensamos. Se você percebe e reconhece quais são os pensamentos mais frequentes, os pensamentos mais contínuos, mais recorrentes e até os irracionais, você pode começar a modificá-los.

Quando pensamos no que pensamos, passamos a nos conhecer de verdade: se nos preocupamos demais, se sofremos demais, se lamentamos muito, ou se estamos sempre alegres, se olhamos mais para o passado ou para o futuro, se estamos mais distraídos, se sentimos gratidão ou se sentimos bem-estar.

Ao pensar no que pensamos, aumentamos nossa autonomia consciencial. Nos tornamos mais ativos do que passivos quanto aos acontecimentos de nossas vidas. Podemos ampliar nossa autoconfiança em construir nossa vida e nossa própria história. Podemos mudar nosso *mindset* para o sucesso, escolhendo pensamentos mais saudáveis de êxito, felicidade, brilho, sucesso.

Você pensa no que você pensa no dia a dia?

Pensamentos, sentimentos e energias, movimentando-se juntos na nossa mente, definem as dimensões em que existimos. Ao dizermos "você está no mundo da lua", quando uma pessoa está devaneando, associamos seus pensamentos e sentimentos a um lugar no espaço. Cada um de nós possui infinitas dimensões, mundos, estados ou lugares para onde vamos, de acordo com cada pensamento e sentimento que vivenciamos.

Ondas de rádio

Podemos fazer a analogia com uma frequência de rádio, e cada pensamento que vivenciamos nos coloca em uma onda por segundo. Nesse momento, nos afinizamos, nos conectamos com as pessoas que estão naquela mesma frequência.

Quando sentimos raiva, estamos na mesma frequência de todas as pessoas que sentem raiva, e se sentimos amor ou paz, nos afinizamos com esse tipo de energia. Se temos medo, então, estamos afinizados com esse padrão de frequência. Assim como quando estamos com vergonha, tímidos estamos vivendo em um padrão de vibração energética desfavorável de retraimento, medo, fraqueza.

Muitas pessoas também estão conectadas a esse mesmo padrão, e umas alimentam as outras, como se estivessem se ouvindo.

Podemos ter a impressão de que não queremos sair daquele padrão, porque não estamos sozinhos, estamos afinizados com muitas outras consciências.

E, além disso, podemos trazer as pessoas que convivem conosco para essa mesma frequência. Passamos a emitir as ondas ao nosso redor como uma música que, mesmo sem gostarmos, acaba se repetindo na nossa mente.

Lugares

Podemos fazer uma analogia, também, com lugares. Cada pensamento que temos nos leva a um lugar. Não exatamente lugares físicos, mas diferentes dimensões existenciais.

Pensamentos de angústia, mágoa e preocupação nos levam a um lugar de sofrimento. Nós estamos onde nossos pensamentos estão.

Se estamos tristes, fazendo cobranças aos outros, sendo autoritários e controladores ou sentindo raiva, inveja, medo ou qualquer sentimento patológico, estamos em um lugar do tempo/espaço, em uma dimensão de pensamentos em que as pessoas estão tendo os mesmos sentimentos.

Mudando a frequência dos pensamentos, ou transformando nosso *mindset* pela própria vontade, mudamos este "lugar" em que nos encontramos. Saímos daquele meio patológico, e nos deslocamos para outro mais saudável.

A ideia é de sermos eficazes quando se trata de dar um direcionamento saudável à vida, escolhendo pensamentos que nos fazem sentir bem.

Sentimentos de bem-estar, alegria, conforto, segurança, tranquilidade, satisfação, ou qualquer outro que nos faça bem, nos confirma que estamos em uma dimensão saudável.

Momentum

Os nossos pensamentos vibram em uma certa frequência, podem nos colocar em lugares ou dimensões específicas e, também, possuem *momentum* ou momento de uma força. O *momentum*, segundo a física, é a medida da massa em movimento. Por exemplo, considerando um carro sem freio parado em uma ladeira, se dermos um pequeno toque em sua traseira, o carro irá andar bem devagar no começo, porém, conforme vai ganhando *momentum* ou momento de força, vai aumentando a velocidade cada vez mais.

Se, no começo do experimento, entrarmos na frente do carro, poderemos até segurá-lo e fazê-lo parar, porém, conforme aumenta esse *momentum*, fica cada vez mais difícil desacelerá-lo e pará-lo. Talvez, até passe por cima de nós.

Os nossos pensamentos também ganham *momentum*. Conforme pensamos, repetidamente, sobre determinado assunto, conforme adquirimos o hábito de pensar de determinada maneira, mais difícil será criar um novo *mindset* e modificar o pensamento. Por isso, algumas pessoas não conseguem nem mesmo considerar ideias novas, novos entendimentos. A velocidade do pensamento está tão alta em uma determinada direção, por exemplo, pensamentos de preocupação, tristeza, sofrimento, irritação, que não conseguem, imediatamente, mudar a direção do pensamento para o lado da paz, alegria, tranquilidade, serenidade. As mudanças de *mindset* precisarão ocorrer aos poucos, com a mais percepção dos pensamentos.

Cada um de nós tem os pensamentos acelerados, com *momentum* em determinadas direções sobre diversos assuntos.

É importante nos perguntar: "Eu estou me conectando com as injustiças do mundo ou com as alegrias do mundo? Estou me conectando com as crises, decepções e sofrimentos ou estou em vibração com saúde, bem-estar e prosperidade?".

Quando nos sentimos bem-sucedidos, enxergamos o sucesso em todos os lugares, recebemos notícias positivas e atraímos histórias com êxitos. Estamos com um *momentum* positivo, a favor da nossa evolução para o sucesso.

Se não conseguimos enxergar a prosperidade e abundância no mundo, é porque estamos no *momentum* de enxergar crise e escassez.

Nesse caso, procure notícias boas, olhe para a abundância da natureza: pássaros cantando, árvores florindo, estrelas brilhando no céu. Olhe cada dia mais ao lado bom para construir um *momentum* nessa direção.

Segundo Steven Pinker, linguista canadense-americano, professor de psicologia da Universidade de Harvard, o mundo nunca esteve tão bem, apesar das guerras, refugiados e atentados. As pessoas criam uma falsa ideia de que o mundo vai mal, com base em notícias ruins que são divulgadas, diariamente, na mídia. Os acontecimentos positivos, mais sistemáticos, não aparecem com frequência na mídia e acabam modificando nosso *mindset* para o negativo e, com isso, estamos sempre na velocidade do pensamento com um *momentum* negativo.

Nossas escolhas podem ser olhar mais para acontecimentos saudáveis do dia a dia: olhar como tantas pessoas chegam seguras em suas casas, todos os dias depois do trabalho, quantas pessoas têm abundância de comida atualmente. As comidas estão cada vez mais acessíveis a um maior número de pessoas, e também olhar para a natureza, cheia de acontecimentos maravilhosos como, por exemplo, quantos animais nascem a cada dia, quantas árvores florescem, quantos pássaros voam felizes pelo céu. Estaremos atraindo mais visões saudáveis, mais percepções positivas e vivendo cada vez melhor.

Escute seus próprios pensamentos e os modifique como quiser, criando um *momentum* mais saudável.

Crie suas próprias ideias, como nestes exemplos:

"Eu sou abundante por natureza."

"O bem-estar está sempre presente na minha vida."

"Normalmente, eu me entendo muito bem com as pessoas ao meu redor."

"Tudo está sempre dando certo na minha vida."

"Estou cercado por amor."

"Eu me sinto cada vez melhor no meu próprio corpo."

"Eu sou muito saudável."

"Consigo ver tudo de bom que acontece com todas as pessoas da minha família. Tudo sempre dá certo para nós."

"Eu sou amado e respeitado por mim e pelas pessoas ao meu redor."

"A vida está cada vez melhor no nosso planeta."

"A tecnologia nos trouxe mais bem-estar ainda."

"A abundância de paz é enorme na minha vida."

"Estou cada vez gostando mais de como minha vida se desenrola."

"Eu me sinto livre e responsável por tudo que acontece na minha vida."

"É muito divertido viver."

Conforme praticamos o *mindset* que reflete quem nós realmente somos, estamos oferecendo uma vibração que nos conecta com todo o sucesso que desejamos ter.

Podemos criar novas expressões que irão substituir velhos pensamentos. As possibilidades são infinitas, a partir do momento em que reconhecemos o que pensamos.

Pense no que você pensa, escolha técnicas de treinamentos mentais como meditação, *mindfulness*, estado vibracional. Use a repetição de palavras positivas no dia a dia, um vocabulário saudável, músicas que trazem o seu bem-estar e mude o seu *mindset* para o sucesso pela sua própria vontade. Nós somos donos dos pensamentos. Somos nós que criamos, direcionamos e gerenciamos tudo o que passa pela nossa mente. Escolha pensamentos saudáveis e que o façam sentir-se bem. O sucesso é um sentimento de bem-estar que sentimos agora, hoje, no presente. Sinta, conscientemente, o sucesso agora e colha mais sucesso para o futuro.

Referências

HICKS, Jerry; Esther. *Peça e será atendido: aprendendo a manifestar seus desejos.* Editora Sextante, 2017. pp. 42-43.

PINKER, Steven. *O novo Iluminismo: em defesa da razão, da ciência e do humanismo.* Editora Companhia das letras, 2018. pp. 357-359.

15

Coaching: a nova habilidade para o *mindset*

O processo de *coaching*, aplicado nas corporações, tem contribuído sobremaneira para o desenvolvimento necessário aos profissionais do futuro. Os estudos em torno do tema *mindset*, que é a forma de pensar, têm sido associados ao processo de *coaching*, para potencializar as competências necessárias à geração de melhores resultados

César de Aquino

César de Aquino

Administrador de empresas, com mestrado em administração e MBA em gestão empresarial. *Coach* especializado em estratégias empresariais e comportamento humano. Possui formação profissional como *head trainer, trainer* e *master practitioner* em programação neurolinguística e *master coach*. Sua experiência de mais de 25 anos como gestor de organizações, professor universitário e empresário é transmitida em treinamentos de executivos e colaboradores, nas áreas de liderança, vendas, formação de equipes de alta performance e inteligência emocional.

Contatos
cesar@cesardeaquino.com.br
(35) 98842-4004

Pessoas melhores fazem empresas melhores

Quais características são exigidas para uma empresa se destacar e permanecer no mercado? São muitas, e cada vez mais desafiadoras. No entanto, seguramente, todas passam por um trunfo: a capacidade de cultivar um ambiente de contínuo desenvolvimento pessoal e profissional.

O processo de *coaching*, aplicado nas corporações, vem promovendo resultados comportamentais, gerenciais e atitudinais cada vez melhores, intervindo no processo de melhoria contínua dos profissionais de liderança, assim como em suas culturas e subculturas organizacionais.

É importante que você, enquanto profissional, entenda sobre *mindset* e desenvolva seu autoconhecimento, ou seja, identifique seu perfil comportamental. Entenda como processa seus sentimentos e suas emoções, e como reage diante dos desafios encontrados na vida profissional e pessoal. Quanto mais entendemos o nosso *mindset*, que é a nossa forma de pensar, melhor alinhamos objetivos, resultados e sucesso.

Coach e o *coaching*

Coach é uma palavra inglesa e, segundo o que consta na evolução histórica, temos: *coche*, na França, em 1500, como carruagem fechada; em 1830, *coach* foi utilizado em Oxford University como uma gíria que se referia a um professor que conduzia ou orientava seu aluno durante uma prova. Nas universidades inglesas, denominava pessoa que carrega, conduz e prepara estudantes para exames; em 1950, o *coaching* passa a ser utilizado na literatura de negócios, como uma habilidade de gerenciamento de pessoas. Assim, a denominação de *coach* virou gíria universitária norte-americana para designar "tutor particular", que prepara o aluno para o exame de uma determinada matéria. (ARAÚJO; MILARÉ; YOSHIDA)

Dentro da literatura dos negócios e do desenvolvimento humano, *coaching* é o processo de desenvolvimento acordado entre o *coach* (profissional qualificado e habilitado – o orientador, o condutor) e o *coachee* (cliente, aquele que é orientado, conduzido, influenciado a um processo de melhoria), para que atinjam os objetivos desejados. O *coach* apoia o cliente na busca do cumprimento das metas que, somadas, levam o *coachee* ao encontro dos seus maiores objetivos e desejos estabelecidos. Isso é feito por meio de reflexões, análises de identificações e uso das suas competências, visando adquirir novas habilidades, além de perceber, reconhecer e superar as crenças limitantes que o indivíduo possui, tornando os pontos de fragilidade em pontos de melhoria. (MILARÉ; YOSHIDA)

Estudos demonstram que a prática e a utilização do *coaching* para os gestores provocam profundas e importantes mudanças, e os resultados obtidos favorecem uma expectativa positiva em relação aos métodos adotados. O *coaching* promove um planejamento dos processos, o retorno do investimento após determinado período, além da satisfação dos participantes e os ganhos e benefícios obtidos pela organização. (ENNIS; BERMAN; BRADT; BONO; ADAMS; APUD; MOTTER JUNIOR)

Para Marques, existe aquele profissional que desenvolve novas habilidades e conhecimentos, fazendo com que o liderado se sinta à vontade para colocar em prática toda a sua criatividade e se tornar líder de si, sem, é claro, passar por cima da autoridade de seu superior. A esse profissional dá-se o nome de líder *coach*. A pessoa que deseja se desenvolver profissionalmente, e auxiliar no crescimento da carreira de seus liderados deve buscar pela evolução contínua, ou seja, aprimorar seus conhecimentos e suas habilidades a todo instante.

Segundo Di Stefano (APUD; KARAWEJCZYK; CARDOSO), o papel do líder *coach* é criar condições para que seus lidera-dos aprendam e se desenvolvam, transformando potencial em alto desempenho, e ampliando criatividade e iniciativa, por meio do compartilhamento das informações e conhecimento.

Importante salientar que, ao conhecer profundamente os desafios organizacionais e o movimento profissional que as pessoas realizam dentro das organizações, é possível intervir, efetivamente, com ações de melhoria, por meio da formação de líderes e do processo de *coaching*, nas várias áreas administrativas, afirma Aquino. Dessa forma, o líder *coach* conduz as pessoas a alcançarem o seu melhor e faz com que as empresas sejam melhores, levando-as a desenvolver um processo de excelência, potencializando seu mercado de atuação, atendendo clientes de forma a gerar valor e satisfação, tornando-se mais competitivas.

Mindset

Segundo pesquisas realizadas e transcritas para o livro *Mindset, a nova psicologia do sucesso*, de Carol S. Dweck, psicóloga, *mindset* pode ser entendido como mentalidade, ou a forma de pensar, ou ainda como a nossa mente se manifesta ao experienciarmos os desafios do dia a dia.

Mentalidade é o conjunto de atitudes mentais (pensar, processar sentimentos, abordagem mental) que surge das emoções que temos, relacionadas com as situações que vivemos em nosso cotidiano. Essas atitudes influenciam, diretamente, os nossos comportamentos (resultados diante de uma situação) e pensamentos. O modo como você reflete sobre as situações acontecidas determina como você irá agir, e seus atos geram consequências positivas, neutras ou negativas.

Sabendo como é formatado o seu *mindset*, você pode gerenciá-lo e organizá-lo, para alinhar resultados melhores, mais sustentáveis e perenes, garantindo assim o sucesso pretendido.

Conhecendo os tipos de *mindset*

Segundo a psicóloga Carol S. Dweck (2017), existem dois tipos de *mindset*: o chamado *"mindset* fixo", e o *"mindset* de crescimento e desenvolvimento". *Mindset* fixo é aquele que cria uma forma de pensar de maneira mais rigorosa, inflexível, de certa forma negativa e reativa. Já o *mindset* de crescimento é aquele que cria uma forma de pensar ativa, flexível, proativa, positiva, de enfrentamento dos desafios, acreditando que estes são uma oportunidade de aprendizado e crescimento contínuo.

Os *mindsets* são parte importante de sua personalidade, e você ainda pode modificá-los. Todos nós temos elementos de ambos e também é possível alguém ter diferentes *mindsets* em campos e situações diversas da sua vida pessoal ou mesmo profissional.

O *mindset* de crescimento tem a ver com a busca do desenvolvimento pessoal e não com ser melhor que os outros. Com o *mindset* de crescimento, as pessoas podem se tornar mais "ativas", "proativas", "positivas", entendendo que todo desafio é uma forma de aprendizado diário e contínuo.

O *mindset* fixo dificulta o desenvolvimento e o enfrentamento do processo de mudança. O *mindset* de crescimento é um ponto de partida para o processo de mudança. Você não precisa achar que é competente em algo, para desejar fazê-lo e ter prazer. Você pode desenvolver novas competências para superar os desafios que surgem. Não há a necessidade de investimento de confiança para que se consiga realizar algo, e sim de esforço próprio para conseguir realizá-lo.

Várias pessoas conseguem transformar sua própria história a partir da mudança de *mindset*. Para isso, é importante entender que devemos sempre amar, honrar e respeitar nossa história, e ainda aprendermos sempre a viver no aqui e agora.

Amando, honrando e respeitando nossa história pessoal, sabemos que tudo que acontece aqui e agora é o resultado daquilo que construímos até então. Estamos, exatamente, onde nossos passos nos trouxeram, onde nossas escolhas, decisões e ações nos levaram. Com esse raciocínio, compreendemos que é preciso transformar a forma de pensar e agir no hoje, decidindo por ações assertivas agora, para termos resultados efetivos no amanhã. Essa visão e percepção faz parte do *mindset* de crescimento. Transforme seu *mindset* a partir desse ponto, ou seja, a partir da aceitação e do entendimento de sua história.

Reflita, pense e trabalhe sobre isso, utilizando estas questões: há em seu passado algo que, em sua opinião, rotulou você? Uma nota não muito agradável em uma prova?

Um ato desonesto ou rude de alguém? Ter sido despedido de um emprego sem muitas explicações? Ter sido rejeitado ou julgado de alguma maneira?

Concentre-se nesse episódio.

Sinta as emoções que o acompanham e, agora, coloque-se numa perspectiva de *mindset* de crescimento. Examine, honestamente, seu papel naquela situação, e entenda que ela não define sua inteligência ou suas características de personalidade.

Em vez disso, pergunte: o que aprendi (ou o que posso aprender) com essa situação)?

Quais aprendizados posso ter com essa experiência? Como posso utilizá-los como base para o meu aperfeiçoamento? Leve com você essas ideias, essa nova consciência, no lugar das outras.

Lembre-se de que você pode mudar sua própria história, ressignificando a forma de percebê-la e construindo novos resultados em sua vida, a partir dessa nova consciência.

Você já pensou em construir aptidões diferentes, habilidades alinhadas com suas atividades profissionais e competências mais sistêmicas?

Quero mostrar a você que, utilizando melhor seu *mindset*, sua forma de pensar, e educando sua mentalidade, suas aptidões também melhoram. O *mindset* fixo limita as realizações, enche a mente das pessoas com pensamentos perturbadores, com lixos tóxicos que contaminam sua mente inconsciente, tornando desagradável o esforço, e leva a estratégias de aprendizagem inferiores.

Mais do que isso, transforma as outras pessoas em juízes, ao invés de aliadas. Quer estejamos falando de Darwin, quer de universitários, quer estejamos falando de colaboradores de uma maneira geral, quer estejamos falando de empresários, administradores ou gestores, as realizações importantes exigem grande concentração, um bom esforço total e um baú de estratégias, também aliadas ao aprendizado constante.

Isso é o que o *mindset* de crescimento nos dá e, por isso, permite que nossas capacidades se desenvolvam e frutifiquem.

Qualquer pessoa será capaz de fazer qualquer coisa?

Na verdade, creio que, agora, podemos concordar que as pessoas são capazes de fazer muito mais do que parece à primeira vista.

Sucesso, fracasso e o *mindset*

Sucesso significa fazer o melhor possível, aprender e se aperfeiçoar. Os fracassos são informações que nos fazem acordar! Essa abordagem é do *mindset* de crescimento.

Abrace seus fracassos. Sucesso tem a ver com aprendizado. Benjamin Barber, eminente teórico político, disse: "Não divido o mundo entre os fracos e os fortes, ou entre sucessos e fracassos [...], divido o mundo entre os que aprendem e os que não aprendem".

Em *Empresas feitas para vencer*, Jim Collins utiliza o *mindset* de crescimento, ao dizer que os líderes que levam as empresas à excelência, não eram os tipos carismáticos, místicos, que destilavam ego e talento autoproclamado. Eram pessoas discretas, que faziam perguntas, constantemente, e que tinham coragem de enfrentar as respostas mais brutais, isto é, olhar de frente os fracassos, inclusive os próprios, sempre mantendo a fé no sucesso final, acreditando no desenvolvimento humano.

Negociação e *mindset*

Você é daquela época em que negociar era um jogo de ganha-perde? Um dos pontos-chave em que profissionais bem-sucedidos devem ser bons é na negociação. Nos tempos de hoje, com mercado competitivo, é difícil conceber como uma empresa possa obter êxito sem negociadores capacitados no controle.

Cientistas e pesquisadores mostram que o *mindset* tem um impacto importante no sucesso da negociação. A conclusão dos estudos dessa área mostra que, embora se costumasse acreditar que a capacidade de negociação era uma habilidade fixa, com a qual as pessoas nasciam ou não, agora, acredita-se que saber negociar é uma habilidade dinâmica, que pode ser cultivada e desenvolvida ao longo do tempo.

O *mindset* impacta em negociações do tipo ganha-ganha, e, dessa forma, no fim de uma negociação, ambas as partes sentem que suas necessidades foram atendidas.

Se você pudesse fazer uma escolha, por qual delas você optaria? Olhar de frente suas deficiências? Ou criar um mundo em que não exista nenhuma? Muito dinheiro e muitas horas são gastas a cada ano, na tentativa de ensinar profissionais de todas as áreas do conhecimento a treinar suas habilidades de dar um *feedback* efetivo.

No entanto, grande parte desse treinamento é ineficiente, e muitos profissionais da área de gestão permanecem orientadores deficientes. Estudos de Peter Heslin, Don Vandewalle e Gary Latham mostram que diversos profissionais que trabalham na área de gestão não acreditam em mudança pessoal.

Gestores com *mindset* fixo buscam, simplesmente, talentos existentes: "por que treinar funcionários, se eles não podem mudar, e por que obter *feedback* deles se você não pode mudar?".

Para profissionais da área de gestão, que possuem um *mindset* de crescimento, ter talento é somente um ponto de partida. A ideia é de termos profissionais que também incorporem um *mindset* de crescimento: entusiasmo para aprender e ensinar, abertura para dar e receber *feedback*, e habilidade para enfrentar e superar obstáculos.

Estudos de Warren Bennis demonstram que "os líderes se fazem, não nascem feitos, e são feitos mais por si próprios, do que por meios externos".

Compartilho com você, leitor, uma expressão francesa que diz:

"Tout comprendre c'est tout pardonner."
Compreender tudo é perdoar tudo.

É isso!

16

Inteligência emocional e as habilidades do futuro

O *mindset* do sucesso é construído com treino das competências emocionais, como, por exemplo, a autoestima, empatia e paciência. Falar em futuro é falar sobre o próximo passo sem intenção de provocar metas ousadas e distantes. A intenção é provocar a reflexão sobre como é possível você treinar suas competências com visão de futuro em um processo que envolve o método de *coaching*

Chai Carioni

Chai Carioni

Especialista em *business & life coaching*. Atuou no mundo corporativo como gestora de área comercial e novos projetos, e foi responsável pelo treinamento direto de mais de três mil líderes entre 2002 e 2015. Desde 2015, dedica-se exclusivamente ao *coaching*, como idealizadora do Programa *Business & Life Coaching* e *Leader coaching* de alta performance para empresas. Administradora de empresas (UDESC); MBA em gestão estratégica de pessoas (FGV); extensão em *business & management for International Professionals* (UCI – USA). Formação em *professional & self coach* pelo Instituto Brasileiro de Coaching; certificações internacionais pela International Association of Coaching (IAC); Global Coaching Community (GCC) e European Coaching Association (ECA). Experiência de 13 anos no mercado financeiro como funcionária do Itaú Unibanco S/A. Empresária – Chai Carioni Coaching; colunista do Jornal Notícias do Dia; palestrante.

Contatos
https://chaicarioni.com.br/
contato@chaicarioni.com.br
Facebook: Chai Carioni Coach
Instagram: chaicarionicoach

Nossa mente é responsável por criar impulsos, gatilhos, motivações e até limitações que nos impedem de agir assertivamente em direção ao nosso futuro.

Quando decidi investir em uma transição de carreira (pensando bem, foi uma transição de estilo de vida), sabia que teria sucesso. Fácil? Sempre soube que não seria, mas, simplificar era essencial.

Afinal, o que é ter sucesso?

Depende.

Depende das suas escolhas.

Os seus valores são só seus.

Importar-se menos com a opinião dos outros e aceitar mais quem está disponível para apoiar você no resgate da sua essência.

Quando falo em futuro, quero provocar a reflexão sobre como podemos pensar no próximo passo, as competências intrapessoais como elevar autoestima, autoconfiança e competências interpessoais em matérias de comunicação assertiva, empatia, liderança e influenciadores do bem.

O conceito de competência é C.H.A., ou seja, a soma de três palavras-chave: conhecimento + habilidades + atitude.

• Conhecimento pode ser adquirido em livros, cursos, pesquisas, vídeos e aulas. Temos cada vez mais acesso ao conhecimento na era pós-digital em que vivemos, pois temos acesso, facilmente, a tutoriais na *Internet* e informações que nos agregam conhecimento a todo instante.

• Habilidade é quando colocamos em prática o conhecimento, ou até mesmo quando aprendemos somente na prática. Habilidade é treino. São os testes que fizemos, as tentativas, os erros e os acertos.

• Atitude é a vontade de fazer acontecer.

Enquanto conhecimento é saber fazer, habilidade é tentar fazer, e atitude é querer fazer.

Pessoas competentes em suas atividades são reconhecidas e tornam-se referências para outras.

Um dos principais papéis de um *coach* está em desenvolver competências de seus *coachees*, especialmente da inteligência emocional.

São as emoções que geram ações.

A palavra emoção é derivada do latim emovere; "e" significa "externo" e "movere" significa "movimento", ou seja, permita-se cuidar do emocional, para gerar ação na sua vida.

Tudo fará mais sentido no caminho da realização, quando você falar com o coração. Isso é a parte da atitude, parte do brilho no olho.

O método de *coaching* é simples e pode ser aplicado para promover mudanças na maneira como colocamos em ação nossas escolhas.

As escolhas conscientes são tomadas de decisão vistas como etapas, ou até mesmo como principal objetivo na evolução do ser.

O sucesso depende dessas escolhas, pois o que é ter sucesso para uma pessoa, não necessariamente é para outra.

Reconhecer que somos diferentes em essência, considerando valores, intenções, sonhos e medos na construção da história, resume um pouco do quão único é cada ser humano.

Esse assunto de diferença só faz sentido quando penso na soma de nossas competências, porque o futuro que acredito é colaborativo.

Quando somos diferentes e somamos conhecimentos, habilidades, talentos e atitudes, com intenção de evoluirmos para a realização, respeitando o conceito de sucesso de cada um, o poder individual contribui para o crescimento coletivo.

O *mindset* do sucesso começa pela tomada de consciência de como agimos.

Entrar no movimento de enfrentar nossas barreiras limitantes significa que estamos dispostos a criar possibilidades, autoestima e relação com os outros.

O caminho para transformarmos uma vida ordinária (aquela que está no piloto automático) em uma vida extraordinária (aquela que você é o líder) está no autoconhecimento, no amor próprio e no silenciar da mente para conectar-se com sua essência.

Podemos fazer essa conexão em cinco etapas simples, criando, assim, gatilhos para desenvolvermos um *mindset* de sucesso:

1ª etapa – priorizar

O que, realmente, é importante para você? Priorize pessoas, escolhas e recursos.

Escreva o nome das pessoas que você deseja dedicar mais presença na sua vida:

_____

_____

2ª etapa – organizar

Você sabe o valor de sentir que sua vida está organizada? O que realmente precisa estar em ordem para você avançar?

Escreva suas principais pendências que precisam de atitude e ações práticas para organizar.

Casa:

_____

_____

Trabalho:

_____

_____

Estudos:

_____

_____

Finanças:

_____

_____

Projetos:

_____

_____

Outra área da vida:

_____

_____

3ª etapa – energizar

Somos energia, um ser sistêmico e organizacional, para tanto, cuidar da integridade do ser fará muita diferença no alcance da satisfação de viver.

Na prática, descubra o que move você.

Escreva: quais são as atitudes que trazem positividade para seu dia a dia?

4ª etapa – otimizar

Potencializar seus talentos para experimentar, fazer acontecer.

Passamos muito tempo tentando melhorar nossos pontos fracos, o que consome nossos recursos como tempo, energia e até dinheiro.

Ser gestor das competências naturais está associado à prosperidade. Aprenda com o resgate da sua essência, aplicando no sucesso mais próximo. Escreva seus pontos fortes e como poderá potencializá-los:

5ª etapa– celebrar

Reconheça e valorize cada instante, isso irá tirar você da estagnação e colocar no movimento da aprendizagem.

Escreva as fases da sua realização como pessoa na vida, pense numa linha do tempo futura e se lembre de celebrar cada fase.

1ª fase:

_____

_____

2ª fase:

_____

_____

3ª fase:

_____

_____

4ª fase:

_____

_____

Meio do caminho:

_____

_____

5ª fase:

_____

_____

6ª fase:

_____

_____

Reta final do objetivo:

_____

_____

Linha de chegada:

_____

_____

Nova meta:

_____

_____

Inspire-se na ferramenta que criei, chamada Linha do tempo dos talentos:

**LINHA DO TEMPO
FATOS MARCANTES E RESGATE DE TALENTOS**

CHAI ▪ CARIONI
C O A C H I N G

Infância

exemplo

As mudanças de cidade, incluindo morar em sítio no interior.

Meu talento era na escola como boa aluna.

Adolescência

exemplo
Os vestibulares fracassados para medicina aos 16, 17, 18 e aos 19.

Talento para fazer amigos.

Adulto

exemplos:
O meu casamento aos 31.
O nascimento do Luca aos 32.
O sabático na Califórnia aos 33.
O nascimento do Filipe aos 36.
A mudança de carreira aos 37.
Talento com pessoas.

HOJE

exemplos
Meu posicionamento profissional em 2018.

Talento para comunicação.

Amanhã

A meta...
Viver com mais equilíbrio em todas as áreas da vida.
Meu talento como profissional do coaching.

Sou humana em busca constante pelo meu melhor. Como faço essa busca?

Olhando para dentro no meu momento presente e reconhecendo minhas motivações e limitações, assim posso dizer que sei, claramente, que depende de mim para estar em movimento.

Preciso investir nas minhas competências, treinando minhas habilidades e exercitando coragem de agir conforme meus valores.

Preciso me perdoar quando erro.

Preciso me retirar quando não estou confortável.

Preciso me posicionar naquilo que eu acredito.

Preciso dividir com vocês algumas das minhas histórias e do meu talento de falar verdades simples que promovem mudanças naqueles que gero empatia.

Eu sempre tive muita fome de pertencer, de saber, de aprender, mas me sentia cansada, sentia que estava sempre atrasada nos meus planos de vida.

Uma sensação angustiante.

Então, eu resgatei meu ser místico, no sentido de procurar pelos mistérios da vida e encontrar respostas em uma vida mais simples com presença.

Viver com mais presença me deu mais clareza.

Ter clareza me dá sentido.

Ter sentido me dá propósito.

Ter propósito me dá realização.

Hoje, trabalho com meu próprio método de *coaching* e desenvolvimento humano – Os 4 poderes de ação – método que idealizei misturando minha história, meus estudos, minha experiência e minhas crenças.

17

Da sala de aula à direção: limites e desafios para a educação no século XXI

Falar do trabalho em educação é, antes de tudo, ir se apaixonando pelo que se faz

Cláudia Miranda

Cláudia Miranda

Formada em letras pela Universidade Federal do Rio de Janeiro, também possui pós-graduação em literatura hispano-americana, na mesma universidade, além de pós-graduação em gestão de educação pública na Universidade Federal de Juiz de Fora. Com 33 anos de experiência em sala de aula nas redes pública e privada, e 18 anos como diretora da rede pública do Estado do Rio de Janeiro.

Contatos
mirandaclauddia@gmail.com
(21) 99190-4609

Falar do trabalho em educação é, antes de tudo, ir se apaixonando pelo que se faz. O início de qualquer relação é conturbada, é preciso ajustes, conhecer o outro, se adaptar ao dia a dia e ir se envolvendo ao que está sendo apresentado a você. Assim é em qualquer carreira, é preciso ter uma entrega, e isso não é fácil. Ver, ouvir, lidar com responsáveis, alunos, indisciplina, problemas familiares, chefias, secretaria de educação, enfim, uma soma de pensamentos e valores tão diferentes e tão únicos que, muitas vezes, nos sentimos amarrados por vários fios, cada um sendo puxado por lados diferentes. Diante dessa realidade, é preciso conhecer-se, saber até que ponto você pode ir, como pode lidar com os problemas, saber ouvir e se posicionar.

O trabalho na educação começou, para mim, antes da universidade, ainda como professora de primeiro segmento. Recém-saída da escola, cheia de sonhos, me deparei com uma realidade totalmente diferente da que já tinha vivido até então. Fui trabalhar em uma escola municipal, no interior do município de Queimados, onde a área urbana se misturava à rural, com alunos extremamente carentes. Carentes de tudo, do arroz com feijão, da mão que afaga (ali tinha acontecido um assentamento de famílias sem terra). Fiquei em choque. Não sabia o que fazer. Lembro-me de como chorava todas as vezes que chegava em casa. Não queria voltar, porque não sabia o que fazer. Minha mãe dizia que eu precisava ser forte e, na verdade, eu ficava com raiva de ter que enfrentar aquela realidade tão dura, de alunos indisciplinados e despreparados.

Adquiri um problema de saúde, que hoje eu vejo como uma fuga. Quando voltei, mudei totalmente. Foi uma aprendizagem que levei para o resto de minha vida. Aprendi a enfrentar os desafios que me eram apresentados, a dizer não na hora certa, e a buscar soluções para os problemas que enfrentaria no dia a dia não só do trabalho, mais da vida!

Observei, depois, que a maioria de nós, professores, saímos das universidades acreditando que, ao chegar na sala de aula, encontraremos alunos prontos, sedentos de conhecer, e colocaremos em prática o nosso melhor... Doce ilusão! Esquecemo-nos do principal: nosso trabalho é com seres humanos, e é muito difícil lidar com "gente". Eu já sabia disso, porém, ver o sofrimento de alguns colegas que desconheciam o fato de que pessoas sentem, falam, questionam, respondem, e que lidar com elas é diferente de lidar com um objeto, que podemos com nossas mãos dar a forma que desejamos. Trabalhar com pessoas é trabalhar com pensamentos múltiplos, educação familiar diferenciada e ter, assim, vários rostos voltados para nós (às vezes, não) com toda uma história por trás daquele olhar. Aprender a respeitar e aprender com esse olhar é o que vai nos ajudar a conviver com toda a realidade que vamos vivenciar dentro desse ambiente vivo, que é a escola.

Quando falo e penso na trajetória que já vivi, e no muito que presenciei, revejo meus muitos erros e acertos, porque em educação não há uma receita de bolo. Infelizmente, vivemos, hoje, em um mundo em que a experiência não consegue ser conciliada ao novo. A maioria dos jovens professores acredita que não há nada de proveitoso no ensino tradicional, e os mais antigos criticam o que está chegando. Penso que se conseguirmos chegar a um denominador comum, com respeito e tolerância, teremos o que há de melhor em qualidade de ensino. Temos que pensar que o ensino tradicional deu conta de todo um tempo com muito louvor, e estamos falando de séculos! Porém, não podemos nos esquecer de que, hoje, temos muito mais informações do que há dez anos, quase na velocidade da luz, e temos que nos adaptar a essa realidade.

Em todo esse período vivido dentro do ambiente escolar, seja o público ou particular, foi possível observar que, ao longo dos anos, está cada vez mais complexa essa realidade. Os valores mudaram, a sociedade mudou, isso é cíclico, ocorre sempre, mas, é preciso ver que algumas mudanças são importantes e outras nos causam angústia. Porque é nesse momento que vamos crescer, é na diferença, na dificuldade que conseguimos movimentar o nosso fazer. Nesse instante, paramos e começamos a rever nossos pensamentos e atitudes diante do que está acontecendo, e a trabalhar dentro do contexto vivido, para sair do campo do "sonho" e iniciar o trabalho prático. É um momento único!

A sociedade julga que o professor tem a responsabilidade de moldar alunos. Não, digo sempre que não. Este deve ser, talvez, o trabalho dos responsáveis. Professor sempre está em busca de levar os alunos a pensar, a questionar, tirar a resposta de dentro de si. Seres humanos são como suas digitais, são únicos. Mas, nessa sociedade conservadora, isso é visto, muitas vezes, como doutrinação. Vemos, hoje, que toda parcela que deveria ser responsabilidade da família está sendo despejada dentro de uma sala de aula.

Muitos responsáveis deixam para a escola o trabalho de ensinar, que cabe à família (bom dia, com licença, respeito aos mais velhos, ao ser humano etc.) e, é claro, não está dando certo. Não tem como a escola dar conta de tudo isso. Aí, temos como resultado uma educação formal falha, professores desestimulados, responsáveis insatisfeitos, e o aluno no meio desse turbilhão de forças.

A primeira coisa que precisamos ter como foco é que o pensamento democrático deve ser uma realidade para nós, respeitar as diferenças, mesmo não tendo a mesma postura, aprendendo a respeitar a existência do outro, assim estaremos contribuindo, verdadeiramente, para formar o cidadão. Paulo Freire nos fala que "quando a educação não é libertadora, o sonho do oprimido é se tornar ser opressor". A educação deve ser libertária, porém, é, ainda, muito forte dentro de todos nós a questão da dominação, talvez, porque sofremos sempre alguma forma de opressão. Primeiro com a colonização, a escravidão, vários governos ditatoriais, e isso ficou carimbado em nós.

Está em nosso DNA a necessidade de subjugar e ser subjugado. Quando o aluno tem voz, é ouvido em suas colocações e estas são consideradas, começa o nosso embate com a sociedade. Nesse momento, a escola, de segundo lar, passa a ser a causa dos erros dessa mesma sociedade, que a colocou como responsável pela educação total do aluno, pois escola passa a ser libertadora. Peter Sloderdijk, no livro *Crítica da razão cínica*, coloca isso de forma bem clara, quando escreve: "eles sabem o que fazem e continuam fazendo do mesmo modo". Podemos colocar esse pensamento em nossa realidade, quando observamos os comportamentos avessos à aprendizagem, e ainda assim vemos a persistência em não se permitir conhecer, a indisciplina acontecendo de forma natural, que muitos acreditam que só acabaria com mais violência. Acredito que a indisciplina, na maioria das vezes, é uma resposta ao que está sendo apresentado ao aluno. Ele está dizendo que aquilo não está interessante, ou é algo que ele vive de forma tão natural em seu lar, que será reproduzido na escola, mas, em nossa "superioridade", preferimos reprimir e não ouvir.

Se pensarmos em nossa realidade hoje, observamos um triste momento, que é a inversão de valores (fruto da razão cínica), em que o errado se torna certo e, muitas vezes, somos punidos por fazer o correto. O respeito ao outro, independentemente de raça, gênero ou posição social, é quase inexistente, respeitar a existência do outro é algo quase que irreal, e tudo isso desagua na sala de aula. Em uma sociedade tão conturbada, que sobrevive das informações imediatas e nem sempre verdadeiras, agir corretamente é um desafio. Nós, professores, temos, hoje, que lutar para manter a sobriedade, e não sucumbir ao rodamoinho de "lutas inglórias" que nos são lançadas.

É maravilhoso presenciar que aquele aluno que ficava escondido em um canto da sala de aula foi desafiado e, de repente, o seu interesse e curiosidade foi despertado... Esse é o maior momento da vida de um educador; aí vemos que tudo valeu à pena. Um caso bem recente que me marcou foi o de duas alunas especiais, eram surdas e estavam no nono ano. Eu ficava extremamente incomodada, porque não conseguia chegar até a elas. Gosto de gente, de proximidade, como uma carioca de raiz, gosto de abraçar, tocar, sentir. Por isso, ver aquelas jovens tão afastadas de nós me incomodava demais.

Descobri, com a ajuda da intérprete, que não tinham sonhos ou desejos; a barreira linguística dificultava ainda mais essa aproximação. Estudantes da rede municipal de ensino, quando perguntávamos sobre um possível projeto de vida, elas diziam que seriam lavadeiras. Como profissional da educação, quero sempre que meus alunos alcem voos mais altos, e aquela situação me incomodou muito. Em um determinado momento, propus um debate sobre *bullying* em uma roda de discussão. E, mesmo tímidas, eu as convidei a participar junto com a intérprete de libras, e ali foi um momento libertador! Quando elas começaram a colocar seus sentimentos, foi um choque para todos os adolescentes presentes naquele dia. As jovens colocaram para turma como elas se sentiam. Uma dizia que ficava triste, e a outra com raiva por sofrer o desprezo deles. Os alunos tentaram se defender, dizendo que buscavam aprender libras, porém, foram contestados por elas, que disseram que eles só queriam aprender palavras para afrontá-las.

Depois desse dia, aconteceu uma mudança radical com elas e com os demais alunos. E a minha alegria se completou quando elas me disseram, no final do ano, que iriam para uma escola de formação de professores, pois desejavam trabalhar e ajudar alunos como elas. Nesse momento, mais uma vez, vi por que não desisti da profissão! É para isso que nós, professores, estamos aqui. A educação precisa ser revista sempre, deve ser antropofágica, porque aí ela será instrumento da formação do homem total. Nosso trabalho deve ter envolvimento com o outro, isso, na maioria das vezes, é dolorido, nos afeta, porém, é causa de enorme alegria saber que fizemos uma pequena contribuição na vida de um aluno.

É preciso buscar sempre em nossos alunos a resposta para os questionamentos que fazemos a nós mesmos. Onde está a maior dificuldade? O que precisamos mudar em nosso planejamento? O que eles querem e o que eles precisam? Entre outros, não podemos, enquanto professores, ficarmos fechados em um saber único, acreditando sermos detentores de tudo isso. Educação é uma troca, aprendemos muito com cada um, e também contribuímos um pouco. Sentir o outro, ver sua necessidade e, muitas vezes, se deixar sentir é o que faz toda diferença. Quantas vezes chegamos tristes e abatidos em uma sala, e são eles que dão o apoio que necessitamos? É muito bom isso, o sorriso, o carinho, às vezes as alfinetadas, e isso gera em nós o combustível para prosseguir. Na verdade, cada caso é um caso, e vamos estar sempre procurando a resposta, e esta será encontrada ali mesmo, dentro de sua sala de aula, pois cada um terá uma resposta diferente ao contesto em que se apresenta.

Outro fator que nos ajuda muito nesse trabalho é aprender com os colegas, ouvir suas histórias de sucesso e adaptar ao seu trabalho pedagógico. Isso ajuda a renovar, sempre, o que estamos fazendo. Saber ouvir é uma qualidade grande para todas as profissões. Nós ouvimos, guardamos no coração, adaptamos a nossa realidade e colocamos em prática. Testar algo que já deu certo com alguém facilita e torna nosso trabalho muito mais fecundo. Um professor, amigo meu, colocou que, no primeiro dia de aula, após a apresentação aos alunos, perguntava a eles como queriam que o conteúdo daquele ano fosse trabalhado. As respostas vinham desde jogos, vídeos e teatro. Assim, ele pode saber o que trabalhar durante aquele ano. Adaptei essa ideia ao meu trabalho, e posso dizer que foi um ano de grande aproveitamento.

Qualquer trabalho sempre terá como facilitador a escuta. Vejo que muitos de nós confundimos humildade com subserviência. Posso afirmar isso, porque estive à frente da direção de uma escola, durante 18 anos. Quando fui assumir o cargo, eu estava temerosa, ainda era bem jovem e, apesar de sempre aceitar desafios, eu procurava respostas para os meus medos. Nesse momento, apareceu um anjo em forma de diretora, era antiga na direção da escola em que eu trabalhava, e o conselho que me deu foi levado por toda a minha vida.

Nosso trabalho consiste em aprender com quem já fazia a tarefa. Ouvir os antigos e pedir que me ensinassem, ainda que essa não fosse a minha responsabilidade. Aprendi muito, e toda essa aprendizagem carrego até hoje comigo. Fui procurando aprender um pouco com cada funcionário dos diferentes setores da escola, da limpeza, até aos diretores da Secretaria de Educação, e posso afirmar: aprender é sempre bom!

Outro grande desafio que encontrei foi conseguir conciliar o anseio da comunidade escolar com as diretrizes da Secretaria de Educação. Hoje, temos metas a alcançar, independentemente de estarmos lidando com realidades diferentes. O pensamento político na educação quer que uma escola situada em uma comunidade violenta tenha o mesmo resultado de uma escola do interior. Sim, este é um grande desafio, pois, some a isso professores desvalorizados, tratados como a base da sociedade e, ao mesmo tempo, sem a menor valorização e respeito profissional. Se observarmos a Coréia do Sul e seu crescimento econômico, verificamos que este se deu diante de um plano de valorização da educação. O professor lá é visto como uma autoridade, e ninguém pode criticá-lo publicamente.

Histórias de sucesso? Na educação não é tão simples assim, porém, acontece, e acontece de forma fecunda, e o que nos causa mais prazer é saber que houve muito de nós naquela pessoa. Ex-alunos que voaram muito mais do que era esperado, porque encontraram em seus professores o incentivo que precisavam. Precisamos de um salário justo, como qualquer trabalhador, mas, precisamos também, que o trabalho nos cause prazer e alegria, senão estamos em um lugar errado. Não existe uma fórmula mágica, existe investimento, vontade e disposição. Então, mãos à obra!

18

Aposentadoria: um momento de ressignificação

A aposentadoria é um momento da vida carregado de significados. Para muitos, um presente; para outros, uma punição. Tudo depende da maneira como se olha para ela

Danielle Monteiro

Danielle Monteiro

Coach, formada pelo Instituto Brasileiro de Coaching (IBC), e em *coaching* de equipes pela Lambent Coaching, filiada ao Internacional Coaching Community (ICC). Graduada em psicologia (UFRJ), mestre em psicologia social (UERJ) com foco em Inteligência emocional, e especialista em gestão de recursos humanos (UCAM). Servidora pública do IBGE, trabalha na área de gestão e desenvolvimento de pessoas, atuando no programa de preparação para a aposentadoria, como *coach* dos aposentáveis, e no programa de lideranças institucional como facilitadora e palestrante em todo o país. Tem como focos de trabalho a preparação para a aposentadoria e o desenvolvimento de liderança e de equipes.

Contatos
www.coachdanimonteiro.com.br
contato@coachdanimonteiro.com.br
Facebook: Coach Danielle Monteiro
(21) 99402-5678

egundo o IBGE, a população está envelhecendo, principalmente, em decorrência da queda da taxa de fecundidade. Além disso, em 1940, a expectativa de vida era de 45,5 anos; em 1960, era de 52,5 anos. Em 2016, a expectativa média de vida da população brasileira chegou a 75,8 anos. Desde 1940 até a atualidade, houve um acréscimo de 30,3 anos ao tempo de vida do cidadão no país. Em resumo: a população está envelhecendo e vivendo mais longamente.

Para um homem nascido em 1980, que tenha ingressado no mercado de trabalho aos 18 anos, na regra atual de contribuição previdenciária, ele poderá se aposentar aos 53 anos de idade. Com uma expectativa de vida geral de 75,8 anos, esse homem terá cerca de 22 anos de vida pós-aposentadoria, entendendo-se a aposentadoria como o ato de deixar de trabalhar.

Há, na sociedade, evidente atribuição de valor à pessoa que trabalha, podendo ser expressa em títulos como "doutor", "professor" ou demonstrada por meio da ocupação (ex: padeiro, costureira, motorista etc.). Mais do que o fornecimento de recursos para a manutenção da vida, a atividade laboral ocupa uma posição importante na constituição da identidade do indivíduo; essa relação "trabalho x identidade" é tão forte, que há diversos relatos de morte do indivíduo após a aposentadoria.

Aqui já se pode delinear, que a ideia de aposentadoria carrega em si dois estigmas: velhice e morte. De fato, para algumas pessoas, a aposentadoria se assemelha ao final da vida, ao fim da contribuição ao mundo, como se a única forma de acrescentar à sociedade fosse por meio do trabalho remunerado. Além desses aspectos, a aposentadoria carrega a expectativa de exclusão social, de diminuição de atividades, de empobrecimento das trocas interpessoais, de esquecimento.

Entretanto, diante dessas mudanças ocorridas na composição demográfica da sociedade, a percepção da aposentadoria também assume ângulos mais positivos; desde definições brandas como "descanso" até sua percepção como "recompensa", a aposentadoria passa a ser o recomeço da vida.

A mudança

Tomar a decisão de se aposentar pode ser muito simples para algumas pessoas; para outras, pode se configurar algo de extrema complexidade. Porém, para ambos os grupos, a ressignificação de conceitos como tempo, prazer, satisfação, produtividade, relacionamento, dinheiro, por exemplo, é fundamental e exige cuidado.

Geralmente, o primeiro benefício que as pessoas que desejam se aposentar vislumbram é o ganho de tempo para si. De fato, no dia seguinte ao da aposentadoria, o indivíduo acorda com, pelo menos, mais oito horas disponíveis em sua agenda. O que fazer com todo esse tempo livre? Pode levar algum tempo até que o aposentado se adapte a uma nova rotina própria de atividades; caso ele não o faça, corre o risco de que sua agenda passe a ser gerenciada pelos filhos e/ou pelo cônjuge, os quais lhe atribuem tarefas que não são suas. Portanto, a mudança de perspectiva do aposentado quanto à utilização do tempo é importante após a aposentadoria, à medida em que o ganho de mais tempo, se não gerenciado ativamente, pode se configurar um adicional de tempo na agenda alheia em detrimento de seus próprios objetivos.

Muitas vezes, a pessoa que se aposenta busca a realização de um sonho antigo como cursar uma graduação desejada, visitar lugares desconhecidos, desenvolver um *hobby*, algo que seja percebido como útil para si e/ou para o próximo. O sentimento de que se é útil à sociedade está, fortemente, associado à percepção de satisfação com a vida. Contudo, a utilidade, antes vinculada ao trabalho, deve ser transformada pelo aposentado em outro tipo de bem social; ele pode manter-se ativo em uma comunidade em defesa de uma causa, pode realizar trabalhos voluntários, ou mesmo ajudar a cuidar dos netos. Todas essas ocupações demandam intenso comprometimento do indivíduo aposentado, mas não exigem, necessariamente, uma recompensa monetária. Nada impede, contudo, que o indivíduo resolva se manter ativo economicamente, exercendo alguma atividade remunerada que já trabalhava paralelamente ou que invista em outra ocupação de sua vontade.

Uma questão muito sensível para aquele que se aposenta refere-se às trocas sociais. O ato de se aposentar tem como efeitos imediatos a cessação de contatos diários com colegas de trabalho com quem se conviveu por anos, às vezes, por décadas. Para algumas pessoas, o trabalho representa a maioria de seus contatos sociais; logo, aposentar-se reflete a perda de uma parcela grande de interações sociais. Por outro lado, a aposentadoria permite que o indivíduo intensifique o relacionamento com a família e com amigos.

Para que essa mudança social aconteça mais suavemente é fundamental que o indivíduo compreenda que a diminuição de interação com os colegas de trabalho não é sinônimo de ostracismo social; tampouco que o aumento de convívio com a família e com os amigos representa acréscimo na qualidade desses relacionamentos afetivos. A aposentadoria deve ser entendida como a oportunidade de melhorar as interações já existentes, resgatar algumas que estavam se perdendo, e abrir espaço para o surgimento de outras pessoas significativas; além disso, é importante compreender que a qualidade dos relacionamentos não está ligada direta e proporcionalmente à quantidade de horas que se passa ao lado de alguém, e sim à qualidade dessa interação nesse espaço de tempo.

Muitas vezes, a aposentadoria representa redução real no orçamento familiar. Para que o indivíduo não sofra impactos financeiros negativos, ele deve aprender a equilibrar suas contas diante dessa diminuição do dinheiro disponível; ele deve se conscientizar quanto a seus hábitos de consumo, e ajustá-los para essa nova fase da vida. Isso pode implicar, inclusive, em cortes na ajuda financeira de filhos e/ou de netos.

A preparação para a aposentadoria

A aposentadoria significa uma mudança intensa de hábitos já arraigados, como despertar a um determinado horário, por exemplo, bem como uma transformação na autopercepção do aposentado em relação a si e ao mundo que o cerca. Essa alteração de comportamento deve começar com a mudança cognitiva facilitada pelo *mindset* de crescimento.

Um bom caminho para suavizar a transição para a aposentadoria é a busca de um profissional de *coaching*. No processo de *coaching* para a aposentadoria, o cliente (pré ou pós-aposentado) é levado a refletir sobre questões como as abordadas anteriormente neste texto: a utilização do tempo, a ressignificação dos relacionamentos interpessoais, a autossatisfação, os hábitos de consumo etc.

Como primeiro passo, sugere-se a construção de uma imagem positiva de si, afastando-se dos preconceitos que circundam o imaginário social a respeito do aposentado (ex: indivíduo com pijama em frente à televisão). O indivíduo que vai se aposentar ou acaba de fazê-lo precisa ter sua autoestima fortalecida para construir, ativamente, seu novo lugar dentro da sociedade, e não se permitir ficar fora dela. Um caminho para essa reconstrução identitária é o reconhecimento das crenças e dos valores relevantes para o cliente, fazendo-o entender quais deles o favorecem nessa fase, e que devem ser mantidos, e quais deles o impedem de se tornarem quem desejam ser e que devem ser transformados ou abandonados. Em seguida, o estabelecimento de um plano de ação que oriente essa transição de vida ajuda o cliente a manter o foco e a perceber que a mudança é possível. A criação de metas gradativas introduz o cliente em seu novo mundo; a priorização das áreas mais críticas ou mais sistêmicas da vida do cliente facilitam a adaptação, por estimularem a aprendizagem de competências variadas. Aos poucos, o cliente vai se adaptando à nova rotina, vai se desvinculando de hábitos antigos e gerando outros novos, estes mais próximos de sua realidade atual.

Desse modo, o *coaching* de preparação para a aposentadoria pode auxiliar o cliente nessa adaptação à aposentadoria, no alcance de seus objetivos pessoais, no redesenho de seu novo mapa mental, na ressignificação e na validação de sua humanidade.

Referências

BRESSAN, M.A.L.C.; MAFRA, S.C.T.; FRANÇA, L.H.P.; MELO, M.S.S.; LORETTO, M.D.S. *Bem-estar na aposentadoria: o que isso significa para os servidores públicos federais?*. Revista Brasileira de Geriatria e Gerontologia, v. 16, n. 2, pp. 259-272, 2013.

COSTA, G.M.S.; BARBOSA, M.; VILLAS BOAS, J.B. A percepção de trabalhadores e aposentados sobre as perdas e ganhos da aposentadoria. Revista Kaleidoscópio, v. 3, pp. 1-18, 2012.

FRANÇA, L.H.P.; MENEZES, G.S.; BENDASSOLI, P.F.; MACEDO, L.S.S. *Aposentar-se ou continuar trabalhando? O que influencia essa decisão?* Psicologia: ciência e profissão, v.33, n. 3, p. 548-563, 2013.

FRANÇA, L.H.P.; NALIN, C.P.; SIQUEIRA-BRITO, A.R.; RANGEL, T.; EKMAN, N.C. *A percepção dos gestores brasileiros sobre os programas de preparação para a aposentadoria. Estudos interdisciplinares sobre envelhecimento*, v.19, n. 3, pp. 879-898, 2014

IBGE. *Projeção de população*. Disponível em: < https://agenciadenoticias.ibge.gov.br/ agencia-sala-de-imprensa/2013-agencia-de-noticias/releases/9905-ibge-divulga-retro-projecao-da-populacao-de-2000-a-1980 >. Acesso em: 07 de set. de 2018.

IBGE. *Tábuas construídas no âmbito da gerência de estudos e análises da dinâmica demográfica*. Disponível em: <https://agenciadenoticias.ibge.gov.br/agencia-sala-de--imprensa/2013-agencia-de-noticias/releases/18470-em-2016-expectativa-de-vida-e-ra-de-75-8-anos >. Acesso em: 07 de set. de 2018.

INSS. *Aposentadoria por tempo de contribuição*. Disponível em: < https://www.inss.gov. br/beneficios/aposentadoria-por-tempo-de-contribuicao/>. Acesso em: 07 de set. de 2018.

ZANELLI, J.C.; SILVA, N.; SOARES, D.H.P. *Orientação para aposentadoria nas organizações de trabalho: construção de projetos para o pós-carreira*. Porto Alegre: Artmed, 2010.

19

Coaching aplicado à nutrição no diabetes

Diabetes já foi uma doença considerada fatal, hoje, já não funciona dessa forma. A educação em diabetes, o conhecimento e cuidado tornam possível o convívio com a condição de saúde e o papel do *coaching*. Nesse momento, trata-se mais do acompanhamento para não desistir do cuidado nem desanimar, pois é muito comum pessoas com diabetes desenvolverem depressão em algum momento do diagnóstico

Deise Santiago

Deise Santiago

Nutricionista, formada pelo Centro Universitário São Camilo. Educadora em diabetes pela ADJ, SBD, IDF, RELAD. Nutricionista clínica e ambulatorial pela AVM– Faculdades Integradas. Formada como *coach* de emagrecimento pelo Instituto Healthy Coaching, e nutricionista SMART pelo curso Consultório SMART 3.0, com técnicas de *coaching* aplicadas à prática nutricional, adaptadas para o diabetes. Atua em consultório desde 2014, com atendimento, principalmente, voltado a pessoas com diabetes, visando o controle da glicemia e prevenção de complicações.

Contatos
www.dradeisesantiago.com.br
nutrideisesantiago@gmail.com
(11) 99305-9678

D iabetes. Você tem? Conhece alguém que tenha? Parece que virou moda ter diabetes, não é mesmo? Infelizmente, com o estilo de vida que a maioria das pessoas tem atualmente, está cada vez mais comum encontrar aqueles que desenvolveram diabetes. Tipo 1, tipo 2, MODY, LADA, gestacional são só alguns exemplos dos inúmeros que existem dessa condição, e cada vez mais são descobertos outros tantos.

Se formos definir rapidamente o diabetes, podemos dizer que nada mais é do que hiperglicemia (alta taxa de açúcar presente na corrente sanguínea) devido à falta ou insuficiência de insulina. E qual é o tratamento para isso? Insulina ou medicação oral, alimentação saudável e atividade física. Parece fácil, não é mesmo?

Some a tudo isso inúmeros testes de glicemia diários, exames e consultas médicas, insatisfação e desmotivação ao ver valores muito altos (acima de 180mg/dl) ou muito baixos (abaixo de 70mg/dl). O diabetes ainda é uma doença complexa, que depende muito do paciente para um controle ideal. Diversas vezes, a depressão, o desânimo, o desespero pode desestruturar e desestimular o indivíduo que está lutando pela sua vida. Sim, é uma luta constante e incessante.

Fui diagnosticada com diabetes Tipo 1, em meados do ano 2000. Desde então, luto diariamente para ter um bom controle da doença. O mal controle pode acarretar em diversas complicações que a maioria das pessoas já conhece, mas eu vou listar aqui para que não haja dúvidas.

Complicações agudas (aparecem de imediato ao descontrole glicêmico)

• Hipoglicemia;
• Visão turva;
• Suores;
• Tremores;
• Dor de cabeça;
• Cansaço;
• Enjoo;

- Convulsão;
- Morte;
- Hiperglicemia;
- Poliúria - urina em grande quantidade;
- Polidipsia - sede em excesso;
- Polifagia - fome em excesso;
- Perda de peso;
- Dor de cabeça;
- Cansaço;
- Sonolência;
- Enjoo;
- Cetoacidose diabética;
- Convulsão;
- Complicações crônicas (que demoram mais tempo para aparecer, decorrentes de um mal controle durante um longo período de tempo).

Complicações microvasculares

- Retinopatia diabética, condição que afeta os olhos podendo levar à cegueira;
- Nefropatia diabética, lesão nos rins, pode levar à insuficiência renal crônica e tratamento por hemodiálise;
- Neuropatia diabética, redução da sensibilidade nas mãos e nos pés primeiramente. Essa falta de sensibilidade pode evitar que se perceba uma lesão, gerando uma infecção de difícil controle e cicatrização.

Complicações macrovasculares

- Aterosclerose, acúmulo de placas de gordura na parede das artérias, dificultando a circulação sanguínea;
- Doença arterial periférica, endurece e estreita os vasos das pernas e pés, reduzindo fluxo sanguíneo e levando a danos nos nervos e outros tecidos. Maior índice de amputações devido à essa complicação;
- Doença carotídea, a artéria entope e o sangue não consegue chegar ao cérebro;
- Doença arterial coronariana que irá causar infarto e é a principal causa de morte.

Conseguiu ler tudo? Ou pulou direto pra cá? Depois de olhar todos os sintomas e complicações, você entendeu o motivo pelo qual o diabetes é uma doença complexa?

Eu resolvi me tornar nutricionista para poder ajudar as pessoas que descobriram o diabetes a terem uma condição de vida melhor, objetivando sempre que as complicações não apareçam. Antigamente, não existiam diversos (ou tão avançados) tipos de insulinas. Muitos alimentos eram proibidos, e acreditava-se que o maior vilão do diabetes era o açúcar. Além disso, muitos diziam que, quem tinha diabetes tipo 2 e precisava aplicar insulina, era porque estava sem esperanças e estava muito próximo de morrer. Tanta coisa já mudou, e ainda bem que para melhor!

Temos insulinas de diversos tipos, que simulam mais naturalmente o comportamento do pâncreas, como é o caso das insulinas ultrarrápidas, que agem cinco minutos depois de aplicadas (e pensar que antes tínhamos que aguardar 30 minutos para pode comer), ou das ultralentas, que mantêm um nível basal de ação de insulina no nosso corpo, auxiliando no controle geral durante o dia). Temos, também, tratamentos com bomba de insulina, que se trata de um aparelho ligado ao corpo, responsável por aplicar doses de insulina simulando o comportamento do pâncreas. Há os sensores de glicemia, que medem, constantemente, a taxa de açúcar no sangue do paciente, evitando que ele precise tirar o sangue do dedo, sempre que for realizar um teste de glicemia, e inúmeras outras opções, tecnologias, e pesquisas para trazer ainda mais novidades e facilidades ao portador dessa doença.

Você deve estar se perguntando "E com tudo isso, como uma pessoa com diabetes não consegue se controlar?". Essa pergunta é feita com bastante frequência, acredite, e a resposta ainda surpreende.

Infelizmente, nosso sistema de saúde e nosso ensino não são capazes de despender tempo o suficiente para a educação em diabetes. Isso mesmo, as pessoas podem ter um tratamento maravilhoso, mas não sabem usar. E, para deixar a situação um pouco mais grave, é muito frequente o paciente não buscar conhecimentos ou motivações para realizar seu tratamento, negligenciando a doença e até mesmo seguindo o senso comum, mitos e soluções milagrosas na *Internet*.

Como já dizia Elliot Joslin: "A educação em diabetes não é somente parte do tratamento do diabetes, é o próprio tratamento".

E é exatamente nesse ponto que entro. Como nutricionista, percebi que não é só a alimentação que traz dúvidas. Ensino contagem de carboidratos, ensino sobre a necessidade de se consumir alimentos saudáveis, moderação, rotina com os horários das refeições. Mas, só isso não basta.

O trabalho como *coach* me mostrou que somos seres humanos, particularmente, complexos.

Somos seres que precisam de atenção, de cuidado, de direcionamento e, sim, de um *coach*! Precisamos muito de alguém que possa nos orientar e nos mostrar o caminho que devemos seguir, não pensando por nós, mas, sim, deixando que façamos nossas próprias escolhas da melhor maneira. Afinal, não somos máquinas, e não é possível que haja uma fórmula única para o sucesso ou para o melhor tratamento.

Como exemplo, tenho alguns casos bem diferentes, que precisaram de uma atenção contínua e muito acompanhamento no início. Precisavam de um *coach* para incentivá-los, e uma nutricionista para orientá-los, tudo isso de uma só vez.

M.J., 38 anos, pesando 86kg com 1,66m, utilizando as mesmas insulinas durante dez anos, com péssimos resultados, desanimado e sem saber o que fazer. Já não conseguia mais praticar exercícios que sempre havia feito, tinha diversas hipoglicemias e muitas hiperglicemias. Hemoglobina glicada (o exame dedo duro que fornece uma média da glicemia dos últimos três meses) de 8,4%, o que significa uma média de glicemia de 200mg/dl, alta e com risco de desenvolver complicações. Na verdade, M.J. já possuía retinopatia (retina lesionada pelo excesso de açúcar no sangue), quando nos conhecemos.

E a solução foi simplesmente mostrar o que há no mercado, as possibilidades, orientar, ensinar e aguardar que a escolha fosse feita com acompanhamento quase diário. Com a troca de insulinas, ensinamento de contagem de carboidratos, adequação da alimentação e volta da prática de atividade física, em cinco meses foi possível alcançar a hemoglobina glicada de 6,9%, redução de peso para 80kg, com aumento de massa magra e redução de massa gorda. Além da questão física, a parte emocional melhorou consideravelmente, o paciente começou a frequentar eventos e lugares para pessoas com diabetes e se interessou em conhecer mais sobre o universo das pessoas com diabetes. Hoje, deseja se tornar educador em diabetes, por perceber como a orientação pode mudar a vida das pessoas.

Quando já não há mais esperanças, o *coach* pode mostrar ferramentas que irão levar a pessoa para um novo caminho, que talvez ela não tinha visto antes.

V.M., 52 anos, teve um tumor no pâncreas e precisou retirar parte do órgão, o que a tornou uma pessoa com diabetes. Sem orientação, utilizando dois tipos de insulina basal e com a glicemia sempre acima de 500. Eu precisei intervir.

Imaginem como estava a mente de uma pessoa que passou por tudo isso? Ela se sentia derrotada e sem esperanças.

No final de 2016 estava com a hemoglobina glicada de 11,8%, uma média de 300mg/dl, extremamente alta. Além de ensinar a contagem de carboidratos, que utiliza de forma exemplar atualmente, precisei ficar atenta aos sinais de cansaço e desânimo com relação ao diabetes e ao tumor. Trabalhar com a mudança de pensamento é essencial para conseguir resultados. Não simplesmente mostrar que o que estava fazendo não estava dando certo, eu precisei explicar de forma lúdica o que estava acontecendo com o corpo e o motivo pelo qual seria necessário fazer coisas diferentes.

No final de 2018, V.M. está com a hemoglobina glicada em 7,7%, e não desistiu de reduzir ainda mais. O tumor, infelizmente, retornou, mas isso não impediu que continuasse lutando pela vida com toda a alegria que ela tem transmitido nesses últimos anos para todas as pessoas que estão próximos à ela. Participa de eventos envolvendo o diabetes, é voluntária em um evento lindo chamado Piquenique azul, que recebe mais de 500 pessoas por edição, ajuda em grupos de diabetes a tirar dúvidas com relação ao tema que ela desconhecia completamente.

Posso dizer que sou uma pessoa muito orgulhosa de ter mudado a vida dela dessa forma, para melhor, e poder promover conforto em meio à essa doença que surge sem avisar e pode causar grandes estragos se não for tratada com atenção.

O *coaching* pode ajudar muito quando se trata de questões voltadas ao diabetes. Criar um planejamento para que hábitos simples sejam feitos, como avaliar os pés todos os dias ímpares, pode evitar um ferimento que não cicatriza e não foi visto. O risco de amputações é reduzido. E esse é só um dos diversos hábitos que podem ser tomados.

Outro exemplo pode ser criar metas para o consumo de água fazendo com que os rins não se sobrecarreguem, evitando o risco de problemas renais e hemodiálise tão comuns para quem possui diabetes, além de uma série de pequenas ações que podem tornar a qualidade de vida dos pacientes muito melhor.

Diante desse cenário, fui percebendo, desde o início da minha carreira, que apesar de meu foco maior ser a alimentação, eu deveria dar muita atenção para outras questões importantes. A saúde dos pés, saúde bucal, hidratação da pele e do corpo, a correta frequência de uso de medicações, entre outros. São assuntos bastante recorrentes durante o tratamento. Meu trabalho como *coach* foi fundamental para alguns dos meus pacientes, e também para me fazer entender que, devido à complexidade do tratamento do diabetes, eu deveria ter uma atuação mais abrangente, que é fundamental no processo de mudança de hábitos e criação de metas.

20

MAV – *Mindset* Avante de Viver: a liberdade como estilo de vida

A liberdade é uma conquista do indivíduo, é construída por ações intencionais formadoras de um estilo livre de viver

Diego Rio Grande

Diego Rio Grande

Professor de ciências humanas, palestrante e *coach* educacional. Idealizador do curso AVANTE: *coaching* e assessoria para o sucesso.

Contatos
www.diegoriogrande.com
Instagram: diegorgcoaching
Facebook: coachdrg

É possível ser livre?

Não existe resposta única: "sim" ou "não". Há diferentes pontos de vista. Todavia, sem um "sim" como resposta, não faria sentido você dar continuidade à leitura desse artigo, uma vez que estes escritos possuem teor utilitarista, ou seja, a intenção é possibilitar o uso de tais conhecimentos em seu cotidiano.

Assim, para responder positivamente ao questionamento de abertura da nossa conversa, irei me apoiar em uma das vertentes da abordagem filosófica sobre a liberdade. Outros caminhos poderiam nos conduzir à resposta, mas acredito que os saberes da filosofia são fundamentais, pois são eles os precursores de uma reflexão sistematizada presente no conhecimento científico. Exemplo disso temos na psicologia, uma ciência humana originada dos muitos séculos de produção filosófica.

De acordo com Jean Paul Sartre (1905 – 1980), um dos representantes do existencialismo, "o homem está condenado a ser livre. Condenado porque não criou a si próprio; e, no entanto, livre, porque uma vez lançado ao mundo, é responsável por tudo quanto fizer".

Isso posto, para aqueles que simpatizam com a forma existencialista de ver as relações humanas com o mundo (sou um deles!), o homem é destinado a ser livre a cada momento de sua vida (algo que o diferencia dos demais animais), pelo conjunto das decisões que adota no seu cotidiano.

Para efeito de melhor compreensão: o homem poderá decidir se mergulhará ou não com os tubarões em uma praia; já o tubarão não decide se irá ou não ao cinema, ao lado do homem, assistir filmes e comer pipocas!

Com base nessa visão filosófica acerca da realidade, não somente é possível a liberdade, como é algo inerente a todo e qualquer ser humano.

Nesse sentido, temos o livre arbítrio da decisão sobre as nossas ações e comportamentos. Somos os escritores dos capítulos que compõem o livro da nossa história.

Faz sentido para você?

Por que muitas pessoas não querem a liberdade?
Como assim? Talvez você esteja a se perguntar! Existe alguém que não quer ser livre?

Certamente.

Voltemos a Sartre: "...uma vez lançado no mundo [o homem], é responsável por tudo quanto fizer". Leia novamente, amigo leitor: " [o homem] é responsável por tudo aquilo que fizer".

Será que assumir a autorresponsabilidade é algo fácil a todos? Desejável pela maioria? Não seria mais simples, ou mais confortável, terceirizar as decisões sobre as próprias ações e, assim, fatalmente, repassar aos outros o peso das consequências? Ausentar-se da responsabilidade? Negar, assim, a liberdade?

Nesse segmento, Étienne de La Boétie (1530 – 1563) nos brinda com a obra *Discurso da servidão voluntária*.

Perceba a marcante contradição aparente no título de seu livro *Servidão voluntária*. Note a servidão como prática voluntária: o servo, aquele que expressa obediência, voluntaria-se à submissão em relação a outrem.

Nesse caso, a liberdade também se mostra presente e em evidência, observe: o servo escolhe até mesmo deixar de ser livre em troca de uma relação de submissão. É a livre opção pela não autonomia; é a decisão por abrir mão da capacidade deliberativa sobre o seu próprio destino.

Abre-se mão, assim, do que eu chamo de liberdade ativa em troca de uma liberdade passiva, em que se conquista o direito de servir a algo ou a alguém. Aproxima-se, dessa forma, da sensação de segurança; os outros decidirão. O conforto de servir é tentador, pois a estabilidade já conhecida é confortante.

Porém, a questão que se mostra é ainda mais profunda: a liberdade pressupõe responsabilidade. E ser responsável, assumir as consequências das próprias ações, não necessariamente faz do indivíduo alguém mais feliz (e, para reforçar, a felicidade talvez seja a maior busca atual do indivíduo!).

Consequentemente, talvez seja por essa razão que o viver é sempre acompanhado de angústia, uma sensação de sufocamento. A angústia de ter que decidir a própria vida. Algo na contramão da felicidade?

Logo, para muitos, a liberdade passiva é mais atrativa, visto ter como premissa a manutenção de uma zona de conforto, mesmo que desconfortável (só para não perder a lógica da contradição existencialista).

Nesse sentido, não se abre mão somente da liberdade ativa, mas, sim, da vontade de exercê-la. É a fuga de uma responsabilidade para consigo; não é à toa que é tão difícil e doloroso, para alguns, a vida na dimensão profissional.

Há clientes que chegam a mim no intuito de que eu diga a eles qual profissão escolher, ou de que maneira fazer uma ressignificação de carreira. É notório em seus semblantes a decepção quando lhes digo que um *coach* não tem as respostas, mas, sim, as perguntas as quais farão refletir sobre as possíveis soluções.

Por essa ótica, a liberdade é geradora de dúvidas e insegurança.

Enfim, o indivíduo é livre para escolher o seu caminho e até mesmo para criá-lo, mas poderá dar preferência por trilhar uma estrada já sinalizada, iluminada e com a condução de alguém, acreditando na sensação de proteção por ela ofertada.

Você conhece alguém assim?

E por que alguns decidem pela liberdade ativa?

Certa vez, atendi em meu *coachtório* (escritório de *coaching*), um professor de matemática em busca de realizar uma transição de carreira. Irei chamá-lo aqui de "Ene", a fim de manter sua identidade em sigilo. "Ene" era professor há 20 anos. Estava com 42 anos de idade. Competente, requisitado e reconhecido profissional em sua área de atuação. Todavia, insatisfeito.

Contou-me que cansou não de ensinar, mas de conviver com o "estresse de outubro", que, segundo ele, é o mês no qual há demissões nas escolas em que trabalhava. Soma-se a isso o fato de "Ene" nunca saber quantas aulas ele teria para dar no ano seguinte, pois a decisão sobre quais turmas ensinaria não seria dele, mas da coordenação da escola, isto é, algo fora do seu controle.

Esse cenário foi o gatilho para "Ene" sair da sua zona de conforto (que estava desconfortável) e galgar novos caminhos, não necessariamente mais fáceis, mas com outras perspectivas.

O caso relatado acima é apenas um de muitos, porém, o que percebi em comum ao longo da minha experiência profissional, quando comparado a outros casos capazes de levar o indivíduo a decidir pela liberdade ativa, é o incômodo por não estar "segurando as rédeas condutoras da vida com as próprias mãos".

Isso não significa dizer que uma vida com liberdade ativa precisa, necessariamente, estar atrelada a uma prática em que você é um empresário, empreendedor ou um autônomo, como exemplos. É plenamente possível ter um *mindset* voltado à liberdade como estilo de vida, sendo você um profissional empregado em alguma instituição, porque é uma mentalidade para a existência do ser.

Inclusive, "Ene", ao longo do processo de *coaching*, percebeu que o problema não estava na sua função como professor de matemática, mas, sim, na não percepção de sua postura comportamental e atitudinal, fruto da inconsciência com a qual levava sua vida.

O que é MAV – *Mindset* Avante de Viver?

É uma forma de autoconduzir a vida com base na liberdade e prosperidade.

O MAV é um método organizado por mim, para aplicação na minha própria vida e que tem se mostrado bastante eficaz para outras pessoas, à medida que estas o conhecem por meio de cursos, palestras e treinamentos.

Utiliza-se de conhecimentos de *coaching*, PNL e ciências humanas em todas as suas combinações e inter-relações.

Quem decide por ser um praticante do MAV, carinhosamente intitulado de "Maveano" por meus clientes, passa a se sustentar em três princípios:

1. Decidir por ser autor da própria existência;
2. Assumir as consequências negativas e positivas da liberdade ativa;
3. Ter clareza de que a liberdade no mundo externo não se sustenta sem primeiro construir a liberdade dentro da mente.

Síntese do método

A primeira atitude é levar consigo, a todo instante, o autocomando de que "um passo à frente e você não está mais no mesmo lugar", conforme eternizou Chico Science na música *Passeio no mundo livre*. Você só chegará a algum lugar (perto ou distante) se compreender algo aparentemente óbvio, mas pouco executado por muitos.

Todavia, este passo, isoladamente, não se sustenta. Imagine o caso de alguém que decide por dar este passo à frente, mas não percebeu uma porta de vidro em seu caminho. Certamente não será um bom passo caso essa porta esteja fechada, você concorda?

A segunda atitude é você parar e olhar profundamente para quem é você, sem preconceitos. Quais são os seus valores e as suas necessidades? Cuidado para não confundir com os valores e necessidades dos outros e/ou predominantes na sociedade. Curvar-se a essas demandas que não são suas é aceitar uma liberdade passiva.

São as suas reais necessidades. São os seus valores individuais os condutores de sua vida. Descubra-se e se coloque a caminho de um destino deliberado por você. Decida por continuar a caminhada. São pequenas microdecisões diárias e contínuas que constroem grandes caminhos e destinos.

Essa é uma etapa crucial para a liberdade ativa como estilo de vida. Saber o que se quer na vida é o fator determinante. Pessoas também procuram *coaches* para descobrirem o que querem para suas vidas. É aqui a grande diferença entre aqueles que seguirão seus caminhos com liberdade e outros que passarão suas existências como se andassem em círculos.

A terceira atitude é se posicionar no sentido dessas metas na vida e manter o foco nas ações diárias, para que a caminhada faça sentido e tenha coerência. Planejar é preciso. Aqui a palavra "preciso" tem dupla conotação: (1) sinônimo de necessário; (2) sinônimo de exatidão.

A quarta atitude é mais no sentido de manter seu *mindset* preparado para todo e qualquer tipo de resultado vindo das ações realizadas por você. É o momento de estar com a mente aberta, resiliente, forte e confiante para flexibilizar sua conduta. Vá avante!

Algumas vezes, quando as coisas não estão dando certo, a insistência terá que dar lugar à persistência, isto é, manter o foco e as metas traçadas, mas agora com novas formas de agir.

A mensuração dos resultados é condição *sine qua non* (sem a qual não se faz) para um caminho vitorioso. Comemore muito os resultados positivos! Nossa mente necessita ser alimentada com base em conquistas. A retroalimentação de um *mindset* vencedor passa pelas pequenas alegrias cotidianas, isto é, pelo ganho de potência de realizar.

Internalize o que vou dizer agora: muitas vezes, só precisamos de um resultado positivo para acreditarmos em nosso potencial.

A quinta atitude é você se perguntar se a sua meta está alinhada com seus objetivos e propósito de vida. Isso é importantíssimo! Por quê?

Porque nem sempre alcançar uma meta será bom para você e às pessoas ao seu redor. Vou elucidar com uma breve história.

"K" (para manter a identidade e o sigilo). sempre foi uma pessoa comunicativa e bastante proativa. Decidiu cedo a profissão: jornalista. Terminou o ensino médio; partiu para o curso de comunicação social na universidade e fez várias especializações na área de jornalismo ambiental.

No entanto, com as palavras dele, tornou-se "escravo de sua própria competência". "K" se mostrava incrivelmente capaz de realizar o seu trabalho. Disputadíssimo no mercado de trabalho, era enviado para cobrir eventos não só em todo o Brasil, mas também na Europa e nos Estados Unidos. Ganhou dinheiro, fama, reconhecimento e tristeza.

Vou transcrever aqui algumas palavras de nossa conversa em que ele me relatou o porquê do sentimento de tristeza:

"Diego, eu alcancei a minha meta: ser um jornalista de alto nível. Era para estar feliz, mas não estou. Esqueci de algo fundamental: de me perguntar se a meta se encaixaria na pessoa que sou, se está alinhada ao meu propósito de vida e se esta meta também levaria benefícios para as pessoas importantes para mim".

"K" precisou se reinventar. Ele construiu novos caminhos e seguiu avante.

Reflita: a meta bem estipulada considera o autoconhecimento, aspirações e a capacidade de atingir positivamente as pessoas queridas por nós.

Agora é com você! A sua decisão será a melhor decisão.

Você merece uma existência digna e a liberdade como estilo de vida, se assim decidir!

Referências

LA BOÉTIE, Étienne de. *Discurso sobre a servidão voluntária.* São Paulo: Edipro, 2017.

ROBBINS, Anthony. *Poder sem limites: o caminho do sucesso pela programação neurolinguística.* 20. ed. Rio de Janeiro: Editora Best Seller, 2015.

SARTRE, Jean – Paul. *O Existencialismo é um humanismo.* 3. ed. São Paulo, 1987.

21

Seis dias para uma mentalidade de sucesso

Neste capítulo, você vai encontrar de forma simples e efetiva um grande aprendizado. Por meio do conhecimento sobre como gerenciar suas emoções e evitar a autossabotagem para conquistar mais saúde, bons relacionamentos, riqueza e felicidade na vida e nos negócios. Aprenderá, acima de tudo, a tirar seus sonhos do papel para alcançar resultados

Douglas Brasil

Douglas Brasil

Especialista em desenvolvimento humano e profissional, treinador e *Master Practicioner* em programação neurolinguística, terapeuta, teólogo, palestrante, empresário, CEO da Mentality Institute, Formado por alguns dos principais nomes mundiais da área do desenvolvimento humano, como Tony Robbins, Marshall Goldsmith, Robert Dilts, Richard Moss, Richard Bandler Daniel Goleman, Jeffrey Zeig, entre muitos outros.

Contatos
www.douglasbrasil.com.br
douglasbrasilsouza@gmail.com
Facebook: douglasbrasil
Twiter: douglasbrasil
YouTube: Douglas Brasil
Instagram: douglasbrasil
(11) 95873-8320

A habilidade de gerenciar as nossas emoções nos habilita a tomar as melhores decisões. Às vezes nos encontramos perdidos, sem saber como dar o próximo passo, ou qual direção seguir. Nessas próximas páginas eu vou ensinar, por meio de ferramentas simples e perguntas poderosas, como você pode trilhar um caminho rápido e efetivo na direção certa de seus objetivos.

1ª dia: Objetivos

Comece identificando e listando seus objetivos, especificando o que você deseja ser, fazer ou ter em sua vida. Faça a seguinte pergunta: para atingir o que foi listado, o que eu preciso fazer? Considere conhecimentos técnicos e gerais; competências específicas para sua área de atuação e competências emocionais, como as habilidades ligadas a relacionamentos, comunicação, administração de conflitos e outras.

Com base nessa lista, responda: onde se situa agora e, em uma escala de 0 a 10, o quanto precisa desenvolver os conhecimentos e competências listadas. Para saber por onde começar, verifique quais os itens da sua lista são os mais importantes ou urgentes e quais são aqueles que, se receberem atenção e forem resolvidos primeiro, poderão trazer resultados sobre os demais. A seguir, alinhe seu plano de desenvolvimento com seu plano de carreira e pense: onde você está agora, onde pretende chegar em três e cinco anos e, ainda, o que é preciso para atingir o seu objetivo.

2ª Dia: Motivação

Nenhuma ação acontece sem motivação, é preciso encontrar motivos que o movimentem. Se a motivação for fraca, os resultados não aparecerão. Para que haja motivação é necessário que identifique o quanto seus objetivos são importantes, quais resultados surgem ao atingi-los e quais as barreiras podem ser encontradas para que não os atinja. Você deve considerar ainda o que pode ser feito caso não aconteça exatamente da forma como planejou e qual recompensa pode ser atribuída pelo seu esforço.

3ª Dia: Planejamento e desenvolvimento

Nessa hora, com seus objetivos traçados e motivado a agir, é criar um plano de ação fazendo as seguintes perguntas: como você vai adquirir as competências e conhecimentos necessários? Quando irá fazer isso? É importante que, nessa hora, seja estabelecido um cronograma viável e realista, estando inteiramente comprometido consigo. Essa é uma das maiores dificuldades do ser humano: assumir os próprios compromissos. Essa tarefa exigirá muita disciplina, porém, trará resultados extraordinários. Quando você deixa de se comprometer, por consequência, desenvolve uma falta de respeito com o seu autodesenvolvimento, gerando, sem dúvida, perdas inestimáveis.

4º Dia: Ação

Com um cronograma bem planejado em mãos, é comum travar sem saber o que fazer, mas é muito simples colocá-lo em prática. Comece pelas metas mais simples e imediatas, (que tenham resultados facilmente visíveis), como, por exemplo, praticando o que está lendo agora.

Tudo o que é aprendido e não praticado é esquecido. A diferença entre a decisão e a intenção é que a decisão nos leva a colocar em prática imediatamente e, enquanto isso não acontecer, é apenas intenção.

5º Dia: Resultados

Como você vai saber que seus resultados alcançados melhoraram? Simples: as evidências vão indicar. Se não for assim, volte para sua lista de objetivos no primeiro dia e procure saber o que pode melhorar. Kaizen refere-se à filosofia ou às práticas que incidem à melhoria contínua: seja melhor hoje do que ontem e melhor amanhã do que hoje. Melhoria constante e incessante; busque sempre a melhoria para a sua vida.

6ª Dia: Evolução constante

O autodesenvolvimento é um processo constante que nunca termina. Nunca paramos de aprender e evoluir. Parar significa ficar para trás, estagnar-se e fazer com que seu potencial se perca. Pense o quanto você ainda pode crescer como pessoa, como profissional e o quanto pode conquistar e realizar em sua vida. Você pode alternar entre objetivos mais simples e mais complexos, o importante é continuar a crescer. Todos os dias podemos aprender coisas novas, desde que estejamos abertos ao aprendizado. Você pode fazer o melhor curso com o melhor professor do mundo e não aprender nada, assim como pode ter uma revelação fantástica sobre o mundo enquanto brinca com seus filhos.

É tudo uma questão de saber ouvir, de prestar atenção, de desafiar seus próprios padrões mentais. Essas são as verdadeiras bases do autodesenvolvimento. Há pessoas que aprendem algo novo todos os dias e se entusiasmam por isso, e outras que apenas veem os dias passarem e nem sequer lembram do prazer e da importância de aprender todos os dias. Existem fatores que podem sabotar o seu processo de aprendizagem e autodesenvolvimento, dois deles são a autocrítica e o perfeccionismo. Desenvolva generosidade consigo, criticar-se o tempo todo não só não ajuda em seu processo de desenvolvimento e resultados, como provavelmente vai atrapalhar. Permita-se falhar se for preciso e não espere tudo estar perfeito para agir, apenas busque a excelência e a melhoria contínua, porque a perfeição é supostamente irreal e inalcançável. Não fique só na teoria, pegue tudo o que você aprendeu e coloque em prática.

Aplique o A-P-R: Aprendizado, Prática e Repetição. Tudo o que você aprende precisa ser praticado e repetido várias vezes, até que se torne verdadeiramente uma habilidade. Para tanto, faça o que sabe que precisa ser feito agora e continuamente. Durante toda a vida, vamos nos deparar com situações que nos fazem sentir que somos incapazes ou não merecedores. Esses eventos, em um nível profundo, acabam por vezes nos influenciando, criando em nossos pensamentos crenças limitantes e atitudes que nos levam à autossabotagem.

Estratégias para vencer a autossabotagem

Eu vou compartilhar com você algumas estratégias que poderão ajudar a lidar com os pensamentos e vencer a autossabotagem.

A primeira: elimine frases que o limitam e que estejam ligadas a atitudes ou comportamentos ruins ou negativos, por exemplo quando você diz "não posso", "não sei", "não consigo". Pare de falar do que não quer e passe a falar do que quer, traga à memória pensamentos que lhe façam sentir esperança: "eu posso", "eu consigo", "eu mereço", "eu sou capaz". Pare de falar do que você não sabe e passe a falar do que sabe. Procure suas forças e as potencialize.

A segunda: comece a sonhar! Em seguida, estabeleça metas de curto, médio e longo prazo. Não tenha medo de arriscar, mova-se para a ação, pois o sucesso é para quem corre riscos. Tenha uma visão clara de onde quer chegar, pois quando não se sabe para onde vai, qualquer lugar serve. Pare de se guiar pelo que os outros dizem e assuma o controle da sua vida e de suas decisões.

A terceira: sugiro que você estabeleça uma ação que cure o medo. Não permita que o medo o paralise, use-o a seu favor. Se for para ter medo, tenha medo de não agir e aja, tenha medo de não fazer e faça, o sucesso não pertence àqueles que têm medo, mas àqueles que têm coragem.

A quarta: pressuponha aprender a comemorar as pequenas vitórias. Seja grato(a) pelas pequenas conquistas! Foque no que você aprendeu.

Não existe erro, tudo é *feedback*. O erro propriamente dito, pode ser considerado por meio de situações e consequências que não nos ensinam nada. Quando há aprendizado, não se trata de erro e, sim, de aulas e treinamentos que nos ajudam a construir respostas melhores que nos direcionam a melhores escolhas.

Por último e se preciso for, ouse mudar, saia da zona de conforto, fazer diferente. Albert Einstein disse: "se você continuar fazendo as mesmas coisas, continuará tendo os mesmos resultados". Para ter um resultado diferente, faça algo diferente. Existe um texto bíblico que diz "Não se conforme com esse mundo, mas renove a sua mente." (Romanos 12.2)

Aprenda a honrar e respeitar a sua história e a história da sua família, por melhor ou pior que seja, pois chegou a hora de você começar a escrever uma nova história e mudar o seu futuro.

Conta-se a história de um sábio muito inteligente e que tinha resposta para todas as perguntas, por mais difícil que fossem. Em um dado momento, um jovem disposto a desafiar esse sábio começa a arquitetar um plano para pegá-lo. Com um pássaro nas mãos, esse jovem compartilha seu plano com um amigo dizendo "Com minhas mãos nas costas sem que o sábio possa ver, farei a seguinte pergunta: Sábio, eu tenho um pássaro em minhas mãos, ele está vivo ou está morto? Se ele falar que está vivo eu o aperto e o apresento morto. Se falar que está morto, eu o solto vivo... Hoje eu pego esse sábio!". Diante do sábio então, o jovem segue com seu plano:

— Sábio, eu tenho um pássaro em minhas mãos, ele está vivo ou está morto?

O sábio, então sorrindo, responde:

— Meu jovem, o poder está em suas mãos.

Assim, a construção desse processo de aprendizado consiste em permitir que você conheça métodos e técnicas que o permitem se apoderar de quem você é, e buscar o crescimento de forma efetiva, tendo ciência de que tudo o que precisa está com você. Para tanto, viva intensamente sendo quem é de verdade. Deixe de fazer as coisas para agradar aos outros, faça o que o faz feliz, o que lhe dá prazer. Desenvolva uma mentalidade de sucesso e você terá tudo o que sempre desejou.

> "São as suas decisões e não as suas condições que
> determinam o seu destino."
> Tony Robbins

22

Mindset transpessoal: a integração dos quatro corpos que mudará o mundo do *coaching*

Cabe a cada um de nós manifestar a consciência para analisar, neutralizar, tratar-se e mudar o que não serve mais. Quando me conecto com meu corpo bioenergético, mudo minha história

Eliziane Pivato

Eliziane Pivato

Master coach e palestrante especialista em comunicação assertiva. 28 anos como locutora e apresentadora de TV. Introduz a liderança transpessoal no *coaching* e os ciclos das epigenesis. Graduada em publicidade e propaganda – UNIOPET. Pós-graduada (MBA) em comunicação e *marketing* (UNICURITIBA). *Life coach*, analista comportamental pela SLAC (Sociedade Latino Americana de Coaching) e pela ICC Brasil Coaching. *Professional coach, master* palestrante, *master coach* e *trainer* pela ICC (International Christian Coaching). Corretora de imóveis e terapeuta. Ministra cursos, palestras, *workshops* nas áreas de comunicação empresarial, relacionamento, oratória, etiqueta empresarial. Criadora do projeto *Mindset* para treinadores, um treinamento completo em gestão de talentos, técnicas e exercícios práticos para desenvolver os pontos fundamentais para ser um treinador de alta *performance* e relacionar-se melhor com as pessoas e empresas.

Contatos
www.elizianepivato.com.br
elizianetransforma@gmail.com
YouTube: Eliziane Pivato
Instagram: Eliziane Pivato
(41) 99971-6141

D esde o início de nossa história, procuramos, incessantemente, saber para onde vamos e o que de fato buscamos neste mundo. O homem procura a si e, muitas vezes, não se encontra. Neste mundo líquido, mundo VUCA, a evolução da *Internet* e a velocidade com que tudo acontece, cada vez mais, nos desperta solidão diante de um mundo de informações. Podemos nos conectar com o todo em questão de segundos, fazer amizades, buscar informações, aprender. Porém, o que acontece é o nosso afastamento, de nossa essência tão vital para prosseguirmos com mais confiança, amor e respeito.

A responsabilidade de criarmos um mundo melhor, a destruição de nosso planeta, os egos, seja no mundo corporativo ou pessoal, ganharam poder ao viver no mundo invisível chamado de cegueira, que faz com que esta conexão individual fuja de nós. Dessa forma, o que era para ser uma humanidade produtiva em prol do planeta virou escrava de si.

Em nenhuma época com tanta evolução artificial tivemos tantas doenças, depressões, assassinatos, acidentes etc. E, por que será? O autoconhecimento, a conexão interna de cada indivíduo voltou a ser o tema principal neste mundo em que tudo parece ser possível.

Mindset evolutivo

Como *trainer*, não vi nenhuma formação em *coaching* no Brasil usar essa técnica fantástica que vem revolucionando o *mindset* evolutivo, que é a constelação transpessoal com bonecos, com foco nos quatro corpos, criada pela filósofa, psicóloga e consteladora Odegine Graça. Por isso, coloco a importância de incluir nas formações em *coaching* essa técnica. Os processos podem ser em grupo, individual e empresarial.

Coaching e a constelação transpessoal

Diante de tantas informações, o *coaching* é fundamental para que pessoas e empresas voltem a se conectar com seu propósito. Apesar de tantas ferramentas usadas nas sessões, percebo que, ao expressar sua vida, desejos, e medos, o *coachee* (cliente) tem dificuldades de expor, a princípio, suas inseguranças, e definir exatamente o que deseja. É exatamente onde entra a constelação transpessoal com o alinhamento dos quatro corpos nos processos de *coaching*.

Com a constelação transpessoal olhada para o autoconhecimento e harmonia dos quatro corpos, com o auxílio de bonecos, faz com que o *coachee* revele absolutamente tudo sobre suas aspirações e inseguranças sem precisar usar a palavra. Com os movimentos do campo, ele expressa inconscientemente todas as soluções para seus problemas.

No *coaching*, resgatamos o passado somente para trazer de lá o que o *coachee* fez de bom, sentiu e se empoderou, dessa forma, ele traz para o aqui e o agora e projeta para o futuro seus desejos mais íntimos. Na constelação transpessoal com bonecos, o campo dirá se o resgate do passado o limita de avançar seu estado desejado. Muitas vezes, ele consegue definir onde está seu desafio de mudança, porém, não consegue agir, inflando suas crenças limitantes. Muitas vezes, se faz necessário harmonizar os quatro corpos para conseguir e dar o próximo passo em direção as suas metas.

Por meio do tabuleiro, muito rico por sinal, o *coachee* representa questões internas com os personagens dos bonecos, e ele próprio consegue encontrar um melhor caminho e possibilidades para lidar com aquelas questões de seu sistema.

Diferença da constelação familiar e da transpessoal

Segundo a criadora do método, Odegine Graça: "A constelação transpessoal é um movimento de cura e autoconhecimento focado na solução de problemas que vão além do individual e do espaço pessoal. É indicado a todas as pessoas e organizações que sentem que algo maior do que elas ou o oculto atua independentemente de sua vontade e querem encontrar um novo caminho mais saudável, próspero e feliz".

São aplicadas algumas técnicas da constelação familiar e outras técnicas mais atuais, sendo reconhecidos e honrados Bert e Sophie Hellinger.

O movimento transpessoal na constelação tem por base a unidade fundamental do ser, ou seja, além dos movimentos e da base da constelação, utilizamos também algumas técnicas, recursos, instrumentos projetivos e transpessoais como: uma visão de corpo bioenergético do ser humano (quatro corpos), técnicas artísticas como: música, dança, visualização criativa, grafismo, meditação, mandalas, cartas projetivas etc.

Acreditamos que o afinar de nossos instrumentos é muito importante, ou seja, o principal instrumento da constelação transpessoal é a percepção sensível e suprassensível.

A visão de mundo na constelação transpessoal é de um todo integrado e em harmonia, formando uma rede de inter-relação de todos os sistemas do universo. Portanto, todos os nossos destinos, inclusive dentro das organizações, estão interligados e em constante mutação. É um trabalho profundo e interno que só depende de sua disposição em olhar para si, para seu sistema e, a partir dessa consciência, lidar muito melhor com aquilo que antes o atormentava, atrapalhava ou trazia desconfortos.

A maneira como nos relacionamos com o mundo ao nosso redor é determinada, em grande parte, pela forma como nossos antepassados interagiam em seu mundo, construindo uma história de coragem ou de medo que, hoje, se inscrevem em nosso código genético e determinam em primeira instância nossas crenças e nossos movimentos no mundo em que vivemos e atuamos.

Saber do poder dessas histórias em nossas vidas é resolver muitos conflitos de identidade. É estabelecer um diálogo entre consciente e inconsciente para recuperar o poder de cura e transformação de nossa vida. Perceber que ao desvelar essas histórias ocultas, recuperamos o poder de transformar nosso destino e reescrever em nossas células uma história mais feliz, não somente para nós, mas também para todos nossos descendentes, descobrindo a força de transformação do amor verdadeiro.

Como Jung nos diz: "tudo o que é verdadeiro deve se transformar e somente o que se transforma é verdadeiro". O trabalho com nossas histórias ocultas nos leva a compreender por que certas situações em nossas vidas se repetem!

Entenda os quatro corpos pessoais e organizacionais segundo a visão de Odegine Graça, a partir de uma visão inspirada na antroposofia, na física quântica e na vivência da constelação transpessoal. Conceituamos o ser humano em nossa realidade formal como quadrimembrado, ou seja, com quatro corpos. Sendo eles:

Corpo físico – concreto, palpável;
Corpo mental – fluxos de memórias, pensamentos, vitalidade;
Corpo emocional – sensações, sentimentos;
Corpo espiritual – consciência.

Pensando na organização integral como um organismo vivo, podemos destacar o corpo bioenergético da empresa:

Corpo físico – são os recursos materiais da empresa, a parte concreta, sejam máquinas, local físico, equipamentos, ferramentas, dinheiro etc.

Corpo mental – são os processos lógicos da empresa, tudo que tem fluxo como informações, materiais, documentos, pessoas etc.

Corpo emocional – são as relações na empresa. A comunicação interna e externa, o clima, a motivação e a liderança são exemplos. **Corpo espiritual** – é a identidade da empresa, sua história, sua cultura, seus valores, visão e missão.

Em uma organização, esses corpos podem estar integrados de forma saudável, fluida, harmoniosa ou podem ter disfunções neste corpo bioenergético, causando conflitos e problemas adversos na prosperidade. E o conjunto desses quatro corpos chamamos de corpo bioenergético, pois além da constituição física dos corpos, também é formado por uma rede de moléculas, átomos e partículas que são uma rede de ondas interagindo, ou seja, energia.

O que o profissional *coach* precisa saber
Antes de mais nada, o profissional deve fazer um curso, uma formação em constelação com tabuleiros como mencionei anteriormente. É muito sério e devemos tomar todo o cuidado ao tratar de pessoas. A forma de trabalho transpessoal é diferente da forma familiar.

Na constelação familiar não há mandala, os bonecos são todos iguais, como *playmobil*: na transpessoal é incluído no tabuleiro bonecos exclusivos da técnica, de diferentes formas, como bebês, crianças, adultos, idosos, parentes, arquétipos de força e a inclusão dos quatro corpos juntamente com o bioenergético que é a integração deles. Sendo assim, facilita o entendimento do movimento e de quem o *coachee* quer incluir no seu mapa. Na transpessoal, trabalhamos com todos esses itens, além de cartas confeccionadas exclusivamente para este trabalho.

Os materiais usados são bonecos feitos artesanalmente por uma artesã que insere a meditação e energia quântica enquanto molda boneco a boneco. Ninguém no mundo até hoje confeccionou bonecos com as necessidades de uma constelação transpessoal, mesmo porque a técnica desse tipo de constelação é muito recente. O resultado é surpreendente: a energia do campo fala por si e ajuda o *coachee* a ter um resultado muito mais profundo e verdadeiro.

Com essas informações, o *coach* ou profissional terá muitas sessões a trabalhar pelo rico *feedback* que o *coachee* (cliente) nos dará. Trabalhamos dinâmicas em que o cliente escolhe os bonecos e os posiciona de acordo com a visão espacial que ele tem ligada a sua conexão afetiva e aos parentes da sua família. As organizações ou demais pessoas que possam afetar seu desenvolvimento.

Como o inconsciente atua com 95% do tempo, são padrões comportamentais aprendidos ao longo da vida. Até os sete anos de idade, seu comportamento irá conduzir suas emoções. Muitos daqueles aprendizados que o inconsciente projetou são trazidos como desordem na vida adulta. Nós carregamos traumas vividos pela nossos antepassados que nos influenciam diretamente na forma como agimos e sentimos.

O *coachee* (cliente) poderá constelar emaranhamentos, profissão, medos, desentendimento de casais, filhos, insegurança, a forma como se relaciona com o dinheiro, bloqueios, prosperidade, doenças ou o tema que ele escolher. Após essas dinâmicas, as harmonizações das conexões buscam soluções para os problemas que antes passavam despercebidos pelo cliente. Os átomos relacionais se organizam e afetam positivamente todo o sistema. Sendo assim, o cliente segue o movimento de vida tendo melhores resultados.

Estratégia do *mindset*

Além da constelação transpessoal com bonecos nos processos de *coaching*, utilizo uma ferramenta desenvolvida por mim: estratégia do *mindset*, usada nas organizações com líderes, gestores e no âmbito pessoal.

Essa ferramenta pode ser utilizada para dar maior motivação no plano de ação, (tarefas em que o próprio *coachee* dirá o que fazer durante a semana) ou pode ser utilizada em uma das sessões para desenvolver melhor suas metas e descortinar suas decisões.

Após a constelação transpessoal com bonecos, pode-se trabalhar seu estado desejado e, com as palavras a seguir, o *coachee* poderá identificar melhor se suas metas estão alinhadas com seu propósito de vida e amadurecer seu *mindset* para acessar seu inconsciente em que suas crenças limitantes estão enraizadas.

O *coach* pode explorar cada palavra e desenvolver perguntas transpessoais de acordo com a necessidade.

Mindset transpessoal: altere suas percepções, crie novas perspectivas e mude o seu modo de pensar.

M udança
I nspiração
N ova fase
D esenvolver
S abedoria
E moção
T ransformar

T ratar-se
R einventar
A nalisar
N eutralizar
S urpreender
P ermissão
E ntender
S entir
S uavidade
O timismo
A gradecer
L iberdade

Hoje, vimos como o *coaching* pode mudar nossas vidas com ferramentas transpessoais. O autodesenvolvimento oferece para o indivíduo mentes mais prósperas, tranquilas e confiantes. A necessidade em desfrutar do presente imperfeito, do futuro mais que perfeito e, ao mesmo tempo, lindo (tudo bem se for de outra forma), faz com que nos tornemos mais maduros, prontos para entrarmos em sintonia com nossa maturidade, essência e leveza do ser.

A liderança transpessoal chegou nas organizações como meio de olhar o ser humano como um ser vivo e não mais um processo. Vimos que as empresas também têm os quatro corpos e que os gestores podem trabalhar a evolução sem se afastar dos colaboradores para ser líder de sua própria história.

O *coaching*, aliado às ferramentas da constelação transpessoal com bonecos e os quatro corpos, traz uma nova visão do futuro.

Vamos nos integrar em sua totalidade e fazer desse mundo um mundo melhor, mais conectado com o ser humano e com todas as qualidades e defeitos que cada um tem em suas particularidades, porque o dia não nasce sem a noite, a luz não nasce sem a sombra. Muitas vezes, levamos um empurrão para o futuro desejável que, na verdade, transpessoal não tem tempo nem espaço. E como é lindo viver em totalidade. Permita-se!

Amor e gratidão!

23

Reconectando-se: a visão e a prática no *coaching* sistêmico generativo

A alta *performance* verdadeira é a expressão ecológica e sustentável da reconexão consigo, e suas potencialidades na construção de uma visão de futuro positiva e inspiradora, que possa fazer, realmente, uma diferença no ambiente em que vivemos. Neste capítulo, apresentamos uma visão integrada, sistêmica e prática no caminho da manifestação de quem realmente somos

Eunice Hilsdorf Brito

Eunice Hilsdorf Brito

Psicóloga, *coach* e consultora de empresas. Formações nacionais e internacionais em psicologia analítica junguiana; antroposofia; consultoria sistêmica; constelação familiar e organizacional, modelo de validação humana da Virginia Satir; transe generativo; cursos de *coaching*: generativo, sistêmico, integrativo, PNL e estrutural. Atua em consultório com atendimentos individuais em psicoterapia, *coaching* e orientação profissional. Em empresas, realiza projetos de *team building*, desenvolvimento de liderança, sucessão e processos de mudança. Conduz grupos de estudos e supervisão para profissionais, e coordena e ministra aulas em cursos de formação de constelação sistêmica. Responsável pela formação da organização no Brasil, no modelo de validação humana de Virginia Satir. Representante do Instituto Virginia Satir da Alemanha no Brasil. Membro da IAGC– International Association for Generative Change. Propósito: trabalhar pela ampliação de consciência de pessoas, grupos e organizações.

Contatos
www.semilla.com.br
semilla@uol.com.br
Facebook: Eunice Hilsdorf Brito
(11) 2368-6097 / (11) 98272-8482

N o mundo atual, é muito comum se ouvir falar da alta *performance* relacionada ao cumprimento de metas, realização, desafios e desempenho.

Segundo alguns dicionários, o termo significa atingir todo o seu potencial, e poder desfrutar de tudo o que suas habilidades possam proporcionar.

Na visão sistêmica generativa, é o resultado da reconexão com o fluxo criativo, manifestada num tempo e espaço. Sua resultante deve ser ecológica e sustentável com o indivíduo e com o meio onde ele atua.

Por ecológica, entendemos a expressão possível, equilibrada consigo, com o outro e com o ambiente, em que Ecos significa – casa. Na prática, é o retorno à casa de origem.

O corpo é nossa casa. Precisamos ser ecológicos com ele em todas as dimensões – física, mental, emocional, psicológica, espiritual.

Desenvolvimento sustentável, na definição da ECO-92, é satisfazer as necessidades presentes, sem comprometer a capacidade das gerações futuras de suprir suas próprias necessidades.

Assim, trabalhar voltado para alta *performance* significa retornar para casa e descobrir suas potencialidades, satisfazendo as necessidades em todas as dimensões, sem comprometer a manutenção da vida.

Para isso, precisamos entender sobre o processo de reconexão com o fluxo criativo da vida, e construir uma ponte em nós para a manifestação deste no mundo.

Reconexão com o fluxo criativo significa deixar manifestar no mundo a sua essência criativa.

É a manifestação do *self*, da essência do eu no indivíduo. É encontrar a harmonia dentro de si. Essa manifestação possui musicalidade e ritmo. É necessário, para tanto, reaprender a nos conectar e ouvir a harmonia dessa sinfonia.

Jung define *self* como o centro da personalidade total de uma pessoa, também chamado de si mesmo ou arquétipo central. É o equilíbrio de todas as forças opostas dentro de si. É a dimensão espiritual de qualquer ser humano.

Neste artigo, assumimos o risco de afirmar que somos seres espirituais numa experiência humana. E, quando tomamos consciência disso, podemos, realmente, nos reconectar com a nossa essência, e ouvir a voz interior com toda a sua musicalidade e ritmo.

Na compreensão sistêmica generativa, consideramos que o ser humano é composto de várias partes e dimensões, resultante de sua essência e dos aprendizados ao longo da vida.

1. Essência – *self* – eu – espírito. São nomes diferentes para nomear a mesma coisa.

2. Aprendizados – personalidade – ego. Aquilo que conseguimos fazer para sentir-nos conectados com o nosso grupo, que nos dá referência de pertencimento, de certo, errado, bom, ruim etc.

O primeiro nível do aprendizado se dá na família, e recebemos, assim, ferramentas para caminhar no mundo: um corpo físico, valores, um lugar determinado de acordo com nossa posição no grupo familiar, e outros recursos que nos dão proteção como se fossem uma segunda pele na relação conosco e com o outro.

Por outro lado, é também nessa dimensão que aprendemos a bloquear a expressão de nossa identidade original, por meio de legados, regras, expectativas e significados.

A alta *performance* é a reconexão com a essência sagrada de si manifestada ou materializada no nível dos aprendizados da existência terrena, num tempo – espaço determinado.

Quando caminhamos no mundo sem essa reconexão, o que notamos é muita transpiração e pouca ou nenhuma inspiração, traduzida numa carreira com prazo de validade, refletida em estresse, perda do brilho e motivação, adoecimentos etc.

O indivíduo perde a conexão com a força vital e começa, muitas vezes, a ter crises existenciais com perguntas e reflexões a serviço da reconexão.

Inquietações quanto ao potencial, segurança e autoestima surgem em maior ou menor escala, em períodos específicos da vida, com questionamentos do tipo: o que vim fazer? qual o meu valor? no que sou bom? qual diferença faço no grupo ou no mundo? qual é o meu lugar? qual o sentido de tudo isso?

São frutos do impulso em direção à ampliação da consciência, para a integração e manifestação da essência do *self*, o que para Jung equivaleria ao movimento em direção ao processo de individuação, representado pela integração de forças, fraquezas, habilidades e aprendizados.

Na visão sistêmica, afirmamos que é dizer sim para tudo o que aconteceu, e para todos que, de alguma forma, fizeram parte da nossa caminhada, positivamente ou negativamente. Tudo e todos constituem-se como recursos que nos trouxeram até onde chegamos. É a possibilidade de transformar obstáculos em recursos, e ir à frente. É reconectar com a totalidade e a paz.

Nesse trabalho de ampliação da consciência e integração das nossas múltiplas partes, é de fundamental importância compreendermos os três níveis de consciência (original, quântica e clássica) presentes na totalidade humana, e classificadas por Stephen Gilligan.

1. Consciência original: tem como origem a luz. Sua característica é atemporal. É o princípio criativo de tudo o que existe.

É a comprovação do que Virginia Satir, fundadora do Instituto de Pesquisa em Saúde Mental, de Palo Alto, Califórnia, grande influenciadora do pensamento e de algumas práticas atuais de desenvolvimento, afirmava: "todas as pessoas são manifestação da força universal e receberam de presente um espirito interno".

É a semente do sagrado manifestada numa individualidade. É o eu da consciência da origem da vida presente na memória celular ancestral de cada pessoa. É a fonte criativa da vida.

Podemos acessá-la por meio de um estado de atenção plena, a base para o que se denomina de *"mindfulness"*.

2. Consciência quântica: a física quântica define como o mundo das infinitas possibilidades, do inconsciente criativo e tem como característica a atemporalidade.

Nessa dimensão, tudo é possível, é a imaginação pura. Na consciência quântica, os *inputs*, lampejos criativos ou inspiração da consciência original são recebidos, e o indivíduo cria uma imagem ou um sonho, que poderá se concretizar ou não.

Robert Dilts, criador da PNL Generativa, diria: é a sala do sonhador da estratégia Disney, onde eu penso, crio um rato que fala, dança, usa casaca e cartola. Realmente, nessa dimensão, tudo é possível. É a consciência visionária, um campo virtual que se traduz por ondas que contêm todos os estados possíveis de um mesmo fenômeno, trazendo novos mapas da realidade.

Para Fernando Pessoa, essa dimensão se traduz na frase: "Deus quer, o homem sonha e a obra nasce".

Para que a obra aconteça, é necessária uma terceira dimensão da consciência – a consciência clássica.

3. Consciência clássica: tem como característica o tempo e o espaço. Necessita de materialidade. O indivíduo sonha, cria uma intenção e a coloca na linha do tempo. Aqui é a dimensão onde as coisas acontecem.

Temos, aqui, a possibilidade de criar uma visão do futuro, que necessita de ação no tempo. Para Robert Dilts, aqui seriam as salas do realizador e do crítico da estratégia Disney.

No filme *The power of vision*, a força da intenção e da visão é traduzida na seguinte afirmativa: "uma visão sem ação não passa de um sonho. Ação sem visão é passatempo. Uma visão com ação pode mudar o mundo".

É a capacidade de gestão e implementação de uma possibilidade, ideia em um feito real e concreto.

Para a manifestação integral do ser humano, é necessário que essas dimensões da consciência humana tenham os canais de comunicação abertos e fluidos, sem bloqueios. Transitar de uma dimensão à outra é uma das habilidades fundamentais para a expressão da criatividade e da alta *performance*.

Trazer a consciência e expandi-la para a reconexão com a essência criativa é manter o canal aberto entre as três consciências, para que a criatividade e a força de realização se manifestem numa ação no mundo.

Isso se dá por meio de filtros que nos auxiliam a traduzir os sonhos, visões e intuições em projetos materiais visíveis, que podem fazer uma diferença no mundo e funcionam como portais por canais somático, cognitivo e de campo.

Significa receber a inspiração da origem, desdobrá-las em infinitas possibilidades e materializá-las no mundo em ações.

O filtro somático é o mais antigo, é responsável pelas nossas sensações, percepções, sentidos. É a nossa memória ancestral, pois tudo o que vivemos está registrado nas nossas células.

O cognitivo é responsável pelos significados e compreensões que damos para tudo o que vivemos. Criamos códigos e enquadramentos para aquilo que vemos, sentimos ou vivemos.

Ao dar significados, contamos histórias de nós e para nós, e acreditamos no que criamos em um determinado tempo e espaço, dentro de um contexto.

Levamos para o mundo essa visão de nós, do outro e dos eventos, muitas vezes, ocorridos no passado. Essa dinâmica é responsável pela construção de crenças limitantes ou criativas.

É similar à imagem do *iceberg*, e o que conseguimos ver de nós e das outras pessoas são simplesmente os comportamentos, a parte visível do *iceberg*.

Por baixo do véu do comportamento, temos camadas de sentimentos, aprendizados e significados do permitido com relação aos sentimentos, sensações e necessidades originais e universais e, por último, no fundo do oceano o nosso *self*, a essência luminosa e brilhante que somos.

O trabalho do *coach* sistêmico generativo busca conscientizar e retirar os véus que impedem que o cliente manifeste sua essência sagrada para o mundo.

Se não estamos satisfeitos com a realidade que vivemos, é necessário revermos os nossos filtros, pois, tudo o que sabemos do mundo é resultante do que registramos por meio dos mesmos.

Para que esses filtros funcionem de forma aberta e conectada com a inspiração original, é necessária a liberação dos bloqueios que ameaçam ou turvam a decodificação desses símbolos que surgem na mente humana por meio de visões, sensações ou imagens. É necessário liberar a estrada do fluxo criativo e da força vital.

Os bloqueios levam o indivíduo às sensações básicas e universais de ameaça, onde a resposta comportamental tende a ser de ataque, fuga ou desistência, que demandam grandes esforços, tensão e estresse.

No *coaching* sistêmico generativo, levamos o cliente a reconectar com sua essência por meio de técnicas simples e profundas, em que possa experimentar algo que o faça sentir-se mais íntegro, capaz e, portanto, mais aberto para o novo. É um "de volta para casa".

É nesse estado de reconexão que identificamos a intenção – objetivo, o que realmente queremos, e o convidamos a dar pequenos passos em direção a recursos necessários na construção de uma visão de futuro positiva e inspiradora, numa dimensão de tempo e espaço.

Podemos deixar velhos aprendizados no Museu do passado, de forma respeitosa, reconhecendo o que essas experiências nos ensinaram ou nos auxiliaram em quem nos tornamos no presente, recolhendo ou devolvendo expectativas nossas ou de outras pessoas.

É um trabalho de atualização de *softwares*, otimizando o sistema para rodar de maneira mais leve.

No presente, podemos resgatar a autoestima, identificar o nosso potencial, habilidades, vocação, missão e nos conectar com os recursos internos e externos disponíveis para auxiliar na construção do caminho em direção ao futuro desejado.

Para o futuro, usamos técnicas de imaginação ativa, que nos possibilitam imaginar e viver o que e como estaremos no futuro ao final da conquista e realização da intenção inicial. Isso possibilita mapear os passos necessários no presente na direção da intenção.

No *coaching* sistêmico generativo, acoplamos técnicas e instrumentos de investigação e suporte para apoiar o cliente na identificação e manifestação única de seu potencial criativo.

É reconectar-se com o seu próprio ritmo, na construção da harmonia consigo e, assim, caminhar em direção à integridade, manifestada na expressão de Virginia Satir – paz dentro, paz entre e paz no todo.

Martha Graham, grande expoente da dança moderna americana, expressou o caminho em direção à reconexão com as seguintes palavras:

> existe uma vitalidade, uma força vital, uma energia, uma aceleração que é traduzida por meio de você em ação. E porque só existe um de você em todos os tempos, esta expressão é única. E se você a bloquear, ela nunca mais existirá no mundo por meio de nenhum outro meio, o mundo não a terá. Não é da sua conta determinar quão boa ela é, ou quão valiosa, nem como isso se compara com outras expressões. É da sua conta conservá-la, tomar posse disso, claramente e diretamente, manter o canal aberto.

Portanto reconectar-se pressupõe disposição para mergulhar no fundo do oceano e navegar por ondas e marés de infinitas possibilidades, para a expressão do potencial criativo humano e único de cada pessoa.

Referências

BURKHARD, Gudrun. *Tomar a vida nas próprias mãos.* Editora Antroposófica, 2000.

DILTS, Robert. *A estratégia da genialidade.* Volume1. Editora Summus ,1998.

GILLIGAN, Stephen. *Generative trance the experience of creative flow.* Crown House Publishing, 2012.

JUNG, Carl Gustav. *O desenvolvimento da personalidade.* Editora Vozes, 1972.

SATIR, Virginia. *The new peoplemaking.* Editora Science and behavior books, 1988.

SATIR, Virginia e outros. *The Satir model.* Editora Science and behavior books, 2006.

24

Os Florais de Bach como suporte na transição para um novo *mindset*

"Que a força maior e a luz da mente divina interna, Eu Sou, possam guiar a sua jornada da alma. Que encontres seu verdadeiro propósito e, por meio da sua divina presença, Eu Sou, possa contribuir para a cura do Planeta e, ao tocar o coração de outra alma, faça resplandecer a sua luz."

Fábio Raymundo

Fábio Raymundo

Terapeuta Comportamental Sistêmico, com mais de 20 anos de experiência em terapia Florais de Bach Integrativa e complementar. *Professional Coach in business* pela EPC. Consultor analista comportamental de talentos. Terapeuta comportamental Sistêmico e Professor do Curso de formação em Florais de Bach uma abordagem sistêmica. Certificação pelas escolas ICI Integrated Coaching Institute Sp,Rio de Janeiro/RJ,2003, International Society of Neuro-Semantics Sp,São Paulo/Sp,2017, Escola Paulista de Coaching, Sorocaba/Sp, 2017, International Society of Neuro-Semantics Sp,São Paulo/Sp,2017, International Association of NLP Institutes, Rio de Janeiro/RJ,2004, The Dr. Edward Bach Foundation International Register of Practitioners, Campinas/Sp,1997-2001, Healingherbs the Training Programme Dr. Edwadr Bach,2009.

Contato
flowertherapyepc@gmail.com

D r. Edward Bach, médico inglês, viveu nos anos 30, desenvolveu um sistema natural, simples, de cura, inteiramente voltado ao equilíbrio da mente. Acreditava que uma mente saudável era a chave para a recuperação de estados de enfermidades e o caminho para uma vida plena de resultados. São 38 florais no seu sistema, voltados à personalidade, humor, estados emocionais e mentais e um composto utilizado em situações estressantes de emergências, em que as emoções e estados mentais nos tiram do centro.

Um sistema de cura para a alma, simples de usar e seguro para todos aqueles que buscam seu equilíbrio e desenvolvimento humano com foco no indivíduo, não na doença ou enfermidade. Atuam equilibrando nossas emoções, aqueles estados que, na maioria das vezes, nos sabotam, impedindo-nos de conquistar nossos objetivos, sonhos de empreender, viver e cumprir o nosso papel. Estimulam o autoconhecimento para que possamos limpar todas as emoções perniciosas como o medo, incertezas, inseguranças, dúvidas, raivas, ódios, ressentimentos, falta de confiança nas próprias capacidades, falta de interesse no presente. Pessoas com a mesma queixa podem necessitar de diferentes florais.

Duas pessoas com queixa de desemprego, por exemplo, podem ter comportamentos e emoções diferentes em relação à situação e, com isso, enquanto uma necessita de *Mimulus* para o medo, outra pode precisar do Floral de Bach Larch, por não acreditar mais em suas capacidades de reverter a situação, sofrendo com um sentimento de inferioridade. Cada floral nos auxilia, não suprimindo nossos erros, mas transformando-os em virtudes, qualidades, atitudes mentais negativas em positivas, indispensáveis para superação de problemas, sejam físicos ou emocionais. Por trás de limitações físicas, enfermidades, doenças, existe o ser humano com suas dores emocionais e comportamentos. Estimulam o potencial de cura interno presente em cada ser humano, respeitando o meio em que a pessoa está inserida.

Como terapeutas, *coaches*, professores, líderes, curadores, educadores, devemos estimular o crescimento mental, espiritual do outro como um orientador, com respeito e compaixão, pois cada um de nós tem um caminho único e pessoal a seguir, uma vida para viver, a jornada do herói a ser cumprida.

Nossa natureza é equilibrada, pacífica, harmoniosa e amorosa no decorrer de nossa vida, por meio de nossa educação, modelos culturais e o que aprendemos como verdades, vamos sobrepondo a nossa verdadeira natureza, camadas de medos, dúvidas, raivas, mágoas, incertezas, inseguranças, tristezas, traumas, invejas, ciúmes, encobrindo nossa verdadeira natureza. Isso faz com que nos esqueçamos de quem realmente somos e qual é o nosso real propósito no mundo. O trabalho de autoconhecimento nos auxilia a resgatar essa verdade. É o caminho de volta, o encontro do nosso Eu inferior, a nossa *persona* tocando o Eu verdadeiro, divino, o Eu superior. Nossas vivências, experiências, o que vimos, ouvimos e sentimos nos trouxe até esse exato momento. E, para fazer a roda girar, subir um nível, precisamos aprender algo novo, uma nova percepção, desenvolver um novo jeito de olhar para um novo jeito de caminhar.

O crescimento da alma, uma nova mentalidade (*mindset*) de crescimento. Limpando memórias antigas, lembranças, traumas, programas instalados, crenças, daremos um passo significativo rumo aos resultados desejados da alma. Os problemas humanos, sejam eles de ordem emocional, mental, espiritual, física, enfermidades, doenças são os resultados do conflito entre a mente e a alma. Só desaparecerão por meio de esforços mentais e espirituais, pois a própria doença, segundo o Dr. Bach, não é de origem material. Devemos auxiliar o outro em seu próprio processo de transformação e cura, ajudar de forma sistêmica como facilitadores do desenvolvimento.

Para que se atinjam os resultados e objetivos desejados, seja no campo pessoal, profissional ou no universo da cura, é de extrema importância fazer o seu "cura-te a ti mesmo". A porta que se abre pelo lado de dentro, silenciar o mundo externo por meio da mente e, assim, entrar em contato com o verdadeiro chamado da alma, que vem do coração. Nossa alma nos guiará, não deixando que as influências de outras pessoas, emoções e estados mentais negativos nos desviem do caminho. Os florais elevam nossas vibrações, abrem nossos canais sutis para a percepção do nosso verdadeiro ser, o espiritual. Inundam as nossas naturezas com a virtude específica da qual precisamos ganhar, desenvolver, limpar de nós qualquer falha que nos esteja fazendo mal.

Possuem a capacidade de uma bela música ou qualquer outra coisa que nos aconteça de maneira gloriosa e que nos dá inspiração, que eleva as nossas próprias naturezas e nos aproxima de nossa alma, nos trazendo a paz e alívio dos nossos sofrimentos. Não curam atacando o problema, mas inundando os nossos corpos com lindas vibrações da nossa natureza superior, na presença da qual a doença se dissolve, assim como a neve se dissolve à luz do sol. Tratando o indivíduo e não a doença (problema) ou sintomas das doenças, devemos observar como o nosso cliente se comporta em relação às adversidades que está atravessando, seja física, emocional, mental ou espiritual.

Como ele está conduzindo seu próprio barco frente a mares turbulentos, desafiantes em sua jornada. A mente, segundo o Dr. Bach, é a parte mais delicada e sensível de nosso corpo. Nela é que aparecem mais claramente nossas falhas e o que devemos corrigir. Observe a mente como um guia para encontrar os Florais que serão necessários para ajudar o seu cliente em sua jornada do herói, única e intransferível. Para escolher os Florais, não nos fixemos no problema, enfermidade e, sim, em como ele vê a vida, qual a historinha que ele está contando, que desafios mentais, emocionais está enfrentando para chegar aos seus resultados. Que valores e crenças patrocinam sua maneira de viver. Crenças são um tipo de pensamento mais profundo.

Os pensamentos vêm e vão, as crenças ficam, tudo aquilo que adotamos como verdades pode se tornar uma crença potencializadora ou sabotadora na conquista de objetivos. Reflita como suas verdades influenciam seus resultados. Temos estados de baixos recursos que são como dragões a vencer, pois fazem com que as energias de nossos sonhos, objetivos acabem atuando contra nós, interferindo nos resultados. Somos cocriadores, criamos significados, construímos nossa própria realidade por meio da historinha que contamos para nós. Somos responsáveis pelos resultados que construímos, meus pensamentos, sentimentos, atitudes, modo de agir, palavras, erros, esforços, comunicação, decisão, escolhas, isso tudo está sob minha responsabilidade. Isso tudo tem controle.

Se desejo uma virada em minha vida, um novo *mindset*, preciso entender que somente eu sou responsável em construir a vida que desejo ter e mudar aquilo que não desejo. Os Florais de Bach criam uma nova frequência que irá apoiar você na materialização daquilo que deseja. O resultado que temos hoje na vida é consequência daquilo que somos. Não é o que desejamos que produz resultados, o que produz resultados é o que somos, o que percebo eu emano, e o que emano para o universo é o que retorna para mim. O resultado é a consequência de tudo o que vemos, ouvimos, falamos, comunicamos, sentimos, percebemos e experienciamos, é a nossa jornada da alma do herói.

Não sei qual é a sua dor, seus desafios, estados mentais, emocionais ou onde está agora. Não importa, sei que isso não é você. Isso é apenas um momento na jornada, um estado passageiro, apenas uma expressão da sua alma pela personalidade. O que pensamos que somos é apenas a expressão de nossa personalidade no mundo, a tipologia que nossa alma encontra para se expressar por meio do mundo.

Você não é seus resultados, sua história, experiências, isso tudo são apenas aprendizados que sua alma necessita para se aproximar da divindade. Essa divindade que existe dentro de você. O importante é o que você fará a partir de agora com isso que aprendeu, seus sentimentos são apenas expressões da alma dizendo que algo mudou e está mudando dentro de você. Um novo *mindset* está nascendo, uma nova forma de compreender o mundo, as pessoas. Eu e você somos apenas um para o Universo, parte da mesma energia cósmica, somos luz e viemos ao mundo para ser uma expressão da luz maior e deixarmos a nossa marca que vem da Divina presença Eu Sou.

Estamos aqui para adquirir experiências, compreensão, aperfeiçoar a nossa personalidade com vistas aos ideais da alma, eliminar as faltas do nosso temperamento por meio do aperfeiçoamento da virtude oposta, removendo o conflito entre a alma e a personalidade, que é causa real da doença. O chamado está relacionado ao estado desejado em longo prazo, o que queremos para nossa vida, o propósito de nossa alma. O comprometimento com nosso chamado faz com que tenhamos forças para vencer nossos dragões (estados de recursos limitados) e cruzar o limiar, que são os sintomas em nosso estado presente, resolver as causas que nos limitam e parecem impedir com que avancemos.

O primeiro passo para o desenvolvimento rumo ao chamado é cruzar o limiar, que representa sair da nossa zona de conforto, entrar num território inexplorado, desconhecido, vencer medos. Joseph Campbell, nos estudos de seu livro, *O herói de mil faces*, nos fala da jornada do herói. Ele encontrou conexões em mitos e histórias que iam muito além de fronteiras culturais. Estudou as histórias e mitos em todas as épocas, descobriu que muitos se repetiam em várias culturas diferentes. Essas histórias refletem o caminho que todos nós percorremos desde o nascimento até a morte e estão ligadas à humanidade. Campbell descreveu as semelhanças dos percursos da vida em etapas, a jornada do herói, um roteiro para lidar com os desafios de mudanças e transições.

Temos um caminho, uma jornada a seguir, um chamado da alma. Nossa missão é a de ajudar nosso cliente descobrir qual o seu chamado, com os Florais de Bach, apoiá-lo em seu caminho de autoconhecimento, descoberta, na cura dos sintomas da alma e causas que impedem o herói de seguir sua viagem. O cliente nos procura com uma queixa, uma percepção de mundo, uma história rica de experiências. Devemos ajudá-lo a fazer a travessia, cruzar o limiar, entender o seu chamado, entender que somente ele, o cliente, será capaz de atravessar ou não, seguir a aventura da sua alma, a sua jornada do herói, ou negá-la.

Atravessar o limiar requer coragem, confiança, algo precisa mudar, medos, dúvidas, inseguranças, incertezas precisam ser vencidas, transformadas. Uma nova mentalidade deve surgir, a jornada do herói será cheia de aventuras, desafios, dragões, inimigos a vencer e, com eles, muitos aliados, ferramentas também irão surgir pelo caminho, ajudando-o na jornada. O herói deve vencer a inércia, a preguiça que o mundo conhecido proporciona, o conforto, o medo. Ele terá que se lançar ao limiar, cruzar o desconhecido, atravessar a margem, entrar numa nova zona de aprendizagem, adotar novos conhecimentos, comportamentos, hábitos, capacidades, habilidades, crenças, emoções fortalecedoras, estados mentais positivos, encontrar aliados e mentores que o ajudarão na travessia.

O guerreiro terá que resolver problemas, encontrar soluções, enfrentar perigos, dragões, confrontar a sua própria sombra. Você irá apoiar, guiar o guerreiro na sua jornada, com o auxílio dos Florais. Cada essência trará uma lição a ser aprendida, um estado mental, emocional a ser transformado em virtudes. As virtudes e qualidades da almas serão como armas mágicas que o ajudarão a enfrentar dragões e perigos do caminho. Nossa missão é estimular o desenvolvimento, a mudança de percepção do guerreiro em sua jornada da alma rumo aos seus objetivos, desejos, metas e sonhos.

Os Florais de Bach não substituem quaisquer tratamentos, sejam médico, psicológico, psiquiátrico, clínico. Eles trabalham de forma integrativa e complementar, auxiliando o equilíbrio emocional da pessoa como um todo. Cada Floral traz uma reflexão, uma mensagem a ser aprendida pelo guerreiro em sua jornada da alma. Nosso papel é ajudar o herói em sua jornada, a compreender quais as lições, qualidades e virtudes precisa transformar para seguir o seu chamado.

Referências
CAMPBELL, Joseph. *O herói de mil faces*. Editora Pensamento,1989.
DILTS, Robert. *Crisis, transition and transformation*. Disponível em: <https://catalog.erickson-foundation.org/item/ep09-workshop-36-crisis-transition-transformation-robert-dilts-20495 >. Acesso em: 22 de out. de 2018.
DR. BACH, Edward. *Os remédios florais do Dr. Bach*. Editora Pensamento, 1997.
MONARI, Carmen. *Participando da vida com os Florais de Bach: uma visão mitológica e prática*. São Paulo: Roca,1994.
SCHEFFER, Mechthild. *Terapia floral original do Dr. Bach para autoajuda: o livro básico compacto*. São Paulo: Editora Pensamento, 2008.

25

As armadilhas do perfeccionismo

Neste capítulo, você vai entrar em contato com as consequências do perfeccionismo na sua vida. Vamos entender a diferença entre perfeccionismo e uma busca saudável para o sucesso. Como você lida com seus erros e frustrações? Vê os erros como inaceitáveis, e se julga incompetente por isso? Ou vê os erros como uma oportunidade para crescer?

Flávia Soubihe

Flávia Soubihe

Idealizadora e fundadora da *Woman To Be*, empresa de *coaching* para mulheres. Desenvolveu uma metodologia específica, que é o Programa TPM (técnicas para mulheres), e uma formação específica de *coach* para mulheres. Possui certificação internacional em *Master* (por Hendre Coetzee), *Executive, Professional & Personal Coaching*, reconhecidas pela SBC (Sociedade Brasileira de Coaching), pelo BCI (Behavioral Coaching Institute – EUA) e pelo ICC (International Coaching Council – EUA). *Quest trainer formation and certification* pela CAC (Center of Advanced Coaching), ministrada por Hendre Coetzee. Possui mais de 25 anos de experiência em desenvolvimento do potencial humano, com bacharelado em pedagogia pela PUC-SP e pós-graduação em psicopedagogia pelo Instituto Sedes SAPIENTAE-SP. Ao longo de 10 anos, vem trabalhando com *coaching* para mulheres, tornando-se especialista neste segmento, e ajudando diversas clientes a atingirem resultados mais positivos nas diversas áreas da vida.

Contatos
www.womantobe.com.br
flavia@womantobe.com.br
(11) 99644-8487

Comecei a escrever este capítulo pensando nas inúmeras mulheres que passam pela *Woman To Be*, que se cobram, incessantemente, a serem perfeitas. Vejo tanto sofrimento, tanto gasto de energia desnecessário, que muitas clientes se afastam de seus objetivos por terem essa característica.

O que eu quero é contar para vocês que, por meio das experiências que tive em minha vida, e dos resultados que alcancei, posso afirmar: buscar a perfeição não é algo positivo.

Tenho certeza de que, quando falo isso para as pessoas, muitas pensam: então você faz as coisas de qualquer jeito?

"Não!" é a minha resposta. Eu simplesmente faço, dando o meu melhor naquele momento, que posso garantir, está longe do perfeito.

Hoje, nós, mulheres, temos uma vida "maluca", fazemos parte de um mundo concorrido e com pressão por sucesso de todos os lados. Por isso, buscar a perfeição pode ser, e é o caminho mais rápido para a angústia e o insucesso! Para alguém que ainda não está convencido de que o perfeccionismo não é bom, vamos refletir sobre esse tema ao longo deste capítulo.

O que é perfeccionismo?

Perfeccionismo é um padrão que uma pessoa tem de estabelecer metas irreais, buscar a perfeição e sentir-se muito frustrada quando não atinge o que deseja.

Diferença entre buscar a excelência e ser perfeccionista

A pessoa que busca a excelência trabalha para se desenvolver cada vez mais, sempre se desafia a evoluir e atingir metas maiores. Enxerga os erros como uma oportunidade para crescer, focando na busca saudável para o sucesso.

O perfeccionista, no entanto, além de trabalhar com metas irreais, nunca está satisfeito com seus resultados, enxerga os erros como inaceitáveis e se sente incompetente.

De onde surge o perfeccionismo?

Muitas vezes, o perfeccionismo tem início na infância, quando, em uma educação rígida pelos pais e escola, a criança é sempre exposta às comparações e grandes exigências para um ótimo desempenho, sendo punida quando isso não ocorre.

Infelizmente, viver sempre correndo atrás do "perfeito" resulta em uma vida de muita frustração.

"A busca pela perfeição pode ser dolorosa porque muitas vezes ela é motivada tanto pelo desejo de ter um bom desempenho e também o medo das consequências de ter um desempenho insatisfatório", diz a psicóloga Monica Ramires Basco.

Mitos do perfeccionismo

Preocupar-se com detalhes traz um melhor resultado

O perfeccionista é alguém que, normalmente, se preocupa com detalhes, e isso, diferentemente do que muitas pessoas acreditam, faz com que não consiga delegar tarefas, gaste muito tempo e energia para que o trabalho em questão fique de acordo com o seu padrão de exigência.

Sabemos que, hoje, a eficiência no tempo é cada vez mais exigida, portanto, nem sempre o perfeccionista atinge um resultado desejável.

Ser perfeccionista é bom, pois este faz melhor o seu trabalho

Cuidado! Se você pensa isso, talvez esteja caindo em uma grande armadilha. Existem muitos perfeccionistas travados por aí que, em vez de entregar um bom trabalho, paralisam diante das situações.

Todo perfeccionista é orientado para resultados

Os perfeccionistas, por almejarem metas irreais, muitas vezes, se angustiam e paralisam diante de desafios e lidam muito mal com frustrações, algo que sabemos que gera uma ameaça para um bom resultado.

Consequências do perfeccionismo

Mais insatisfação

Quase tudo provoca insatisfação, pois suas metas são excessivas e, muitas vezes, irreais. Correr atrás de algo ilusório pode causar altos níveis de desgaste e frustração, provocando mais insatisfação em muitas áreas da vida.

Insegurança

Como o grau de exigência do perfeccionista é muito alto, demora muito para finalizar um trabalho, gerando cada vez mais insegurança, sentindo-se incompetente e fracassado.

Ameaça à saúde física

Um estudo elaborado pela Universidade de Brock, em Ontário, examinou a relação entre o perfeccionismo e a saúde física de 492 pessoas de idades entre 24 e 35 anos. Os resultados concluíram o seguinte: as pessoas perfeccionistas são mais propensas a se sentirem mal e se queixarem da falta de sono, dor e cansaço, do que aquelas que não são.

Baixa autoestima
O perfeccionismo tem um impacto negativo sobre a autoestima. O perfeccionista nunca está satisfeito com suas realizações, isso faz com que exista muito autocrítica e culpa, dois componentes que ajudam a diminuir nossa autoestima.

Baixo poder da inovação
Um dos segredos do sucesso é assumir riscos calculados, porém, como o perfeccionista tende a não lidar bem com a imperfeição, prefere só focar em algo muito seguro, atrapalhando sua criatividade para inovar, se afastando do sucesso.

Adiar tarefas
O perfeccionismo leva a pessoa à constante prática da procrastinação. Enquanto não encontra a maneira perfeita de resolver uma tarefa, não inicia nada novo, adiando ações necessárias para atingir um objetivo.

Ameaça nos relacionamentos
O perfeccionista tem ordem e organização levadas longe demais. Ele deixa os outros ao redor ansiosos e nervosos. Drena a energia dos outros com medidas extras de perfeição que não são necessárias.
Isso faz com que as pessoas se afastem do perfeccionista, pois se sentem sempre em dívida.

Características do perfeccionista
Se você está na dúvida em como reconhecer um perfeccionista, preste atenção nas principais evidências de comportamento que ele apresenta:

1. Tem metas muito altas ou irrealistas;
2. Enxerga os erros como um fracasso e não para de pensar neles;
3. Se compara muito com os outros e não pode ser pior em nada;
4. Refaz muitas vezes o trabalho final e adia sua entrega;
5. É muito exigente com todos ao seu redor;
6. Tem dificuldade em delegar tarefas;
7. Tem o pensamento de que ou algo é perfeito ou é um fracasso;
8. É muito detalhista, sempre buscando apontar o que está errado;
9. O reconhecimento do outro é muito relevante;
10. Não lida bem com críticas.

Como minimizar o perfeccionismo?
Agora que você percebeu as armadilhas do perfeccionismo, e caso se reconheça com esse comportamento, seguem a seguir algumas dicas para minimizar os impactos negativos em sua vida.

Trabalhe a mente a seu favor

Temos um mecanismo de funcionamento no qual todo pensamento gera uma emoção, que gera uma ação, que proporciona um resultado. É impossível pensar algo ruim sobre você e seu desempenho e ter uma emoção positiva.

Treine alimentar seus pensamentos com positividade!

Desmistifique crenças que limitam

Tudo o que você acreditar com convicção se tornará realidade! Questione suas verdades sobre a perfeição, busque exemplos de pessoas que, mesmo não sendo perfeitas, atingiram o sucesso.

Seja autêntico

Permita-se mostrar como você realmente é, abra mão dessa máscara do perfeccionismo e expresse sua vulnerabilidade.

Apegue-se ao todo e não aos detalhes

Lembre-se sempre: as pessoas ao seu redor só repararão nos detalhes se o todo for ruim!

Dê o seu melhor para que o todo seja positivo!

Quando temos um objetivo, ele é algo novo que queremos alcançar, certo? Mas, se sou perfeccionista, como vou arriscar se posso fracassar? Se você se identifica com esse pensamento, está na hora de começar a trilhar um novo: estou dando o meu melhor para minhas circunstâncias e possibilidades, hoje?

Você precisa agir com naturalidade e não necessariamente tem que ser a melhor em tudo que faz. Você pode até buscar a melhoria todos os dias, mas não começar a agir somente se estiver perfeitamente dentro de um padrão que você mesma estabeleceu.

Vamos diminuir essa angústia diária?

Eu já tive a oportunidade de ouvir de muitas clientes e pessoas que eu conheço, e que aprenderam comigo a não serem perfeccionistas: "sua vida acontece por isso!!!". Acredito que, talvez, esse seja meu legado aqui na Terra!!! Então, minha pergunta é: vamos dar o nosso melhor, com a consciência de que não somos perfeitas e que só assim conseguiremos equilibrar todas as áreas da nossa vida?

Referências

BAKER, Dra. Amy. *Perfeccionismo: quando a vida não se encaixa*. Editora Nutra, 2015.

BURNS, Ellen Flanagan. *Nobody is perfect: a story for children about perfectionism*. Editora Magination Press, 2008.

WESLEY, Paulo. *Mate o perfeccionismo: como realizar mais na sua vida*. Editora IMPARAVEL.CLUB.

26

Novo *mindset*: novos resultados

"Até você se tornar consciente, o inconsciente irá dirigir a sua vida e você vai chamá-lo de destino."
Carl Jung

Isabel Cristina Bossi Alves

Isabel Cristina Bossi Alves

Formada em Administração de Pequenas e Médias Empresas pela UNOPAR. *Personal Organizer* pela OZ! Organize Sua Vida. *Personal & Profissional Coaching* pela Sociedade Brasileira de Coaching, e cursando Pós-graduação em *Coaching* Ontológico, Comunicação Efetiva e Mediação de Conflitos pela UNIbr.

Contatos
isabossi2010@gmail.com
Facebook: Positividade Life Coaching
(11) 97101-4823

Toda mudança dá um certo desconforto no início. Mesmo assim, nunca deixei de acreditar que a mudança é a única forma de evoluirmos. Mudanças ocorrem o tempo todo. Depois de alguns anos organizando casas e papéis, percebi que eu poderia ser mais do que uma organizadora de "coisas". Todas as conversas que eu tenho com meus clientes me fazem acreditar, cada vez mais, que o meu negócio de organização está mudando. As pessoas querem conversar, contar suas experiências de vida, desejam opções de caminhos a seguir, precisam de foco e objetivos.

A principal similaridade, entre todos, é a dificuldade para a mudança. Desprender-se de hábitos é uma atitude muito desafiadora, e ajudar pessoas a criarem outros é ainda mais complexo. Como indivíduos, podemos estar inseridos num mesmo contexto, mas, seguindo nossas próprias crenças. Sendo assim, a transição precisa estar amparada, inicialmente, por uma transformação de pensamento. Pensar diferente, afinal, exige amadurecimento, abertura para o novo, para possibilidades e para a pergunta: "por que não?".

Mudar nossa mentalidade (*mindset*) que, ao longo dos anos, foi moldada por experiências, pessoas que convivem conosco, e lugares que frequentamos, requer uma força extraordinária. Com o passar do tempo, ficamos apegados a pensamentos e hábitos que já sabemos onde vão dar. No entanto, promover uma mudança relevante em nossas vidas pode significar entrar num terreno totalmente desconhecido.

Modificar nossa maneira de pensar e agir interfere significativamente na nossa vida.

O *coaching* nos ajuda a entender que a vida é feita de caminhos. Às vezes, precisamos alterar a rota por vários motivos. Um deles é que, se já conhecemos o caminho, já sabemos o que esperar. Afinal, não podemos esperar um resultado diferente, fazendo sempre as mesmas coisas, tendo sempre os mesmos pensamentos.

No livro *Inteligência positiva*, Chamine sugere que enfraqueçamos nossos sabotadores:

A formação do sabotador é um processo normal, e é o primeiro estágio do nosso desenvolvimento mental, quando formulamos estratégias de sobrevivência, mas não removê-los na idade adulta limita nossa liberdade mental e emocional.

Esses sabotadores, como o próprio nome já sugere, limitam ações em nossa vida. Não conseguimos explicar o que acontece, mas ficamos engessados em modelos em que acreditamos.

Para entender melhor essa situação, Chamine nos esclarece que:

> Temos um crítico interno que tem uma predisposição em exagerar o lado negativo das coisas, supondo que o pior é uma coisa boa para a sobrevivência.

Esse crítico também se ampara em motivações, sendo elas:

> "Independência, aceitação e segurança."

Para completar, temos nove sabotadores cúmplices do crítico:

> "O controlador, o hiper-realizador, o inquieto, o insistente, o prestativo, o hipervigilante, o esquivo, a vítima e o hiperacional."

É preciso sair da motivação que nos escraviza e caminhar em busca da liberdade pela nossa verdadeira vida.

Caminho da fé: resistência, perseverança e determinação

Em 2017, percorri um trecho (135 km) do Caminho da Fé – "O Caminho da Fé (Brasil), inspirado no milenar Caminho de Santiago de Compostela (Espanha), foi criado para dar estrutura às pessoas que sempre fizeram peregrinação ao Santuário Nacional de Aparecida" – partindo de Paraisópolis (MG) e finalizando em Aparecida (SP). Durante o percurso, o maior desafio foi dominar a mente que precisava ter informações. Moro na cidade de São Paulo, onde há abundância de informações, meios tecnológicos e estabelecimentos que funcionam 24 horas.

Era absurdo como a minha cabeça me desafiava o tempo todo (apesar de ter estudado os mapas muitas vezes e saber que, em alguns trechos, não haveria sinal de celular), promovendo pensamentos que não serviam para nada, do tipo: "será que as setas amarelas que indicavam o caminho, realmente, me levariam ao destino planejado?", mesmo eu já tendo lido informações a respeito ("seguindo sempre as setas amarelas, o peregrino vai reforçando sua fé, observando a natureza privilegiada, superando as dificuldades do caminho que é a síntese da própria vida").

Além disso, havia o cansaço. Porém, era incrível como pequenos períodos de descanso foram cruciais para colocar em ordem a confusão mental que tentava se estabelecer em mim ("o peregrino aprende que o pouco que necessita cabe na mochila, e vai despojando-se do supérfluo. Exercitando a capacidade de ser humilde, compreenderá a simplicidade das pousadas e das refeições").

Moral da história: todos nós, de tempos em tempos, precisamos parar, rever nossa rotina, nossos métodos, nossos pensamentos, e sacudir o pó da estrada. Recomeçar com alma nova.

É necessário nos dar conta de que pensamentos com qualidade nos ajudam a modificar a percepção que temos das coisas. Um mesmo caminho pode ser visto de diferentes formas.

É um despertar que ajuda ter uma percepção nova, que estimula a tomada de decisão. Inclusive de ter pensamentos que promovam persistência. Os persistentes não se deixam abater por pensamentos destrutivos. Eles têm um objetivo e esse objetivo será perseguido insistentemente.

Se algo novo está por vir, nossa mente já começa a trabalhar efetivamente, com perguntas perturbadoras para as quais ainda não temos resposta. Quando percebemos, estamos agarrados àquilo que nos tranquiliza e não mudamos.

Ter confiança é acreditar que há setas que levam ao caminho certo.

Inspirada pelas palavras de Leonardo Wolk, encerro este capítulo com a seguinte citação:

> "Não posso mudar o meu passado, mas posso projetar meu futuro. Não posso escolher minha emoção, mas poderei escolher minha ação."

Referências

CAMINHO DA FÉ. *História*. Disponível em: <https://caminhodafe.com.br/ptbr/o-caminho-da-fe/>. Acesso em: jul. de 2018.

CHAMINE, Shirzad. *Inteligência positiva*. Editora Objetiva, 2012. p.198.

WOLK, Leonardo. *Coaching – A arte de soprar brasas*. Editora QualityMark, 2016. p.216.

27

Seja feliz!
Mude seu *mindset*

Para trazer novos *insights* para a sua vida pessoal e profissional, o meu capítulo é um pouco diferente. Como profissional de *coaching*, além de conteúdo, desenvolvi perguntas poderosas para transformar o seu modo de pensar, ver e aplicar o *mindset* na prática. Leia, reflita e interaja fazendo o teste e respondendo às perguntas. Leia, surpreenda-se e aproveite ao máximo! Mude, mas mude antes que seja preciso mudar!

Jaques Grinberg

Jaques Grinberg

Consultor de empresas, escritor e palestrante especializado em *coaching* de vendas. MBA em *marketing* na FUNDACE – USP; curso de gestão de pessoas no IBMEC; teatro executivo na FAAP; *coaching* na Sociedade Brasileira de Coaching (SBC). Certificado Internacional em PNL; formação profissional em hipnose clínica – IBFH; técnicas de negociação – Dale Carnegie, entre outros diversos cursos de especialização. Conhece na prática as dificuldades de empreender, ser funcionário e ser feliz. Conhecido nacionalmente por diversos artigos e matérias nos principais jornais do país, rádios e TV. Destacou-se com a matéria de capa na revista Exame PME, edição 40; participou como convidado do programa PEGN da Globo; caso de sucesso no site Sociedade de Negócios do Banco Bradesco. Autor do *best-seller 84 perguntas que vendem*, publicado pela editora Literare Books, com milhares de exemplares vendidos. Autor e coautor em outros diversos livros de vendas, *coaching*, liderança e empreendedorismo.

Contatos
www.jaquesgrinberg.com.br
www.queroresultados.com.br
www.imersaoemvendas.com.br

Se você está lendo este livro, busca mudanças e melhorias. Sabemos que muitos querem mudar, mas poucos sabem o que querem mudar. Para isso, o primeiro passo é descobrir o que queremos e o que é preciso fazer para transformar. Você sabe quais são as mudanças e as melhorias que deseja para a sua vida?

Se você pudesse escolher apenas uma coisa para mudar a partir de hoje e começar a fazer diferente, para ser ainda mais feliz, escreva nas linhas abaixo o que mudaria.

_____

_____

_____

Para começar, é importante entender a diferença entre *coaching* e *mindset*:

Coaching: conduz o cliente a descobrir o melhor caminho e o mais rápido para alcançar os seus objetivos. Força o pensamento por meio de perguntas e desafios para despertar potenciais. O processo de *coaching* é realizado com a ajuda de um profissional conhecido como *coach*, e o cliente é chamado de *coachee*. O processo de *coaching* não é terapia e tem um começo e fim com um único objetivo. Todo o processo é focado nesse objetivo, com exercícios para serem feitos entre um encontro e outro, conhecido como todo (para fazer). Os resultados são comprovados cientificamente e existem diversos tipos e áreas, tais como: vida, profissional, financeiro, para passar em provas, emagrecimento, liderança e muitos outros.

Mindset: é o como nós compreendemos, avaliamos ou julgamos o que acontece em nossa vida. É a soma de ideias, valores e crenças de uma pessoa que gera decisões e atitudes. Existem dois tipos de mentalidades distintas: a fixa e a progressiva. A fixa é quem acredita que não pode mudar, que dons e determinadas capacidades não se aprendem. Quem possui mentalidade fixa possui uma tendência em ter pensamentos negativos tanto no âmbito pessoal como profissional. Já as pessoas com mentalidade progressiva acreditam que seus dons e determinadas capacidades podem ser desenvolvidos. Geralmente, quem tem mentalidade progressiva transforma desafios (dificuldades ou problemas) em oportunidades.

Em setembro de 2013, deixei o cargo de CEO de uma empresa Nacional com centenas de clientes em todos os Estados brasileiros, para buscar algo novo. À época, não sabia o que, mas tinha a certeza de que não queria continuar onde estava. Era preciso inovar para crescer, continuar aprendendo com foco e motivação.

Alguns meses antes de sair da empresa, um funcionário me perguntou o que era preciso para destacar-se, ser mais produtivo e aumentar os resultados da organização. A preocupação dele não era ser melhor do que os outros, mas, sim, melhor do que ele. Disse que iria pensar, e voltaria a minha sala para conversarmos no final do dia. Antes de ele sair da minha sala, perguntei: "na sua opinião, o que você, e só você, pode fazer de diferente para aumentar os seus resultados?". Percebi que o Pedro ficou assustado e não sabia o que responder. Por esse motivo, antes de qualquer resposta, eu pedi para ele pensar e só me responder quando voltasse no final do dia.

Duas horas depois, tocou o meu ramal e era o Pedro me perguntando algo simples. Percebi que ele ficou realmente assustado com a pergunta que eu havia feito. Ele perguntou: "é verdade que se eu descobrir a resposta para a sua pergunta, irei descobrir a resposta para a pergunta que eu lhe fiz?".

Dei uma risada suave de felicidade. Pedro havia percebido que todos sabem as respostas para as nossas dúvidas. Ele já sabia, estava só checando. Se no processo de *coaching* acreditamos que todos sabem as respostas, e quando aprendemos a descobri-las, envolvemos a mentalidade progressiva, buscamos crescimento pessoal e profissional, independentemente do nível em que estamos.

Agora, uma autorreflexão para entender o quanto está disposto a mudar, ter uma mentalidade fixa ou progressiva. São algumas perguntas para refletir. Responda-as e se surpreenda com o resultado. O exercício abaixo é um teste simples e não profissional, porém o começo para se conhecer.

1º Você é inteligente e não precisa mudar.
(   ) Verdade (   ) Falso

2º Quanto mais você estuda algo, melhor você será naquele assunto.
(   ) Verdade (   ) Falso

3º Sempre é possível aprender, descobrir coisas novas e mudar as decisões.
( ) Verdade ( ) Falso

4º Você tem o seu estilo e não há nada que o faça mudar.
( ) Verdade ( ) Falso

5º Falar inglês fluente pode ser possível a qualquer pessoa.
( ) Verdade ( ) Falso

6º Não há necessidade de continuar estudando um assunto que eu já conheço.
( ) Verdade ( ) Falso

7º Descobrir coisas novas é desgastante e estressante.
( ) Verdade ( ) Falso

8º Se você desconhece algum assunto ou informação, você busca descobrir novas informações sobre este assunto.
( ) Verdade ( ) Falso

9º Eu odeio *feedback*, as pessoas não me conhecem e querem dar palpites na minha vida.
( ) Verdade ( ) Falso

10º Milionários de verdade são pessoas de sucesso e não precisam buscar mudanças para continuar crescendo.
( ) Verdade ( ) Falso

11º Quem estuda muito aprende mais, e quem aprende rende mais.
( ) Verdade ( ) Falso

12º As pessoas são como elas são, nunca mudam.
( ) Verdade ( ) Falso

13º Sou feliz do jeito que sou e por este motivo não preciso mudar.
( ) Verdade ( ) Falso

14° É preciso mudar quando algo dá errado, se está tudo certo, não precisamos buscar mudanças.
( ) Verdade ( ) Falso

15° Tocar um instrumento musical profissionalmente não é questão de talento e todos podem aprender.
( ) Verdade ( ) Falso

Atenção: só leia as respostas depois de responder todas as perguntas. Se você quer potencializar os seus resultados, o primeiro passo é evitar autossabotagem. Pense nisso!

Respostas: some os pontos por questão respondida conforme orientações abaixo.

1° : **Verdade** = 1 ponto
Falso = 2 pontos

9° : **Verdade** = 1 ponto
Falso = 2 pontos

2° : **Verdade** = 2 pontos
Falso = 1 ponto

10° : **Verdade** = 1 ponto
Falso = 2 pontos

3° : **Verdade** = 2 pontos
Falso = 1 ponto

11° : **Verdade** = 2 pontos
Falso = 1 ponto

4° : **Verdade** = 1 ponto
Falso = 2 pontos

12° : **Verdade** = 1 ponto
Falso = 2 pontos

5° : **Verdade** = 2 pontos
Falso = 1 ponto

13° : **Verdade** = 1 ponto
Falso = 2 pontos

6° : **Verdade** = 1 ponto
Falso = 2 pontos

14° : **Verdade** = 1 ponto
Falso = 2 pontos

7° : **Verdade** = 1 ponto
Falso = 2 pontos

15° : **Verdade** = 2 pontos
Falso = 1 ponto

8° : **Verdade** = 2 pontos
Falso = 1 ponto

Resultado: lembre-se de que não existe resultado certo ou errado, o importante é conhecer o seu perfil e avaliar se deseja ou não mudanças.

Entre 15 e 19 pontos = mentalidade fixa
Entre 20 e 24 pontos = mentalidade fixa com ideias de mudanças
Entre 25 e 30 pontos = mentalidade progressiva

Autossabotagem é quando um indivíduo cria obstáculos e problemas, seja de forma consciente ou inconsciente que, de alguma forma, atrapalham na hora de realizar tarefas, conquistar novos objetivos e atingir metas – sejam pessoais ou profissionais.

Agora que você já sabe o seu perfil, lembrando que não existe certo ou errado, responda as perguntas poderosas e de *coaching* para uma autorreflexão e autoconhecimento a fim de potencializar os seus resultados.

Se existisse apenas uma coisa que você gostaria de mudar ou fazer diferente, o que seria?

_____
_____
_____

O que impede que você realize a resposta anterior?

_____
_____
_____

Se fosse preciso começar agora, o que você deseja e respondeu na primeira pergunta, qual seria o primeiro passo?

_____
_____
_____

O que, em algum momento da sua vida, você pensou em fazer, mas não fez por preocupação do que os outros iriam pensar?

_____
_____
_____

Hoje, o que o impede de fazer, independentemente do que os outros irão pensar?

_____
_____
_____

Se você pudesse escolher apenas uma coisa para deixá-lo ainda mais feliz e satisfeito com a vida, o que seria?

_____

_____

_____

O que é preciso fazer para conquistar essa "coisa" que o deixaria ainda mais feliz e satisfeito com a vida?

_____

_____

_____

Com as respostas anteriores, agora responda a pergunta mais importante: o que você, e só você, pode fazer de diferente para aumentar os seus resultados?

_____

_____

_____

Lembra do Pedro? Meu funcionário que queria ser mais produtivo? Hoje é gerente de uma grande empresa com um salário acima do que ele imaginava alcançar. Tem uma família linda e aproveita todos os momentos livres para amar e ser amado. Ele aprendeu que as mudanças devem acontecer antes que seja preciso mudar e desenvolver a sua mentalidade progressiva, aplicando as ideias, _insights_ e avaliando as opiniões de terceiros. Se o Pedro conseguiu, você também pode! É preciso acreditar e confiar mais em você, todos podem!

Precisando de um mentor, um _coach_, ou só de um bate-papo com café, pode contar comigo!

28

Doze sessões em busca da sobriedade

"*Rapport* é a capacidade de entrar no mundo de alguém, fazê-lo sentir que você o entende e que vocês têm um forte laço em comum. É a capacidade de ir totalmente do seu mapa do mundo para o mapa do mundo dele. É a essência da comunicação bem-sucedida".

Anthony Robbins

José Francisco Ferreira Silva

José Francisco Ferreira Silva

Engenheiro aeronáutico, graduado pela Universidade Paulista (UNIP). *Professional & self coach* – PSC; *life and leader coach,* e analista comportamental certificado pelo Instituto Brasileiro de Coaching (IBC). Certificação e reconhecimento internacional pelos institutos Behavioral Coaching Institute (BCI), International Association of Coaching (IAC), Global Coaching Community (GCC), European Coaching Association (ECA), e International Coaching Council (ICC). É palestrante motivacional e foi coordenador regional diocesano da Pastoral da Sobriedade em São José dos Campos – SP.

Contatos
j.francis.jffs@gmail.com
Instagram: jfrancisco.coach
(12) 99713-0907

egundo a Organização Mundial da Saúde (OMS), a dependência química é definida como uma doença crônica, progressiva, piorando, cada vez mais, com o passar do tempo. Além de primária, responsável por gerar outras doenças e fatal, é considerada, também, um transtorno mental que se caracteriza por sinais e sintomas derivados do uso abusivo de drogas.

Outro efeito devastador da doença é quando ela atinge a família. Conhecido como codependência, esse transtorno emocional afeta, principalmente, pessoas que têm algum familiar dependente químico. Normalmente, cada dependente transforma em codependente um mínimo de quatro pessoas.

O codependente costuma adequar toda sua vida e a própria maneira de viver, para se adaptar aos comportamentos do outro, ou seja, passam a viver integralmente a vida do/da dependente. Viabilizam e, muitas vezes, justificam a manutenção, negam, ignoram e contornam o vício. São totalmente dependentes um do outro.

Para a família, é importantíssimo entender como funciona o mecanismo da doença, como inicia, como progride, como se instala, como enfrentar e superar momentos difíceis. Não existe recuperação se não houver um empenho total da família. É bom lembrar que, em média, a cada dez dependentes, sete morrem, e três participam de um processo de recuperação com ajuda da família. Apesar dos avanços nas terapias médicas, psicológicas e sociais, o índice de mortalidade é muito grande e as estatísticas tendem a aumentar.

Com base em minha própria história de vida, experiência com comunidades terapêuticas, e grupos de apoio, resolvi criar uma metodologia adaptada ao processo de *coaching* e os doze passos para os cristãos. Essa metodologia tem como base a figura do parceiro de recuperação e o uso das ferramentas de *coaching*.

O "parceiro de recuperação" sempre está ao lado do/da dependente quando o terapeuta ou o grupo de apoio não está. É alguém em que se pode confiar, é a oportunidade de se ter um relacionamento direto com confiança mútua, sem se sentir intimidado ou envergonhado pelos outros integrantes de um grupo de apoio. Isso produz, por fim, um aprendizado de confiança e a disposição de partilhar, abertamente, todas as experiências vividas.

Um processo de *coaching* voltado para dependência química utilizando o parceiro de recuperação, necessariamente, tem como elementos fundamentais para seu sucesso, uma relação mútua de confiança, muito comprometimento, parceria e, principalmente, confidencialidade. Na prática, nesse processo, o *rapport* é que cria uma relação de confiança e harmonia com o dependente. Ele se sente bem mais receptivo, partilha com muita facilidade, divide suas dores, frustrações, e se permite aceitar as mudanças necessárias para sua recuperação.

Oração da unidade

> "Eu seguro minhas mãos às suas,
> eu uno meu coração ao seu,
> para que, juntos, possamos fazer
> tudo aquilo que sozinho eu não consigo."

A oração da unidade demonstra tudo o que o dependente precisa sentir, quando participa de um processo de *coaching* para dependência química. Ele precisa ter a certeza de que agora tem alguém em quem possa confiar e que, realmente, é seu parceiro no processo de recuperação.

O processo de *coaching* para dependência química é composto por 12 sessões, uma para cada passo, distribuídas da seguinte forma:

Primeira sessão: "Admitimos que éramos impotentes perante os efeitos de nossa separação de Deus, que tínhamos perdido o domínio sobre nossas vidas".

No primeiro passo, admitimos que não aguentamos mais sofrer, imploramos pelo alívio de nossas dores. Gritamos: "chega! Desisto!".

Segunda sessão: "Viemos a acreditar que um Poder superior a nós mesmos poderia devolver-nos à sanidade".

O segundo passo é sobre nossa fé, precisamos confiar e crer!

Terceira sessão: "Decidimos entregar nossa vontade e nossa vida aos cuidados de Deus, na forma em que o concebíamos".

No terceiro passo, precisamos entregar nossas vidas nas mãos de Deus, só Ele sabe o que é preciso para nos curar.

Quarta sessão: "Fizemos minucioso e destemido inventário moral de nós mesmos".

No quarto passo, percebemos que existem áreas de nossas vidas que necessitam de atenção. Deus direciona o foco para as fraquezas de nossas vidas que precisam ser modificadas, e nos ajuda a ser mais fortes.

Quinta sessão: "Admitimos perante Deus, perante nós mesmos e perante outro ser humano a natureza exata de nossas falhas".

O quinto passo é a saída, admitindo a natureza de nossas falhas para Deus, a nós mesmos e a outro ser humano. Ampliamos o horizonte de nossas vidas, mostrando quem somos, verdadeiramente. Nossa luz afasta as trevas e sombras em que vivemos.

Sexta sessão: "Prontificamo-nos, inteiramente, a deixar que Deus removesse todos esses defeitos de caráter".

No sexto passo, nos preparamos para o momento em que Deus faz mudanças em nossas vidas, começamos a nos transformar interiormente.

Sétima sessão: "Humildemente, rogamos a Ele que nos livrasse de nossas imperfeições".

O sétimo passo exige oração, nosso sofrimento e nossa dor nos fizeram humildes e é por meio dessa humildade que nos aproximamos de Deus, de joelhos imploramos seu amor e misericórdia.

Oitava sessão: "Fizemos uma relação de todas as pessoas a quem tínhamos prejudicado e nos dispusemos a reparar os danos a elas causado".

É no oitavo passo que começamos a crescer, começamos a fazer o que é preciso para amadurecer espiritualmente, aceitamos a responsabilidade por nossos atos sem qualquer preocupação com o mal que, porventura, os outros nos tenham feito.

Nona sessão: "Fizemos reparações diretas dos danos causados a tais pessoas, sempre que possível, salvo quando fazê-lo significasse prejudicá-las ou a outrem".

O nono passo envolve contatos pessoais com todos aqueles a quem prejudicamos. Analisamos nossa lista pessoa por pessoa, abordamos a cada uma com carinho, sensibilidade e compreensão. Pedimos a Deus qual deve ser a melhor maneira de contatá-las.

Décima sessão: "Continuamos fazendo o inventário pessoal e, quando estávamos errados, nós os admitíamos prontamente".

Com o décimo passo, aprendemos que para cultivar um jardim é preciso extremo cuidado para mantê-lo saudável. Continuamos a fazer nosso inventário pessoal, protegendo sempre nosso jardim.

Décima primeira sessão: "Procuramos, por meio da prece e da meditação, melhorar nosso contato consciente com Deus, na forma em que o concebíamos, rogando apenas o conhecimento de sua vontade em relação a nós, e forças para realizar essa vontade".

O décimo primeiro passo é colocado em prática por meio da oração e meditação. Com ela, conversamos com Deus e, na meditação, nós o ouvimos. Este passo é nossa comunicação com Deus.

Décima segunda sessão: "Tendo experimentado um despertar espiritual, graças a esses passos, procuramos transmitir esta mensagem aos outros, e praticar estes princípios em todas nossas atividades|".

O décimo segundo passo é o momento para notar nosso crescimento. Pela graça de Deus e nosso compromisso com a prática dos passos, passamos por uma jornada espiritual que mudou, profundamente, nossas vidas.

O processo de *coaching* para os familiares de dependentes químicos (codependentes) também é composto por 12 sessões, uma para cada princípio do amor exigente, distribuídas da seguinte forma:

Primeira sessão: "Os problemas de família têm raízes na cultura".

No primeiro princípio, é necessário refletir, é preciso questionamentos antes de tomar qualquer posição.

Segunda sessão: No segundo princípio, os pais são apenas pais, não se tornam perfeitos porque são pais.

Terceira sessão: "Os recursos materiais e emocionais dos pais têm limites".

No terceiro princípio, os pais devem assumir de maneira tranquila suas limitações.

Quarta sessão: "Pais e filhos não são iguais".

No quarto princípio, os pais devem ser guias, orientadores e educadores de seus filhos.

Quinta sessão: "Culpar deixa as pessoas indefesas".

O quinto princípio nos ensina que a culpa nos transforma em pessoas indefesas e sem ação.

Sexta sessão: "O comportamento dos filhos afeta os pais".

O sexto princípio explica que o comportamento dos pais também afeta os filhos. Como podemos melhorar os males, desajustes que sofrem nossa família, e o ambiente em que vivemos e atuamos?

Sétima sessão: "Tomar uma posição precipita a crise".

No sétimo princípio, verificamos que quando assumimos posições ou fechamos uma questão, certamente, iremos precipitar uma crise.

Oitava sessão: "Da crise controlada surge uma mudança positiva". No oitavo princípio, vemos que crises bem administradas ou controladas geram uma possibilidade de mudança positiva.

Nona sessão: "As famílias precisam dar e receber apoio em sua própria comunidade, a fim de poder mudar". No nono princípio, a reciprocidade de apoio entre família e comunidade propicia a mudança de suas atitudes.

Décima sessão: "A essência da vida é a cooperação, não apenas viver juntos". O décimo princípio explica que a essência familiar repousa na cooperação e não na convivência.

Décima primeira sessão: "Exigência ou disciplina". No décimo primeiro princípio, tudo aquilo que não se pode aprender em casa, a vida nos ensina a duras penas, tanto para os pais quanto para os filhos.

Décima segunda sessão: "Amor". O décimo segundo princípio ensina a amar e ajudar o outro a ser a pessoa certa para si, e para o mundo em que vive.

A metodologia *Doze sessões em busca da sobriedade* tem base no livro *Doze passos para os cristãos – Jornada espiritual com amor exigente* e da adaptação de ferramentas utilizadas em processos de *coaching*, especificamente, para dependência química.

Todos os dias, inúmeras famílias são destruídas em virtude do uso abusivo de drogas, o trabalho com dependência química é muito difícil, pois, na maioria das vezes, o/a dependente não aceita ajuda, porém, quando conseguimos mostrar a ele a importância em se livrar das drogas e começar uma nova vida, é muito gratificante!

Jean Paul Sartre disse que "o homem está condenado a ser livre", viver no mundo das drogas é estar aprisionado para sempre, escolha a mudança de vida e busque ajuda para efetivá-la. O foco é o futuro, seja livre.

Drogas cada vez mais potentes são desenvolvidas e distribuídas em todo mundo, as principais vítimas dessa realidade são os jovens. As estatísticas demonstram que estamos perdendo essa batalha, somos todos responsáveis pela mudança hoje e agora.

Só iremos reverter o quadro mudando nosso *mindset*. Se você ou alguém de sua família ainda não foi vítima do uso abusivo de drogas e se tudo continuar como está, com certeza será.

Carol S. Dweck, professora de psicologia da Universidade de Stanford, nos Estados Unidos diz que "nosso *mindset* explica, e muito, o nosso modo otimista ou pessimista de ver a vida e de se portar diante dela", pense nisso, precisamos fazer deste mundo um lugar melhor para se viver.

Paz e bem!

Referências

IBC. *Professional & Self Coaching*.

RAHM, Haroldo J. *Doze passos para os cristãos*. Editora Loyola, 1995.

29

Storytelling: mudando o mindset do coachee que não consegue enxergar sua crença limitante

Este artigo trata do uso do *storytelling* como uma importante ferramenta no processo de *coaching*, por ser um valioso ativador mental para melhorar a percepção sensorial, mudando o *mindset* e fazendo o *coachee* enxergar sua crença limitante

Judith Pinheiro Silveira Borba

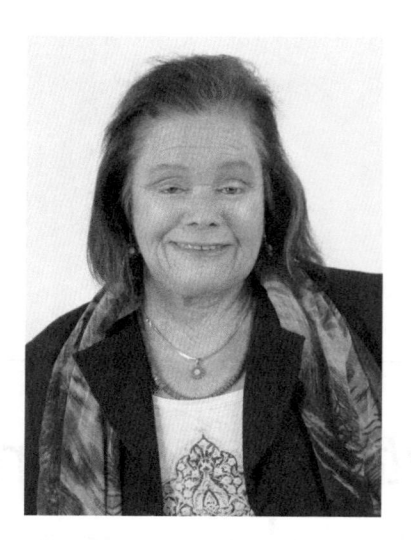

Judith Pinheiro Silveira Borba

Bacharela em Direito pela UFPE com Especializações em Psicologia Jurídica (FAFIRE) e Direitos Humanos (UNICAP). Atualmente se formando em Psicologia Positiva pelo IPOG/PB. Formada em Hipnose Erikcsoniana, Programação Neurolinguística – PNL e Posicionamento Sistêmico pelo Instituto Ubuntu de desenvolvimento humano e Coaching. Certificada pelo Instituto Brasileiro de Coaching – IBC, em *Professional & Self Coaching* e *Leader Coach*. Formações reconhecidas internacionalmente pela Global Coaching Community (GCC), European Coaching (ECA), International Association of Coaching (IAC) e pela Behavioral Coaching Institute (BCI). É Membro do Ministério Público e por ter atuado como Promotora de Justiça do Idoso, tem várias teses aprovadas nos Congressos Nacionais e Estaduais. Palestrante em Direitos Humanos na perspectiva de valorização da pessoa na conquista de sua cidadania. Atualmente é *Storyteller* e está se preparando para ministrar cursos na área.

Contato
jupisibo@gmail.com

ontar histórias era a maneira que, antes da escrita, passava valores e anseios para as futuras gerações, pois era a forma mais importante encontrada pelo homem para expressar experiências, exprimir os sentidos da vida, buscar das explicações para as inquietações, incentivar a imaginação e o trânsito entre o fictício e o real. O ato de contar histórias reúne os cinco sentidos, tocando o coração e enriquecendo a leitura de mundo na trajetória de cada um, pois, ao ser contada, a narrativa é transmitida como a experiência do narrador, mas também é para o ouvinte vivenciar cada personagem como pessoal, ampliando sua experiência vivencial.

Atualmente usado, o vernáculo inglês *storytelling* é, para Antonio Núnez (citado na obra de Adilson Xavier), "uma ferramenta de comunicação estruturada em uma sequência de acontecimentos que apelam para nossos sentidos e emoção. Ao expor o conflito, revela uma verdade que aporta sentido às nossas vidas".

Dessa forma, no *coaching*, cabe ser usada como um ativador mental poderoso para a melhor percepção sensorial, pois faz com que o *coachee*: viaje no tempo, saia do lugar em que se encontra, por não ver suas crenças limitantes, sensibilizando-o para que olhe aquilo que não consegue ver e no ponto certo de que suporta de forma lúdica e confortável.

Pode ser usado quando se deseja compartilhar uma lição importante, convencer o outro de algo, convidá-lo a conhecer o outro lado da história ou até mesmo vender um produto ou serviço.

Nesse contexto, *storytelling* serve, inclusive, para resgatar a imagem pessoal do cliente, trazendo o cunho emocional nas relações e mudando as pessoas na sua essência, pois como técnica, tem a capacidade de influenciar, fortemente, atitudes, desejos e valores, para inspirar pessoas no sentido de uma meta acordada, explicar quem somos, de onde viemos, em que acreditamos, estabelecer meta e visão de futuro, estimular a inovação e a criatividade.

Assim, o *storytelling* permite que tanto o sujeito narrador como o seu receptor sejam conduzidos a um ambiente quase impessoal, praticamente sem censura ou crítica, cujo julgamento fica por conta do interesse de cada um e na medida em conhecer o tema ora explorado.

Tal fato muda o mapa mental (*mindset*) que é formado dos pensamentos e crenças que existem dentro da mente e que determinam como o ser humano sente e se comporta.

Assim, as mentes humanas estão, constantemente, observando e interpretando com base em uma espécie de registro permanente das coisas que lhes acontecem, do que elas significam e do que deveriam fazer.

Como bem lembra Carol Dweck em sua obra, todos nós somos uma mistura do *mindset* fixo, que são como verdadeiros monólogos internos, focalizados no julgamento, avaliando com veemência cada elemento de informação, criando a necessidade constante de provar a si seu valor já existente e de crescimento, observam constantemente o que acontece, mas estão afinados com as implicações para o aprendizado e a ação construtiva com a paixão pela busca do próprio desenvolvimento e, por prosseguir nesse caminho, inclusive quando as coisas não vão bem, permitindo às pessoas prosperarem em alguns dos momentos mais desafiadores de suas vidas.

A crença limitadora de que qualidades são imutáveis gera diferentes pensamentos e, quando se conta uma história, cria a possibilidade de se perceber de forma lúdica que é algo que tem condições de ser mudado, qualidades são suscetíveis de ser cultivadas, gerando diferentes pensamentos e atos, guiando-os por um caminho completamente distinto, fazendo toda a diferença.

O *mindset* fixo com crenças limitantes torna as pessoas complicadas e faz com que se preocupem com suas características fixas e criem a necessidade de documentá-las.

No processo de *coaching*, o *mindset* de crescimento é trabalhado para desenvolver habilidades, servindo para entender o que desencadeia nosso *mindset* fixo (os eventos ou situações) e o que acontece quando a persona se revela. O *storytelling* ajuda que se reconheçam os *mindset*s fixos recorrentes e a sua persistência de forma muito mais tranquila e no limite suportável pelo *coachee*.

A magia que se sente ao ouvir uma história é explicada pela neurociência e confirmada com a utilização de uma máquina de ressonância magnética, pois, enquanto uma história é contada, o ouvinte experimenta uma atividade cerebral similar a dos outros ouvintes e a de quem conta a história.

Em narrativas de emoção intensa, o cérebro libera dopamina, neurotransmissor envolvido no controle de movimentos, aprendizado, humor, emoções, cognição, sono e memória, acordando para a existência de crenças limitantes das quais não se tem consciência, pois quando se processam fatos, as duas áreas do cérebro são ativadas (a responsável pela linguagem e a responsável pelo conhecimento, interpretação e associação das informações), podendo ativar ainda as áreas como o córtex motor, sensorial e frontal.

Um exemplo disso é que o uso do *storytelling* visual tende a fortalecer ainda mais os efeitos de uma boa narrativa, uma vez que o cérebro humano processa imagens 60 vezes mais rápido do que textos.

Ou seja, quando se conta fatos, as partes de seu cérebro que se iluminariam são as regiões de processamento de dados do cérebro, mas, em um estudo na universidade de Princeton, os cientistas descobriram que, quando você escuta uma história bem contada, as partes de seu cérebro que respondem são aquelas que fazem você se sentir como se estivesse dentro da história, com o olfato ou a função motora correspondente do córtex, como se estivesse acontecendo.

Tais sensações acontecem em uma sala ou em um grupo, quando uma história está sendo bem contada, a plateia é cativada e tanto o contador de histórias quanto os cérebros dos ouvintes começam a se iluminar em sincronia uns com os outros e se sente uma conexão poderosa.

Uma explicação para isso são os neurônios espelho, que são um tipo de célula cerebral que responde tanto quando estamos fazendo uma ação, quanto quando vemos alguém fazendo a mesma ação.

Para obter essa conexão e haver total proveito com o escutar de uma história, não se deve adicionar opiniões ou contexto, apenas descrever o que está acontecendo no momento, pois contar histórias é fazer com que o cérebro do público responda como se fossem personagens do enredo.

As informações sensoriais emocionais são importantes (com descrições ricas para ativar o córtex sensorial dos ouvintes, concentrando-se em cheiros, toques, sons e sentimentos por meio de suas histórias), pois quando ele incluir emoções e sentidos em uma história, os neurônios espelho farão com que a pessoa que ouve sinta as emoções.

Quando se ouve uma história, partes do seu cérebro são ativadas, de modo que seja possível encaixá-las dentro das próprias ideias e experiências do ouvinte. É por isso que conteúdos transmitidos em forma de narrativa ganham mais atenção das pessoas e demoram mais para ser esquecidos.

O córtex cerebral é estimulado na área relativa à compreensão da linguagem e a sua expressão, a sensorial e a motora, facilitando ainda mais a aprendizagem e a memorização. A história também pode responder às questões da alma, resgatar o sentimento de pertencimento e origem pessoal/empresarial, e responder sensações que se perpetuam ou somente são sentidas ao longo do tempo.

A influência das emoções no comportamento do *coachee* quase sempre remete a uma sensação positiva, permitindo também que conceitos, estatísticas, datas, cores e tudo mais que vem com a história fiquem presos e sejam constantemente lembrados em nossas mentes. Ao aproximar as pessoas das histórias e criar vínculos emocionais com os temas e com o contador da história, se favorece a abertura para ações colaborativas entre as pessoas, isso promove a troca de ideias e o compartilhamento de informações.

Ao ouvir uma história, partes do cérebro são ativadas de modo que se consegue encaixá-la dentro das próprias ideias e experiências do ouvinte. É por isso que conteúdo transmitido em forma de narrativa ganha mais a atenção das pessoas e demora mais para ser esquecido.

Um exemplo disso foi quando um dos *coachee*s que atendi achava que a culpa dele em não arranjar emprego era por causa da situação do país (mesmo há cinco anos ele não conseguindo qualquer colocação e em uma época em que o Porto de Suape estava sendo construído). Então, quando ele ouviu um exemplo de uma pessoa com o mesmo perfil dele, que conseguiu uma boa colocação, o cliente abandonou a sua crença limitante.

Também, na mesma sessão, foi contada uma história colocando-o em uma situação como se tivesse realizado o objetivo e ele completou com todas as cores, cheiros, sentimentos e imagens de seu desejo que ele achava impossível.

Duas sessões depois, foi encerrado o processo de *coaching*, com a meta totalmente alcançada.

Conclui-se, então, que, em um processo *coaching*, o *storytelling* pode ser amplamente usado como ferramenta, para, inclusive, fazer o *coachee* enfrentar e vencer uma crença limitante.

Referências
COUTO, Gustavo. *A ciência do storytelling*. Disponível em: <http://gustavocouto.com.br/a-ciencia-do-storytelling/>. Acesso em: 04 de nov. de 2018.
DWECK Carol. *Mindset: a nova psicologia do sucesso*. Disponível em: <http://lelivros.love/book/baixar-livro-mindset-a-nova-psicologia-do-sucesso-caroldweck>. Acesso em: 11 de dez. de 2018.
DUTRA, ELIANE. *Coaching: o que você precisa saber.* Mauad X, 2010.
TRACTO. *A ciência explica por que storytelling funciona.* Disponível em: <https://www.tracto.com.br/a-ciencia-explica-por-questorytelling-funciona >. Acesso em: 04 de nov. de 2018.
XAVIER, Adilson. *Storytelling: histórias que deixam marcas.* Editora Best Business, 2018.

30

O *coaching* na atuação do nutricionista

Neste capítulo, você saberá como o *coaching* transformou o meu corpo, a minha carreira, e poderá inspirá-lo para melhorar, continuamente, o seu trabalho e mudar a sua vida

Juliana Castro

Juliana Castro

Nutricionista formada pelas Faculdades Integradas Coração de Jesus; pós-graduada em gestão pelo Centro Universitário São Camilo; Fitoterapeuta pela Humaniversidade. *Coach* de emagrecimento consciente e analista comportamental do obeso pelo Instituto Health Coaching. Antroprometrista ISAK nível 1.

Contatos
jrcastro.nutri@gmail.com
Instagram: julianacastro_nutricoach
Facebook: Ju Castro Nutrição e coaching de emagrecimento
Juliana Castro

> "O valor das coisas não está no tempo que elas
> duram, mas na intensidade com que acontecem.
> Por isso, existem momentos inesquecíveis, coisas
> inexplicáveis e pessoas incomparáveis."
> Fernando Pessoa

Gostaria de trazer, neste capítulo, o *coaching* na atuação do nutricionista e mostrar como é possível transformar a própria vida e de outras pessoas, com técnicas simples e eficientes. Para isso, antes de tudo, eu preciso contar a minha história.

Sempre tive problemas com a balança e estive acima do peso durante anos e, por ser nutricionista, tinha muita vergonha de realizar atendimentos individuais para emagrecimento. Sempre que alguém me procurava, eu indicava para outro colega, pois, por pura insegurança, me esquivava. Era clara a minha autossabotagem profissional, por mais que o meu maior sonho fosse fazer atendimento clínico.

Eu acreditava que fazia minha alimentação toda certa, pois comia pouco e tinha problemas hormonais, porém, a realidade não era bem essa. Como desde a minha formação na faculdade, eu trabalhei em cozinha industrial, passava muito tempo com comida saborosa e não saudável disponível. Devido ao estresse e falta de controle emocional, sentia muita fome e via a comida como fonte de prazer e válvula de escape para todas as emoções, sendo elas angústia, tristeza, ansiedade ou mesmo alegria.

Até que, em 2016, após mais uma tentativa de emagrecimento e mudança de hábitos alimentares frustradas, e ao me ver chegando perto da casa dos três dígitos na balança, somados a uma demissão, eu decidi que mudaria a minha vida definitivamente.

Iniciei o meu processo de emagrecimento em janeiro de 2017, com uma colega de profissão. Realizei comigo e com a minha mãe uma técnica que eu nem sabia o nome naquele momento.

Juntas, trabalhamos a autorresponsabilidade, encaramos os nossos sabotadores e, para mantermos o foco diariamente, estabelecemos metas de curto prazo viáveis. Para que a motivação se mantivesse, a palavra desistência não existia.

Durante o meu processo de emagrecimento, fui encorajada por muitos amigos e familiares a realizar atendimento nutricional e ajudar outras pessoas a emagrecerem também, afinal, a minha transformação física e mental estava visível.

Em junho de 2017, comecei a fazer alguns atendimentos nutricionais voltados ao emagrecimento. Por falta de prática e de uma técnica eficaz, eu sentia muita dificuldade em trazer resultados e comprometimento dos meus pacientes no processo de emagrecimento.

Decidida a melhorar meu atendimento, alavancar a minha carreira como nutricionista clínica e ajudar ainda mais os meus clientes com seus objetivos, busquei a formação de *coaching* voltado para nutricionistas.

Comecei a entender, por meio dos meus pensamentos, comportamentos e sentimentos, o que estava errado no meu emagrecimento e nos meus atendimentos nutricionais. Apliquei em mim as técnicas aprendidas no curso de *coaching*, e percebi que eu já as aplicava desde o início do meu processo de emagrecimento.

A partir do momento em que identifiquei os pensamentos sabotadores que antes me impediam de emagrecer e até de obter o sucesso profissional que almejava, entendi que se eu tivesse clareza e confiança em mim e no método, o meu cliente, com certeza, teria sucesso.

Criei metas a curto, médio e longo prazo, tanto pessoal, quanto profissionalmente. As técnicas de *coaching* não só me ajudaram no meu emagrecimento, mas foram fundamentais no meu desenvolvimento e sucesso profissional.

O sonho de abrir meu consultório se concretizou em janeiro de 2018 e, desde então, ajudei centenas de pessoas a terem uma vida mais saudável, por meio do atendimento nutricional, *coaching* de emagrecimento individual e em grupo.

Hoje, posso dizer que, efetivamente, meu sonho se tornou realidade e tenho cumprido minha missão e propósito de vida, que é salvar vidas e ajudar as pessoas a serem mais felizes e mais leves.

Nas próximas páginas, vou mostrar como realizei tudo isso e alcancei o sucesso com o *coaching*.

1. Para quem é o *coaching* de emagrecimento
Em primeiro lugar, é importante definir o público-alvo como gênero, idade e objetivo, para que possa direcionar o trabalho e focar em constantes melhorias, além de estar preparado para se deparar com clientes não tão engajados ou preparados para o processo de emagrecimento como um todo.

O *coaching* de emagrecimento é indicado para as pessoas que:

• Querem mudar a relação com a comida;
•Tenham pensamentos sabotadores que atrapalham no emagrecimento a longo prazo;
• Precisam melhorar sua autoestima;
• Tenham medo da balança e do espelho;
• Não tenham planejamento, organização e foco para alcançar os objetivos;
• Compensam as frustrações na comida;
• Querem aprender a ter um estilo de vida mais saudável sem sofrimento e sem punição;
• Já fizeram repetidas dietas e nenhuma funcionou;
• Vivem no efeito sanfona e não têm sucesso em manter hábitos saudáveis.

2. Seja diferente

Para que se torne um *coach* de sucesso, você deve saber levar o cliente para a independência e essa é uma parte importante de todo o processo, além do entendimento que o processo tem início, meio e fim.

É importante diferenciar seu processo para cada indivíduo, respeitar as suas diferenças comportamentais e de vida, para que cada processo de emagrecimento seja único e personalizado, lançando mão de ferramentas conforme a necessidade do *coachee* naquele determinado momento.

Tenha claro o legado que deixará para o cliente, o aprendizado e a evolução que este terá e como poderá realizar a descoberta de talentos não somente no emagrecimento, mas também pessoais e profissionais, como tempo livre, diminuição do estresse, ganho de qualidade de vida e mais saúde, trazendo, assim, resultado do emagrecimento e mudança de hábitos para a vida toda.

3. Desenvolva suas competências

A comunicação eficaz, escuta ativa, organização, criatividade são competências pessoais e profissionais que devem ser desenvolvidas para se destacar em qualquer profissão.

O cliente de emagrecimento tem muitas dores para compartilhar e quer ser ouvido. Por isso a escuta ativa, que é o entender e o partilhar as dores do cliente, é tão importante para o nutricionista que trabalha com o *coaching*, pois gera empatia e comprometimento, fazendo do cliente o protagonista no processo de emagrecimento e não somente um cumpridor de tarefas.

Hoje em dia, a disponibilidade de informações na *Internet* faz com que o cliente, muitas vezes, já chegue ao consultório seguindo alguma dieta ou com um vasto conhecimento sobre alimentação saudável, porém, mesmo assim, não apresenta um excelente resultado ou, muitas vezes, não apresenta resultado nenhum.

É fundamental o nutricionista atuar em aspectos de mudança do comportamento e direcionar o foco na autoeficácia, que farão com que o cliente se torne autorresponsável e acredite que possui capacidade de mudar seus hábitos, além de buscar a automotivação, para que não desista da dieta rapidamente e entenda que será um novo estilo de vida, proporcionando o controle de emoções, autonomia e aprendizado e, então, a transformação acontecer e o cliente obter os resultados esperados.

Proponha uma parceria de confiança, firme a concretização de objetivos e, então, o sucesso de ambos (cliente e profissional) acontecerá naturalmente. Ofereça um ambiente seguro, em que seja possível abordar experiências, metas e objetivos sem nenhum tipo de crítica ou julgamentos.

O sucesso do atendimento acontece quando o profissional vê a mudança de mentalidade do cliente não somente com relação à comida, mas em todos os aspectos da vida, tanto pessoal quanto profissional, sendo possível ampliar seu objetivo para a vida toda.

O nutricionista que trabalha como *coach* não deve impor um novo plano alimentar, mas, sim, guiar o *coachee* por uma jornada de auto-conhecimento para descobrir a sua alimentação ideal e sustentável.

4. Mude o seu *mindset*

Nesse momento, você, nutricionista, deve estar se perguntando se esse caminho profissional é para você. Eu gostaria de propor uma mudança no seu *mindset*.

O seu *mindset* é o seu padrão de processamento mental e suas crenças são determinantes para o sucesso ou fracasso, ou seja, o conjunto de atitudes mentais que influenciam positivamente ou negativamente o seu comportamento e seus pensamentos.

A resistência à mudança, mesmo quando se quer mudar, o leva a agir e tomar atitudes ou até assumir comportamentos que determinarão o seu resultado. Todos temos inimigos internos, são eles que nos fazem desistir diante de qualquer dificuldade, que podemos chamar de sabotadores.

Conhecer os seus pensamentos sabotadores e fortalecer o que você tem de melhor é essencial para que aumente a sua felicidade e seu desempenho.

Para que a mudança de *mindset* aconteça e você caminhe ao sucesso, é fundamental seguir alguns passos importantes:

- Estabeleça seus objetivos e metas de curto, médio e longo prazo;
- Coloque em ação suas ideias e projetos;
- Tenha domínio de seus estados emocionais, evite reclamar e falar frases negativas;
- Reprograme sua mente, crie estados desejados e hábitos positivos;
- Pratique a gratidão diariamente;
- Comemore suas conquistas.

Apesar dos nossos defeitos, precisamos enxergar que somos pérolas únicas no teatro da vida e entender que não existem pessoas de sucesso ou pessoas fracassadas. O que existe são pessoas que lutam pelos seus sonhos ou desistem deles. Por isso, desejo sinceramente que você... nunca desista dos seus sonhos!

Augusto Cury

Referências

BERNARDI, Gladia. *Código secreto do emagrecimento: a fórmula definitiva para emagrecer sem dietas*. São Paulo: Editora Gente, 2018.

CHAMINE, Shirzad. *Inteligência positiva: por que só 20% das equipes e dos indivíduos alcançam seu verdadeiro potencial e como você pode alcançar o seu*. Rio de Janeiro: Objetiva, 2013.

CORREIA, Joana S. E. *Coaching: influência no desenvolvimento pessoal e profissional*. Disponível em: <http://recil.grupolusofona.pt/bitstream/handle/10437/4045/Tese%20Joana%20Correia.pdf?sequence=1 >. Acesso em: 22 de out. de 2018.

LOPEZ, Vanessa Albertinence. *Coaching: modismo ou uma ferramenta de gestão de pessoas que veio para ficar?* Disponível em: <http://www2.al.rs.gov.br/biblioteca/LinkClick.aspx?fileticket=abmhFsTPojE%3D&tabid=5639>. Acesso em: 09 de nov. de 2018.

ROBBINS, Anthony. *Desperte o gigante interior: como usar o condicionamento Neuro-assodativo para criar mudanças definitivas*. 3. ed. Rio de Janeiro: Record, 1993.

SOTORIVA, Eliége Maria Scottá. *Coaching aplicado à saúde como processo de mudança de comportamento*. Disponível em: <https://biblioteca.unilasalle.edu.br/docs_online/tcc/pos_graduacao/mba_gestao_de_pessoas_e_lideranca_coach/2018/emssotoriva.pdf>. Acesso em: 09 de nov. de 2018.

VIEIRA, Paulo. *O poder da ação: faça sua vida ideal sair do papel*. São Paulo: Editora Gente, 2015.

31

A importância do *coaching* nos planos de sucessão

A importância estratégica do uso do processo de *coaching* como instrumento de apoio aos planos de sucessão nas organizações

Júlio Cesar da Silva

Júlio Cesar da Silva

Executivo com 25 anos de experiência. Atuou no mercado financeiro em *compliance*, controles internos e gerenciamento de riscos. Liderou projetos de certificação ISO em segurança da informação, continuidade de negócios e gestão da qualidade. Atuou como consultor de serviços de TI no Brasil e América Latina. Professor universitário em cursos de MBA e de graduação em São Paulo e *coach* executivo e empresarial. Graduado em administração de empresas e em ciência da computação pela Universidade Santa Cecília. Pós-graduado em gestão de negócios de TI pela FGV, e didática do ensino superior pelo Mackenzie. Auditor líder de segurança da informação e de continuidade de negócios pela BSI. Certificado CRISC pelo ISACA, CBCP pelo DRII. *Coach* executivo e empresarial pela ABRACEM.

Contatos
julius2108@hotmail.com
LinkedIn: Julio C da Silva CRISC, CBCP and Lead
(11) 94641-3156

> "Um relacionamento de *coaching* bem-sucedido é
> sempre uma história de transformação, não apenas
> nos níveis mais elevados de desempenho."
> Robert Hargrove

Num mercado globalizado cada vez mais competitivo e dinâmico, que impõe um ritmo acelerado e instável, falar de planos de sucessão é quase ficção, o que dirá adotar um plano de longo prazo, que seja possível de ser implementado. Apesar dos esforços empreendidos pelas empresas que desejam assegurar a perenidade de seu negócio, a dúvida quanto ao êxito dos planos de sucessão acaba sendo sempre motivo de preocupação.

O conceito de plano de sucessão veio após a segunda guerra mundial, num momento onde a economia era estável, havia plano de carreira, o crescimento era gradual e as atribuições e os cargos nas organizações eram, praticamente, vitalícios.

Hoje, as transações comerciais são instantâneas e independem da distância, os ciclos de vida de produtos e serviços são cada vez menores. A capacidade de processamento de informações, bens e insumos, somado a evolução dos meios de comunicação, tornaram o mundo integrado, dinâmico e caótico. Esse cenário desafia qualquer um que queira adotar uma estratégia de médio ou longo prazo.

Como assegurar, nesse cenário, a elaboração de um plano de sucessão eficaz sem desperdiçar recursos? Como reter os talentos, ou mesmo impedi-los de serem contratados pelo concorrente, depois de preparados como sucessores na própria organização?

A dinâmica do mercado atual afeta tudo e a todos. A qualquer instante pode surgir algo novo, que revolucionará a maneira de realizarmos negócios, forçando as empresas a se adaptarem, rapidamente, para sobreviver. Infelizmente, isso também afeta o plano de sucessão, pois pode impactar o perfil de sucessor em formação e, com isso, pôr em risco o sucesso desse plano, seja pela incompatibilidade do perfil com o novo cenário, ou pela perda de interesse do próprio sucessor em se adaptar.

As expectativas da liderança sobre o processo de escolha do sucessor é outro fator preocupante. Há uma tendência de se escolher o sucessor, com base no que é definido pela liderança e especialistas, sem considerar o manifesto do próprio sucessor. No início do ano, atuei com uma *coachee* que percebeu que seu maior medo era o dia em que recebesse o convite para ocupar o cargo de seu líder. Ela estava sendo preparada para isso, mas essa possibilidade a assombrava. Perguntei por que ela havia concordado com esse processo e ela me respondeu: "como a empresa manteria alguém que não quer ser promovida? Eu tenho que aceitar, não há escolha".

Após algum tempo trabalhando esse ponto, a *coachee* percebeu que tinha escolha e deveria manifestar-se de forma transparente, buscando um acordo conjunto. Imagine o que se perderia se esse plano fosse adiante? A empresa perderia uma excelente profissional, para ganhar uma péssima gestora que, provavelmente, deixaria a empresa em pouco tempo.

Além das questões do sucessor, é importante, também, atentar para a condição do sucedido. Para alguns executivos, essa fase da vida é assustadora, podendo significar o fim de tudo para alguém que dedicou a vida a uma rotina produtiva e de sucesso.

Algumas vezes, pode ser um equívoco a organização não avaliar como seu sucedido vem se preparando para essa transição. Para quem chega nesse momento de vida sem ter se preparado, falar de sucessão pode não ser motivador. Como resultado, o processo sucessório pode não terminar nunca, visto que o sucedido fará de tudo para adiá-lo, até mesmo eliminar potenciais sucessores, se for preciso, para manter a sua condição atual.

O *coaching* como instrumento de apoio à estratégia de sucessão

Coaching é um processo de aprendizagem mútua e de empoderamento do *coachee*, que é convidado a refletir sobre sua visão de mundo, valores, percepções e crenças, o que proporciona adequado estímulo ao seu desenvolvimento pela aquisição de novas habilidades e competências, convidando o *coachee* a agir de forma comprometida, coerente e eficaz.

Para um plano de sucessão, o processo de *coaching* acaba sendo um instrumento ideal destinado a capturar, de forma mais assertiva, as expectativas e anseios das partes interessadas no processo, principalmente, do *coachee*, que é o protagonista de toda transformação. O resultado disso é um plano mais consistente, com menos surpresas desagradáveis e imprevistos.

Entre as partes interessadas existentes no processo de *coaching* para um plano de sucessão, podemos considerar que é essencial o envolvimento da liderança da organização, recursos humanos, o *coach*, sucessor e o sucedido. Deve-se considerar, também, que sucessor e sucedido sejam submetidos ao processo de *coaching*, e tenham seus respectivos planos e posicionamentos de forma transparente e comprometida com a organização.

Uma vez estabelecido o processo, deve haver um contrato formal, que defina, claramente, os limites de responsabilidade de todos no processo.

A confidencialidade é um fator essencial na condução do processo, pois é a base da construção de uma relação de confiança entre *coach* e *coachee* e, por isso, deve ser levada a sério.

O *coach*, em conjunto com o setor de recursos humanos, a liderança e outras partes interessadas definem o cenário em que o *coach* deverá atuar. Isso deve incluir o momento de vida e de carreira do *coachee* envolvido no processo. Esse fator é altamente relevante ao sucesso do processo, e servirá como balizador na definição do plano.

O contrato deve ser formal e considerar, além dos temas já abordados como confidencialidade e limites de responsabilidade, as expectativas da liderança e das partes interessadas, a responsabilidade do *coach* e do *coachee*. Cabe ao *coach* explorar o campo de atuação tratando de assuntos como:

1. Quais são os atributos valiosos do executivo atual que precisam ser preservados?

2. Quais os atributos ideais que o sucessor deve possuir?

3. O que a organização espera do futuro sucessor?

4. Quais as medidas práticas que a organização vem adotando para assegurar o êxito do plano de sucessão?

5. Qual a alternativa, caso o sucessor como *coachee* não se mostre disposto a seguir com o processo?

6. Como está sendo conduzida a preparação do sucedido?

O desafio do *coach* será convidar o *coachee* a refletir e se preparar para lidar, de forma consistente, sobre temas como:

1. O que é sucesso?

2. Como ele vê o processo de sucessão. Qual o efeito que essa situação tem sobre ele?

3. Quais as expectativas sobre o cargo a ser ocupado?

4. Quais são seus valores? Quanto esses valores são similares aos da organização?

5. O que o faz permanecer na organização / nesse processo?

6. Quanto ele se considera preparado para o novo desafio?

7. Que competências o *coachee* acredita que necessita desenvolver ou aprimorar?

8. Quais ações o *coachee* vem conduzindo para atingir o seu objetivo (o que, quando e como)?

O progresso, sucesso ou fracasso dependerá do *coachee* que, por sua vez, decidirá cada passo quando sentir-se apto a fazê-lo.

Todo processo de *coaching* é complexo e não existem garantias de resultados desejados. Por esse motivo, não é possível estabelecer uma meta de progresso, uma vez que é o *coachee* quem vai chegar às suas próprias conclusões, tomará e comunicará suas decisões quando sentir-se apto a fazê-lo. Do outro lado, a organização deverá estar preparada para possíveis cenários e para discutir alternativas, isso em função dos resultados apresentados.

A grande vantagem de um processo de *coaching* bem estabelecido é que o *coachee*, uma vez empoderado e ciente de seus objetivos, terá mais confiança neles e, como resultado, o próprio plano de sucessão terá mais chances de dar certo, principalmente, quanto à permanência do sucessor na organização.

A contribuição do *coaching* é fundamental para o plano de sucessão, mas não pode ser realizada uma única vez. Deve haver um acompanhamento de sucessor e sucedido, seja por um *coach* interno ou um responsável designado pelo plano de sucessão. Planos de sucessão com prazos mais longos devem considerar novos programas de *coaching* externos, visando assegurar se os posicionamentos dos *coachees* continuam compatíveis com o plano, ou se algo precisa ser revisto. A revisão periódica do plano de sucessão em função de resultados do *coaching* precisa envolver as partes interessadas, principalmente, a liderança, para que sejam adotadas ações apropriadas que assegurem o sucesso do plano, e que sejam condizentes com os objetivos e expectativas do sucessor e do sucedido.

A importância da escolha do método adequado de *coaching* para um plano de sucessão

Existem diversas modalidades de *coaching* e até atividades de profissionais que se utilizam do termo *coaching*, mas, que na realidade, praticam atividades de *mentoring* ou consultoria, por isso, saber escolher a modalidade mais adequada é fundamental para o êxito nos resultados.

Um plano de sucessão deve ser tratado com o devido cuidado, pois é uma estratégia de sucesso da organização e, por isso, deve ser amparada por ações eficazes que minimizem ao máximo a possibilidade de falhas e desvios.

A proposta recomendada aqui como apoio ao plano de sucessão é a adoção da modalidade de *coaching* executivo e empresarial externo, com base num contrato de quatro pontas que envolve, além do *coachee*, a chefia imediata, a organização (RH) e o próprio *coach*.

A adoção dessa modalidade deve assegurar a independência do processo, o sigilo, a confiança do *coachee* e, como consequência, a obtenção de um resultado real e imparcial.

É importante considerar que o *coach* selecionado não possua conflito de interesses, ou seja, não esteja atuando em outro setor ou atividade na organização, que possa comprometer o sigilo e até influenciar os resultados do processo.

O trabalho do *coach* já inicia na formulação do próprio contrato com as partes interessadas, em que ele já iniciará uma avaliação prévia, colhendo impressões dos envolvidos sobre os *coachees*.

E se o processo de *coaching* fracassar, o que pode ser feito?

Antes de tudo, é preciso compreender o que significa fracasso ou sucesso no processo de *coaching*. Lembramos que *coaching* é uma atividade que depende, essencialmente, das decisões e movimentos do *coachee*, com base nos seus interesses e objetivos. Não existem garantias que o *coachee* proceda conforme a expectativa da liderança, até porque o *coaching* não é um processo diretivo. O objetivo do *coaching* é atuar como um catalisador ou um estímulo, convidando o *coachee* a refletir sobre sua posição e sua necessidade de crescimento.

Muitas vezes, a sensação de sucesso ou fracasso é fruto da comparação direta das expectativas da própria liderança, que possuía um plano e acreditava que todas as peças desse plano, inclusive o *coachee*, se encaixavam. É comum encontrar líderes que buscam um processo de *coaching* para "dar um jeito" no seu colaborador, partindo de uma premissa que o colaborador é a causa de problemas que o líder acredita.

É preciso muito cuidado para não comprometer o processo, vale destacar que não é só o *coachee* que precisa estar comprometido, mas, todos os envolvidos, líderes, o *coach*, pares, equipes e, principalmente, a liderança. É comum que líderes ou colegas de trabalho acreditem que o *coaching* é um processo terapêutico, como uma última esperança para o *coachee* que já estava desenganado, isso é destrutivo para o processo.

Outro aspecto a ser considerado são questões de baixa afinidade, desconforto ou mesmo falta de confiança do *coachee* para com o *coach*, aspectos motivados por crenças do *coachee*, preconceitos ou até mesmo pelo momento de vida desse profissional dentro ou fora da organização. A medida ideal a ser adotada nesses casos é a do *coachee* solicitar outro *coach*.

Todos esses fatores precisam ser considerados, pois possuem grande influência no sucesso do processo de *coaching*. Nos casos em que não exista alternativa e que o processo não esteja surtindo o efeito desejado, cabe ao *coach*, a qualquer tempo, por uma questão de ética, sinalizar às partes interessadas a necessidade de interrupção do processo e a quebra do contrato.

Situações como essas podem sugerir que o processo fracassou e que foram perdidos tempo e recursos. No entanto, se observarmos atentamente, o *coaching* serviu aqui como um alerta eficaz em tempo hábil para a organização, possibilitando a tomada de medidas cabíveis e, assim, evitando problemas futuros que só seriam percebidos tardiamente, o que, fatalmente, comprometeria a estratégia de sucessão da organização.

Referências

CHAVES, Neusa Maria Dias. *Esculpindo líderes de equipes.* 4. ed. Nova Lima: Falconi Editora, 2013.

FREAS, A. M. *O coaching de executivos para resultados no negócio.* In: GOLDSMITH, M. et al. (Org.). *Coaching: o exercício da liderança.* Rio de Janeiro: Campus, 2003.

GONZALES, A. L, *Transformative conversations: executive coaches and business leaders in dialogical collaborations for growth.* Disponível em: < http://www.growth-coach. com/?p=31/ >.

KRAUSZ, Rosa R. *Coaching executivo: a conquista da liderança.* São Paulo: Nobel, 2007.

32

Sequestro emocional x obesidade

Neste capítulo, as pessoas com excesso de peso poderão entender por que engordam e não conseguem emagrecer de modo definitivo. A mente emocional deve estar em equilíbrio com a racional, para alcançar a transformação do corpo. Para isso, o *coaching* de emagrecimento pode ajudá-lo a conquistar esse objetivo

Jussara Munareto Silva

Jussara Munareto Silva

Médica, nutróloga, pós-graduada em gestão de saúde (2001), e mestre em epidemiologia pela UFRGS (2002). *Master Practitioner* em PNL – licenciada pela The Society of NLP – USA e hipnose (2018). *Coach* de emagrecimento consciente pelo Health Coaching International Institute(2018).

Contatos
www.jussaramunareto.com.br
www.essenciadoemagrecimento.com.br/
munaretocoach@gmail.com
jussaramunareto@gmail.com
Facebook: Munareto Silva Coach
(51) 99982-4848

P erder peso é uma tarefa desafiadora. É necessário saber lidar com muitas situações de insegurança, estresse, desejos insatisfeitos e a farta oferta de comida calórica, porém, pouco nutritiva. Uma das maiores forças motivadores humanas é a fome, e esta precisa ser abordada tanto em seu aspecto psicossocial, muito importante e pouco valorizado, quanto em sua natureza pessoal, que nada tem a ver com a sociedade. As pessoas que querem emagrecer precisam descobrir seus pensamentos sabotadores, ou autoenganos, para saber diferenciar a fome real de sua vontade de comer.

A grande armadilha para sabotar o processo de emagrecimento é um importante mecanismo de defesa, que visa superar as ameaças e os perigos, desenvolvido para a maior sobrevivência da raça humana, e que busca proteção contra as experiências difíceis. Esse mecanismo, além de comandar o comportamento necessário para preservar a vida, também é utilizado para nos poupar da ansiedade de viver em um mundo considerado hostil e perigoso. Há uma integração de informações sensitivo-sensoriais com o estado psíquico interno, sendo atribuído um conteúdo afetivo a esses estímulos. A informação é, então, registrada e relacionada a memórias preexistentes, o que leva à produção de uma resposta emocional adequada, consciente e/ou vegetativa, inconsciente.

As ameaças percebidas, independentemente de reais ou imaginárias, induzem a um estado de medo, ativando um circuito centrado na amígdala cerebral, e esse mesmo circuito controla as respostas comportamentais e fisiológicas provocadas por alguma ameaça iminente. As reações típicas de medo têm a capacidade e podem ativar circuitos cerebrais, não apenas referentes aos sistemas defensivos ou de sobrevivência, mas em qualquer situação que represente uma ameaça significativa ao bem-estar da pessoa.

Já as amígdalas, que possuem o formato de amêndoas e estão localizadas no sistema límbico, estão encarregadas do processamento e armazenamento das reações emocionais ao longo da nossa vida, tendo como função proteger e acionar as principais reações ligadas à autopreservação. Desempenham um papel essencial ao identificar os riscos existentes, permitindo uma reação rápida. Durante todo o tempo, analisam o que está acontecendo ao redor e decidem se é algo que pode nos ameaçar, fazer sofrer ou machucar de alguma maneira.

Quando a amígdala reconhece um risco significativo, a reação não passa por uma análise racional, e são disparadas reações no nosso corpo, liberando hormônios que vão nos colocar no estado de fugir ou de lutar, para enfrentar a ameaça. Quando, por exemplo, nossos antepassados se encontravam frente a algum inimigo, ou a animais ferozes, fugiam ou atacavam para enfrentar a situação de perigo.

Nesses casos, é acionado como se fosse o botão do pânico: a amígdala sequestra todas as demais ações do corpo, ocorrendo o sequestro emocional. Ou seja, a amígdala assume o comando das ações, o que gera uma reação rápida e automática. Esse mecanismo possui um caráter evolutivo na espécie humana, necessário para a sobrevivência.

No sequestro emocional, nos encontramos reagindo de forma automática a estímulos já enfrentados e tratados pelo cérebro emocional. Entretanto, na atualidade, o processo ficou um pouco antiquado, e vem produzindo resultados não tão desejados e adequados. Esse mecanismo, frequentemente, comete erros, já que muitos dos perigos que enfrentamos são apenas simbólicos e imaginários. O problema surge quando as amígdalas, nosso radar do cérebro para ameaças, veem perigo onde, na realidade, não existe!

Segundo a teoria do cérebro trino, elaborada pelo neurocientista Paul MacLean, em 1970, o cérebro humano evoluiu, ao longo das eras, em três camadas ou unidades básicas funcionais: a reptiliana, ou cérebro basal, irracional; o sistema límbico ou cérebro emocional, que controla o comportamento e ações no presente; e o neocórtex ou cérebro racional, responsável pelo pensamento abstrato, e que leva à ponderação sobre as consequências dos atos, no futuro. A evolução do cérebro humano não é projetada para entender-se com precisão, mas, fundamentalmente, para nos ajudar a sobreviver.

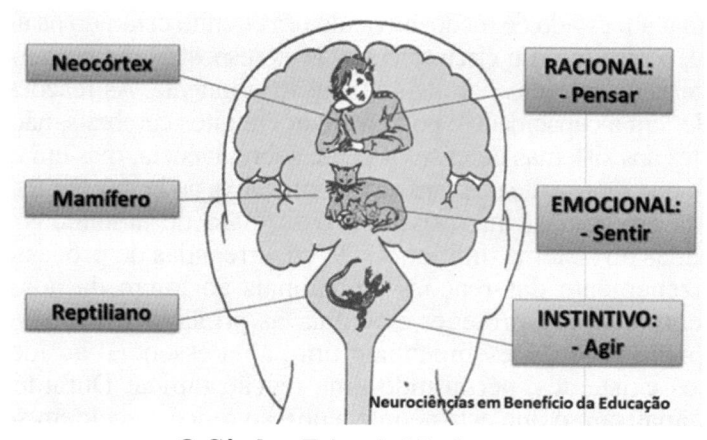

O Cérebro Trino de MacLean.

Reconhecer que nossa parte emocional, que nos prepara para respostas automáticas, essenciais para a sobrevivência, no momento atual da raça humana, pode nem sempre estar sendo positiva. Pode-se buscar comer mais, para ter mais energia e enfrentar uma ameaça virtual, o que leva a uma consequência indesejada, a obesidade, que irá, entretanto, conduzir à morte mais rapidamente. Uma vez que o sequestro emocional acabe, a capacidade de analisar racionalmente retorna e, talvez, essa seja a razão para sentir-se culpado após comer em demasia, quando o neocórtex consegue entrar em ação novamente. A atenção plena, racional, concentrada em dar uma resposta à emoção e ao potencial perigo, pode concluir processos de reflexão da situação na qual se está vivendo, possibilitando agir-se de modo diferente frente à comida.

Sentir e entender por que, para que, como, onde, quando e o que podemos fazer é a única maneira de se conduzir o processo do emagrecimento, superando o prejuízo que as emoções mal analisadas podem causar. E são as pequenas emoções as grandes responsáveis pelos resultados da nossa vida, sendo que as respeitemos mesmo sem o saber, sem nos darmos conta. As emoções são o motor propulsor da ação, e precisam ser identificadas para que possamos modificá-las.

Segundo Donald Calne, "a diferença essencial entre a emoção e a razão é que a emoção leva à ação, enquanto razão leva a conclusões". A emoção nos diz o que precisa ser feito e a razão o que deve ser evitado, criando justificativas para aquilo que já fizemos. Nossa maior aspiração e busca deve ser que a emoção e a razão trabalhem juntas para a evolução humana.

Reagindo emocionalmente, acabamos por ser vítimas de nossas próprias armadilhas, para sobreviver em nosso dia a dia, em um mundo muito exigente em termos de desempenho, em que a velocidade das respostas precisa ser rápida, imediata, em um clique. Quando algo que nos parece ameaçador acontece no dia a dia, o medo do sofrimento nos faz tentar fugir da realidade, bloqueando nossa atenção, nossa consciência, nos enganando.

Muitos autoenganos nos sustentam e, muitas vezes, nos prendem a determinadas situações, sem que percebamos. Por isso, não raras vezes, quando a pessoa quer emagrecer, tem a sensação de que não importa o que faça, por mais que queira, não consegue mudar o comportamento e alcançar esse objetivo. Os espaços vazios são preenchidos com explicações imaginárias ou fantasiosas e, dessa maneira, se não vejo, se não percebo o que está acontecendo, o perigo e a ansiedade diminuem e consigo seguir em frente. A atenção seletiva consegue esconder e modificar as verdades dolorosas, criando uma realidade que é mais aceitável para viver, porém, com base no autoengano.

O autoengano, ou sabotagem tem um custo muito elevado, pois o mundo da pessoa fica fragmentado e a informação, que fica no inconsciente, é ignorada, sendo escondida pela mentira e pelas justificativas da consciência.

Reconhecer que podemos estar em uma situação de sequestro emocional, e que o mecanismo de reduzir esse perigo pode ser a comida, é o primeiro passo para estabelecer a mudança. As alterações de pensamentos, das crenças, e o comer consciente, estar atento ao ato de comer, são indispensáveis e definitivos para alcançar o emagrecimento. Sendo que a reeducação não deve estar só direcionada à alimentação, mas à adoção de novas escolhas saudáveis a um futuro com mais autoconfiança e saúde.

Sim, as mudanças passam, necessariamente, pelos pensamentos, pelas crenças, valores e tudo o que foi aprendido e que resulta no ato de comer. O ato de comer para os obesos é tido como tranquilizador, como uma forma de localizar a ansiedade e a angústia no corpo. As pessoas obesas, além disso, apresentam dificuldade de lidar com frustrações e com limites.

Quando as situações saem do nosso controle, parece que somos vítimas de uma grande quantidade de reações psicológicas e fisiológicas, conhecidas como o sequestro emocional. Para saber o porquê de acontecer isso em certos momentos da vida, é preciso entender como se processa o funcionamento do nosso cérebro.

A amígdala funciona como uma sentinela psicológica, analisando cada situação, cada percepção, com apenas um tipo de pergunta em mente reconhecida como a mais primitiva: é alguma coisa que temo? É alguma coisa da qual não gosto? Isso pode me ferir?

Se a resposta for "sim", a amígdala reage imediatamente, ativando um rastilho de neurônios, mandando uma mensagem de emergência para todas as partes do cérebro.

A amígdala examina a memória emocional, vasculha as experiências já experimentadas, comparando o que está acontecendo agora, no momento, com o que aconteceu no passado, por meio de um método associativo. Quando um elemento-chave, que pode se chamar de gatilho, de uma situação presente é semelhante àquele do passado, faz com que o corpo aja rápido, sem haver uma plena confirmação do fato. Ordena a ação, agora, com meios registrados muito tempo atrás, com pensamentos, emoções e reações aprendidos em resposta a acontecimentos, muitas vezes, apenas parcialmente semelhantes.

O sequestro emocional tem a duração de poucos segundos, mas suas consequências são de longo prazo. Porém, é possível mudar esse mecanismo buscando parar e avaliar de forma racional, antes de tomar uma atitude impensada, como a de comer uma barra toda de chocolate ou uma *pizza* inteira.

A mente humana funciona tanto como cientista, ao buscar a verdade objetiva por meio do uso do raciocínio, do consciente, quanto como advogado, à maneira do inconsciente, que acredita no que você quer que seja verdadeiro e comanda a procura das provas, para justificá-la. Temos de considerar, entretanto, mais do que isso, nosso cérebro atua como um bom cientista, mas é muito mais poderoso e brilhante como advogado! Considerando as duas maneiras de se encontrar a verdade, as causas originárias dos processos do pensamento humano tendem mais a partir da crença para a evidência, do que da evidência para a crença. Costumamos acreditar que nós lançamos mão de dados para, então, chegar a uma conclusão, quando, na verdade, recorremos à nossa conclusão preferida para moldar a análise dos dados, ao que se pode chamar de raciocínio motivado. E o raciocínio motivado permite que nossa mente nos proteja, especialmente, da infelicidade e do sofrimento.

O fluxo da mudança ao emagrecimento definitivo inicia-se com o pensamento, para acionar o sentimento e, então, chegar ao comportamento e, finalmente, ao hábito, com sede no inconsciente. O hábito, enfim, o aprendizado consolida-se quando ele se processa pelo inconsciente competente, quando a pessoa executa a tarefa sem necessitar pensar para agir. Entretanto, essa ação deve ser coerente com a realidade que, no caso da obesidade, não o é. Repensar e reprogramar se faz necessário e, para isso, se torna indispensável a ajuda do nosso todo poderoso, o inconsciente, para mudar nossos hábitos.

Você precisa ser treinado a identificar os gatilhos que o levam ao comportamento negativo, levando em consideração mesmo as emoções menos intensas, já que elas têm o poder de sequestrar sua lucidez, ainda que em menor grau. Nossa vida é influenciada por muitas forças inconscientes e desconhecidas. Esse processo, que nos conduz à ação, acontece automaticamente e pode nos levar a fazer escolhas e a criar uma vida sofrida e com muitas dificuldades, nos impedindo de alcançar nossos objetivos e desenvolver todo nosso potencial.

A obesidade é uma situação de difícil controle e tem um alto percentual de insucessos em seu tratamento, contando com sérias repercussões orgânicas e psicossociais. Entre as várias doenças do organismo humano, é uma das mais complexas e de difícil entendimento, exigindo uma abordagem multidisciplinar, em que se coloca como aporte atual a ferramenta do *coaching* de emagrecimento consciente.

O *coaching* de emagrecimento consciente utiliza ferramentas da neurociência e da programação neurolinguística para auxiliar na mudança do comportamento alimentar, identificando os sabotadores e treinando a pessoa a modificar-se de forma consistente, desenvolvendo habilidades próprias do magro.

O fim do sequestro da vontade do corpo, que está obeso, ocorrerá quando, com o entendimento, as questões desencadeantes forem substituídas por motivações mais adequadas, terminando por restabelecer a harmonia e o equilíbrio emocional, que favoreçam a preservação da vida e a integralidade do indivíduo.

Referências

CALNE, Donald. *Within reason: rationality and human behavior* by. Nova York: Pantheon Books,1999. p. 345.

MACLEAN, Paul D. *The triune brain in evolution: role in paleocerebral functions.* Springer Verlag NY, 1990. p. 672.

STYS, Yvonne; BROWN, Shelley L..*A review of the emotional intelligence literature and implications for corrections.* Correctional service of Canada. Disponível em: <http://www.csc-scc.gc.ca/research/r150-eng.shtml>. Acesso em: 22 de out. de 2018.

33

Mindset magro & mindset obeso

O que *mindset* tem a ver com o peso corporal? Obesidade não seria determinada, apenas, por algum distúrbio metabólico, herança genética, comida em excesso ou sedentarismo? De que forma o estado mental pode afetar a composição corporal?

Leandro Gago

Leandro Gago

Graduação em Medicina, Universidade Federal do Rio de Janeiro, 1999. Residência em Clínica Médica, Universidade Estadual do Rio de Janeiro, 2002. Pós-graduado em Homeopatia, Sociedade de Homeopatia do Estado do RJ, 2003. Pós-graduado em Acupuntura, IARJ – Instituto de Acupuntura do Rio de Janeiro, 2013. Pós-graduado em Nutrologia, ABRAN – Associação Brasileira de Nutrologia, 2015. *Personal & Professional Coach*, Sociedade Brasileira de Coaching, 2016. *Positive Psychology Coaching*, Sociedade Brasileira de Coaching, 2017. *Coaching* de Emagrecimento Consciente, Health Coaching International Institute, 2018.

Contatos
leandrocgago@gmail.com
sermelhorhumano@gmail.com
Instagram: dr.leandrogago
Instagram: sermelhorhumano
Facebook: @drleandrogago
Facebook: @sermelhorhumano

Determinantes biológicos da obesidade

Todo ser vivo necessita de energia para garantir sua existência. Extraí-la daquilo que é ingerido e armazenar seu excedente torna-o capaz de manter sua integridade e o funcionamento do seu organismo, mesmo em situações de escassez de alimento.

No ser humano, a energia não consumida imediatamente é estocada sob a forma de glicogênio e gordura, para uso quando necessário. O glicogênio é uma molécula grande que resulta da fusão de várias outras de glicose e está presente, fundamentalmente, no fígado e nos músculos. Já a gordura é a forma mais importante de armazenamento de calorias, sendo o tecido adiposo seu reservatório principal.

Acumular energia sob a forma de gordura foi extremamente vantajoso para a espécie humana, ao longo dos milênios, pois nem sempre os alimentos estavam prontamente disponíveis. Entretanto, atualmente, nosso estilo de vida não exerce as mesmas pressões evolutivas do passado. Há uma oferta cada vez mais abundante de alimentos ricos em carboidratos refinados e gorduras saturadas, ou seja, ricos em calorias e pobres em nutrientes. Ainda por cima, tornamo-nos cada vez mais sedentários.

Moléculas sinalizadoras, produzidas no trato digestivo ou no sistema nervoso central (SNC), regulam a fome e a saciedade. Como resultado desse intrincado sistema, ocorre aumento do apetite quando há maior demanda de energia (e.g. atividade física intensa) e, mesmo quando não há alimento, o fornecimento de energia é garantido sob a forma de nutrientes estocados, como a gordura do tecido adiposo. Em situações de excessiva oferta de alimentos hipercalóricos e pouco gasto de energia (sedentarismo), pode ocorrer ganho de peso e obesidade.

Há outro ator que interfere nesse equilíbrio. Trata-se de um sistema de prazer e recompensa (hedônico) que é mediado por neurotransmissores, sendo a dopamina a protagonista. É produzida no mesencéfalo (região do SNC) e sua concentração no SNC aumenta após estímulos prazerosos, como alguns alimentos palatáveis, atividade sexual e drogas ilícitas. Relaciona-se ao prazer, motivação, movimentos voluntários e memória. Outras substâncias, incluindo serotonina, canabinoides, opioides, orexina, leptina e grelina também participam desse processo.

A serotonina é um neurotransmissor que interfere em diversas funções no SNC, como liberação de hormônios, sono, temperatura, apetite, humor, atividade motora e cognição. Quando em baixos níveis, ocorrem aumento do apetite (principalmente para doces), alterações de comportamento e humor, ansiedade, agressividade, depressão, sono, fadiga e menor sensação de felicidade e prazer.

Quando a comida é muito palatável, o sistema de recompensa aumenta, de maneira inconsciente, os níveis de dopamina, serotonina, endocanabinoides e opioides no SNC, que agem no hipotálamo de forma a elevar a concentração de substâncias que estimulam o apetite e a diminuir as que têm efeito oposto. Dessa forma, impulsos nervosos fazem com que o ato de comer tenha a interferência de sensações como prazer e satisfação no lugar de necessidades biológicas.

Esse mecanismo assemelha-se, muitas vezes, à drogadição. Além desses circuitos neuronais, outros atuam nas respostas aprendidas e automáticas. Nos obesos, haveria um desequilíbrio entre esses circuitos e aqueles implicados na regulação da fome e da saciedade. Alimentos saborosos em excesso podem levar a essa perturbação em indivíduos predispostos, resultando em um valor reforçador da comida e em um enfraquecimento dos circuitos de controle do apetite.

O sistema dopaminérgico é chamado, por alguns, de *bottom-up* ou ascendente, porque domina estruturas cerebrais relacionadas à razão e que estão localizadas mais acima, no cérebro. Relaciona-se com impulsividade, intuição, emoções e sentimentos. Predomina na mente dos obesos e pode levá-los a comer alimentos muito palatáveis e calóricos, gerando a compulsão alimentar.

O sistema *top-down* ou descendente, ao contrário, é comandado por estruturas cerebrais mais refinadas, localizadas "acima" do sistema dopaminérgico. É responsável pela razão e por todos os comportamentos por ela controlados, ou seja, tomados de forma consciente, após reflexão e julgamento crítico. Conduz o indivíduo a planejar o futuro e a mentalizar as recompensas tardias. Quando preponderante, induz a serenidade, o autocontrole e a racionalização das atitudes, para que não haja arrependimento posterior.

A teoria do cérebro triúno foi elaborada em 1970, pelo neurocientista Paul MacLean e sugere que o SNC dos primatas é formado por três unidades funcionais que se relacionam por meio de conexões nervosas. Cada uma delas representa uma etapa no processo evolutivo do SNC dos vertebrados e desempenha diferentes papéis nos processos mentais.

O cérebro reptiliano (CR) é a parte mais primitiva e está presente em todos os vertebrados. Responde por mais de 90% de tudo o que se passa na nossa mente e é responsável por comportamentos estereotipados, como luta, caça, defesa das crias, demarcação do território etc. Determina três instintos básicos: agressão, medo e prazer, diretamente ligados à sobrevivência. Compulsão, repetitividade, agressividade e egoísmo são atribuídos ao CR, que reage de forma instintiva e impulsiva, sem nenhuma racionalização. Pode prevalecer e paralisar as outras duas partes do SNC, como quando alguém age de forma automática diante de guloseimas e come compulsivamente.

O sistema límbico (SL) surge nos mamíferos e é o centro neural de emoções, sentimentos, afetos e parte da memória. Relaciona essas faculdades mentais com prazer, dor, punição e recompensa. Associa bons sentimentos a memórias positivas e maus sentimentos a memórias negativas. Dessa maneira, procuramos alimentos e atividades prazerosas, evitamos pessoas ou situações que nos fazem mal e temos aversão a alimentos tóxicos.

Neocórtex é a camada mais externa, "moderna" e volumosa do cérebro. Surge no homem e é responsável pela maioria das capacidades distintivas da nossa mente. Está envolvido em funções de alta complexidade, como raciocínio, inteligência, percepção sensorial, comandos motores, orientação no tempo e no espaço, julgamento, linguagem e percepção subjetiva (i.e. remorso, prazer pelo cumprimento do dever, medo da punição etc.). Sedia as funções cognitivas superiores, como aprender, memorizar, planejar etc.

Essa é a parte do cérebro triúno que deflagra comportamentos elaborados, como quando alguém se encontra diante de vários alimentos hipercalóricos e reflete sobre as consequências futuras (engordar) de devorá-los, detendo tal impulso. É o centro de comando no sistema *top-down*; CR e SL comandam o *bottom-up*.

Mindset e obesidade

Por que os profissionais de saúde não conseguem, na maioria das vezes, mudar os hábitos de seus clientes, convencendo-os a seguir um plano nutricional saudável e a praticar exercícios? Porque estão tentando promover a mudança dos hábitos antes que processos mentais antecessores sejam alterados. Hábitos são comportamentos frequentes e repetitivos que acabam sendo executados de forma automática. Então, para que os hábitos sejam mudados, os comportamentos (atitudes) devem ser modificados. Entretanto, existem etapas que ocorrem antes de um indivíduo entrar em ação (i.e. gerar um comportamento).

O pensamento é a primeira das quatro engrenagens formadoras dos hábitos. Um pensamento que surge (a respeito de si ou do mundo exterior) desencadeia uma emoção ou um sentimento. Uma reação provocada pelos órgãos dos sentidos pode ter o mesmo efeito. Por exemplo, "não consigo emagrecer" ou "não gosto de comida leve nem de ginástica" são pensamentos negativos que deflagram um sentimento igualmente negativo (depreciação e baixa autoestima). Alternativamente, ver um alimento saboroso ou sentir seu cheiro despertam a lembrança do prazer obtido ao comer. Emoção ou sentimento, por sua vez, geram uma ação (comportamento). Essa hierarquia assemelha-se a do cérebro triúno.

1) pensamentos → 2) emoções → 3) comportamentos
1) cérebro reptiliano → 2) sistema límbico → 3) neocórtex

Quem pode assumir o controle desse fluxo é o *mindset* (em outras palavras, padrão mental, mentalidade, programação mental ou modelo mental). *Mindset* é a maneira de enxergar o mundo e de pensar. É o conjunto de pensamentos, ideias e crenças de cada indivíduo e que determina suas emoções, sentimentos, comportamentos e hábitos. Determina como nossa mente funciona, como agimos, como enxergamos a realidade e como interagimos com ela.

É possível mudar o padrão mental e, assim, solucionar questões de ordem prática e psicológica, além de aprender novos pensamentos e novas habilidades comportamentais. Afinal, a maneira de pensar sobre o que comemos e o quanto nos exercitamos influencia nossas emoções e atitudes.

Existem dois tipos de *mindset*:

• *Mindset* fixo – padrão mental que leva o indivíduo a acreditar que suas capacidades e habilidades são inatas e imutáveis. Limita o progresso e paralisa o ser em uma zona de conforto. O fracasso em uma tarefa é algo como uma sentença de incapacidade e incompetência. Essa mentalidade pode ser responsável por uma sensação de incapacidade de perder peso, de que não conseguirá ter disciplina para aprender hábitos saudáveis, superar a culpa de ter burlado a dieta ou superar fracassos em tratamentos anteriores para obesidade. Ou, por exemplo, levar alguém que convive com obesos a repetir, instintivamente, esse padrão corporal.

• *Mindset* de crescimento (ou expandido ou crescente) – as características individuais, citadas anteriormente, podem evoluir positivamente conforme a força de vontade e o aprendizado. Ou seja, é possível desenvolver-se, superar obstáculos e melhorar. O fracasso é encarado como etapa de um aprendizado. Conduz à aquisição de novas competências, disciplina, disposição e força de vontade rumo ao objetivo de emagrecer. Usa as quatro engrenagens mentais a seu favor.

Os neurônios, as principais células do SNC, fazem incontáveis conexões entre si (sinapses). Elas não são fixas nem imutáveis e podem aumentar conforme nosso cérebro recebe novos estímulos. Assim, o ser humano é capaz de aprender novos comportamentos a partir da mudança do padrão de pensamento.

Uma forma muito eficaz para a mudança de mentalidade é o *coaching*. Trata-se de um processo que utiliza ferramentas e exercícios mentais cientificamente validados, aplicados mediante conversações e perguntas poderosas. Baseia-se em conhecimentos provenientes de outras áreas do conhecimento, como psicologia e neurociências.

O *coaching* vem sendo aplicado no combate à obesidade com excelentes resultados. A nutricionista e *coach* Gladia Bernardi criou o método *Coaching de emagrecimento consciente*, que utiliza técnicas e ferramentas direcionadas aos clientes obesos, corrigindo as engrenagens mentais a favor da criação de novos hábitos, que passam a ser iguais aos de pessoas magras. O objetivo é tornar o cliente consciente do que o faz engordar e de que é possível ser magro mudando a sua mentalidade. Dessa forma, é possível que o emagrecimento seja permanente se o cliente se esforçar, porque seu *mindset* não permitirá que ele volte a engordar.

É importante orientar que existem outras maneiras de produzir dopamina e serotonina, que não sejam comendo em demasia. Atividades que reduzam o estresse e tragam prazer são exemplos: atividade física, *hobbies*, ler, escutar uma boa música, passear, dedicar-se à família, namorar, meditar, exercícios respiratórios (como yoga e qi gong), meditação, religiosidade, espiritualidade, gratidão etc.

Conclusão

Vimos que existem determinantes biológicos para os padrões mentais, que desempenham papel crucial no desenvolvimento de hábitos de vida. Para o tratamento dessa doença, o tratamento não medicamentoso pode ser mais eficaz com o auxílio do *coaching*. O objetivo é a mudança dos pensamentos para gerar novas emoções e novos comportamentos, para que novos hábitos sejam formados e perpetuados.

Referências

BERNARDI, GLADIA. *O guia definitivo do emagrecimento.* Disponível em: <https:// gladiabernardi.com.br/lpebook-guia-definitivo-1/>. Acesso em: 22 de set. de 2018.

MANCINI, Marcio C. *Tratado de obesidade.* 2. ed. Rio de janeiro: Guanabara Koogan, 2015.

MATIKAINEN-ANKNEY BA, Kravitz AV. *Persistent effects of obesity: a neuroplasticity hypothesis.* Disponível em: <https://www.ncbi.nlm.nih.gov/pubmed/29741270>. Acesso em: 22 de set. de 2018.

SMITH KS, Graybiel AM. *Habit formation. Dialogues Clin Neurosci.* Disponível em: <https://www.ncbi.nlm.nih.gov/pubmed/27069378>.

VOLKOW ND; WANG GJ; BALER RD. *Reward, dopamine and the control of food intake: implications for obesity.* Disponível em: <https://www.ncbi.nlm.nih.gov/pubmed/21109477>. Acesso em: 22 de set. de 2018.

34

Mindset de sedutor, de homem de valor

"Se você pensa que pode ou que não pode, de
qualquer forma você está certo."
Henry Ford

Lucas Adriano

Lucas Adriano

Formação em *coaching* pelo IBC, com José Roberto Marques. *Master Practitioner* em PNL pela SIPNL, com Claudio Lara. Professor há mais de 11 anos, sempre trabalhou com o público e agora atua como *coach* de relacionamentos, especialista em sedução, palestrante e escritor. Tem o objetivo de agregar valor e transformação para as pessoas, por meio do autoconhecimento e desenvolvimento pessoal. Escritor do livro *Sedução - domine a arte e a técnica: os 7 passos para conquistar a mulher que você deseja*, pela Editora Literare Books.

Contatos
www.sejadiferenciado.com.br
lucas@sejadiferenciado.com.br
Instagram: sejadiferenciado / lucas_adriano_coach
(12) 98108-7400

Mindset, de forma literal, significa "mentalidade" ou "configuração mental".

O *mindset* é a sua mentalidade, aquela "voz da consciência", o modo como você enxerga o mundo, como lida com a sua vida e como constrói a sua realidade.

A forma como vemos e agimos diante dos acontecimentos, muitas vezes, é influenciada pelo nosso *mindset*. Vou dizer o porquê é importante ter um *mindset* sedutor, e como é essa "configuração mental" de um sedutor que sabe seduzir e lidar com uma linda mulher, sente-se à vontade quando está na presença de uma ou de várias mulheres e sabe reagir aos fatos que podem ser considerados negativos com relação à arte da sedução.

Um homem com um *mindset* sedutor é um homem que sabe se valorizar e que não precisa ser melhor do que ninguém além dele. Por isso, está sempre em busca de conhecimento, procura se desenvolver e evoluir para atingir a sua melhor versão.

Sobre a sedução

Um homem com *mindset* sedutor sabe que precisa ser seguro, confiante, ter boa autoestima e não demonstrar timidez, a não ser que faça parte do contexto de uma estratégia para sedução de uma determinada mulher.

Esse homem também deve saber se impor e demonstrar seus valores, suas habilidades e diferenciais.

Ele deve saber que rejeição é apenas uma consequência do livre arbítrio de uma pessoa, e que isso não pode afetá-lo, pois só o fato de ter atitude para agir, dizer e demonstrar o que quer vale muito mais do que o receio de receber um simples não.

Sendo assim, a rejeição se torna uma aliada de um homem com um *mindset* sedutor, pois é algo incontrolável. O homem pode até fazer tudo certinho, ser o melhor para uma mulher naquele determinado momento, mas, se por acaso ela não estiver preparada para tê-lo naquele momento, ela vai rejeitá-lo por um ou inúmeros outros motivos.

Logo, não faz sentido temer algo que é completamente normal e possível de acontecer. O homem sedutor não tem como foco maneiras de evitar a rejeição. O foco está em saber seduzir uma determinada mulher da forma mais efetiva, para que ela não queira rejeitá-lo. E, se vier a rejeitar, há tantas opções, desde persistir se realmente for valer a pena, até partir para outra.

> "Não existem pessoas de sucesso e pessoas fracassadas. O que existem são pessoas que lutam pelos seus sonhos ou desistem deles."
>
> Augusto Cury

Um homem com *mindset* sedutor tem clareza do que quer, sabe o tipo de mulher que ele sente atração e escolher, pois, se sair atirando para todo lado, a chance de ficar com uma imagem negativa diante das outras é bem maior do que a de ser considerado um conquistador. Da mesma forma que nós, homens, não gostamos ou não damos valor às mulheres fáceis, elas também não gostam de homens que se contentam com qualquer uma.

> "A maioria dá valor às coisas que poucos conseguem, pois o que todos têm passa despercebido aos olhos.".
>
> Lucas Adriano

Outro grande diferencial dos homens que têm essa mentalidade sedutora é:

Sempre estar preparado para qualquer situação, seja inesperada ou constrangedora, pois quando você age de acordo com o que diz, não passará por dificuldades as quais não tenha o poder de resolver. Já diz um ditado japonês: "uma palavra, uma ação".

Por esse e outros motivos, é muito bom que você seja um homem de valores congruentes com seus ideais, que seja sincero com as mulheres e, principalmente, consigo.

Quando você pensa em uma estratégia com técnicas para conseguir surpreender a mulher de diversas formas, não estará deixando de ser sincero, apenas estará agindo de acordo com um plano para conseguir seu objetivo, que é o de seduzi-la. Você pode fazer isso sem ter que inventar uma mentira absurda que ela poderá descobrir. Além de perdê-la, provavelmente, ela irá falar muito mal de você para diversas pessoas.

O conhecimento só se torna útil ao juntar teoria e prática. Você deve aprender e praticar, para depois continuar aprendendo e praticando, só assim conseguirá alcançar os resultados e objetivos que tanto almeja.

Agora, seguem alguns erros que os sedutores cometem, por não terem um *mindset* de sedutor:

1 – Superestimar a mulher e colocá-la em um pedestal!

Um dos grandes erros que os homens cometem ao tentar seduzir uma mulher é criar grande expectativa e, com isso, colocar a mulher num pedestal. Dependendo da altura desse pedestal, o próprio homem faz com que a mulher fique inalcançável para ele. Isso acontece com a maioria dos homens e é perfeitamente normal cometer esse erro. O problema é que assim acaba deixando essa mulher mais difícil para você.

Você cria grande expectativa e dá muito valor a ela, sendo assim, ela acaba achando que você não tem tanto valor. Por valorizá-la demais, você se diminui diante dela e isso não é bom para você. Então, se quiser conhecer e seduzir uma mulher que ache maravilhosa e que vai valer a pena, não se rebaixe e nem se desvalorize por desejá-la demais! Vá com calma, demonstre ser cavalheiro, gentil, seguro, confiante e educado.

Demonstre interesse e deixe claro que não a está conhecendo com o objetivo de ser um amigo, mas também não vá com sede ao pote, não se declare muito rápido e nem fique à disposição dela para tudo, pois assim você perderá o seu valor.

2 – Personalidade: fingir ser algo que não é, tentar ser algo que a mulher aprove

Ninguém deve mudar para seduzir, conquistar ou ganhar a aprovação de outra pessoa. Isso é um grande erro, pois toda e qualquer mudança que procuramos fazer deve ser por nós. A mudança tem que vir de dentro para fora e com o objetivo de se desenvolver, desde criar novos hábitos a ter uma mudança de *mindset*. Jamais devemos mudar nossa personalidade, nosso jeito de ser e modo de agir por uma mulher, pois o motivo da mudança está errado.

Assim que a atração, vontade ou até mesmo paixão acabar, ou, se já for um relacionamento, acontecer uma crise entre você e sua mulher, logo você mostrará sua verdadeira personalidade ou vai fazer algo que seja incoerente com essa tal mudança repentina.

Se você não muda porque você quer, você não será completamente feliz e satisfeito.

Este erro é ainda maior quando você conhece uma pessoa e acha que ela não gostará do seu verdadeiro "eu". Isso é uma autossabotagem, e a única coisa que pode ter certeza é que você já estará começando errado.

Então, procure ser sempre você.

Claro que você pode e deve buscar sempre a melhora contínua em tudo que faz. Essa mudança será natural e por você.

Nós somos seres em constante evolução e adaptação, então, podemos sempre buscar conhecimento e desenvolvimento pessoal, para assim nos tornarmos pessoas melhores, mais inteligentes, atraentes e de alto valor. Se for para mudar, mude pelo melhor motivo: você!

3 – Dar prioridade total para as mulheres

É maravilhoso um momento de sedução, mas cuidado para não transformar esse prazer em vício. Os grandes sedutores não têm como prioridade as mulheres, não ficam o dia inteiro pensando e desejando elas, não têm apenas isso como foco e objetivo. Homens assim não são valorizados.

As mulheres valorizam homens que sabem o que querem e sabem quais são suas prioridades, desde família, profissão, amigos e estilo de vida. É um grande erro deixar de passar momentos com seus filhos ou com pessoas que você ama, para sair com uma mulher que, às vezes, nem o vê como uma prioridade. Vejo muitos homens errando ao se dispersar do trabalho, das atividades como *hobbies*, esportes, treinos ou até mesmo saídas com amigos, porque uma mulher aceitou sair de última hora.

Muitos homens estão com amigos e acabam não dando atenção ao momento presente, por ficar de papinho no *WhatsApp*, *Messenger* ou *Tinder*, entre outros aplicativos que usam achando que assim poderão conhecer mais mulheres.

Acredito que o ideal é focar na sedução quando você está em uma conversa com a mulher que você conheceu e que o atrai, quando está em um encontro ou até mesmo em um local onde foi com a intenção de conhecer e seduzir, como baladas, festas, bailes etc.

Agora, deixar de fazer coisas importantes, deixar de focar no trabalho, deixar de dar atenção para pessoas que você ama, que você convive e que são importantes, que lhe dão atenção, foco e valorizam a sua companhia, isso sim é um grande erro.

Então, se você acaba deixando de fazer algo ou de priorizar alguém importante, por causa de uma mulher ou da possibilidade de conhecê--la, reavalie suas prioridades. Às vezes, deixamos de dar prioridade para pessoas importantes, para momentos que já estamos acostumados a viver e para trabalhos que até já viraram rotina, mas depois que perdemos, acabamos nos arrependemos e a dor é, muitas vezes, bem pior que o prazer.

Dê valor a quem o valoriza, priorize quem o ama e o quer por perto, esteja presente nos momentos com amigos, familiares e em momentos que sejam para sua saúde física e mental. Evite ficar em celular e outras redes sociais quando não for realmente importante.

Para obter sucesso, você precisa ter congruência entre suas crenças, seu *mindset* e suas ações.

Se você não souber do que é capaz, não acreditar no seu potencial e não souber se preparar para obter o que deseja, ou seja, melhorando seus pontos fortes e fracos, eliminando seus hábitos ruins e construindo novos que sejam coerentes com o homem que quer ser e com os objetivos que você almeja, não vai conseguir se sentir realizado.

Por isso, é primordial entender como funciona o *mindset* de um homem de valor, para poder se preparar de forma correta e efetiva, atingindo a sua melhor versão e personalidade de sedutor, além de conseguir melhorar na sua vida pessoal e profissional. Se você procurar sempre desenvolver seu *mindset*, com o objetivo de se tornar um homem mais sedutor e de alto valor, você vai melhorar seu relacionamento interpessoal e sua comunicação com todas as pessoas que convive e, com isso, vai conquistar muito mais sucesso em diversas áreas da vida.

Como suas crenças podem influenciá-lo:

Crenças são todas as nossas verdades absolutas programadas inconscientemente no nosso cérebro, por meio de nossa experiência de vida, do que nossos pais e todos que conviveram conosco nos ensinaram e nos fizeram acreditar que era verdade desde o nosso nascimento até o desenvolvimento para a vida adulta.

Mas, o tempo todo, estamos construindo e adquirindo novas crenças, por isso, precisamos entender e saber lidar com elas, para que possamos perceber se estamos adquirindo novas crenças fortalecedoras ou limitantes, para assim poder decidir se vamos acreditar nelas ou simplesmente deletá-las da nossa mente.

As crenças são programadas de uma forma inconsciente. Muitas vezes, não percebemos o momento em que adquirimos, e também não sabemos se é fortalecedora ou limitante. A verdade é que temos muitas programadas em nosso cérebro. São crenças de todo tipo e de diversas áreas da vida. Temos crenças limitantes ou fortalecedoras com relação ao amor, ao dinheiro, à religião, à família e à vida num contexto geral.

Elas podem ser reprogramadas e ressignificadas com o auxílio de ferramentas de PNL e também outras maneiras e estudos.

Crenças limitantes

Neste capítulo, vou falar apenas do conhecimento que eu tenho e do que já experimentei e estudei. Por isso, falarei das diversas crenças que homens têm em relação ao amor e à sedução.

O primeiro passo é identificá-las e ter consciência de que elas existem. Também entender como funcionam e como foram programadas. Assim, podemos mantê-las e valorizá-las caso sejam crenças poderosas e fortalecedoras, ou podemos ressignificá-las e re-programá-las caso sejam limitantes.

A verdade é que as crenças são o nosso combustível, é o que nos move e motiva. Do mesmo jeito, as crenças limitantes podem nos travar. Agora, falarei das crenças que quase todos os homens têm devido à infância, às experiências passadas e os momentos negativos e constrangedores que já passaram quando quiseram conhecer ou ficar com alguma garota.

Exemplos de crenças limitantes que devem ser eliminadas:

* Ela é mulher demais para mim;
* Somos de mundos diferentes;
* Eu sou muito feio para ela;
* Não sou bom o suficiente para ela;
* Eu não a mereço;
* Sou tímido demais para falar com ela;
* Homem pobre não tem sucesso com as mulheres;
* Devo me contentar com qualquer uma;
* Eu tenho que arrumar uma mulher do mesmo nível que eu. Nível financeiro, nível de classe social, nível de conhecimento ou nível de emprego e salário;
* Não tenho dinheiro.

Essas e muitas outras crenças são programações negativas e inconscientes, que primeiro devem ser identificadas como crenças limitantes, para que, assim, você consiga ressignificá-las e eliminá-las completamente da sua vida.

Você é um ser ilimitado, acredite em você e no seu potencial, tenha amor próprio e seja um homem diferenciado.

35

Saúde integrada – Racional

A mente é a base, o primeiro passo, o início da conscientização para ação de obter os resultados desejados em sua vida, nesse caso, a sua saúde. Neste artigo, iremos detalhar o módulo racional dentro do projeto Sementes da Vida (racional, emocional, físico, nutricional e espiritual). Além de compreender que estimular os pensamentos em uma missão deve ser trabalhado em prol da saúde integrada

Marcelo Cunha

Marcelo Cunha

Graduado em ciência do esporte – UEL; pós-graduado em nutrição esportiva – UGF; treinamento personalizado – FMU; Manejo Florestal – WPOS. Formação internacional em *coaching* integral sistêmico – Febracis. Diversos cursos como: EMPRETEC; aprender a empreender; jardinagem florestal; medicina genômica; liderança e empreendedorismo. Há quase 20 anos estudando a área de saúde e bem-estar, atuando como professor, *personal trainer*, proprietário de academia, palestrante e consultor. Idealizador do projeto Sementes da Vida (racional, emocional, físico, nutricional e espiritual).

Contatos
www.sementesdavida.com
marcelo@sementestecnologicas.com.br
(14) 99754-8142

Sementes da vida – Racional

Primeiramente, gostaria de agradecer a você, leitor, pela oportunidade de obtermos um melhor relacionamento, e parabenizá-lo pela busca de constante aprendizado. Desejo, por meio desta leitura, levá-lo ao conhecimento mais aprofundado de como o módulo racional está inserido dentro do conceito Sementes da Vida (racional, emocional, físico, nutricional e espiritual).

Uma visão macro desse conceito foi detalhada no livro *Coaching: mude seu mindset para o sucesso – Vol 1 –* Editora Literare Books, 2018. Nesse livro, apresentei que, como empreendedor e tendo que administrar uma academia, em mais um momento de aperfeiçoamento da minha vida, fui realizar um MBA em administração e gestão do conhecimento. Foi nesse curso que compreendi o pilar racional.

Nas matérias, tive conteúdos importantes sobre a gestão do pensamento, modelos mentais, *insights*, metanoia, *mindset*, pensamento positivo, e muitos outros que foram absorvidos em minha mente e razão.

Acredito que a leitura de diversos livros sobre o funcionamento do corpo humano de forma integrada, desenvolvimento pessoal, administração e gestão, entendimento espiritual, entre outros, me auxiliaram no desenvolvimento da capacidade mental e racional. Sempre lembrando que somos mais um ser humano simples aqui nesta Terra, e sempre teremos muito a aprender.

Outro ponto importante de minha conscientização do poder da mente e dos pensamentos em relação à qualidade de vida das pessoas foi realizando uma pós-graduação em treinamento personalizado. Em certa aula, um renomado professor falou muito sobre a necessidade da harmonia mental e emocional de nossos alunos.

Eu meditava comigo – verdade, inúmeras vezes eu monto um ótimo treino, com aconselhamentos e programas nutricionais, mas o aluno está mal psicologicamente, com pressão constante em seu ambiente e estresse alto. Desse modo, seu corpo não estará em harmonia e sofrerá danos ao invés de melhoras físicas.

Tentando resumir a importância do racional em nossa vida, concentre-se e medite na seguinte análise: temos nosso corpo de forma geral e nele se encontra nossa cabeça e cérebro. No cérebro estão moldados nossos modelos mentais, que são todas as nossas vivências, acontecimentos e experiências passadas em todos os anos que já existimos.

Esses modelos mentais, distribuídos entre os lados direito (emocional) e esquerdo (racional) do nosso cérebro, foram formados por meio dos pensamentos construídos, principalmente, pelos cinco sentidos (tudo que vimos, escutamos, degustamos, cheiramos e pegamos).

Esses pensamentos foram estimulados pelas sinapses, que são os estímulos neurais que acontecem no interior de nosso cérebro.

Cérebro → Modelos Mentais (*Mindset*) → Pensamentos

Qual a importância disso tudo? Um ciclo importantíssimo para todo o aprendizado, memórias, lembranças e também atitude, determinação e motivação para nos levar à ação para conseguir realizar regularmente atividades físicas, se alimentar com equilíbrio, ser inteligente emocionalmente e ter paz espiritual.

A mente é a base, o primeiro passo, o início da conscientização, da ação e da missão para obter os resultados desejados em sua vida, nesse caso, a sua saúde. Se você não cuidar dela, infelizmente, ninguém cuidará!

O estímulo da mente e pensamentos positivos são capazes de alterar a química cerebral. Exercícios de autoconhecimento, identificação de metas e missão devem ser trabalhados em prol da saúde integrada.

Dominar a mente é importante; forme ideias claras e positivas, tenha metas e objetivos definidos, tome decisões que façam bem a você e ao próximo, ame e respeite a todos, moldando e aperfeiçoando o seu caráter.

Sempre que possível, aprimore sua mente com uma boa alimentação, treinamento físico regular, controle emocional e confiança em Deus. Você será inspirado a dar o seu melhor, lembrando que cada um tem o seu tempo.

Aqui venho incentivá-lo a compreender que cuidar do seu corpo é muito mais que a procurada estética atual, é cuidar do templo e procurar obter a plenitude prometida pelo nosso Criador. Está além dos quilos e centímetros perdidos.

Racional – Teorias literárias

Para Powers e Howley (2000), a unidade funcional do sistema nervoso e as células nervosas são os neurônios. Os pontos de contato entre o axônio de um neurônio e o dendrito de outro são denominados sinapses. O sistema nervoso é responsável pelo armazenamento de experiências (memória) e estabelecimento de padrões de resposta baseados em experiências prévias (aprendizado).

O cérebro é a capital do corpo, a sede de todas as forças nervosas e da ação mental. Os nervos procedentes do cérebro controlam o corpo. Pelos nervos do cérebro são transmitidas impressões mentais para todos os membros do corpo, como se fossem fios telegráficos, e eles controlam a ação vital de todas as partes do organismo. Todos os órgãos de movimento são governados pelas comunicações que recebem do cérebro. (WHITE, 2014)

A mente racional é o modo de compreensão de que, em geral, temos consciência. É mais destacado na consciência, mais atento e capaz de ponderar e refletir. (GOLEMAN, 1995)

O lado esquerdo (racional) nos ajuda a pensar logicamente e a organizar pensamentos em frases. Já o lado direito (emocional), a sentir emoções e a ler sinais não verbais. (SIEGEL e BRYSON, 2015)

Mindset é uma palavra da língua inglesa que significa "mentalidade" ou "atitude mental", ou, ainda, "modelos mentais". As pessoas constroem seus próprios modelos mentais com base em todo seu histórico de vida, cultura, ambiente, linguagem, comportamentos e atitudes que formam as suas crenças e agimos segundo elas. (XERFAN, 2015)

Tratar com mentes humanas é a mais bela obra ocupada pelos homens. É o dever de toda pessoa, por amor a si e por amor à humanidade, instruir-se quanto às leis da vida, e a elas prestar conscienciosa obediência. Todos precisam familiarizar-se com esse organismo, o mais maravilhoso de todos, que é o corpo humano. (WHITE, 2014)

Autorresponsabilidade é a capacidade racional e emocional de trazer para si toda a responsabilidade por tudo o que acontece em sua vida, por mais que pareça estar fora do seu controle e das suas mãos. A atitude de autorresponsabilidade o empodera e o capacita a mudar o que deve ser mudado para continuar a avançar em direção de seus objetivos conscientes e de um equilíbrio de vida.

É importante você saber que todas nossas mudanças intencionais e as conquistas planejadas se iniciam após assimilar e passar a viver de acordo com o conceito da autorresponsabilidade. (VIEIRA, 2015).

Segundo Dr. Lee (1997), nosso cérebro está permanentemente sendo controlado por alguma força, situação ou mesmo pelos próprios pensamentos. Mente e corpo estão íntima e inseparavelmente ligados. O que afeta a mente atinge o corpo e o contrário também é verdadeiro. O corpo influi sobre a mente.

Temos que treinar nossos pensamentos. Eles devem ser estritamente guardados, pois um pensamento impuro causa profunda impressão na alma. (SOUZA, 2013)

Em seu livro *Os segredos da mente milionária*, Eker (2006) diz: "pensamentos conduzem a sentimentos. Sentimentos conduzem a ações. Ações conduzem a resultados".

Melgosa e Borges (2017) citam que no livro *The healthy mind, healthy body handbook*, Sobel e Orntein mostraram evidências dos benefícios do pensamento otimista e da sensação de controle sobre algumas áreas da saúde, entre elas: sistema imunológico, câncer, longevidade, pós-operações e saúde em geral.

Sheldon Cohen e sua equipe na Universidade Carnegie Mellon (EUA), em 2003, entrevistaram 334 pessoas de boa saúde para conhecer seu nível de otimismo como respeito a vigor, bem-estar e paz interior, e também quanto à depressão, ansiedade e hostilidade. Depois de administrarem nas vias nasais dos participantes o rinovírus humano (vírus mais comum do resfriado), os mais pessimistas apresentaram maior propensão a contrair a infecção e a manifestar os sintomas. Tiveram brônquios congestionados, tosse e dor de cabeça. Por sua vez, os otimistas defenderam-se com êxito do mencionado vírus. (MELGOSA, 2009).

Entretanto, falta reconhecer que colocar o desejo de ser saudável em prática é extremamente difícil. Temos vidas complexas, mais estressantes do que ousamos admitir, e dispomos de menos tempo do que precisamos para fazer tudo o que é importante para nós. Vivemos em ambientes que nos desestimulam a praticar atividades, recompensam o tempo que passamos em frente à televisão e nos tentam com refeições baratas e nada saudáveis. (BRADBURY e KARNEY, 2014)

Cada pessoa é um todo, de corpo, mente e espírito. Para ter qualidade de vida, não devemos barganhar um fator pelo outro, temos que querer todos integrados num conjunto harmônico. Tirando um, os outros caem. Por isso são como pilares que sustentam o edifício de uma vida plena, saudável e feliz. (MOREIRA e GOURSAND, 2006)

Classificação racional

Responda a esse questionário, classificando cada palavra-chave com a nota de 1 a 10 (sendo 1 para pouco significativo e 10 para muito significativo). Analise o quanto ela é considerável e relevante para você e obtenha a sua classificação racional.

1) Conhecimento: gosta de pesquisar novidades em diversas áreas, outras culturas e ensinar as pessoas? Nota de 1 a 10 _____

2) Autodesenvolvimento: procura, voluntariamente, investigar conceitos para crescimento pessoal e tornar-se melhor em suas capacidades? Nota de 1 a 10 _____

3) Autorresponsabilidade: traz para si a consciência de responsabilidade, seus deveres e obrigações de tudo o que acontece em sua vida? Nota de 1 a 10 _____

4) Reflexão: costuma meditar nas situações diárias, observando e ponderando uma decisão mais benéfica para você e pessoas próximas? Nota de 1 a 10 _____

5) Risco calculado: analisa e prevê todos aspectos que podem dar errado ou que precisarão de ajustes nas decisões a serem tomadas? Nota de 1 a 10 _____

6) Leitura: gosta de ler regularmente livros, revistas, pesquisas científicas e procurar sites que melhorem sua visão do mundo? Nota de 1 a 10 _____

7) Pensamento integrado: pensa de modo harmônico, com visão macro das situações e busca decisões analisando as diversas variedades possíveis? Nota de 1 a 10 _____

8) Planejamento: realiza uma preparação estratégica mensal/anual de suas atividades, com planilhas ou planos organizados? Notas de 1 a 10 _____

9) Metas: costuma ter alvos a serem atingidos, propósitos em datas especiais e objetivos a serem alcançados? Nota de 1 a 10 _____

10) Cérebro: como você avalia sua inteligência, capacidade intelectual e discernimento das diversas situações do dia a dia? Nota de 1 a 10 _____

11) Disciplina: você costuma ter disciplina, respeitando horários, deixando objetos em ordem, respeitando regras e normas? Nota de 1 a 10 _____

12) Memória: costuma lembrar-se de onde deixou objetos, datas especiais e comemorativas e acontecimentos passados? Nota de 1 a 10 _____

Referências

Bíblia de estudos Almeida. Geográfica, 2017.

BRADBURY, Thomas; KARNEY, Benjamin. *Casais inteligentes emagrecem juntos.* Rio de Janeiro: Best Seller, 2014.

EKER, T. Harv. *Os segredos da mente milionária.* Rio de Janeiro: Editora Sextante, 2006.

GOLEMAN, Daniel. *Inteligência emocional.* 51. ed. Rio de Janeiro: Editora Objetiva, 1995.

LEE, Sang. *Saúde: novo estilo de vida.* Casa Publicadora Brasileira,1997.

MELGOSA, Julián. *Mente positiva: como desenvolver um estilo de vida saudável.* Tatuí: Casa Publicadora Brasileira, 2009.

MELGOSA, Julián; BORGES, Michelson. *O poder da esperança: segredos do bem-estar emocional.* Tatuí: Casa Publicadora Brasileira, 2017.

MOREIRA, Ramon L.; GOURSAND, Marcos. *Os sete pilares da qualidade de vida.* 2. ed. pp 15-18. Editora Leitura, 2006.

POWERS, Scott K.; HOWLEY, Edward T. *Fisiologia do exercício: teoria e aplicação ao condicionamento e ao desempenho.* 3. ed. Barueri: Editora Manole, 2000.

SIEGEL, Daniel J.; BRYSON, Tina Payne. *O cérebro da criança: 12 estratégias para nutrir a mente do seu filho e ajudar sua família a prosperar.* São Paulo. Editora Versos, 2015.

SOUZA, Cesar V. *Saúde total: a cura que você precisa do jeito que Deus prescreve.* Tatuí: Casa Publicadora Brasileira, 2013.

VIEIRA, Paulo. *O poder da ação: faça sua vida ideal sair do papel.* 21. ed. São Paulo: Editora Gente, 2015.

WHITE, Ellen G. *Mente, caráter e personalidade.* Vol I. Casa Publicadora Brasileira, 2014.

XERFAN, Maura. *Você sabe o que significa mindset e o que ele influencia na sua carreira?* Disponível em: https://www.unicarioca.edu.br/acontece/vida-e-carreira/voce-sabe-o-que-significa-mindset-e-como-ele-influencia-na-sua-carreira. Acesso: 08 de out. 2018.

36

O poder de acreditar

Neste capítulo, vocês encontrarão a experiência de uma mãe, psicóloga e *coach* orientando o caminho de seu filho com Síndrome de Down. Relato esclarecedor para educadores, pais e todas as pessoas que desejam mudar suas concepções preestabelecidas sobre as pessoas

Maria Aparecida Zinoni Silva

Maria Aparecida Zinoni Silva

Formada e licenciada em psicologia (1983) pelas Faculdades Metropolitanas Unidas. Pós-graduada em psicopedagogia e neuropsicopedagogia pelas Faculdades Metropolitanas Unidas. Graduada em Neuropsicologia pelo Hospital das Clínicas da Universidade de São Paulo, CEPSIC. *Coach* e palestrante com certificação pela ABRACOACHES. Certificada em 1996, no Programa de Enriquecimento Instrumental I–Seminare International dej Modificabilite Cognitive Structurelle – Reuven Feuerstein, Phd. Hadassah – Wizo Canada – Jerusalém. Certificada em 1995 – Programa de Enriquecimento Instrumental I I – Seminare International dej Modificabilite Cognitive Structurelle – Reuven Feuerstein, Phd. Hadassah – Wizo Canada – Jerusalém. Especialista em psicologia clínica, atuando em consultório particular com crianças, adolescentes e adultos, desde 1984. Psicóloga escolar, desde 2000, na Escola Santa Maria, atuando junto ao corpo discente e docente, ministrando e elaborando formação para professores; acompanhamento no processo de inclusão escolar, como orientação do aluno, família e escola. Realiza atendimentos *online* e presenciais em consultório como psicóloga clínica e *coach*.

Contato
mapzinoni@gmail.com

> "Um Guerreiro nunca desiste daquilo que ama,
> ele encontra amor no que faz."
> Daniel Milllman

Q uando eu era adolescente, comecei a me questionar sobre a profissão que eu escolheria. Atendendo a uma forte intuição, escolhi a faculdade de psicologia, pelo desejo de trabalhar com crianças com deficiência intelectual.

Nos meus projetos, também estava incluso o sonho de ser mãe. Assim, como muitas mulheres, realizei esse sonho; sou mãe de dois moços, um de 28 e outro de 25 anos.

Nessa época, meu imaginário estava repleto de fantasias, e uma delas é que eu teria uma família ideal.

Tudo seguia como planejado, tive o meu primeiro filho, e a experiência da maternidade foi muito melhor do que eu poderia ter imaginado. Após três anos, estávamos nós na mesma maternidade, com a mesma certeza de que tudo daria certo. E deu!

Dia 21 de janeiro de 1994, tive um lindo bebê, o Bruno. No dia seguinte, quando o tomei nos braços para amamentar, percebi seus olhinhos amendoados e tive a certeza de que, naquele momento, também havia nascido a mãe de um bebê com Síndrome de Down.

Um novo ciclo se iniciava, todos nós cresceríamos juntos com o Bruno, iríamos conduzi-lo por caminhos que nem mesmo conhecíamos, tudo era muito incerto e o medo tomava conta de mim. Será que eu daria conta? Muitas vezes, eu me senti tão indefesa quanto ele, e permanecia um longo tempo sonhando com o futuro.

O primeiro passo era procurar um médico e, nesse momento, uma amiga me falou sobre um ótimo pediatra e geneticista, especialista em Síndrome de Down. Fomos para a primeira consulta com a esperança de que uma luz guiasse nosso caminho. Após muito conversarmos, ele nos disse que, agora, faríamos parte de um grupo com grande número de pessoas que desejam um mundo com menos preconceito e mais amor para que seus filhos possam crescer felizes.

Saímos de lá com uma lista de exames e indicações para especialistas. Tudo isso me amedrontava, mas, com três meses, iniciamos as consultas necessárias e as estimulações tão importantes para o desenvolvimento das crianças com Síndrome de Down.

Muitos exercícios de estimulação foram indicados e, à medida em que eram realizados, minha determinação também era fortalecida. Cada mamada, cada olhar, cada troca de fraldas, cada exercício de fonoaudiologia e fisioterapia transformava-se em comunicação sensorial muito prazerosa para nós.

Assim, fui conhecendo profundamente meu filho e sentindo um amor incondicional e maravilhoso. Mas, como será que o mundo o receberia? No que dependesse de mim e de toda a família, o Bruno seria uma pessoa feliz e teria muito sucesso. Mas, por onde começar? Como atingir esse objetivo?

Percebi que todo o processo deveria começar por mim. Se eu pretendia um mundo melhor, precisaria ser bem franca e encarar o meu lado sombra, que é aquela parte de nós que não nos orgulhamos.

Olhei profundamente para os meus preconceitos, meus julgamentos, minha vaidade e todas as características que percebemos nas outras pessoas e que nos incomodam. Sim, eu estava repleta de todos eles, afinal, faço parte deste mundo, que naquele momento eu pensava em mudar.

Quando falamos de *mindset*, estamos falando de crenças muito profundas que trazemos há muito tempo. Vamos aprendendo velhos conceitos e aceitando como verdades incontestáveis. Muitas dessas crenças nos limitam e nos fazem repetir padrões que não nos servem mais. A saída é a mudança, mas, é necessário querer, e eu tinha um ótimo motivo para isso.

No livro *Mindset: a nova psicologia do sucesso*, a autora Carol S. Dweck relata que a opinião que uma pessoa possui de si afeta, profundamente, a maneira que levará a vida. Algumas pessoas possuem um *mindset* fixo, e acreditam que a inteligência e aptidões são natas, e não são necessários esforços ou empenhos. Essa crença pode levar a pessoa de *mindset* fixo a não se arriscar em novos desafios, por receio de não obter sucesso. Outro tipo, o *mindset* de crescimento, refere-se a pessoas que acreditam que as qualidades podem ser cultivadas e aperfeiçoadas com empenho e esforço, o que as leva a arriscarem e enfrentarem novos desafios.

Após perceber meus valores e crenças, determinei o que precisaria ser mudado. Mas, isso não bastava, era necessário empenho e conhecimento, então, pesquisei sobre o que estava acontecendo no mundo naquele momento.

Nós estávamos com muita sorte porque, exatamente em 1994, no mês de junho, estava sendo realizada a Conferência Mundial sobre necessidades educacionais especiais, em Salamanca, na Espanha.

O resultado desse encontro foi a importante Declaração de Salamanca, que trata de princípios e políticas sobre a educação, em que a questão principal é a inclusão de crianças, jovens e adultos no sistema regular de ensino.

O mundo estava mudando, eu não saberia disso se não fosse o Bruno na minha vida. A ideia inicial, de fazer psicologia para trabalhar com crianças com deficiência já havia sido esquecida há muito tempo. Eu percorri outros caminhos, trabalhei com treinamento e abri meu consultório. Mas, hoje, sei que Deus me encaminhou e me preparou, desde muito cedo, para receber o Bruno como meu filho, e sou muito grata por tudo ter sido assim.

No mesmo ano, conheci a história de Reuven Feuerstein, que, durante a Segunda Guerra Mundial, estudava psicologia em Bucareste, na Romênia. Após a guerra, interessou-se por atender os sobreviventes. Estudou com Piaget e criou um programa e instrumentos para ajudar as pessoas com deficiência e baixo rendimento, chamado Programa de Enriquecimento Instrumental – PEI. Posteriormente, esse programa passou a atender todas as pessoas, com objetivo de otimizar o potencial cognitivo.

Na vida de Feuerstein também houve uma surpresa. Em 1988, ele passou a ser avô de uma criança com Síndrome de Down. Seu relato é emocionante, pois ele orientava os pais de crianças com essa síndrome quando passou pela experiência, e a considerou maravilhosa. Tinha certeza de que o nascimento dessas crianças era um motivo de alegria.

Quando entendi que o determinismo genético estava sendo substituído pela neuroplasticidade, que é a propriedade do sistema nervoso de poder alterar sua função e estrutura por meio de influências ambientais, fui fazer a formação do PEI nível I e II, e também neuropsicologia.

Quando o Bruno estava com três anos de idade, foi matriculado em uma escola regular. Ao mesmo tempo em que eu sabia sobre os benefícios que a escola de Educação Infantil propiciaria, eu tinha muito receio do caminho que se iniciava.

Mas, temos duas alternativas na vida, uma é permanecer na zona de conforto, a outra é despertar o gigante interior, como diz Tony Robbins. Então, mãos à obra, é necessário acreditar e agir!

Orientar os professores sobre inclusão foi primordial para que eles desmistificassem algumas crenças sobre limitações intransponíveis na Síndrome de Down. As pessoas costumam corresponder às expectativas que se tem delas, assim, devemos tomar cuidado quando pensamos que alguém não possui os prerrequisitos necessários para o êxito.

O sucesso pode ser sentido todas as vezes que vencemos um desafio, ou concluímos uma atividade difícil, isso nos torna mais confiantes e com melhor autoestima. Mas, devemos garantir que a criança e o jovem não desanimem com os erros, e o vejam como parte do processo de aprendizagem.

Assim, o tempo foi passando e o Bruno tornou-se um jovem capaz de enfrentar os desafios da vida escolar com determinação. Ao concluir o ensino médio, resolveu buscar outros conhecimentos como judô, teatro, fotografia, bateria e futsal.

Hoje, com 25 anos, o que mais se destaca no Bruno é sua felicidade, sua determinação, inteligência e autoconfiança.

Conheço muitos jovens e crianças com Síndrome de Down, e o desejo de quebrar os preconceitos existentes em tantas pessoas sempre irá existir no coração de cada um de nós, que temos alguém que tanto amamos com qualquer deficiência.

Hoje, como mãe, ainda tenho muito para realizar, porém sei que já caminhei e me fortaleci em muitos aspectos. Meu propósito continua sendo o mesmo, mas agora tenho condições de compartilhar minha experiência com outros pais, orientar escolas, dar palestras e atuar como *coach*, sempre com o mesmo objetivo: tornar o mundo uma grande casa confortável para todos, e meu grande parceiro na caminhada é o Bruno com seu sorriso e alegria contagiante.

Referências

DWECK, Carol. *Mindset: a nova psicologia do sucesso.* Editora Schwarcz S.A, 2016.

FONSECA, Vitor da. *Aprender a aprender: a educabilidade cognitiva.* Porto Alegre: Artemed,1998.

MORAES, Rita. *Inteligência se aprende.* Isto é. Disponível em: <https://istoe.com.br/30943_DIREITO+A+INTELIGENCIA/ >.

ROBBINS, Tony. *Desperte seu gigante interior.* Rio de Janeiro: Best Seller, 2017.

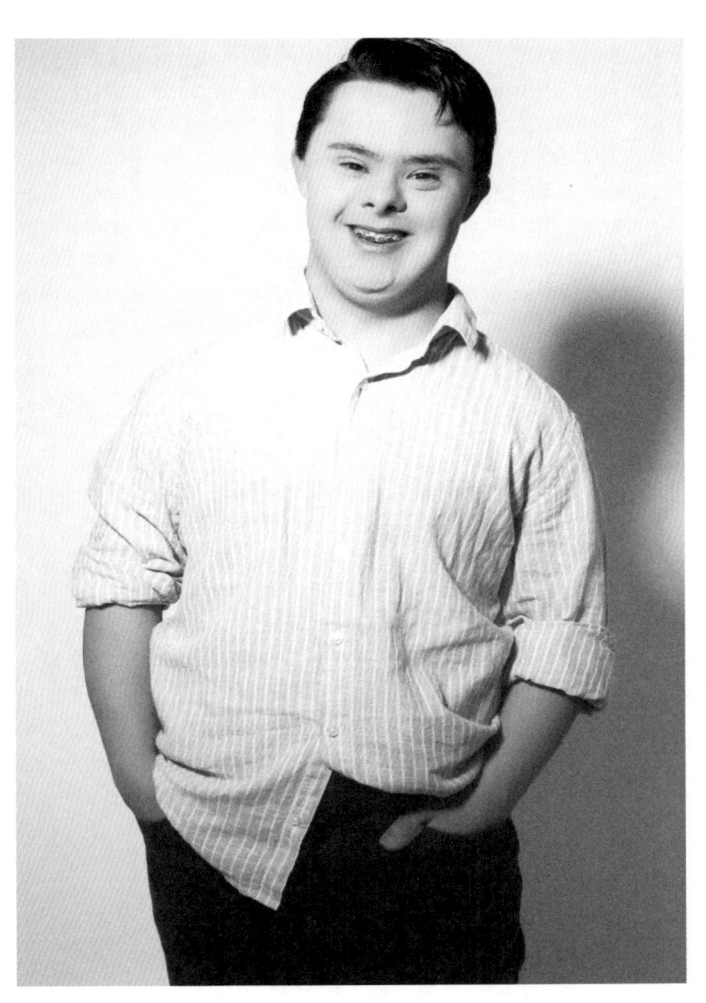

Bruno, minha grande inspiração.

37

O valor e as pessoas

"Quando encontramos pessoas de valor, devemos pensar como podemos ser iguais a elas. Quando, ao contrário, encontramos pessoas sem caráter, devemos nos voltar para o nosso interior e examinar o que se passa lá dentro."
Confúcio

Mauricio Machado

Mauricio Machado

Bacharel em Administração com ênfase em Gestão de Negócios, formado pela Universidade de Uberaba – MG (UNIUBE) e com formação em *Coach*, pelo Instituto Internacional Japonês de *Coaching*, atuando no Brasil por 26 anos no varejo em empresas brasileiras como consultor e coordenador de soluções em vendas comerciais e consultor e auditor de Sistema de Gestão da Qualidade Interno – SGQI. Atuando com excelência e talento em análise SGQI, habilidade em mapeamento de indicadores, fechamentos de oportunidades e negócios, no atendimento ao cliente, sendo um estudioso do comportamento humano, tendo participação em feiras de negócios e exposições de produtos por todo o país e assim ministrando inúmeros treinamentos e palestras nas regiões do Pará, Amapá, Tocantins e Maranhão nas áreas de vendas, liderança, motivação, comunicação, oratória, atendimento ao público, consultoria, mudança de comportamento, gerenciamento de projetos. Atualmente atuando como Consultor Executivo na ODZ Coaching. Com apoio em vendas e pós-vendas, com mais de 2 mil distribuidores, revendedores e assistências técnicas autorizadas espalhadas em todo o território nacional.

Contatos
mauricio.machado2@gmail.com
LinkedIn: Mauricio Machado (mauricio-machado-31806621)

Quanto vale um momento com as pessoas que o valorizam e que o amam? Quanto vale um momento com a pessoa amada, mesmo que não correspondida? Quanto vale uma atenção sem interesse maior por trás? Quanto vale a confiança, a gratidão, o respeito e a perda de uma grande amizade?

Os valores, hoje, para os seres humanos, estão em um eterno processo de mudança em todos os âmbitos (familiar, negócios, organizações). Então, essa preciosidade não está no tempo desse processo, mas, sim, na intensidade da vivência do mesmo, pois aí está o que consegue marcar nas pessoas ao seu redor: o detalhe!

Os valores representam o código de conduta de cada indivíduo, estamos falando dos princípios éticos e do estofo moral que cada um precisa alimentar e reter em seu interior, para que isso fique como uma marca e impressão interior em suas leis internas. Que irão ajudar a formar a sua visão, para originar a sua missão de vida. Podemos dizer que são as regras do jogo, são inegociáveis e sem distorções.

Toda essa formação de valor será o parâmetro que deve refletir em nossos comportamentos, atitudes e decisões que tomaremos em toda a nossa vida pessoal ou profissional. Com isso, vamos refletir como trataremos as pessoas ao nosso redor, como nos posicionaremos diante da sociedade, como devemos nos comportar com as pessoas, e como queremos ser vistos ou reconhecidos em nossas relações pessoais ou profissionais.

O respeito precisa estar em todas as bases do valor, pois, sem ele, todas as regras podem ser quebradas, perdem a força moral de ferir as convenções, e leis estabelecidas ao longo da vida das pessoas.

Atrelada ao valor, sempre vem a formação da visão e da missão, esses são os pilares que norteiam a vida das pessoas de caráter e respeito em nossa sociedade. Esses conceitos não devem ser baseados apenas para atender a uma formalidade ou capricho, para mostrar aos outros a sensação de seriedade e respeito. Esses conceitos serão úteis para a vida toda, como no planejamento estratégico, familiar e profissional de uma pessoa, pois determina o caminho a ser seguido em seu cotidiano, para que seu hábito se fortaleça em sua trajetória de vida, e assim faça parte da rotina, sem causar estranheza ou desconforto no balizamento de suas tomadas de decisões. Esses conjuntos de parâmetros devem ser sempre consultados internamente, pois sempre que lembrados, serão respeitados os limites nas variações de suas decisões em sua vida.

O valor deve reforçar a confiança interna no ser humano, pois isso faz com que o mesmo comece a parametrizar o seu caminho pessoal e profissional, pois não tem como você querer ver diferente e mudar o mundo externo, se o seu mundo interno está em caos. Então, pacifique--se, tenha atenção as suas crenças pois, muitas vezes, elas o limitam e o colocam numa zona que não lhe faz bem. Nem sempre a zona de conforto, pois zonas podem lhe trazer um conforto inicial ou momentâneo, mas, se você não contar com os outros fatores do processo, trazem um desgaste emocional muito grande e que, muitas vezes, lhe acarreta um desgaste irreversível ou que lhe dará muito trabalho e tratamento para recompô--lo futuramente a médio e longo prazo.

Como já falei, os valores das pessoas estão em um constante processo de mudança, então, precisamos cuidar da nosso *mindset* (modelo mental/ atitude mental). Temos que ter uma transdiscipli-naridade em várias áreas de nossa vida, para evoluir positivamente e sempre atualizar os nossos conceitos com as novas ferramentas de decisões. Devemos ter uma gestão de carga cognitiva, pois temos que tratar das informações que recebemos, simultaneamente, de todos os lados, fazer um filtro para que as boas informações sempre trabalhem a nosso favor, com grande inteligência social, para que possamos interagir com o nosso *networking* (rede de relacionamento) da melhor forma possível, e sempre combinado com os nossos interesses, competências e capacidades.

Para que possamos crescer com a preservação dos valores positivos, temos que, sempre, nos motivar e motivar os outros ao nosso redor com intuito de preservar um excelente ambiente familiar ou corporativo, de paz e harmonia. Promover sempre o melhor ânimo e criatividade nas pessoas. Inspirar e produzir mais com menos e em menos tempo, sempre com grande eficiência, eficácia e resiliência.

Com a consolidação desses valores, deve-se conquistar a confiança de todos e elogiar sempre que se for necessário. Só assim você promoverá mudanças significativas em sua vida e, com o trabalho habitual e contínuo, manter os resultados que irão surgir e refletir ao longo do tempo de sua trajetória. Sendo assim, tenho algumas dicas para coesão e desenvolvimento desse processo:

• Manter o controle:

Jamais perca a paciência inicial, pois, assim, você poderá ter uma análise melhor das pessoas e das causas dos problemas que norteiam essa relação. Assuma o controle, decisão tem dono, embora ouvir outras opiniões seja importante, não pode fugir da responsabilidade. Precisamos ter equilíbrio para deixar fluir e não se deixar influenciar pelo jeitinho improvisado, pois isso não contribui para o processo racional da escolha com mais assertividade.

• Aceitar as mudanças:

Gerir sua vida ou seus negócios não são tarefas fáceis, então, precisamos estar dispostos as novas ferramentas de decisões e novos caminhos de competências, pois, muitas habilidades e competências atuais serão inúteis no futuro. Evite em suas decisões os laços emocionais, compreenda o contexto em que o assunto é apresentado, sem deixar que a primeira impressão lhe traga conclusões precipitadas.

• Não desistir na primeira negativa:

Nos cenários atuais, é essencial você ser uma pessoa motivada e perseverante, pois, assim, sempre quebrará as resistências que norteiam as suas relações pessoais e profissionais. Observe que você tem objetivos e fatores múltiplos. Fazemos tudo para evitar o erro, mas não devemos nos punir tanto por nossas falhas, pois a decisão tomada foi com o intuito de acertar, por isso, temos que tentar novamente.

• Ficar feliz com as conquistas alheias:

Essa quebra de paradigmas e de limites dos outros, que estão ao seu redor, faz com que você também seja motivado a quebrar não só esses, mas os seus próprios limites e, assim, desenvolver o potencial máximo.

• Seguir sempre em frente:

Desenvolver o autoimpulsionamento, pois, nem sempre teremos alguém para nos dar esse gás. Muitas vezes, é bom submeter o seu plano ao crivo de outras pessoas e ouvir opiniões divergentes que lhe tragam novas reflexões. Isso traduz-se em humildade, pois sempre temos que ver as coisas por outros prismas para o melhor caminho a seguir.

• Pensar nos riscos e consequências:

Sempre utilizar o planejamento estratégico, para que as relações e decisões sejam as mais acertadas possíveis. Hoje, convivemos com a complexidade, incerteza e a tecnologia para nos auxiliar em busca das melhores decisões. Então, uma escolha tem muitos efeitos colaterais, pois ser ousado e impulsivo, sem analisar de forma correta, pode ser arriscado demais e levar a perdas irreversíveis. Somos enganados facilmente pela nossa euforia, pela nossa pressa em resolver logo e tomar a decisão, mas o ruim é o que vem depois, as decisões importantes precisam ser coletivas, pois você nunca está sozinho.

• **Aceitar as responsabilidades pelas coisas que fizemos de errado no presente e no passado:**
Ter a habilidade de se colocar no lugar do outro é fundamental para o crescimento interno e valorização do valor comportamental. Traduza a sua voz interior e confie em sua intuição. Se já tomou ou compartilhou decisões semelhantes com alguém, nesse caso, é fazer o caminho inverso e recompor, racionalmente, o que lhe diz o seu interior, para que tudo transcorra da melhor forma possível.

• **Ter foco no presente:**
Desenvolver as suas competências essenciais com foco nos problemas do presente, pois temos que definir as prioridades e resolver as coisas dentro de uma escala de urgência. Quando estamos em um ambiente de pressão, temos que ter foco na solução, pois, rapidamente, vem em nossa lembrança uma solução que constrói uma escolha como se fosse a assertiva. Temos que rever nosso ponto de vista, nossas crenças, nossos dogmas e temos que ter a certeza de que as pequenas certezas prejudicam as tomadas de decisões acertadas.

• **Não tentar agradar a todos:**
O ser humano tem, por naturalidade, o pensamento de agradar as pessoas (chefe/gerente/gestores), para ser aceito no meio em que vive. Mas, isso não é verdade, pois você não precisa se desdobrar para essas ações. Você tem habilidades e valores suficiente para mostrar sua competência de ser inserido nos ambientes (pessoais/profissionais) que deseja.

• **Ter sempre alto-astral e utilizar as suas habilidades positivas:**
Desenvolver a atuação holística, que condiz em compreender e desenvolver as suas habilidades positivas e potencializadas em diferentes contextos, e utilizar de sua flexibilidade nas adversidades.

• Não ter pressa:
Nós funcionamos em diferentes tempos, então, entender que cada um tem o seu tempo de maturação é perder a pressa e criar o hábito de aprimorar os bons valores. Cada vez que entramos em contato com novas informações, o cérebro encontra novos caminhos neurais. Isso leva tempo individual de aprendizado. Crie novos hábitos e habilidades, e seja um líder inspirador em seu ambiente (pessoal/ profissional), um líder que defende a causa, o seu ponto de vista. Seja apaixonado pelo desafio e pelo risco. Transpire insatisfação sempre, pois, com a insatisfação, você sempre estará em busca de algo. O que move o homem não são as respostas, são as perguntas.

• Ser proativo, com a melhor tomada das decisões:
Antecipar futuros problemas, necessidades e mudanças, decidir sempre é muito angustiante. Vivemos num mundo repleto de informações. Isso significa chegar a um veredito, e assumir as consequências pela opção feita. Tenha a certeza de que a solução que você utilizou hoje, amanhã não servirá mais como solução, já que vivemos num mundo tão mutante de problemas e soluções.

• Decisões emocionais x racionais:
As pessoas procuram soluções fáceis e rápidas, porém, têm muitas dificuldades. Nada é fácil ou rápido demais, as decisões precisam ser analisadas com outros fatores, precisam de habilidades e parâmetros, até porque, essas decisões precisam fazer sentido para você. Aí você utiliza o seu lado emocional e intuitivo aliado à sua razão e experiência.

• Inimigos internos ocultos:
Temos que tomar muito cuidado com a autossabotagem, então, como podemos definir esse sentimento interno? Como um bloqueio em ter satisfação e sucesso? Ou como uma pessoa que tem tudo para ser feliz, e consegue arrumar um jeito de destruir/atrapalhar essa felicidade ou sucesso, criando um autoflagelo para se punir, como uma automutilação? Isso é mais comum do que se imagina, pois isso, muito provavelmente, vem de uma impressão feita em sua infância, do núcleo familiar que, de tanto ouvir que não tinha futuro e nem possibilidades, desenvolveu o sentimento de rejeição, de abandono, de culpa e absorção aos traços e personalidades de pessoas que conviveu.
Existe tratamento e não é fácil, porque isso é uma doença da alma que tem cura com muita força de vontade, e exige uma grande

mudança de hábito e atitude, para que o sucesso e ascensão possam ser aceitos na vida dessas pessoas. É preciso fazer com que ela tenha consciência de que é merecedora e aceite esse sucesso e felicidade que o momento de sua vida lhe dá.

• **Um time vencedor:**
Para conseguirmos alinhar uma boa equipe de valor e autodesempenho com diferenças necessárias e qualidades em comum, é claro, temos que ter bem definidos os objetivos e metas a serem alcançadas, como citou o lendário jogador de Basquete Americano, Michel Jordan, no livro *Formando equipes vencedoras* (Editora Best Seller). "Com talento, ganhamos partidas. Com trabalho de equipe, paixão e inteligência, ganhamos campeonatos". Em uma equipe, seja sempre educador e não professor, pois como educador você aprende junto com seu time, no dia a dia. Devemos, sempre, entender como a mente funciona, pois quando ignoramos os caminhos que o pensamento assertivo toma dentro do cérebro, as decisões caem em armadilhas e, assim, sempre tomamos as decisões erradas.

Temos que ser pessoas realizadoras, precisamos ter confiança em nossas próprias experiências, e ter sempre bom senso para resolver os problemas, preferindo aprender coisas novas e com um propósito valoroso de aprendizagem. Isso nos torna confiável nos ambientes que transitamos, e com embasamento em nossas atitudes, exploramos novos territórios com eficiência, talento, resiliência e competências empoderadas.

38

Terapia cognitiva e o estudo dos pensamentos e emoções

Entender como a mente funciona é algo que está em foco no momento, teorias surgem a cada instante, em todos os cantos do mundo. Neste capítulo, venho mostrar como a sua mente funciona, por meio de um saber que se consolida no mundo todo, especificamente na área da saúde mental

Mauro Elizeu

Mauro Elizeu

Graduado pela Pontifícia Universidade Católica (PUC – Rio); especialista em terapia cognitivo comportamental pela Associação de Terapias Cognitivas do Rio de Janeiro (ATC – Rio); perito em psicologia pelo Instituto de Perícias Judiciais (IPJUD); diretor e responsável técnico do Instituto Insight de saúde mental, análise de perfil e desempenho.

Contatos
mauroelizeu@gmail.com
(21) 99891-3571

Sua mente e sua carreira

Vivemos um momento em que o fluxo de informações está cada vez mais rápido, a velocidade em que o mundo gira parece cada vez maior em comparação a outros tempos. Com isso, a corrida pela excelência, resultados e metas pessoais impostas está cada dia mais acirrada.

Recebo, frequentemente, no consultório, pessoas que buscam desde tratamentos para psicopatologias e saúde mental, até recolocação no mercado de trabalho e melhor desenvolvimento de suas carreiras. Como agente de saúde, foco sempre em tratar de patologias e trazer bem-estar. Com formação toda voltada para isso, sempre levei meus pacientes a terem ganhos para além de suas patologias e queixas principais.

Muitos deprimidos tiveram sucesso em voltar a estudar e trabalhar, e ansiosos tiveram a calma para se desenvolver, ganhando tranquilidade e foco. Porém, percebo que muitos dos meus pacientes continuavam comigo para um progredir no desenvolvimento pessoal. Estavam bem e tinham vencido o problema que os havia levado até mim, mas queriam mais, queriam o resultado ideal dentro de todo o seu potencial.

Dentro desse cenário, abri um espaço específico para esse tipo de demanda, usando o que tinha de mais consolidado nas pesquisas mundiais em torno da saúde e desempenho. Descreverei de forma resumida como a mente humana funciona e como isso é usado, tanto para tratamentos de psicopatologias, quanto para excelência no desempenho pessoal, usando teorias na área de saúde e expondo casos clínicos.

Casos como eu e você

Os casos a seguir não são apenas verídicos, mas também recentes, dos anos de 2018 e 2019, bem diferentes entre si. Lembrando que todas as identidades, seja das empresas ou dos pacientes, não serão reveladas.

No caso N1, podemos ver um clássico: engenheiro de uma grande multinacional do segmento de energia, chegando nos seus 40 anos, estagnado na sua vida profissional e perdido dentro dos seus sucessos passados e expectativas futuras. Chegou ao consultório com uma demanda bem específica: não conseguia falar de forma segura em público. Era incapaz de mostrar seu próprio trabalho a superiores e iguais, tendo problemas para se vender e mostrar seu valor em projetos e dentro da própria empresa como um todo. O que parece ser um caso apenas de oratória e discurso esconde um problema muito maior. Ele tinha muitos traços de alguns transtornos de ansiedade, que apenas neste momento ele os notou como prejudiciais.

Já não tinha a mesma qualidade de sono, tremores, taquicardia, suor frio. Como é comum nesta abordagem, usamos ferramentas psicométricas, testes psicológicos que são usados no mundo todo e de uso exclusivo do psicólogo, para auxiliar na avaliação e progressão. Na Escala de ansiedade Beck (usada para medir a severidade e o quanto o indivíduo está sendo prejudicado pela ansiedade), ele teve o escore de 22, mostrando um grau de ansiedade moderado, já passível de intervenção clínica.

O caso N2 é um exemplo caricato de como os transtornos mentais e seus sintomas podem diminuir drasticamente seu desempenho: engenheiro de uma multinacional do segmento geofísico, quase nos seus 30 anos, chegou no meu consultório com um grau severo de transtorno obsessivo compulsivo (24 pontos na escala Y-BOCS), e também possuía sintomas de depressão. Mesmo que tenha chegado na minha clínica, devidamente tratado, ainda possuía muitos sintomas que o prejudicavam. Acadêmico de sucesso, não conseguia dar progressão a nenhuma outra área da sua vida. Tinha planos em atividades bem específicas, queria escrever um livro, tratar do TOC, ter um bom trabalho. Literalmente estagnado em praticamente todas as áreas, com variações que sempre terminavam no ponto 0, ou seja, iniciava suas atividades motivado e com força de vontade, parava antes de chegar no resultado esperado e perdia todo e qualquer progresso. Com um grande desempenho nas instituições de ensino, nunca havia possuído um cargo numa empresa ou conseguiu empreender. Via o tempo passar e seu desespero aumentava, na proporção em que seu humor diminuía.

No caso N3, o paciente chegou a mim com a demanda única de desenvolver uma atividade profissional. Não teve traços de qualquer patologia. Nesse caso, o paciente não tem uma carreira aos seus 25 anos, possui independência financeira por herança e não precisa ter uma ocupação remunerada para poder ter uma vida confortável. O que parece ser o sonho da grande maioria, para ele era um problema. Não conseguia iniciar ou dar continuidade nos seus projetos, não se sentia realizado. Ao mesmo tempo, sentia o vazio de não ter se desenvolvido profissionalmente. Gostava muito de jogar pôquer e, inclusive, viajava o mundo para isso, além de jogar por aplicativos e plataformas.

O modelo cognitivo

Pensamentos, emoções e comportamentos estão intimamente ligados. Pode-se afirmar que um comportamento sempre estará relacionado a uma resposta emocional, e esta, anteriormente, estava relacionada a um pensamento. A mudança de comportamento requer, inicialmente, o entendimento de como os pensamentos funcionam. No caso N2, o paciente sempre pensou que não atuava no seu ideal, mesmo fazendo tudo como deveria ser feito, dando seu melhor. Quando dormia mal, acordava cansado no dia seguinte e não dava tempo de ir à academia. Em seguida, ficava triste por não ter cumprido sua agenda e decidia não ir pelo resto da semana, mesmo tendo perdido apenas a segunda-feira. Podemos ver que seu pensamento, automaticamente, o impedia de ter qualquer progressão, fazendo-o desistir de qualquer tipo de solução e retirando seu poder de resolução de problemas.

Neste exemplo, podemos ver como o pensamento do paciente causou uma resposta emocional, que ocasionou um comportamento disfuncional, como mostrado no quadro a seguir:

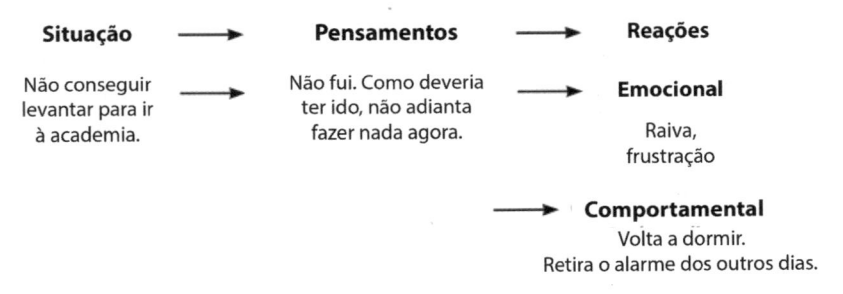

Entendendo este quadro, podemos ver exatamente como aconteceu e o porquê do seu comportamento. Unindo o tratamento do TOC, que reduz a ansiedade, com a quebra dos pensamentos, suas respostas emocionais e comportamentais mudaram. Usando a mesma situação de exemplo, veja como ficou:

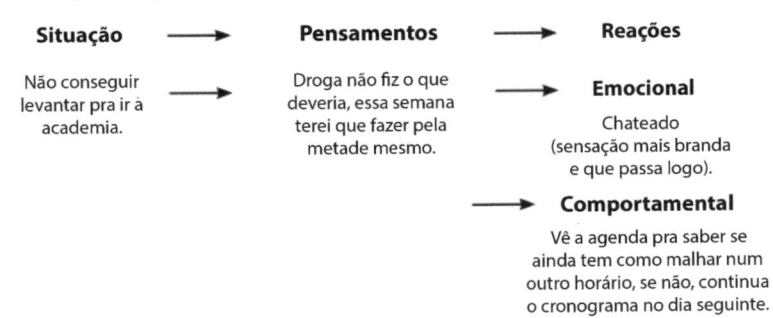

Pensamento como gatilho das emoções

As respostas emocionais devem ser entendidas como coerentes frente a um pensamento. Se entendemos que o pior pode acontecer naquela apresentação complicada que seu chefe pediu para ontem, é claro que a reação será de medo e ansiedade. Ou, quando alguém importante fala: "temos que conversar depois", logo vem todas as coisas que achamos ruins e já bate aquele frio na barriga.

Falar, nestes casos, frases como: "fica tranquilo, não é isso tudo" não ajuda. Vamos entender o porquê. Se pegarmos os exemplos acima, pode-se dizer que as emoções correram exatamente como deveriam e a questão está na interpretação. Pensemos juntos: se quando seu chefe pede algo e você tem a certeza de que tudo vai dar errado, ainda levando a sua demissão imediata, o seu gatilho emocional seria de medo, ansiedade, quem sabe até tristeza e raiva. Mas, para quem não seria? O caso de uma demissão iminente numa empresa em que o indivíduo deseja muito estar é, no mínimo, desconfortável. Por outro lado, o pensamento que levou a essa reação emocional deve ser questionado. Entenda que, no cenário interpretado, a reação raiva seria bem coerente. Ao querer mudar essas emoções, você está querendo mudar o pensamento, a fonte e o gatilho que dispara a resposta emocional.

No caso N3, podemos ver isso acontecendo: o paciente viajava para jogar pôquer. Nas viagens, ele entendia tudo como diversão e férias. Então, depois de três dias de jogos, ele voltava para casa culpado, pois pensava: "fiquei vários dias fora, quando poderia estar me empenhando em algo ligado ao trabalho". Isso gerava culpa e tristeza, atrapalhando quaisquer chances dele se desenvolver em algo e se motivar a ser disciplinado. O irônico nesse caso é que ele estava com a oportunidade de trabalho nas mãos há muito tempo: o pôquer. Sim! O pôquer, que ele sempre falou que era uma procrastinação e um *hobby* que consumia tempo e dinheiro. Ele sempre gostou de competição, trabalhar em vários locais diferentes, além de ter ótimas qualidades que uma pessoa da área precisa.

O pôquer, em nível de alto rendimento, é como outro esporte qualquer, exige muito dos seus profissionais. Baterias seguidas de jogos que duravam dez horas diárias, estar sentado com a tensão da mesa sem perder a concentração e o desempenho, ler, estudar sobre a área, quais torneios jogar, qual circuito fazer, quais gastos operacionais, fazer a previsão e fechar o balanço do ano.

A mudança aconteceu quando ele fez o oposto do que imaginava. Em vez de abandonar a tal ocupação que apenas o prendia de ter uma carreira, ele a abraçou como um atleta e foi exigido a levá-la a sério, mais do que nunca. Seu rendimento triplicou, tanto em desempenho competitivo quanto financeiro. Motivou-se forte e usou o que tinha de melhor, mudou seus pensamentos: a culpa virou satisfação, e o medo, esperança de que estaria cada vez mais bem colocado nas próximas competições.

Resultados clínicos e como procurar ajuda

Os resultados dessa abordagem são ótimos, seja tratando de psicopatologias ou melhorando o desempenho e a qualidade de vida. Encerramos este capítulo mostrando os resultados dos casos usados como exemplo.

No caso N1, o paciente consegue falar em público e se comunicar muito bem com seus companheiros e superiores. Está cada vez sendo mais reconhecido e entende melhor como funcionam seus pensamentos, impedindo comportamentos inadequados como fugas e esquivas, frequentes quando o paciente quer fugir de situações difíceis, seja se afastando fisicamente ou levantando motivos e empecilhos. Seu rendimento melhorou tanto no quesito mostrar seu valor que ele, atualmente, expôs à empresa que eles precisam dele em duas áreas diferentes (vaga esta que não existe na mesma). Foi permitido a ele criar esse cargo e levar essa proposta aos superiores dos seus superiores, até outros países que a empresa tem atividades. Sua vida se tornou muito mais estável e focada. Qualquer ocasião que antes causaria desespero enorme e vários sintomas, agora o coloca num estado reflexivo de investigação e resolução de problemas.

No caso N2, o paciente teve uma grande melhora em como lidar com suas frustrações. Com ele, quis mostrar o quanto deveria ver o meio do caminho e a mediocridade como algo válido. Pode parecer estranho para a maioria, mas ele já atuava muito bem no seu ideal, sendo disciplinado e inteligente, mas incapaz de lidar com a frustração e a resolução de problemas. Entendendo que ele pode, sim, não fazer o ideal e ainda se sentir contribuindo para o seu tão sonhado plano, ele viu que deveria se dar, às vezes, a chance de ser medíocre. Ao invés de variar de 10 para 0, ele variava de 10 para 5, e com isso se mantinha em movimento progressivo e útil. Seus planos se soltaram e tudo começou a andar muito bem. Estava escrevendo exponencialmente mais a cada momento, manteve sua rotina de exercícios constantes, e não tinha mais vontade de abandonar tudo. Por fim, conseguiu seu primeiro emprego, passou num processo de *trainee* numa grande empresa com um salário muito acima da média e está em treinamento nos EUA. Continuamos nossas consultas *online*.

O paciente N3 entendeu que trabalho é aquilo que ele leva a sério e se ocupa. Aquilo que ele estava vivendo não era procrastinação por ser um jogo, mas sim pela forma como ele executava. Sua família viu uma transformação naquele momento, ele mudou seus hábitos nos jogos, passou a se cuidar melhor, dormir de forma regrada nas viagens e a se alimentar de forma específica nos dias de jogos. Esse paciente em especial foi um desafio, pois quando eu me dei conta, estava sendo puramente um *coach*.

Deu tão certo colocá-lo como um atleta que ele estava se exigindo cada vez mais, numa velocidade surpreendente. Seu interesse cresceu e ele passou a ter um nível de relevância internacional, algo que é enorme devido à competitividade do esporte.

E, com isso, encerramos, espero que tenham entendido sobre a terapia cognitiva, pensamentos, emoções e comportamentos. É de suma importância para sua carreira esse entendimento. Para o alto desempenho, se exige conhecimento.

39

O valor do propósito

A inteligência espiritual está ligada à necessidade humana de ter um propósito de vida. Ao estabelecermos os nossos objetivos, desenvolvendo o caminho da fé para alcançar nossos sonhos, o cérebro passa a gerar esse reconhecimento

Milene Cintra

Milene Cintra

Bacharel em teologia pela Faculdade Paulista (2007). Psicanalista formada pelo Instituto Brasileiro de Ciências e Psicanálise – IBCP (2015). Teóloga em Umbanda (2006). Pós-graduada com MBA em liderança e *coaching* pela Universidade Estácio (2018). Sacerdotisa responsável pelo Templo Espiritual de Umbanda Rio Azul em São Paulo.

Contatos
www.milenecintra.com.br
www.templorioazul.com.br
contato@milenecintra.com.br
contato@templorioazul.com.br
Facebook: Sacerdotisa Milene Cintra
Facebook: Templo Rio Azul
Instagram: sacerdotisa.milenecintra
(11) 99958-1003

A o longo da minha vida, mais especificamente em 20 anos de experiência na área de liderança, sempre observei muito. O que mais me chamou atenção nas pessoas que encontrei e aconselhei foi o fato de que os seus desafios sempre giraram em torno de suas crises pessoais, desequilíbrios emocionais e a busca pela felicidade.

E aí vem a questão: o que é felicidade? Onde a felicidade está?

Após anos de estudo, descobri que existe uma energia que representa a inteligência espiritual. Essa energia tem a capacidade de guiar o ser humano para uma vida de bem-estar, paz e equilíbrio, rumo ao crescimento pessoal.

Somos movidos por crenças e valores que geram comportamentos em busca de um propósito. Quando há um desalinhamento das crenças, dos valores e do propósito, o que se vê é uma vida sem sentido, sem justificativas e sem forças.

Perceba a necessidade de ter um propósito claro, bem estabelecido, para direcionar as forças emocionais, materiais e espirituais em busca de sucesso. Ao alcançar o objetivo estaremos, então, diante da tão sonhada felicidade.

E a melhor maneira para reunir forças e estabelecer propósito é aproximando-se de Deus. Essa é a maior força invisível, porém, percebida como energia no universo.

Existem perguntas básicas que precisam ser respondidas para direcionar seus propósitos:

1. **Quem sou?**
2. **De onde vim?**
3. **Por que estou aqui?**
4. **Quais os meus potenciais?**
5. **Para onde vou?**

As respostas a essas perguntas nos geram bem-estar e servem como combustível para estabelecermos uma direção, afinal, a força do que se acredita somada a força do que se dá importância, gera a força de um comportamento que se estiver alinhado ao seu propósito vai lhe dar energia para alcançar o sucesso, além de bem-estar e felicidade.

Nesse ponto, espero que você já tenha percebido a importância da inteligência espiritual. É ela que fornece a você o senso de propósito, a clareza de pensamentos, a consciência das causas que o movem. Ainda é preciso observar as crenças e os sentimentos que identificam e fortalecem seus valores.

Ao estabelecer e alcançar seus objetivos, o cérebro gera reconhecimento e, a partir disso, gera bem-estar, consequentemente, alegria e felicidade.

A felicidade, certamente, já está em nossas cabeças, e estando felizes, conseguimos apreciar o que já temos, e não vislumbrar aquilo que não possuímos.

Para que tenhamos clareza em nossos propósitos, faça o exercício antes de dormir:

1. pense em tudo o que deseja, de forma coerente e clara. Por exemplo, se quero um veículo, devo pensar: quero um *Jeep Renegade*, vermelho, com teto solar e bancos de couro, pode ser usado com um ou dois anos de uso). Seja detalhista no seu objetivo, e se imagine nesse carro, nessa condição, lavando o carro, passeando num dia de sol etc.;

2. imagine com quem você vai estar quando estiver com o seu carro;

3. imagine onde vai estar e como estará vestido.

Durma com essa ideia na mente, para ser assimilada pelo seu subconsciente, que vai elaborar a ideia da forma mais racional possível, para torná-la em um propósito, uma meta.

Faça isso antes de dormir com o mesmo objetivo, da mesma forma, por nove noites consecutivas, e então pode estabelecer outra meta ou propósito a partir da décima noite. Sempre com a mesma objetividade e clareza de detalhes.

Existe um diálogo entre a mente e o cérebro. E essa conversa ocorre, principalmente, entre o sono, o sonho e o repouso, quando a mente consciente não está muito ativa.

O universo é abundante e generoso e precisa que deixemos claro nossos objetivos e interesses, para que a energia de conquista seja canalizada. Evite pensamentos e palavras destrutivas, evite praguejar ou verbalizar situações que atraiam perdas e desvalorização.

Estabeleça uma relação de cuidado com suas palavras e pensamentos, afinal, lembre-se: o seu cérebro não consegue distinguir, claramente, o que é real do que é imaginário... A energia é a mesma. Imagine lutar tanto para conquistar algo e ver a energia se dissipar como areia escorrendo pelas mãos, simplesmente porque você está o tempo todo profetizando tragédias e desastres.

O seu cérebro possui a incrível capacidade de mudar e de se adaptar a estímulos. Existem possibilidades de remodelar o cérebro em função dos pensamentos, sentimentos, das crenças e das ações vividas reformulando as conexões cerebrais a partir das necessidades e dos fatores do meio em que vivemos.

Somos frutos das nossas percepções, ou seja, como a realidade existe de acordo com a interpretação que temos do mundo, quando direcionamos nossos pensamentos para coisas positivas e realizadoras, nosso cérebro cria sinapses cerebrais e, com isso, novos caminhos neurais. E eles determinam uma realidade nova e nos levam a conquistas e a ganhos desejados.

Para a perfeita formação de novos caminhos neurais, o indivíduo precisa ser exposto a um ambiente enriquecido de estímulos, bons pensamentos e sentimentos, alimentação e respiração adequada e funcionalidade.

Reconheça suas crenças, escolha outra e mude!

Sempre, antes de dormir, repita nove vezes a nova crença a ser inserida com cinco motivos para justificá-la.

Exemplo:
Eu vou comprar um *Jeep Renegade*, porque eu quero.
Eu vou comprar um *Jeep Renegade*, porque eu mereço.
Eu vou comprar um *Jeep Renegade*, porque eu posso.
Eu vou comprar um *Jeep Renegade*, porque Deus me abençoou.
Eu vou comprar um *Jeep Renegade,* porque o universo me propiciou condições disso.

Assim, se construirmos uma visão positiva da vida e da maneira como interpretamos os fatos e fizermos disso um hábito ao longo do tempo, vamos moldar, neurologicamente, de modo mais agradável e saudável a nossa forma de ver o mundo.

O hábito é formado pela associação de três fatores: um gatilho, uma rotina e uma recompensa.

Alterar um hábito é muito difícil, então, a regra de ouro é não alterar a recompensa, mas, sim, a rotina.

"O hábito nunca vem sozinho. É um pacote. Precisamos saber qual é o hábito mestre para desmontá-lo."

Qual o estado desejado?
Algumas áreas do cérebro são importantes para entendermos que esse órgão não é emocional, que precisamos trabalhar a emoção

para resolver nossos problemas, mas o caminho para isso passa pelo espiritual; não é a emoção em si, mas a emoção transformada quando sabemos usar a inteligência espiritual. Essa é a inteligência do propósito, do sentido da vida e dos valores.

Quando acionada, a área dos sonhos utiliza o hormônio da felicidade e da autoestima para deflagrar uma ação positiva. Traduzindo, se você tem sonhos fortes, tem autoestima e felicidade, sonhar não é uma opção, é uma necessidade neurológica.

Então, desenvolver a fé é o caminho da explicação do processo que nos dá força e determinação para alcançar os nossos sonhos. Quando esses são fortalecidos, você está recheado de objetivos, metas, propósito e valor. Isso lhe dá sentido à vida e você tem força para vencer qualquer crença limitante, qualquer emoção desordenada, qualquer distorção do eu.

A inteligência espiritual está ligada à necessidade humana de ter propósito de vida. É a ela que recorremos para desenvolver os valores éticos e as crenças que norteiam nossas ações.

Quando uma pessoa possui propósito e valor superior, sua fé, baseada em um sistema de crenças, dá significado a tudo o que se apresenta em favor de uma compreensão positiva e benéfica, no sentido de que, no final, tudo vai dar certo; o nome disso é inteligência espiritual.

O ser humano utiliza a sua inteligência espiritual para desvendar caminhos que se manifestam além de seus sentidos, guiando-se por uma força interna espiritual. Essa força tem a capacidade de tornar o ser humano menos ansioso, neurótico, bruto e desequilibrado e fazê--lo mais atencioso às relações, mais sereno, resiliente e determinado, tornando-o uma pessoa melhor.

Os cientistas começaram a entender o que algumas pessoas já exercem por meio da espiritualidade. Há uma ligação entre os nossos pensamentos e os pensamentos de outros, e entre os nossos pensamentos e o mundo, como se tudo estivesse conectado a um propósito divino que ligaria o homem a tudo que o cerca.

Aqui se entende o que acontece com uma oração, quando o pensamento de uma pessoa, acionando um mecanismo de fé, chega a outra localidade geográfica, exercendo influência física, capaz de mudar uma circunstância.

Palavras são expressões do espírito. Elas refletem o que há no espírito. Logo, ao se deixar levar para estados de raiva, ódio e frustração, a energia que está dentro de você retribui com tristeza e sofrimento.

O mundo espiritual reflete, diretamente, no mundo físico, alterando cursos, padrões e comportamentos na direção do propósito divino para essa criação, em que estamos todos conectados.

Todo ser humano vive por crenças e valores que geram comportamento em direção a um propósito, o alinhamento dos valores com o propósito ajustará o seu comportamento em direção ao rumo certo.

Habilidades supremas:

Gratidão
A gratidão precisa ser construída pelo nosso pensamento, ou seja, você precisa pensar nela, em coisas que já conquistou. Exercitar a gratidão dissolve o medo, a angústia, os sentimentos de raiva, tornando bem mais fácil controlar estados mentais tóxicos e desnecessários.

Perdão
A mágoa aciona um sabotador chamado vítima, que busca sempre alguém responsável pela sua dor ou mágoa e isso o faz pequeno, pois toda vítima se vê pequena e fragilizada.

> "Não perdoar é tomar uma gota de veneno todos os dias esperando que a outra pessoa morra."
> William Shakespeare

Liberte-se disso!

Meditação e oração
A meditação diminui a ansiedade, a depressão, a raiva, a fadiga e melhora a atenção. Os praticantes de meditação parecem ter maior habilidade de cultivar emoções positivas e manter a estabilidade emocional. A oração tem o poder de transpor o tempo e o espaço para acalmar a mente e aquietar a alma.

Compaixão
A compaixão melhora os relacionamentos. Este ato carrega, em si, a consciência de ser amável, gentil, de repartir e da alegria. Desenvolver a compaixão é possível, mas exige um alto nível de disciplina e foco para colocar o bem acima de qualquer valor ou necessidade pessoal. Estamos falando de um tipo de doação ao próximo com a certeza de que você e ele estão inseridos em um plano maior, e que ser feliz e ter sucesso é um direito e uma conquista de todos.
A inteligência espiritual é um dos temas mais estudados. Há muito ainda que investigar e descobrir, mas, este conteúdo já poderá direcionar meus leitores a um estágio maior e melhor em busca de seus propósitos. Use o poder dessa inteligência para transformar o seu mundo e o nosso.

40

O *mindset* da decisão

Neste capítulo, irei expor um pouco da minha experiência de mais de 15 anos estudando comportamento humano, principalmente, dos últimos sete como *coach*. Vou ensinar algumas técnicas e âncoras para que possa usar quando precisar tomar decisões importantes. Você irá perceber que, para ter o *mindset* da mudança, é necessário se voltar para o interior e perceber um poder que nunca pensou que tivesse

Murilo Gomide

Murilo Gomide

Psicólogo com mais de 15 anos no estudo do comportamento humano. Especialista em terapia cognitivo comportamental pela PUC-RS. Especialista em gestão de pessoas com ênfase em consultoria. *Professional coach certification* - PCC pela Sociedade Latino Americana de Coaching. *Practitioner* em PNL (Programação Neurolinguística) pelo Instituto de Desenvolvimento Pessoal e Profissional – IDEP, São Paulo. Coautor do livro *Coaching: a arte da superação* (Editora Conquista, 2017). Atua como *business coach* ajudando jovens líderes a multiplicar negócios, há mais de sete anos, com centenas de casos de sucesso.

Contatos
www.coachmurilogomide.com.br
murilo@coachmurilogomide.com.br
Facebook: Murilo Gomide Coach

J á está mais que provado, nosso cérebro nos sabota o tempo todo. Ele quer sempre sombra e água fresca. Como, então, podemos criar estratégias para que ele não nos sabote mais?

Anthony Robbins, considerado um dos melhores *coaches* do mundo, com alguns *bestsellers* publicados, em seu livro *Desperte seu gigante interior* (1993), diz o seguinte: "o segredo do sucesso é aprender como usar a dor e o prazer, em vez de deixar que usem você. Se fizer isto, estará no controle de sua vida. Se não fizer, é a vida quem controla você." Mas, como podemos decidir se há tantas dúvidas e possibilidades?

Tony (como também é chamado), intensifica por todo o livro a importância da decisão, além de trazer vários relatos de pessoas que mudaram em um instante, toda sua história, simplesmente por decidirem algo diferente para suas vidas, ele afirma que o importante é decidir e decidir rápido. As pessoas que decidem rápido, é porque já têm muito claro seus valores e o que, realmente, desejam para suas vidas. E as pessoas que fracassam usualmente tomam suas decisões devagar, e mudam de ideia depressa, ficando presas em um ciclo de fracassos.

No processo de *coaching*, costumo usar uma ferramenta que gosto muito, que é a de "perdas e ganhos". São quatro perguntas simples, mas que têm bastante profundidade, que, apesar de gerar clareza no momento da sessão, os *coachees* (clientes), muitas vezes, na sessão seguinte, começam dizendo os *insights* que tiveram durante a semana. Essa ferramenta costuma dar muita clareza em relação aos sabotadores dos *coachees*, tanto pelo prazer como pela dor.

E se fizer sentido para você que está lendo, pegue, agora, uma folha e caneta, desenhe uma cruz, dividindo-a em quatro partes. Se não conseguir fazer isso agora, pare de ler e volte a leitura quando puder fazer isso. Pois é uma ferramenta poderosa e não quero que passe por ela sem, realmente, gerar as reflexões necessárias para a sua mudança.

Vamos lá?

No primeiro quadrante (de cima à esquerda), escreva a pergunta e, em seguida, responda:

O que você ganha, quando chegar lá?

Pense no seu objetivo principal a curto ou médio prazo e avalie o que você ganhará ao chegar lá.

Essa pergunta nos remete ao prazer que a pessoa ganhará quando atingir o objetivo. Normalmente, é a pergunta mais fácil de responder, pois é, racionalmente, a primeira motivação clara do porquê o *coachee* quer tanto o objetivo. Tire o tempo necessário para responder.

No segundo quadrante (de cima à direita), escreva a pergunta e, em seguida, responda:

O que você perde, se não chegar lá?

Os motivadores pela dor é um dos pontos de clareza ao responder essa pergunta. Ou seja, o cliente quer muito chegar lá, pois se não chegar, ele pode ter algumas dores específicas, do tipo: "se eu não conseguir dobrar o faturamento, vou continuar limitado nos negócios e financeiramente", "se não passar no concurso, vou continuar dependente financeiramente".

No terceiro quadrante (em baixo à esquerda), escreva a pergunta e, em seguida, responda:

O que você ganha, se não chegar lá?

Essa pergunta já começa mexer com a sua cabeça, pois nunca pensou em uma pergunta desse tipo. Pois é uma questão que tenta trazer para a consciência alguns sabotadores inconscientes. Quando decidimos algo, estamos escolhendo uma possibilidade e negando outra. E cada possibilidade, independentemente da escolha, tem pontos positivos e negativos, possui um preço a ser pago, mesmo não escolhendo, você o paga. E, nessa pergunta, o *coachee* avalia o que ganha se não conseguir chegar lá, pois ele, muitas vezes, não faz o esforço necessário para conquistar isso, simplesmente porque não quer perder o que está ganhando ficando como está.

No quarto quadrante (em baixo à direita), coloque a pergunta e responda:

O que você perde, se chegar lá?

Essa pergunta tem quase o mesmo sentido da anterior. Mas, agora, avaliando o que o sujeito perde se chegar lá. Acontece que, muitos *coachee*s não fazem o que precisam fazer, não fazem o esforço necessário para atingir o objetivo, pois, inconscientemente, querem evitar a dor e os sacrifícios da vitória. Por exemplo: pode passar na cabeça do *coachee* que, se ele chegar lá, pode faltar tempo para a família e amigos, ou seja, coisa que ele não quer.

Um dia, conversando com um empresário no ramo de logística, ele me informou que atendia geograficamente uma pequena região da

Bahia e era considerado o maior distribuidor do Brasil na distribuição desse produto. Fiquei intrigado e questionei como ele fazia isso. Ele me disse o seguinte: "Murilo, minha empresa compra da indústria para pagar com prazo de sete dias. Mas, minha empresa, só vende à vista. E completou: "Nesse período (ele bateu com a mão direita no bíceps esquerdo), faço o que precisa ser feito e não o que quero fazer".

Uau, que determinação, pensei. E essa frase não me sai da cabeça, "faça o que tem que ser feito e não o que quer fazer". Ela é a luta constante da razão e a emoção. A razão sabe o que precisa fazer, que preço precisa pagar, e os ganhos lá na frente dos resultados. Mas, aí vêm as emoções, a parte do cérebro (sistema límbico) que nos sabota e avalia os ganhos momentâneos, do tipo: "vou ver as novidades das redes sociais, preciso estar atualizado", "vou assistir aquele seriado, depois eu estudo, trabalho etc.".

Com isso, mais uma vez, seus projetos vão ficando para depois. É isso que você quer? E o que você quer? O que pode impedi-lo de chegar lá? Vou ensinar mais uma técnica que utilizo com alguns *coachee*s, para eles partirem para ação, ou seja, fazer o que tem que ser feito. Topa?

Âncora dos porquês e por quem

Abra sua mão esquerda na frente do seu corpo. Imagine colocar/ atribuir a mão esquerda todos os "porquês" que você tem ou precisa atingir o que deseja, quanto mais porquês, melhor. Agora, bata sua mão esquerda no peito direito, criando, automaticamente, uma âncora sinestésica. Agora, abra sua mão direita na frente do seu corpo e pense em todos os "por quem", ou seja, todas as pessoas importantes na sua vida, que é por elas que você vai conseguir chegar lá, no sucesso almejado. Então, bata sua mão direita no peito esquerdo, lado do coração, criando mais uma âncora sinestésica. Pronto, de agora em diante você tem mais um super gatilho para a ação. Todas as vezes em que precisar agir, mas ficar procrastinando, bata sua mão esquerda no peito direito e sua mão direita no peito esquerdo que, automaticamente, virá toda motivação necessária para agir. Os seus porquês e seus "por quem" virão à tona automaticamente.

Eu acho fantástico e amo de paixão a metodologia do *coaching*, pois desde os primeiros clientes, lá em meados de 2011, percebo os resultados concretos deles. E, apesar de o *coaching* não ser considerado uma terapia, é muito terapêutico.

Uma vez, chegou um *coachee* indicado por outro que tinha terminado o processo, mas, ele não sabia direito o porquê estava ali. Foi percebido que ele não tinha objetivo de vida e não sabia direito o que gostava de fazer. Depois da quarta sessão, ou seja, um mês depois, já tinha clareza sobre sua missão de vida, seus pontos fortes, o que precisava melhorar, as oportunidades que estavam surgindo, o que ele poderia aproveitar, e estava supermotivado para conquistar e desbravar seus objetivos e metas. Parece até mágica, mas não é.

As perguntas e ferramentas utilizadas no processo de *coaching* fazem com que a pessoa que está ali sendo questionada, se volte para seu interior, buscando soluções dentro dela, para que ela responda de uma forma incrivelmente criativa, se comprometendo e começando agir em direção ao seu propósito.

Tem uma outra frase que não sai da minha cabeça, mas não sei, exatamente, de quem é: "acreditar é fazer as coisas sem a neurose que precisa dar certo, mas com a certeza que deu certo". Essa frase sintetiza, de certa forma, o que o *coaching* pode fazer na vida das pessoas. Parece uma frase simples, mas tem bastante profundidade.

Já tive diversos clientes, mesmo antes de ser *coach*, como psicólogo ainda, que chegavam na sessão muito ansiosos pelo resultado esperado, de resolver um problema, muitas vezes, por não conseguir alcançar o que planejava, ou dar início a um projeto de vida.

Mas, depois das primeiras sessões, em que a pessoa se vê lá na frente, no futuro, tirando uma *selfie*, no lugar onde fará sentido a comemoração, com as pessoas que ela queira estar nesse momento especial, após também descobrir seus valores essenciais, a clareza dos seus pontos fortes, mas, também, dos pontos que precisa de atenção e as oportunidades que estão surgindo, e ainda mais com sua missão de vida personalizada em uma imagem, aí sim, fica tudo muito claro para o *coachee*.

A partir dessas tomadas de consciência, o *coachee* começa, realmente, a fazer as coisas sem a neurose de que precisa dar certo, mas, com a certeza de que dará certo. Pois, agora, fará o melhor de si em tudo que faz, pois as ações estarão de acordo com sua identidade, valores e missão de vida.

> "Usar o poder da decisão lhe dá a capacidade de vencer qualquer desculpa e modificar qualquer parte de sua vida em um instante."
> Anthony Robbins

Eu sou o Degas que preciso ser?

Meu pai, Juvenal, só teve a quinta série (sexto ano, atualmente), mas, foi um grande empresário. Ele tinha determinação como poucos, em relação à gestão de pessoas, inovação etc. E quando era questionado do porquê queria fazer daquele jeito, ele respondia: "porque eu sou o Degas".

Você sabe o que significa Degas? É uma gíria antiga para dizer que a pessoa era "o cara", que sabia das coisas, que fazia e acontecia. E meu pai, realmente, era o cara. Se não fosse ele, talvez não teria as oportunidades que tive na adolescência, de morar quase um ano no exterior fazendo intercâmbio. E permita-me contar um segredo: eu acesso o Degas, quando eu quiser, quer saber como?

A maioria da minha família vive em São Paulo, e alguns dos meus primos, até hoje, quando têm um problema que não vê solução, se fazem a seguinte pergunta: se eu fosse o Degas como Juvenal, como é que eu faria? "Plim", a mágica acontece e a solução sempre vem. Aprendi com eles a resgatar o Degas que existe em mim.

E, a partir do momento em que decidi fazer as coisas como um verdadeiro Degas, as coisas começaram a acontecer. Pois eu era um procrastinador de alto nível, deixava sempre para depois e o depois nunca chegava.

É fantástico poder acessar o Degas quando eu quiser.

Você poderá acessar o seu Degas também. Quer experimentar?

Então, vamos lá!

Imagine, hipoteticamente, que há um "clone" seu, igualzinho a você. Bem, na verdade, não é igualzinho não. Esse clone é a sua última e melhor versão. Como é esse clone? Como é a postura desse clone? Como é o *mindset* desse seu clone? Como esse clone trabalha, estuda, pratica esporte? Como é esse clone nos relacionamentos? Como é esse clone fazendo o que precisa ser feito? Da melhor forma, determinado, focado, com todos os recursos necessários? Melhor do melhor do mundo?

Imagine, agora, esse clone aí na sua frente, a um passo. Perceba que há um zíper no topo do clone, como se fosse uma vestimenta. Pegue agora esse zíper e desça até o chão, entre nesse clone agora. Perceba o quão confortável ele é? Que pensamentos vêm à mente? Que força percebe, experimenta? Que novos comportamentos você está apto a realizar com essa nova forma de pensar? Como vai ser a sua postura a partir de então? Perceba, sinta, isso...Você pode! Você consegue! Você merece!

Espero, realmente, que você acesse todo seu potencial de ação. E compreenda que todos os recursos necessários para a mudança es-tão dentro de si, basta acessá-los. Quando começar a agir, segundo sua identidade, valores e missão de vida, entenderá que os obstáculos do caminho o deixarão cada vez mais forte, e é isso o que você quer.

Referência
ROBBINS, Anthony. *Desperte o gigante interior.* Tradução de Haroldo Netto e Pinheiro de Lemos. 3. ed. Rio de Janeiro: Record, 1993.

41

Saúde emocional e ética: caminho para uma vida de sucesso

A saúde emocional está intimamente ligada a uma saúde ética. Ambas exigem do ser humano o desenvolvimento de habilidades como pensar, refletir e agir. Essa tríade pode fazer a diferença na vida de qualquer um. A pessoa com saúde emocional abre sua mente para novas ideias e crenças que irão ajudá-la na conquista dos seus sonhos e objetivos. O presente artigo faz uma reflexão acerca de elementos importantes a exercitar, tendo em vista uma vida plena e de sucesso

Normilza Moura

Normilza Moura

Professora nos níveis de ensino fundamental II, médio e superior de instituições públicas e privadas. Possui licenciatura em pedagogia, geografia e educação física, pós-graduação em gestão escolar e metodologia do ensino de pesquisa e extensão. Mestrado e doutorado em educação. Formação em *practitioner* em PNL, *expert coaching* pela Escola Brasileira em Programação Neurolinguística. Palestrante, autora do livro *O tema transversal ética no contexto escolar.*

Contatos
normillamoura@gmail.com
(74) 3541-1141/ (74) 99195-1928

E m todos os momentos do nosso cotidiano somos desafiados a agir. As nossas ações são motivadas por nossas crenças, pensamentos e sentimentos. Então, como costumamos agir? De forma impulsiva, explosiva ou de maneira mais equilibrada? A escolha por este ou aquele comportamento gera resultado agradável ou desagradável. Aprender a lidar com nosso pensamento e sentimento, talvez seja o segredo para a conquista de uma vida mais feliz.

Muito se tem discutido sobre a importância do gerenciamento das emoções para a conquista de uma vida mais saudável nos relacionamentos sociais, conjugais e profissionais. Estudos e pesquisas têm apontado para o fato de que o ser humano é mais do que apenas razão e cognição, o homem é também emoção, portanto, sua educação deve levar em consideração a dimensão emocional.

O objetivo desse trabalho é mostrar que a saúde emocional e ética depende de processos de aprendizagens como autoconhecimento, automotivação e empatia, procedimentos que ajudam o ser humano a aprender a lidar com seus pensamentos e sentimentos.

As emoções são determinadas por nossos pensamentos, assim, precisamos cuidar da nossa mente. Quando conseguimos controlá-la, também alcançamos o equilíbrio das emoções e de nossas ações.

Saúde emocional e ética

Quando falamos de saúde do nosso físico, logo lembramos os elementos recomendados para uma vida saudável. Ter uma alimentação balanceada, intensificando o consumo de frutas verduras, sucos naturais, fibras, ou seja, alimentos naturais e integrais, ir ao médico regularmente, praticar atividades físicas, pelo menos três vezes na semana, entre outras recomendações. Assim, percebemos, de maneira geral, que o homem e a mulher moderna têm se preocupado muito com o corpo.

Em contrapartida, também percebemos um crescimento considerável de doenças relacionadas ao mundo subjetivo das pessoas. Estresse, depressão, transtorno bipolar etc. Essas doenças estão no campo emocional, pois seus sintomas dizem respeito ao seu estado de alteração de humor, ansiedade, tristeza, isolamento social, falta de energia para realizar as suas atividades cotidianas.

A origem desses transtornos emocionais está na mente humana, pois o que criamos nela, traduzimos na nossa vida diária. Napoleon Hill diz que tudo que a mente humana é capaz de conceber ela é capaz de realizar.

Concebemos por saúde emocional e ética a capacidade do indivíduo em lidar com as adversidades da vida. Manter um estado de equilíbrio e harmonia consigo, com seus relacionamentos sociais, capacidade de superar perdas, frustrações, mediar conflitos, resolver situações e problemas usando o diálogo e a diplomacia.

Dessa forma, podemos definir a saúde emocional como o bem-estar nas diversas dimensões físicas, social, mental, habilidade em conhecer-se, saber lidar com os conflitos da vida, administrar os impulsos, tendo em vista objetivos que se quer alcançar.

Nesse sentido, pode-se dizer que as pessoas de sucesso cuidam da sua saúde emocional. Gardner diz que a capacidade cognitiva representa 20% dos fatores que determinam o sucesso na vida, ficando 80% para outros fatores dentre os quais está a saúde emocional.

A pessoa com a saúde emocional bem desenvolvida tem mais possibilidade de se sentir realizada, feliz, satisfeita e competente em todas as dimensões de sua vida. Assim, discorreremos a seguir sobre processos importantes a serem aprendidos para o desenvolvimento de uma saúde emocional.

Autoconhecimento

O autoconhecimento refere-se à capacidade do sujeito de entender bem sua vida, ter clareza de como se sente e o porquê se sente dessa ou daquela forma. Sabe definir o seu padrão de pensamento, costume pessoal, permitindo melhoria na capacidade de tomar decisões. Já dizia Sócrates na antiga Grécia, que a primeira obrigação do homem é conhecer-se.

Desenvolver essa competência significa mergulhar profundo no nosso interior, procurando responder as seguintes perguntas: o que penso? Por que penso? O que sou? O que tenho? O que quero? Onde pretendo chegar? O que penso e o que sou está me ajudando na conquista dos meus objetivos? O que preciso mudar em mim para conquistar o que desejo?

Conhecer-se contribui para o ser humano evoluir atingindo um nível cada vez mais elevado de espiritualidade. A partir do momento em que a pessoa começa a perguntar quais são suas capacidades e habilidades, por que tem essa habilidade, a serviço de quem coloca à disposição o que sabe fazer, a pessoa que atingiu o mais alto nível espiritual pergunta-se: qual o legado que quero deixar para os meus descendentes? Por que devo ser lembrada?

Ao responder essas perguntas, o sujeito vai aperfeiçoando seu agir, vai construindo sua personalidade emocional e ética possibilitadora.

Ninguém evolui sem mudar, somente aquele que desenvolve a capacidade de autoconhecimento sabe a dor e a alegria de ser o que é, sabe exatamente o que precisa mudar em si para conquistar o que quer. A vida não é estática, dessa forma, a conquista da felicidade exige transformações contínuas.

A pessoa que se fecha em determinados pensamentos e crenças se fecha para a vida, não permite que nada de novo lhe aconteça, o que ajuda a pessoa crescer, prosperar, é a capacidade de estar aberta à possibilidade de mudança. A pessoa que abre sua mente para novas ideias, crenças e perspectivas está mais favorável a uma vida de sucesso.

Automotivação

Quando falamos de automotivação, queremos dizer que a realização pessoal, profissional, social, financeira, espiritual e as demais dimensões da nossa vida dependem, sobretudo, da capacidade que cada um desenvolve de se automotivar, dispensar esforço interno para melhorar a dimensão da vida que percebe vazia ou com lacunas.

A palavra motivação vem do latim moveres, que significa mover. Significa movimento, fazer algo que o leva à conquista dos seus objetivos, seus sonhos. Agir em direção a realização de algo, buscar motivo, força interior para focar naquilo que deseja realizar. Não importa a idade, a condição, a situação em que está mergulhado, o que importa é a força interior que o movimenta na conquista dos seus ideais.

Para ilustrar esse pensamento, vale citar Anthony Robbins, quando ele diz: "saiba que são suas decisões, e não suas condições que determinam o seu destino". Pessoas automotivadas não se contentam, não se acostumam com suas condições, sejam elas de timidez, sofrimento por algum motivo, falta de dinheiro, de saúde física. Elas pensam e agem para sair dessa situação, ou melhor, tomam decisões que vão modificar o seu futuro.

Essa pessoa não tem tempo para pensar em besteira, parar seus pensamentos em ideias negativas, para lamentações, para se colocar como vítima, acreditar em destino. É ser piloto da sua vida, ter atitude e assumir a responsabilidade para mudar o que se deseja.

Empatia

É outro elemento importante na conquista da saúde emocional. Pode-se definir empatia como a capacidade do sujeito se projetar no outro, transpor-se para o outro e ser capaz de pensar e sentir a situação vivida por seu semelhante. Essa habilidade pode ser natural ou aprendida pelo ser humano. Não é uma tarefa fácil, pois necessita evoluir no processo de construção da sua personalidade.

A pergunta fundamental para desenvolver essa habilidade é: o que eu faria se estivesse na situação do outro? A pergunta aciona a nossa capacidade de enxergar o outro lado da situação ou da história. Cada situação tem vários pontos de vista, assim, podemos imaginar, diante de um conflito entre duas pessoas, uma ou as duas podem se colocar sempre na situação de vítima, dificilmente encontramos sujeitos que assumem a posição de vilão ou vilã.

Então, a culpa está sempre no outro, e não em si. A empatia leva a cada um dos envolvidos num conflito desenvolver a capacidade de assumir sua parcela de culpa no processo conflitivo. Afinal de contas, só acontece o conflito quando as duas ou mais pessoas contribuem para o ocorrido.

Pessoas com um elevado potencial para sensibilidade humana conseguem agregar, atrair o outro para perto, conseguem olhar no olho, perceber, sentir o que o outro está passando, agem com paciência, compaixão, amor e solidariedade. A empatia ajuda o homem e a mulher a se tornarem mais humanos. Ser empático exige a capacidade de pensar, refletir sobre suas ações, sobre a situação e o contexto em que aconteceu ou estão acontecendo os fatos.

Um adulto empático tem mais probabilidade de ser uma pessoa sensível emocionalmente, reflexiva nos seus atos e, consequentemente, mais aberta ao esforço e à prática de atitudes éticas.

Considerações finais

A conquista de uma vida feliz é sinônimo de esforço, ninguém vence na sua zona de conforto. O que faz a diferença entre pessoas de sucesso e que fracassam é a capacidade de colocar toda a energia focada no seu objetivo. Persistir sempre e desistir nunca.

Quando faço referência ao esforço, quero afirmar que o movimento, a ação e a atitude são fundamentais para que as coisas aconteçam. Se desejo, por exemplo, mudar algo em mim, não posso ficar só no discurso: "eu queria tanto isso ou aquilo". Se não faço nada para alcançar, fatalmente, ficarei só na vontade do almejado.

Faz diferença começar dizendo: "eu quero realizar isso, eu vou conseguir". As palavras têm força e canalizam energia para o seu corpo agir, se movimentar buscando as estratégias necessárias para a realização dos seus ideais. Uma mente ocupada com a realização de projetos não dispensa energia com pensamentos e ações mesquinhas.

Para finalizar, quero evidenciar que a comunicação, a forma de nos relacionarmos com os outros, um olhar, um gesto, uma expressão pode ser determinante no êxito e realização dos seus sonhos.

Quando se cultivam bons pensamentos e excelentes sentimentos, essa energia positiva move a pessoa para um estado ascendente evolutivo, trazendo o que o homem e a mulher têm de mais precioso: o sentimento de humanidade, amor e solidariedade. Pensamento nobre, sentimento nobre, comportamento nobre resultam numa saúde emocional e ética inabalável, requisitos indispensáveis para uma vida feliz e de sucesso.

Referências
GOLEMAN, Daniel. *Inteligência emocional: a teoria revolucionária que define o que é ser inteligente*. Rio de janeiro: Objetiva, 1996. 420 p.
GOLEMAN, Daniel. *Foco: a atenção e seu papel fundamental para o sucesso*. Rio de Janeiro: Objetiva, 2014. 296 p.
GARDNER, Howard. *Inteligências múltiplas: a teoria na prática*. Porto Alegre: Artmed, 2000.
HILL, Napoleon. *Quem pensa enriquece*. Curitiba: Fundamento, 2009.
ROBBINS, Tony. *Poder sem limites*. Rio de Janeiro: Best Seller, 2017. 404 p.

42

Equilibrando sua vida por meio da gestão do seu tempo

Neste capítulo, vamos refletir sobre como podemos fazer para que nossa vida e nossos papéis caibam em um dia de 24 horas. Será possível equilibrar nossa vida e conseguir realizar o que precisamos com a sensação de alegria e gratidão? É possível fazer uma gestão do tempo?

Patricia Curti

Patricia Curti

Personal & professional coach, certificada pela Sociedade Brasileira de Coaching (SBC). Graduada em gestão de recursos humanos pelas Universidades Claretianas. Graduação em direito pela Universidade de Ribeirão Preto. Curso de gestão e planejamento estratégico pelo Método 3TX Campinas. Possui mais de 15 anos de experiência na área de gestão de pessoas, atuando em empresas nacionais e multinacionais de pequeno, médio e grande porte, com ênfase nos subsistemas de capacitação e desenvolvimento, carreira, avaliação de *performance* e aquisição de talentos. Atua na gestão estratégica da Comunidade Presbiteriana Vinhedo. Coordenadora do grupo *Mães em missão,* que trata de palestras sobre educação de filhos com valores bíblicos. Atua como *coach* na área de gestão de tempo e produtividade com mentorias individuais e consultorias empresariais.

Contatos
patriciacostacurti@hotmail.com
Instagram: patriciacurti.coach
(19) 99562-9993

O tempo é um presente de Deus. Todos os dias ele nos dá 24 horas, 52 semanas ou 365 dias. O que fazemos com nosso tempo é algo sério a ser pensado e analisado.

Vivemos, hoje, uma epidemia chamada "presença-ausente". Estamos fisicamente em um lugar, mas, mentalmente, em outro. Não conseguimos nos conectar com o presente, não aproveitamos o momento com as pessoas especiais em nossa vida, tudo porque nossa mente, devido ao excesso de informações, divaga.

Você já parou para pensar quantos papéis exerce em sua vida? Pai, mãe, esposa, marido, filho, profissional etc. Você tem conseguido equilibrar todos eles?

Já parou para pensar que quando estamos dando atenção total a um único papel, os outros sofrem e adoecemos? O *coach* Geraldo Theml diz que quando estamos em desequilíbrio com algum papel importante na nossa vida, temos a sensação de estarmos sentados em uma mesa com a perna bamba. Já teve essa sensação? É bem ruim, não acha?

Existe um poema escrito pelo Mario Quintana, que diz: "quando se vê, já se foram 50 anos". 50 anos passam em um piscar de olhos. Precisamos nos lembrar de que as histórias que queremos contar, o legado que queremos deixar para os nossos filhos e netos, estão sendo construídas hoje. Nós precisamos entender, de uma vez por todas, que vivemos o presente com nossos olhos no futuro.

E como podemos fazer a nossa vida caber nas 24 horas que recebemos? Como podemos ser mais produtivos e equilibrados?

A resposta para essa pergunta é o que vamos responder neste capítulo.

O que é produtividade?

Para mim, o conceito de produtividade é muito subjetivo, pois vai depender do que é importante para você em relação aos seus objetivos. Por exemplo, para mim, exercer o papel de mãe é, extremamente, importante. Então, quando paro tudo para ter uma tarde com minha filha, eu estou sendo produtiva, e isso me deixa realizada. Então, produtividade sempre tem a ver com você realizar tarefas que o levarão para mais perto da realização do seu objetivo.

Gosto muito do conceito do Paulo J. Meyer: "produtividade nunca é um acidente. É sempre o resultado de um comprometimento com a excelência, inteligência e esforço focado".

Esse conceito nos mostra que a produtividade está sempre ligada à excelência! Nunca seremos produtivos fazendo uma tarefa de qualquer jeito e sem planejamento! O conceito de excelência é totalmente diferente do perfeccionismo! Ser excelente sempre é fazer o seu melhor com os recursos que você tem. O perfeccionista sempre terá problemas com a ansiedade e com a ação! Quem é perfeccionista não age enquanto não tiver a segurança de que está perfeito. E como nunca nada poderá ser perfeito, ele não arrisca e acaba se frustrando! O excelente arrisca, pois sabe que fez o seu melhor, tem paz e tranquilidade e, se precisar, ele vai corrigindo as ações no caminho.

Devemos lutar contra o perfeccionismo e abraçar o conceito da excelência! Mas, voltando à questão da produtividade, temos que desmistificar o conceito de que quem é produtivo está sempre ocupado!

Essa é uma grande mentira! Estar ocupado não tem a ver com produtividade! Eu posso me ocupar o dia todo com tarefas irrelevantes e circunstâncias, e quando chego no final do dia, tenho a sensação de que patinei o dia todo e não fiz, absolutamente, nada importante.

Ser produtivo é ter uma agenda de excelência! É conseguir ter tempo durante a semana para cuidar da sua saúde, ler um bom livro, almoçar com a família, ou tomar um café com um amigo(a) querido! É realizar seu trabalho de forma excelente, com tarefas importantes que, realmente, o farão chegar perto do seu sonho.

Não podemos sobrecarregar a nossa agenda, tendo o foco apenas no trabalho, pois, um dia, a conta da saúde e dos relacionamentos chegará! E você precisará pagá-la. Que triste trabalhar tanto e não conseguir desfrutar de nada, porque não tem saúde, ou desfrutar sozinho(a), pois perdeu as pessoas que amava no caminho.

Citando mais uma vez o *coach* Geraldo Theml, existem cinco perfis de pessoas em relação a tempo e produtividade. São estes:

Vida vazia: tem tempo, mas não resultado. Pessoa com muito tempo livre, mas que não possui o resultado que gostaria. Vive uma vida aparentemente boa, mas, à medida em que o tempo passa, se sente frustrada e envergonhada por ver as pessoas evoluírem e ela ter ficado parada no tempo.

Arrastador de pedra: tem resultado, mas não tempo. Em geral, é a pessoa que, em algum momento da vida, vai se arrepender de ter trabalhado tanto e não ter cuidado da própria saúde ou de não ter visto o filho crescer. Costuma usar como desculpa o amor pela própria família, para justificar a ausência em casa e a falta de cuidados com a própria saúde em prol do trabalho sem fim.

Ocupado: sem resultado e sem tempo. O ocupado é o típico perfil que passa o dia se ocupando sem, de fato, produzir o que é necessário para construir histórias de que sente orgulho. Em geral, são pessoas frustradas que dizem não entender o que falta para conseguirem sucesso na vida.

Realizador nível A: tem resultado e tem tempo. Realizador nível A é aquele que tem tempo para fazer tudo o que ama na vida, e ainda realiza tudo o que precisa para se sentir feliz.

Procrastinador: é aquela pessoa que sempre fica adiando o que deve ser feito. Basicamente, a pessoa que quando decide que chegou a hora de fazer algo importante, lembra, bem naquele momento, de um monte de coisas bem menos importantes que precisam ser feitas.

Em quais desses perfis você se encaixa? Por muito tempo, eu me encaixei no perfil do ocupado, até que decidi virar a chave da minha vida e começar a produzir e encarar a minha missão, que é ensinar e desenvolver pessoas. Começamos a ser produtivos quando, primeiramente, nos conhecemos e entendemos quais são os nossos papéis, quem são as pessoas que representam esses papéis e quais os limites deles.

A partir daí precisamos ter clareza dos nossos objetivos de vida! O que você busca? O que é, de fato, importante para você? A partir desses passos, você começará a separar o que é importante do que é circunstancial na sua vida.

Então, a primeira dica que dou para você fazer uma boa gestão do seu tempo, é: descubra quem você é e o que você sonha! Onde você quer estar e fazendo o que, quando tiver 60, 70 e 80 anos? E o que vai precisar fazer aos 20, 30, 40 para realizar esse sonho?

Anote isso em um papel, para gerar um compromisso consigo e, a partir daí, comece a usar uma agenda! Sim, uma agenda! Ela não precisa ser de papel, mas precisa funcionar. Fazer uma lista de tarefa é diferente de usar uma agenda. Em uma agenda você anota seus compromissos com dia e hora marcados. Em uma lista de tarefas você vai colocar ordem de importância e datas a serem cumpridas e, posteriormente, inserir na agenda.

Uma outra dica que funciona muito para se ater ao momento presente e saber se está produzindo ou não é instalar alarmes no celular, que, ao despertar, perguntarão se você está ou não produzindo! Caso esteja, continue realizando a tarefa, do contrário, pare de fazer as improdutivas e comece a realizar as importantes.

Inimigos da produtividade

Todos sabemos que as redes sociais são grandes vilões da produtividade! Entrar nas redes no momento de trabalho, além de fazer você perder o seu foco, fará realizar suas tarefas com um menor grau de excelência.

Minha dica é: desabilite todas as notificações do seu celular e combine com as pessoas importantes que você não estará disponível no horário determinado para trabalhar e produzir. Combine que, se precisarem de algo que seja urgente, elas devem ligar. Hoje, ninguém mais usa o celular para fazer ligações, mas esta é a sua função mais importante!

Separe blocos de tempo para responder para as pessoas. Não entre, a todo instante, no seu *e-mail*, entre apenas nos blocos de tempo determinados por você (ex: uma hora de manhã, outra hora à tarde). Responda com atenção e concentração. Sempre que entrar no seu *e-mail*, tome uma ação: responda e apague. Nunca entre, para depois ter que entrar de novo e responder, pois isso gera um retrabalho e, consequentemente, gasto de tempo.

Saia de grupos de *WhatsApp* que não lhe acrescentam em nada. Tenha coragem de desagradar as pessoas, para que possa tomar grandes decisões mais tarde.

Existem aplicativos como o *BatcheInbox*, que o ajudam a programar o horário para receber seus *e-mails*. Assim, você recebe apenas no horário que irá, realmente, responder, e evita ficar olhando a caixa várias vezes.

Planejamento

Outro fator primordial para uma excelente gestão do seu tempo é o planejamento. Procure planejar a sua semana, ou, pelo menos, três dias. Faça isso como a última tarefa do domingo e já inicie a semana sabendo quais são as tarefas importantes, e as outras que precisa realizar na segunda. Distribua tarefas durante a semana, sempre ligadas a pelo menos dois papéis que exerce também (ex: casamento, amizades). Deixe um bloco de tempo separado para exceções que aparecerem e proteja a sua agenda de todas as atividades, totalmente, desnecessárias e que não o levarão para lugar nenhum.

O planejamento deve ser flexível e pode ser alterado caso necessário ou se alguma atividade não fizer mais sentido para você. Mas, decida planejar e focar nas atividades importantes. Marque, também, na sua agenda, um horário com você para fazer o que gosta e lhe dá alegria. O planejamento vai ajudá-lo a antecipar os imprevistos e a não reagir a eles. Vai ajudá-lo a parar de correr e começar a caminhar.

Rotina matinal

Uma boa gestão de tempo começa logo pela manhã. Decida acordar mais cedo, nunca acesse as redes sociais ao acordar. Tenha tempo de respirar, orar, agradecer pelo dia, fazer uma atividade física ou leitura antes de tomar o café da manhã. Evite acordar em cima da hora do trabalho. Faça tudo com calma! Você vai notar como estará mais disposto e feliz!

Geralmente, nosso problema não é a falta de tempo e, sim, a falta de clareza nos nossos objetivos, a falta de propósito e o excesso de desculpas. O tempo é igual para todos, mas somente uma pequena parcela de pessoas decide pagar o preço da mudança de se planejar e de executar. Cada escolha que fazemos reflete na nossa vida, e colheremos suas consequências.

Quando nos preocupamos com o nosso tempo, avaliando as nossas ações, nos destacamos das outras pessoas, não porque somos melhores, mas porque vencemos a barreira das desculpas e da procrastinação, e decidimos plantar e colher os nossos sonhos.

Termino por aqui, desejando que você queira ser um realizador! Que busque isso para a sua vida, se preocupe com suas ações e faça uma rotina de excelência cuidando da gestão do seu tempo e do seu equilíbrio! Sonhe e tire esses sonhos do papel... pois quando nos damos conta... já se foram 50 anos!

Referência

THEML, Geronimo. *Produtividade para quem quer tempo: aprenda a produzir mais sem trabalhar mais*. São Paulo: Editora Gente, 2016.

43

Mudança de *mindset* na escolha profissional

Neste capítulo, você encontrará uma história que me impactou no meu trabalho como *coach* de carreira. Trabalho com jovens profissionais que já escolheram seu caminho dentro do mercado de trabalho ou que ainda estão em momento de descoberta. E os jovens que dedicaram anos em aprendizado, estudos e experiência profissional também têm dúvidas quanto as suas decisões. O processo de *coaching* auxilia nessa maravilhosa descoberta que é a tomada de decisão acertada

Priscila Sarmento

Priscila Sarmento

Fundadora da Zoomvox Desenvolvimento Profissional; mestre em gestão empresarial pela FGV/EBAPE; administradora credenciada pelo CRA–RJ com MBA em gestão estratégica de pessoas pela FGV –RJ. Atuou por 15 anos com gestão de equipes de alta *performance* nas áreas: comercial, planejamento, projetos, *marketing* e *marketing* digital. Atua como *coach* de carreira e orientação profissional; membro da Associação Brasileira de RH (ABRH); *master coach* pelo IMS e *Magistere Coach* pela Pro-Fit (Credenciado ICF). Qualificada para aplicação em *assessments* como MBTI *Step* I e II, Birkman e DISC pelo Instituto Felippelli.

Contatos
zoomvox.com.br
priscila@zoomvox.com.br
LinkedIn: prisarmento
(21) 99463-7793

P ensamos a todo momento em qual a decisão mais sensata que devemos ter profissionalmente. Muitos são influenciados por carreiras atuantes dentro da família, outros por carreiras que são protagonistas no mercado e até mesmo escolhas feitas por talentos reconhecidos ao longo da vida.

Precisamos ter certeza antes de tomar uma decisão impactante em nossas vidas. Decisão essa que nos acompanhará pelo nosso caminho.

Muitos jovens questionam-se durante anos sobre qual carreira devem seguir. Sempre foi dessa maneira? Como tomar a decisão certa, sem antes ter tido contato direto com essa profissão?

Neste capítulo, trago a vocês um caso de um *coachee* que tinha uma carreira extremamente reconhecida. Por anos fez o que achava que deveria, mas sempre sentiu um sonho em sua mente.

Utilizarei nome fictício para preservar a identidade dos meus clientes que me engrandecem todos os dias com suas histórias. Espero sempre poder contribuir em suas jornadas.

Hugo, um jovem profissional de 29 anos, se formou em relações públicas. Ama o mundo. Sempre pensou em ser diplomata. Queria desbravar o universo, por isso foi para a Europa recém-formado, para fazer um mestrado em uma faculdade portuguesa. Em seguida, concluiu doutorado e pós-doutorado em diversos países da Europa, incluindo Inglaterra.

Hoje, meu *coachee* dá aula e orienta diversos alunos de uma grande faculdade na Europa.

Quando Hugo chegou ao meu escritório, confesso que senti enorme desconforto por ser *coach* de um currículo com tamanho valor e peso. Atender um profissional com uma carga acadêmica tão expressiva me deixava com a sensação de responsabilidade pela decisão que ele tomaria na vida.

No livro *Mindset: a nova psicologia do sucesso*, da Carol S. Dweck, uma ilustre acadêmica na área de psicologia, são apresentadas as diferenças do *mindset* fixo e do *mindset* de crescimento. No *mindset* fixo as pessoas tendem a ver o copo meio vazio, buscam por um padrão e resultados imediatos, enquanto aqueles que possuem *mindset* de crescimento buscam por desafios, tendem a ver o copo meio cheio e se estimulam com o crescimento que uma maratona proporciona, independentemente de levar ou não à conquista do prêmio.

Hugo chegou ao meu escritório muito decepcionado com a escolha de carreira que tinha feito. Ele queria desbravar o mundo, conhecer pessoas e, com esse objetivo em mente aos 17 anos, decidiu fazer relações internacionais e seguir a diplomacia como maior objetivo.

O sonho dele estava logo ali e o acompanhava a cada novo canudo que ele conquistava. O jovem queria desbravar o mundo, sim, mas seu grande sonho era ser piloto de avião. Ele era apaixonado por simuladores, aviões, caças e tudo mais que envolvia a aviação.

Só que um problema em sua visão o tirou desse caminho e, então, Hugo se enquadrou ao destino que a vida lhe oferecia. Confesso que ouvi essa história com lágrimas nos olhos ao ver que um jovem rapaz com um futuro lindo, com toda aquela experiência, conhecimento adquirido, todos os lugares conhecidos, queria trocar tudo por um brevê (documento de permissão para pilotar aeronaves).

Hugo queria alguém que o auxiliasse em seu processo de mudança. Descobriu que havia possibilidade de fazer um curso permitido a quem tinha problemas de visão, mas não ultrapassava um limite permitido pela lei, para obter o brevê. Mas, como eu poderia auxiliar aquele rapaz em uma virada tão expressiva em sua vida?

Ele confiava e acreditava que poderia recomeçar. Queria apenas estabelecer qual caminho deveria percorrer. Acreditava que todo o conhecimento adquirido com a academia e seus estudos era o caminho necessário para trilhar até o seu sonho.

Hugo ainda tinha um grande problema, sentia-se velho demais para recomeçar. Apesar de ter um grande sonho, precisávamos trabalhar sua crença limitante. Aos 29 anos, achava-se velho para concorrer a uma oportunidade profissional como piloto.

Trabalhamos suas crenças, fortalecemos sua autoconfiança, descobrimos que haveria dezenas de possibilidade de atuação na aviação, e que ela poderia ser não necessariamente uma profissão primária.

Confesso que ainda não sei qual o caminho que Hugo irá tomar, uma vez que o processo de *coaching* é de inteira responsabilidade do *coachee*. O *coach* só auxilia como bússola, mas esse cliente me proporcionou um conhecimento enorme das crenças limitantes que existem em mim, na responsabilidade que temos, como profissionais do *coaching*, em não interferir com nossas opiniões e experiências na decisão alheia.

Nós somos tomados, muitas vezes, por aquela sensação de que podemos orientar, sugerir, "dar uma dica", mas nada disso é função do *coach*. Não sou mentora nem consultora, sou *coach* de carreira e desenvolvo o meu trabalho conduzindo meus clientes nesse processo de autodescoberta e realização.

O trabalho do *coaching* para a mudança de *mindset* na decisão de uma carreira é amparar os clientes na autodescoberta. Sinto-me muito feliz em fazer parte, mesmo que nos bastidores da vida de jovens que buscam seu caminho.

A experiência de tantas histórias que recebo em meu escritório me dá a grande sensação de que temos uma geração cada vez melhor para o mundo. O *coaching* nos proporciona experiências maravilhosas.

Diariamente somos envolvidos em histórias magníficas como essa do Hugo, que nos impulsiona ao trabalho e aprendizado do método *coaching*.

Como diz Timothy Gallwey em seu livro *O jogo interior do tênis,* o papel do *coach* é ser espelho para o *coachee* refletir os seus movimentos e reconhecer onde, efetivamente, está o destoando de forma errada.

Não é papel do *coach* orientar, mas, sim, ser o espelho que mostra aos olhos de quem vê que há algo que pode ser diferente.

A decisão acertada para uma escolha profissional tem muito a ver com as expectativas que nossos *coachees* têm de uma determinada profissão. Sonhos, talentos, orientações paternas, todos esses fatores estão extremamente relacionados as suas crenças. Sejam essas motivadoras ou limitantes.

Por isso, o processo de *coaching* auxilia tanto nessa autodescoberta, facilita a escolha e, muitas vezes, encontra caminhos diferentes dos que o *coachee* tinha materializado.

A escolha profissional é um caminho de descobertas da maturidade para muitos jovens. Muitas vezes, é a primeira experiência que eles têm de contato com responsabilidade e decisão. Nesse momento, o papel do *coach* é levá-los nessa autodescoberta e jornada de sucesso.

Sucesso a todos!!!

Referências
DWECK, Carol S. *Mindset: a nova psicologia do sucesso.* Editora Objetiva, 2006.
DUTRA, Eliana. *Coaching: o que você precisa saber.* Editora Mauad X, 2010.
GALLWEY, W. Timothy. *O jogo interior do tênis.* Editora Sportbook, 2016.
WHITMORE, John. *Coaching para aprimorar o desempenho: os princípios e a pratica do coaching e da liderança.* Editora Clio, 2009.

44

Mindset vencedor: do piloto automático à consciência transformadora

Nosso *mindset* determina os padrões que utilizamos para lidar com as questões práticas da vida. Pode nos levar ao sucesso ou nos prender às situações de fracasso, aproximando-nos ou afastando-nos dos resultados desejados. O *coaching* é uma poderosa ferramenta capaz de ampliar nossa visão de mundo, aumentar nossa autoconsciência e destravar nossas potencialidades para uma vida mais plena e feliz

Renise Gomes

Renise Gomes

Psicóloga, socióloga, assistente social e mestre em RH. *Practitioner* em PNL e *master coach* formada pela SLAC, com 15 certificações internacionais, além das formações com Anthony Robbins, Timothy Gallwey, Marshall Goldsmith e Daniel Goleman. Trabalhou 31 anos na Caixa Federal, como consultora e gerente regional. Possui mais de 40 anos de experiência em treinamentos. Hoje, atua como *master coach,* mentora de *coaches* e educadora. Faz sessões de *coaching* individual *online*, ministra palestras e treinamentos em *coaching*, com destaque para liderança, administração do tempo, carreira, psicologia positiva e planejamento, sentido da vida e *coaching* para jovens, desenvolvimento pessoal e profissional. Fundadora da Potencial *Coaching* e Treinamentos, que trabalha para empresas e pessoas que querem atingir a alta *performance* e alcançar o seu melhor.

Contatos
http://www.coachrenisegomes.com.br/
renise.gomes@hotmail.com
Facebook/ Youtube/ LinkedIn: Coach Renise Gomes
Instagram: coachrenisegomes
Twitter: @CoachReniseGome
(13) 99738-6968

Precisamos conhecer o nosso *mindset* – modelo mental, para conseguirmos mudá-lo. Para isso, nada melhor do que o *coaching*, que é um processo pragmático e estruturado com técnicas, conhecimentos e ferramentas com as quais podemos trabalhar as emoções positivas e caminhos mentais mais construtivos e compatíveis com os resultados que desejamos alcançar. O *coaching* é uma poderosa metodologia de desenvolvimento humano com foco em solução, que liberta o potencial e maximiza o desempenho para a alta *performance*.

Sou *master coach*, psicóloga, mentora e educadora. Minha missão é desenvolver o potencial humano, para levar as pessoas ao seu melhor. Tenho trabalhado com treinamentos ao longo da vida e não conheço outra forma melhor de crescimento pessoal e profissional. E você, gostaria de alavancar o seu resultado? Qual preço está pagando por não investir em seu desenvolvimento e no da sua equipe? Quer alcançar o sucesso e não tem conseguido? Ficar menos refém dos problemas para conseguir sonhar? O que é o sucesso para você?

Saiba que para mudar o *mindset* é preciso, com o auxílio de um maior autoconhecimento, entendermos qual é o modelo mental predominante e, a partir daí, mudar o modo de encarar os desafios da vida. Pode ser usado em vários assuntos, como profissional, financeiro, afetivo e outros. Observa-se o padrão para lidar com essas situações, analisando se é, de fato, a melhor forma e buscando resultados melhores. A vitória só poderá ser alcançada pela maneira como lidamos com nossos objetivos.

O caminho para o sucesso prossegue quando, com mais autoconhecimento, entendemos melhor as nossas emoções, definimos nosso propósito e missão de vida, que dão sentido à nossa existência e permitem alcançar a verdadeira satisfação. Quanto mais eu me conheço, mais me fortaleço.

A nossa caminhada fica mais tranquila quando nos organizamos mentalmente, definimos objetivos claros e específicos e traçamos um plano de ação para atingi-los. Sim, pois não basta sonhar, é preciso realizar. As realizações é que trarão as mudanças que necessitamos nas nossas vidas. Quando nós sabemos o que queremos, canalizamos nossa energia, nosso tempo, nosso conhecimento para alcançá-los. E, a cada conquista, reforçamos nossa autoestima e autoconfiança.

É preciso identificar o que é, verdadeiramente, importante para nós, trazendo à nossa consciência e nos concentrarmos nisso. Mudar nossos caminhos mentais para aproveitar a vida ao máximo, naquilo que definimos como importante, potencializar nossos talentos, competências e relacionamentos profundos, eliminar aspectos negativos da nossa mentalidade e dos nossos comportamentos, construindo melhores resultados em todos os setores da nossa vida e, assim, contribuir significativamente com o mundo.

Nesse processo, é fundamental enquadrar as barreiras mentais e crenças limitantes, substituindo-as por fortalecedoras. São elas que podem estar impedindo a evolução e o desenvolvimento. Cresça podendo ser quem você realmente é, revelando e libertando o que você já tem em potencial. O *coaching* aperfeiçoa a capacidade de ouvir, melhora a flexibilidade, ajuda a aceitar melhor as mudanças. Quem passa pelo processo de mudanças evolui, ao mesmo tempo, a capacidade de se relacionar.

Aos poucos, você vai expandir a sua consciência, dando atenção a uma coisa de cada vez, diminuindo estresse, frustração, ansiedade e deixando chegar a verdadeira felicidade e tranquilidade. Com a atitude certa, podemos realizar nossas metas.

Buscar o nosso bem-estar para transbordá-lo por onde passarmos. Conseguirmos ser o melhor de nós mesmos. Só quando você cuida de si é que consegue ajudar ao outro na conquista de suas metas e realizações de seus sonhos.

Observe que, ao contrário disso tudo que escrevemos, as pessoas negativas dificilmente conquistam o sucesso ou são felizes. E sabemos que, ao começarmos a mudar o nosso *mindset* para o sucesso e crermos positivamente em nós ou em algo de bom, nosso corpo recebe uma carga de hormônios naturais, como dopamina, serotonina, endorfina e ocitocina que fazem com que nos sintamos bem. É por isso que a mudança do caminho mental para o sucesso já libera emoções positivas, ajuda a ter mais foco, desempenhar com mais qualidade nossas tarefas, fortalecer nossos relacionamentos, aumentar a criatividade e a flexibilidade. E o círculo virtuoso gira trazendo mais otimismo e esperança. Nada disso é fácil, é tarefa para toda uma vida, gerando crescimento contínuo.

Nos últimos anos, pude acompanhar as histórias transformadoras de mais de uma centena de *coachee*s. Uma delas me procurou para fazer *coaching* individual em busca de um equilíbrio financeiro, pois conviveu a vida inteira com o desequilíbrio entre o que gastava e o que ganhava, não importando que esses valores recebidos fossem bem altos. Quando começamos o trabalho, à medida que ela traçava ações para si, foram aparecendo em seu *mindset* crenças limitantes em relação ao dinheiro e ao controle. Conforme íamos enquadrando estas crenças, ela se libertava daquilo que a impedia de ter mais organização e disciplina para chegar ao seu objetivo.

Durante o processo, suas amigas comentavam: "nossa, como você mudou, está tão melhor!". Ou seja, ao trabalhar um item da sua vida – o financeiro – acabou impactando e alinhando vários outros ao mesmo tempo, como o afetivo, o espiritual etc.

Num segundo exemplo, depois de um treinamento *Leader Coach* ministrado por mim, uma das participantes pediu para conversarmos e decidiu passar pelo processo de *coaching* individual comigo. Sua questão profissional era uma relação conflituosa com a pessoa que também exercia uma função gerencial no mesmo departamento que ela, a tal ponto de interferir sobre o estado de humor de ambos, gerando atritos diários entre os dois e até entre os membros da equipe. Ao iniciarmos esse processo, havia um desequilíbrio emocional completo e uma insatisfação profissional muito grande. Seu objetivo era ter um ambiente de trabalho tranquilo e produtivo. A primeira ação decidida por ela foi aplicar o que aprendeu no curso: ouvir o outro gerente, exercitando a escuta ativa e permitindo que, pela primeira vez, ele pudesse expor os seus motivos. Foi uma reunião inusitada! Ela não imaginava que, ao começar a conversar com ele, com a mente e o coração abertos, permitindo que ele falasse e apenas ouvindo genuinamente, ele se emocionasse tanto e confessasse que, na verdade, todo o atrito era causado por uma certa inveja.

Nesse caso específico, na primeira conversa após o treinamento *leader coach* e depois de uma sessão de *coaching*, trabalhando seu próprio *mindset*, minha *coachee* sentou com o colega gerente e, ao invés de falar, acusar, brigar e reclamar, pela primeira vez ouviu o que ele tinha para dizer, permitiu que ele falasse e contasse sua versão da história, a ponto de se emocionar e de conseguirem estabelecer um manual de convivência que seria bom para ambos dali para frente. É isso que o *coaching* pode nos proporcionar, essa mudança total a partir de nós.

O interessante é que, ao relatar o problema, normalmente na primeira sessão, de uma forma mais demorada, o cliente sempre joga tudo nas costas do outro, dizendo: "Porque o outro é isso", "Porque o outro é aquilo", "Porque o outro faz assim...", num típico *mindset* vitimista. Mas, depois de ouvir-se, rever as questões e refletir por meio das perguntas *coaching*, para chegar ao âmago da questão, acaba percebendo que somente ele mesmo é capaz de solucionar o problema, assumindo o protagonismo na busca dos resultados: "sabendo que este problema existe, o que eu posso fazer?". É o que chamamos de responsabilidade pessoal: quando eu desloco o problema do outro e da situação e trago para mim, eu passo a ser o autor e diretor da minha vida, mudo meu caminho mental rumo ao sucesso e ao objetivo que espero alcançar.

Transformações surpreendentes eu tenho observado quando atendo aos jovens nessa faixa de 19 a 20 e poucos anos. É uma época em que eles estão muito perdidos, indecisos quanto a estudos, profissão e questões emocionais. Ao atendê-los dentro da metodologia *coaching*, seja em treinamentos, seja em sessões individuais, tenho conseguido ouvi-los, permitindo que eles tragam de dentro de si as respostas autênticas, opções inusitadas, e ações que passam a adotar de uma forma rápida e inesperada. A ponto de alguns pais me ligarem depois da primeira ou segunda sessão perguntando: "o que você está fazendo com o meu filho? Eu tenho tentado a vida toda e não tenho conseguido", "o que aconteceu?". E a resposta é simples: o *coaching* permite que a pessoa se liberte e libere o seu potencial, tire de dentro de si aquilo que ela é e descubra pelos padrões o caminho mental predominante para ela chegar as suas metas desejadas. E assim tudo acontece.

Costumo ouvir de clientes de todas as idades e lugares, coisas do tipo: "eu nunca pensei sobre isso", "há quanto tempo eu não refletia sobre isso", "nossa, que ideia que eu tive, nunca havia pensado assim antes". O diálogo interno que o cliente faz é capaz de trazer respostas que estavam dentro dele e ele não percebia. Somente após o processo competente de *coaching*, com técnicas e ferramentas apropriadas, ele se descobre e passa a ser sua melhor versão. Tenho testemunhado inúmeros casos emocionantes de sucesso na área afetiva, financeira e profissional, por exemplo.

Fico muito realizada em saber que, neste momento da minha vida, todo o conhecimento que adquiri nas diversas formações voltadas ao desenvolvimento humano, como psicologia, sociologia e todos os cursos que fiz, somados à bagagem de uma vida com uma experiência muito forte em relação ao trabalho com pessoas, me ajudam a ter uma habilidade maior para ouvi-las e saber dizer o que elas precisam questionar, como quem sabe que "botões apertar" para que elas revejam seus modelos mentais e decolem.

Costumamos brincar que é como uma mola que está toda encolhida dentro da pessoa e, à medida em que o processo de *coaching* vai fazendo efeito, conforme ela vai participando de alguns treinamentos, se conhecendo e se permitindo, essa mola vai se soltando e vai chegando ao seu normal, liberando sua energia e sua potência de agir.

Muitos clientes dizem que o *coaching* foi um divisor de águas, ajudando-os a superar o que antes era só confusão de ideias, muita correria e trabalho em excesso, mas sem conseguir o que de fato queriam. Depois do *coaching*, dizem eles, passaram a ter um foco específico e saber onde querem chegar, sendo possível ser quem realmente são.

Nós sabemos que cada um de nós tem um repertório, uma história e um nível de consciência diferentes. Sabemos também que 95% está em nível inconsciente. Com o *coaching*, nós conseguimos ir trazendo novos recursos à consciência e a grande vantagem é que é um caminho sem volta. O processo de expansão da consciência é gradativo e não retrocede jamais.

É assim que, aos poucos, tomamos consciência do que fazíamos apenas no piloto automático. Passamos a ter contato com o nosso eu interior e nossas sensações. Presentes e conscientes disso, a mudança de *mindset* torna-se uma consequência natural. Precisamos treinar a nossa mente para apreciar a vida, a natureza, o belo e a realidade. Viver com suavidade e contemplação, ao mesmo tempo que com lucidez, estando inteiro no momento presente e no agora. Descobrir que só o poder de escolha pode levar a uma plenitude de vida.

Refletir também sobre sentimentos poderosos e libertadores como perdão e gratidão em nossa vida. Quantas vezes não perdoamos e carregamos essa mágoa conosco pela vida? Quantas outras vezes não agradecemos adequadamente? A gratidão torna a vida mais feliz e fortalece relacionamentos.

O *coaching* pode ser a melhor solução na busca de objetivos pessoais e profissionais, desde que haja cuidado na escolha de quem irá conduzir o processo, devendo ser muito criteriosa a opção por um profissional sério, competente e eficaz.

É preciso buscar entender o que nos faz felizes. Descobrir nosso diferencial, forças e talentos. Aquilo que gostamos e sabemos fazer com naturalidade é que poderá nos levar ao sucesso e ao florescimento.

O que deixa você concentrado, confiante e feliz?

Aproveite e dedique mais tempo a isso.

45

A estratégia dos bem-sucedidos

Apesar de serem exemplos de sucesso, eles não dispensam o trabalho de um bom *coach*. Trabalhando numa Avaliação 360° dos pilares que sustentam a vida, esses homens e mulheres bem-sucedidos têm alcançado um novo patamar de realização pessoal e profissional, sob a orientação de um estrategista de vidas e negócios

Rogério Magalhães

Rogério Magalhães

Bacharel em ciências contábeis pela Universidade Federal do Estado do Ceará. Pós-graduado em *marketing* pela Fundação Getulio Vargas; e em estratégia de *marketing* pela Universidade de La Verne, Califórnia – USA. Especialista em vendas e *marketing* pela Universidade de Barry, Flórida – USA. Especialista em gestão empresarial pela Business School, SP. Formado em *coaching* pela Federação Brasileira de Coaching. Participante do *Date With Destiny* com Anthony Robbins. Possui experiência de 16 anos na área comercial, diversos cursos de *brands,* negociações e vendas, nos melhores institutos e consultorias do Brasil e do mundo. Foi gestor comercial da Schering Plough e gerente comercial da Sanofi-Aventis. Possui diversos títulos internacionais de melhor *performance* em vendas e negociações pela Sanofi, além de destaque como profissional visionário e inovador do mercado em 2011 e 2012. Como gestor, passou pelo maior grupo de distribuição do mundo, o Panpharma. Em seguida, assumiu a diretoria da RMA Coaching.

Contatos
www.rmacoaching.com.br
rogerio.mjr@rmatreinamentos.com.br
(85) 3458-3587

C antores, atores, *digital influencers*, executivos de grandes empresas, empresários de sucesso, advogados, médicos e outros profissionais bem-sucedidos. O que o *coaching* poderia oferecer a este público que já parece ter tudo o que deseja?

A maioria das pessoas vive de acordo com algumas crenças, fortemente, instaladas no seu cérebro. Por exemplo, ser feliz é ter sucesso na profissão e proporcionar a sua família, casa, carros, viagens e dinheiro na conta bancária. Por isso, quando peço a meus *coachees* que deem uma nota a si, a maioria se atribui uma nota alta. Mas, a conversa muda de figura quando faço perguntas como:

• Há quanto tempo você não se senta com seus filhos para ajudá-los na lição de casa?

• Há quanto tempo você não sai, a sós, com a sua esposa (ou esposo) só para curtirem a presença um do outro?

• Há quanto tempo você não olha nos olhos de sua mãe, ou do seu pai, e pergunta como vai a vida?

De repente, esse profissional confiante, que tinha uma ótima imagem de si, começa a descobrir que não é o pai, o esposo, o filho, ou o irmão que deveria ser. Que havia colocado a sua vida profissional em primeiro lugar, descuidando de suas relações pessoais, mesmo que de forma inconsciente. E ele sente o golpe, pois está acostumado a cobrar uma alta *performance* dos outros e dele mesmo, seja em qual área for.

Ao dirigirmos o nosso foco para apenas uma parte da nossa vida, produzimos enfraquecimento e dificuldades nas outras. É esse desequilíbrio que procuro corrigir como *coach*. O método de Avaliação 360°, que utilizo nas minhas sessões, possibilita uma visão mais clara e objetiva de como andam os vários aspectos da nossa vida.

A roda da vida

Eu achava que era frescura, mas, depois de fazer o *coaching* com Rogério, melhorei muito a minha qualidade de vida. Eu começava uma coisa e não terminava, não tinha tempo para sair com as amigas, tinha muita coisa que não conseguia fazer. Depois do *coaching*, passei a administrar melhor a minha vida, os meus horários.

Solange Almeida, cantora.

É comum que pessoas muito comprometidas com exigências profissionais se distanciem dos seus entes queridos, porque não têm tempo para se dedicar aos filhos, esposa (ou marido), pais, irmãos.

Essa situação tem muito a ver com um tipo especial de clientes que atendo: as celebridades, pessoas de imensa popularidade, que se destacaram em alguma área das artes, da comunicação, dos esportes ou das ciências. Para elas, praticamente 100% de suas vidas está ligada à emoção. A emoção é a matéria-prima do seu trabalho artístico, produz aquele arrepio de idolatria nos seus fãs, é o combustível que as move. Claro que a saúde emocional é importante para todas as pessoas, mas, no caso das celebridades, a necessidade de trabalhar as emoções é ainda maior.

A qualidade de nossas vidas nada mais é do que a qualidade das nossas emoções.

Ao colocar em ordem a sua vida pessoal, esse artista se transformará num profissional melhor, cumpridor de horários, preparado para enfrentar contingências e capaz de trabalhar muito bem em equipe.

A *Avaliação 360°* consiste em visualizar a Roda da vida, composta por 11 pilares. Cada pilar é um conjunto de crenças, paradigmas e ideias preconcebidas, que se transformaram em barreiras que nos impedem de ver o que está acontecendo – de verdade – à nossa volta.

Conheça, a seguir, estes pilares:

1. Pilar espiritual: a sua relação com Deus, a sua religião, a sua fé;

2. Pilar parentes: a sua relação familiar;

3. Pilar conjugal: o seu relacionamento com sua esposa (ou marido), namorada (ou namorado);

4. Pilar filhos: o seu envolvimento e responsabilidade na educação e no crescimento de seus filhos. O seu relacionamento com eles;

5. Pilar social: a sua vida social, as conexões com as demais pessoas do seu círculo social;

6. Pilar saúde: como está a sua saúde, como se sente fisicamente, onde melhorar;

7. Pilar servir: o seu tempo para se dedicar a causas sociais, à comunidade e retribuir pelo muito que tem recebido;

8. Pilar intelectual: a busca pelo conhecimento. Pesquisas, estudos e cursos para a sua atividade profissional ou vida pessoal;

9. Pilar financeiro: como visualiza os seus ganhos, quanto investe para o futuro, quanto tempo projeta para alcançar sua independência financeira etc.;

10. Pilar profissional: como se sente hoje como profissional, como projeta a sua carreira, até onde quer chegar, até onde pode melhorar;

11. Pilar emocional: como reage a erros, o quanto está blindado para encarar as decepções e os obstáculos como oportunidades de aprendizado;

Focando um pilar de cada vez, o *coachee* percebe coisas que antes não conseguia ver, ou, que, por força das circunstâncias, acostumou-se a ignorar. A partir daí eu construo, num trabalho a quatro mãos com o *coachee*, um Plano de ação, com estratégias, previsões de crescimento, plano de *trade-marketing*, plano comercial, plano pessoal etc. Nesse planejamento, metas e prazos serão estipulados para fazer uma efetiva mudança na sua vida.

A tríade do sucesso

Sempre fui uma pessoa guerreira, ousada, que busca resultados e sabe onde quer chegar. Mas, em determinado momento, essas qualidades ficaram amortecidas. O processo de *coaching* me ajudou a me encontrar, a me centralizar. Voltei a ser cérebro da minha empresa e acordo todos os dias me sentindo um vencedor, que tudo vai dar certo na minha vida.

João Berlezi, empresário.

Não é à toa que as coisas mudam para melhor. Tudo acontece graças às pequenas metas do seu Plano de ação, realizadas no dia a dia com persistência e dedicação. Por exemplo, um dos meus clientes passou a almoçar uma vez por semana com a filha, só os dois. Isso trouxe, como resultado imediato, um aumento nas notas da criança e, em seguida, uma grande sintonia e cumplicidade entre pai e filha. Outro fez uma surpresa à esposa, levando-a para jantar no primeiro restaurante em que estiveram quando eram apenas namorados. Isso a emocionou ao ponto de levá-la às lágrimas, e o relacionamento do casal ganhou novo oxigênio.

Mas para que tudo isso, realmente, promova uma mudança de verdade, é preciso que tenhamos em mente a Tríade do sucesso.

A primeira qualidade necessária no processo de mudança é a humildade para reconhecer e visualizar, de forma clara e imparcial, os seus pontos falhos. Só com esse reconhecimento o *coachee* estará pronto para passar à segunda etapa: a ação.

Durante todo o processo, o foco sempre deve ser dirigido à solução, nunca aos problemas, pois a atitude de se vitimizar, de reviver, infinitamente, as barreiras, as frustrações e os erros do passado, faz com que estes adquiram uma importância cada vez maior. Precisamos cultivar uma segunda qualidade, a coragem para superar o medo, o negativismo, o orgulho e a resistência natural às mudanças.

Entretanto, essas ações não devem ser apenas atos isolados. É necessário, por exemplo, que os pais se habituem a acompanhar, regularmente, a vida dos filhos; que o marido e a esposa se acostumem a criar no dia a dia momentos de comunhão e demonstrações de amor. Com a disciplina, essas ações se transformarão em hábitos e as mudanças, realmente, chegarão para ficar.

O pensar, o sentir, o agir e o resultado

Quando eu entrei aqui, a minha meta era preencher a agenda. Hoje, estou com fila de espera. Pelo simples fato de agir – pois com Rogério tudo fica mais simples – fazendo e seguindo o Plano de ação, os resultados vieram naturalmente. Enquanto muitos de vocês falam de crise, nosso consultório conseguiu triplicar o faturamento, ou seja, foi o melhor ano do consultório nos últimos quatro anos.

João Lucas, fisioterapeuta.

No processo de *coaching*, o primeiro passo é pensar (focar naquilo que deseja para si, pensar e visualizar o resultado desejado), depois, sentir (internalizar aquilo que deseja e começar a senti-lo). Mas, além de sentir, ele deve começar a agir (tomar atitudes, mover-se, iniciar a busca pela sua meta). E, como consequência, virá o resultado.

"Pensamentos conduzem a sentimentos. Sentimentos conduzem a ações. Ações conduzem a resultados."
(T. Harv Eker, no livro *Os segredos da mente milionária*).

O *coaching* nada mais é do que o encontro de duas pessoas. Uma que precisa de ajuda, e outra preparada para ajudar.

Por que o Rogério? Porque Rogério já foi empresário. Rogério é pai. Rogério é esposo. Rogério é temente a Deus. E tudo isso traz confiança para gente na hora de escolher um *coach*. Amigo, obrigado por tudo.

Rufino Neto, empresário.

Mais do que as ferramentas de *coaching* que aprendi ou criei como *coach*, a minha história de vida me credencia a realizar este trabalho. Fui executivo de multinacional por mais de 20 anos, trabalhando como gestor de pessoas e de processos. Sou casado há 23 anos, pai orgulhoso de três filhas (uma filha de 21 anos que vai se formar agora, uma de 13 anos e outra de sete). A minha extensa formação em cursos e faculdades está na biografia que acompanha este artigo, por isso, nem precisa ser citada. Com todo esse *background*, posso dizer, hoje, que me tornei um estrategista da vida e dos negócios.

Tudo – até a sua vida – depende de uma boa estratégia e planejamento. Muitas vezes, o empresário, o executivo, o artista, apesar de obter bons resultados, têm pouco foco. Não planeja a própria vida. Se o fizesse, poderia trabalhar menos e ganhar mais, e, principalmente, ter melhor qualidade de vida. Não é isso que todos nós merecemos?

Referência

EKER, T. Harv. *Os segredos da mente milionária*. Editora Sextante, 2006.

46

PNL: construindo a mentalidade do sucesso

O que faz algumas pessoas, contra todas as probabilidades, saírem de situações difíceis de vida e se tornarem modelos de sucesso? Quais são as características especiais dessas pessoas, em quem elas acreditam, em que elas escolhem focar e como elas gerenciam suas mentes? Mais importante, como nós podemos criar essas capacidades e estados mentais internos para também alcançar nossos sonhos?

Rosane Sampaio

Rosane Sampaio

Coach certificada pelo International Association of Coaching Institute (ICI) e *advanced* e *master coach* sistema holomentoring ISOR®. Programadora neurolinguística certificada pelo International Association of NLP – Institutes (NLP-IN) e pelo International Hypnosis Association (IHA). Hipnoterapeuta também pelo IHA, analista comportamental, palestrante, engenheira química pela UFPR. Empresária sócia-proprietária do Instituto Metallaxi Ltda., voltado para desenvolvimento humano por meio de cursos vivenciais e formações internacionais em hipnoterapia, *coaching* e programação neurolinguística. Atuou como presidente do CISV Chapter, Rio de Janeiro, e como *trader* no mercado de ações e índices.

Contatos
www.rosanesampaio.com.br
www.metallaxi.com.br
falecom@rosanesampaio.com.br
rsampaiocoaching@gmail.com
Facebook: Rosane Sampaio Coaching

Andrew Carnegie foi magnata do aço, filantropo, um dos homens mais ricos do seu tempo. Nasceu na Escócia, em 1835, em uma casa de um único cômodo e piso de terra batida. Aos 13 anos, sua família emigrou para os Estados Unidos, onde trabalhava 12 horas por dia, seis dias por semana, em uma usina de beneficiamento de algodão. Trabalhou em empresas de telégrafos e construção de ferrovias, galgando posições, dedicado ao trabalho e atento às inovações. Aos 20 anos, investiu tudo que a família tinha na construção de vagões e, finalmente, indústria de aço, tendo o monopólio do setor. Nos seus últimos anos, doou quase 90% de sua fortuna para construção de bibliotecas, pesquisa científica e educação.

Walt Disney nasceu em Chicago, em 1901, e já aos 11 anos trabalhava como entregador de jornal, acordando às 4h30min. da manhã para a entrega matinal, e fazendo ainda uma segunda rodada após a escola. No *High School*, passou a ser o cartunista do jornal da escola, ao mesmo tempo em que estudava à noite no Chicago Academy of Fine Arts. Fez desenhos para propagandas e catálogos, mas, foi quando passou a fazer animação que descobriu sua maestria, eventualmente, ganhando 22 Oscars e construindo um império do entretenimento, que perdura até hoje, tanto nos parques quanto nos estúdios de cinema.

Oprah Winfrey é produtora, apresentadora de TV, proprietária de um canal de tv a cabo, atriz, filantropa. Nascida na pobreza, molestada na infância e adolescência, engravidou aos 14 anos e perdeu seu filho pequeno. Ainda jovem, trabalhou na rádio da cidade, progredindo para a TV e sempre se sobressaindo. É creditada a ela a criação de uma forma mais confessional de *talk show*, popularizando e revolucionando esse tipo de programas de tv. É considerada pela Revista *Forbes* como uma das 50 mulheres mais poderosas do mundo.

O que eles têm de especial? O que torna essas pessoas, que viveram em diferentes momentos da história, exemplos de sucesso? Qual é o segredo para superar infâncias difíceis e se tornarem milionários, influentes ao longo prazo, tanto em seu país como no mundo, até transcendendo sua época? O que move essas pessoas a construir impérios do nada, a partir de sonhos que talvez para outros parecessem impossíveis. Quais crenças, competências, habilidades internas eles têm que fazem a diferença?

PNL e as habilidades e capacidades que fazem o sucesso

O que podemos perceber nessas três pessoas, com base em suas histórias? Elas superaram dificuldades, acreditaram em si, trabalharam muito, usaram características dos sistemas nos quais viviam para impulsionar suas carreiras, estavam atentas às oportunidades e arriscaram, apostaram em inovações, tiveram persistência, resiliência e, principalmente, acreditaram que as circunstâncias não definiam seu destino.

É um conjunto de crenças e capacidades que gera um resultado positivo de sucesso e que pode ser modelado com a ajuda da programação neurolinguística. É o que as pessoas chamam de *mindset* de sucesso. E é nesse ponto que a programação neurolinguística pode fazer a real diferença.

Robert Dilts explica que "a PNL examina os padrões ou programas criados pela interação entre o sistema nervoso e a estrutura da linguagem, e sua influência em nossos corpos e comportamentos". E é essa interação que produz comportamentos eficientes e que é responsável pelos processos mentais por trás da excelência ou da desistência. Desde a sua origem, a PNL estuda os processos via modelagem de comportamentos e capacidades, pela observação de pessoas marcantes em suas áreas de atuação, desde a psicoterapia e artes até ciência e gestão. O objetivo é descobrir as diferenças, e a ênfase está toda no processo de aprendizagem, de tomada de decisões ou de criação e não faz diferença o que foi aprendido, qual decisão foi tomada ou o que foi criado.

Entendendo a hierarquia dentro de nossa mente

Inspirado pela ideia de hierarquias de tipos lógicos e aprendizagem criada por Gregory Bateson, Robert Dilts desenvolveu o modelo de níveis neurológicos da PNL. A função de cada nível da hierarquia seria organizar as informações do nível abaixo. Isso pressupõe que mudanças em níveis inferiores não necessariamente afetam níveis superiores, entretanto, mudanças em níveis superiores causam, invariavelmente, mudanças profundas nos inferiores. De acordo com esse modelo, a vida das pessoas em qualquer sistema pode ser compreendida nos seguintes níveis: ambiente, comportamento, capacidades, valores e crenças, identidade e espiritualidade.

Portanto, nossos comportamentos, aquilo que, em última análise, nos leva ao sucesso, são manifestações externas de nossos estados internos da mente. Quando arriscamos em um novo projeto de vida, esse é um comportamento que deverá estar suportado por um estado interno de aceitação de risco (capacidade), de confiança em nós e no resultado positivo (crença e valor) e de congruência com quem somos (identidade) e naquilo que acreditamos que está além de nós (espiritualidade).

Timothy Gallwey, originalmente treinador de tênis e considerado o padrinho do processo de *coaching* como conhecemos, desenvolveu um conceito que chamou de "jogo interno", que seria a abordagem mental para o que quer que se esteja fazendo preparar-se mentalmente para um bom desempenho. Estamos aqui falando novamente em confiança em si e em seu propósito, resiliência, persistência, foco em um objetivo, aceitação de incertezas e risco, energia para continuar e capacidade de aceitar fracassos como *feedbacks*.

Para construir uma mentalidade voltada para o sucesso e para superação, precisamos, então, desenvolver as capacidades necessárias para esse objetivo e gerenciar os estados internos que permitem que essas capacidades se mantenham a longo prazo.

Entendendo e gerando as capacidades para o sucesso

Entende-se capacidades como as estruturas mentais mais profundas por trás de um conjunto de ações para realizar uma tarefa com um fim específico. Estão relacionadas com as estratégias mentais que levam a um comportamento específico. O desenvolvimento de capacidades voltadas ao sucesso envolve o estabelecimento de novos mapas e estratégias cognitivas, transformando crenças e valores em comportamento e atitudes voltadas para esse fim.

Nossa mente funciona, usualmente, em um sistema chamado T.O.T.S para qualquer tipo de *performance*. Entendendo melhor cada comportamento-meta, seja consciente ou inconsciente, passa pelas seguintes etapas:

1. **T**estamos as informações externas dos sentidos;
2. **O**peramos, mudando alguma parte se necessário para satisfazer o teste e alcançar a meta de comportamento;
3. **T**estamos novamente;
4. **S**aímos para a parte seguinte.

Nem sempre esses programas levam a metas de comportamentos consistentes com nosso desejo de sucesso. Mas, quando entendemos o processo, podemos utilizá-lo para gerar as capacidades desejadas, no momento certo. A PNL tem como pressuposto que todos temos todas as capacidades e habilidades necessárias disponíveis em nós. Elas apenas nem sempre se manifestam a todo tempo. Por exemplo, podemos ser confiantes e corajosos em pular de paraquedas, mas não apresentamos um projeto para um investidor. As estratégias mentais para coragem e confiança serão sempre as mesmas para a mesma pessoa e, uma vez definidas, podem ser modeladas para aquelas situações em que não aparecem normalmente.

De maneira bem simples, isso pode ser feito por meio das seguintes questões:

1. Em qual contexto você, normalmente, usa e tem essa habilidade desejada? Pensando nesse contexto, continue o exercício.

2. Quais são as metas que orientam suas ações quando você aplica essa habilidade? Faça uma lista simples.

3. Como você identifica resultados bons ou ruins? Quais os critérios que usa para avaliar os resultados?

4. Como, exatamente, sabe quando continuar fazendo igual ou tentar algo diferente?

5. Que tipo de *feedback* quer e de quem?

6. O que você visualiza, fala para si, ouve e sente que é necessário para que a habilidade aconteça e a meta seja alcançada? Essa é uma questão muito importante e pode levar um tempo para perceber a resposta.

7. Quando você tem problemas inesperados, quais ações específicas podem ser tomadas para revertê-los?

Quando trazemos todas essas estratégias para a consciência, elas ficam mais disponíveis para generalizações e uso em outras situações. Esse exercício pode ser feito para cada uma das capacidades necessárias para alcançar o sucesso desejado.

Gerenciando melhor seus estados internos

A PNL define os estados internos como sendo os atributos mentais e fisiológicos que influenciam o desempenho em qualquer área da vida, estimulando processos mentais inconscientes. Cada situação tem um estado interno ideal que chamamos de estado de recursos, pois nossa competência mental e física nesse estado permitem alcançar a excelência naquilo a que nos propomos. Da mesma forma, contrariamente, estar no estado errado pode bloquear qualquer tentativa de resolver desafios. Mudando, propositadamente, nossas atitudes mentais, podemos mudar também nosso ambiente, os aspectos externos de nossa vida. Podemos nos liberar para o sucesso.

Uma das maneiras mais interessantes de gerar esse estado de recursos é o círculo de excelência, muito usado por Robert Dilts, que ajuda a gerir com eficiência estados desejado de maneira consciente. A grande vantagem desse exercício é gerar o que chamamos de âncora, um gatilho para reestabelecer esse estado, rapidamente, sempre que preciso. A técnica consiste em:

1. Defina um estado que você quer estimular, como autoconfiança, por exemplo;
2. Lembre de um momento em que você experimentou esse estado integralmente;
3. Escolha uma cor ou uma música para associar com esse estado;
4. Imagine-se envolvido pela cor ou música escolhida e revivendo aquele momento em que experimentou o estado a ser estimulado. Quando reviver esse momento, lembre-se de trazer ao corpo e mente todas as sensações, os diálogos internos, as visualizações, como se estivesse vivendo aquilo novamente. Preste atenção, inclusive, em sua respiração, relaxamento ou tensão;
5. Saia da cor ou música e volte para o estado anterior. Repita algumas vezes até que perceba que apenas pensando na cor ou música passa a sentir aquele estado mental.
6. Use sempre que necessário.

Crença em um propósito

Existe uma lista de características de pessoas que alcançam aquilo que entendemos como sucesso: foco, autoconfiança, persistência, resiliência, tolerância a riscos e incertezas, estar aberto a oportunidades. Você pode escolher outras ainda. Mas, talvez, as características mais importantes sejam as crenças de que vai chegar no seu objetivo e entender, exatamente, por que quer alcançar esse objetivo. É menos sobre sucesso, que é algo diferente para cada um e cuja definição formal é simplesmente chegar a um objetivo, e mais sobre esse objetivo e o propósito vinculado a ele.

Qual o seu propósito?

O que é muito importante para você em alcançar o sucesso?

E, finalmente, qual a diferença que você vai escolher fazer para o mundo e as pessoas a sua volta?

Referências

DILTS, Robert; DELOZIER, Judith. *NLP II: the next generation*. USA: Meta Publications, 2010.

DILTS, Robert. *From coach to awakener*. USA: Meta Publications, 2003.

PERCIA, Andre. *Coaching, missão e superação*. São Paulo: Editora Literare Books, 2013.

47

Ações fundamentais que fortalecem o *mindset* positivo

Às vezes, não percebemos o quanto acrescentamos na vida das pessoas, por meio de nossas ações e do valor que elas merecem de nós. Buscamos algo sem um significado específico e, quando nos damos conta, o tempo passa e não somos exemplo para ninguém. Neste capítulo, mostro quatro ações que resultam em pensamentos eficazes e positivos para a construção de uma missão com propósito de vida

Sidney Botelho

Sidney Botelho

Master coach, master trainer, professional self coaching e especialista em *coaching* ericksoniano pelo IBC – Instituto Brasileiro de Coaching. Pós-graduado em negócios e serviços (Universidade Presbiteriana Mackenzie). Experiência de 27 anos nas áreas de TI/Telecom, com passagens em grandes multinacionais; 21 anos na área de Rádio e TV, atualmente é Âncora de Telejornal na Rede Gospel de TV e Apresentador na Rádio Trianon AM; 19 anos na área de cerimonial e eventos, como apresentador, denominado o craque das cerimônias, pelo apresentador da Rede Globo, Fausto Silva. Escritor do livro *Além do microfone: improvisos de um mestre de cerimônias*; coautor dos livros *Coaching de carreira, Coaching: mude o seu mindset para o sucesso* e *Manual completo do empreendedorimo* (Editora Literare Books). Treinador de alta *performance* e palestrante nas áreas de comunicação, estratégias, motivação e cerimonial. CEO da Toyê Coaching & Training.

Contatos
www.sidneybotelho.com.br
contato@sidneybotelho.com.br
Instagram: @sidneybotelhooficial
Facebook: @sidneybotelhooficial

A o longo de todo o meu período de carreira, nas mais diversas áreas, afirmo que aprendi com as pessoas a me entregar dia a dia. É assim que temos que ser para alcançarmos os nossos objetivos e o sucesso. A forma de pensar, como vamos fazer a diferença para as pessoas que convivem conosco ou nos veem como exemplo de vida ou de carreira.

Para chegar ao êxito de tudo que se prontifica a fazer, o indivíduo tem que, primeiramente, entender que é a evolução contínua, seja parte natural do desenvolvimento intelectual e humano dele, que servirá para todos os setores da vida e âmbitos profissional e pessoal. Ela os fará trabalhar de forma paralela e em ampla abundância, sem empacar no caminho traçado para o futuro de prosperidade.

Acreditar em si é assumir a responsabilidade de que todos os planos definidos sejam cumpridos, pois dependerão mais de você do que das outras pessoas. Esperar algo de alguém é sempre dar mérito de confiança e respeito mútuo. Mas, no mundo individualista em que vivemos, todo cuidado é pouco quando o seu futuro depende daquela ação específica e da decisão de alguém colaborar com você, para chegar ao topo da sua caminhada.

Durante o meu período de desenvolvimento profissional e humano, contei com inúmeras pessoas que me ajudaram em pontos primordiais da minha limitação técnica ou física. Elas me serviram como alavanca para o passo largo ao meu objetivo. Como já li em inúmeros livros de filósofos, ídolos ou até mesmo mentores: o sucesso não se conquista sozinho. Porém, ao mesmo tempo, com alguém ao seu lado, a comemoração será muito mais satisfatória.

Talvez, a maior satisfação de um profissional é perceber que o seu legado foi seguido e a sua metodologia aplicada por alguém.

Quando eu percebi que as minhas áreas, mesmo distintas, poderiam agregar uma na outra, eu desenvolvi técnicas de mudanças rápidas de *mindset*. Criei o lema de levar uma reflexão para as pessoas que necessitavam do meu apoio e do meu trabalho, onde quer que eu estivesse.

É muito difícil o profissional de tecnologia expressar o sentimento de reflexão, valores e agregação, todavia, a forma de passagem do conteúdo se faz pelo envolvimento no projeto e na companhia. A conclusão de cada etapa nos traz força para o próximo destino, independentemente de ser complexo ou não. As pessoas aprenderam a arte de negociação, a crer que um projeto é muito mais do que o código ou ferramenta, é o que resultará para a economia, melhoria da empresa ou dos usuários.

Com o envolvimento apurado, o gestor ou executivo ganha o que eu defino de conscientização da equipe, pois o ambiente será mais plausível para se trabalhar, aumentando a criatividade de todos os envolvidos naquele objetivo.

Eu devo muita coisa a um perfil que, para mim, é o mais importante para uma pessoa desenvolver. Sem isso, não conseguirá seguir ao destino proposto. Estou reforçando que a comunicação assertiva se faz presente em todos os setores da sociedade e facilita muito o desempenho da forma de agir.

Mostrarei a você, nestes pequenos parágrafos, como desenvolver a ferramenta que surpreende as pessoas e que, diante de todo o contato feito entre os seus pares, tanto na vida profissional e na vida pessoal, gera *insights* que servem de combustível para um futuro promissor.

Todos os livros de *coaching* falam em legado e propósito de vida e, justamente, percebo que aprendi com todos os meus mentores intelectuais, que se não definirmos um norte, não seremos quem queremos e ficaremos sempre no ostracismo, esquecidos por tudo e por todos. Defini, com o tempo, algumas estratégias iniciais que me ajudaram muito no meu desenvolvimento pessoal e profissional, pois sem ações, eu não chegaria ao amplo sucesso.

Hoje, eu sei que as ações são complementares, pois crer que o meu legado será compartilhado com pessoas que tiveram o mesmo pensamento que tive, de formar pessoas que levarão, para o mundo, conceitos para facilitarem a vida de indivíduos que precisam desse tipo de incentivo ou orientação para a felicidade. Sei que não existe uma receita para a sucesso, mas existem ações que apoiarão ou que servirão de guia para termos famílias mais unidas, alegres, mantendo os valores e princípios de uma sociedade mais justa e harmoniosa, digna de um lugar mais propício para se viver.

São quatro ações fundamentais que defino como as principais para que se tenha o *mindset* para o sucesso:

1° ação
Colocar a atitude como a primeira ação de mudar ou acreditar em algo é a maior atitude que tenho para mostrar que, sem essa característica,

ninguém consegue chegar a lugar algum. A afirmação vai de encontro com os novos costumes das pessoas, pois ao longo do período de atendimento aos *coachees*, percebi que muitos deles não possuem a prática de assumir algo novo em suas vidas ou nos seus negócios.

A maior dificuldade de qualquer pessoa é ter a atitude de planejar as atividades que precisarão chegar ao destino ou a sua meta, pois, com isso, haverá mais atitudes positivas e bem-estar.

Em todos os planejamentos deve constar a margem de falhas, e é diante de uma atitude equivocada que o aprendizado será muito maior, pois o executor se torna mais forte e sábio com a falha, pronto para o próximo passo, forçando a mudança de pensamento e direção, criando novas estratégias, mas nunca fugindo do foco.

Decidir o que queremos alcançar com essa ação é a maior decisão que deve haver. Quantas empresas quebraram, ao longo do período da fundação? Quantas mágoas criamos nas pessoas, por causa de atitudes más? Quantas lágrimas caíram no rosto de pessoas que amamos, por não analisarmos as nossas atitudes?

Ter atitude vem de encontro a entender o que desejamos e o que mais percebemos durante a vida. A omissão de atitudes é mais conflitante do que sua frequência, pois diante de todas as atitudes tomadas em períodos curtos, cresceremos e deixaremos a reflexão de que as nossas ações foram frutos para a mudança da vida de alguém ou crescimento de uma grande companhia.

2º gestão

Essa é uma das ações mais complicadas que descreverei neste livro, pois faz com que muitas pessoas se percam com a própria gestão de vida, de atividades, empresarial, financeira, de tempo, ou seja, tudo o que fazemos é gerir, e afirmo em dizer que é algo difícil no mundo contemporâneo.

A arte de gerir pessoas ou a empresa é estar seguro de suas competências em diversas áreas da nossa vida.

Quando definimos um planejamento de vida, temos que colocar no papel todas as tarefas que precisaremos para alcançarmos o que buscamos de verdade. Digo isso, pois não seremos nada se não pararmos e escrevermos o que desejamos para nós. A prática de gestionar está enraizada no nosso interior, pois, desde crianças, a partir do momento em que assumimos a responsabilidade de alguma atividade passada pelos nossos pais, começamos a administrar as nossas atividades. Todavia, muitos dos pais modernos querem controlar os seus filhos em tudo que fazem e esquecem de controlar eles mesmos, prejudicando essa ação tão importante.

Quando se conhece todas as nossas atividades, com descrição de todas as etapas necessárias, sendo na definição de ações a serem tomadas, quanto tempo levará para a conclusão, quais participantes farão parte, quais recursos de materiais e financeiros, o que se levará de aprendizado, dentre todos os pontos necessários para que o seu plano venha a ser concluído, percebe-se a gestão.

A gestão eficaz do plano de ação permite identificar, com antecedência, alguma falha ou fazer com que a etapa predeterminada tenha outra ação, ou seja, remanejada para que não atrapalhe o que se pretende alcançar. Por isso, os grandes líderes, quando definem suas estratégias, percebem que, diante de cada dificuldade, tudo tem que ser revisto. Isso acontece com qualquer pessoa ou empresa, devido até mesmo não tomar uma atitude inesperada em um momento de tensão ou de pressão.

A avaliação que se faz, nesse quesito, é identificar as áreas que precisam de aprimoramento, pois alguns conseguem mapear com facilidade algo adiante que pode atrasar o que se espera e o que se deseja. A ação de gestão não é fácil, pois dependerá muito do poder de dedicação de cada pessoa e, quando se quer algo, a entrega de corpo e alma dará ânimo para nunca desistir do objetivo de se ter sucesso.

3º a inteligência

O que é ser inteligente para você? É tirar dez em todas as matérias? É ser um *nerd*?

A resposta para essas perguntas é, simplesmente, você estar à frente de tudo ou de todos, para fazer o seu melhor.

Existem muitas pessoas que não conseguiram o diploma universitário, mas ficaram milionárias com a inteligência de como levavam a vida e o valor que davam para tudo o que conquistavam.

Eu não estou argumentando que temos que desistir dos bancos escolares, para arriscarmos a nossa sorte em uma utopia de conquistar o planeta com apenas uma ideia revolucionária, pois, sim, existem centenas de ícones e personalidade que inovaram conceitos, criaram ferramentas que revolucionaram a história do mundo. Mas, pensando racionalmente, creio que muitos deles nasceram com o dom e se aprimoraram com teorias que os fizeram ser o que são.

Ter inteligência é se integrar com o ambiente em que se está presencialmente, podendo oferecer o seu conhecimento para elevar o interesse das pessoas que o rodeiam.

A ação inteligência, acredito, é conhecer o melhor das pessoas, porque, para um profissional trabalhar o *mindset*, tem que entender que são detalhes que fazem o processo rodar de maneira natural e, muitas vezes, sem intervenção externa.

Na ação gestão, descrevi muito sobre o poder de administrar algo com sapiência. Nessa terceira ação, entendo que se não houver um conceito definido com todas as variáveis, entendendo os cálculos de falhas ou até mesmo prevendo o resultado, não conseguirá, em hipótese alguma, chegar ao destino.

A inteligência é perceber que não se depende do que se deseja, mas, sim, do caminho que será traçado ao destino, com métricas, estatísticas e pequenos resultados que se tornarão grandes resultados.

No mundo atual, as pessoas mudam rapidamente de opinião e conseguem influenciar a outra com informações que resultam em vários pensamentos positivos e negativos. Porém, diante de uma avaliação com inteligência, é que se percebe que não tem como mudar o foco do objetivo, sem entender que aquilo é pertinente ao que pretende alcançar.

Inteligência, muitas vezes, é pensar positivo em todos os momentos do projeto, mas o inteligente é aquele que aprende com os erros e traz de volta a harmonia do sonho, sem baixar a cabeça.

4º relacionamento

A quarta ação é a que todos falam que nunca terão dificuldade, mas é a que mais preocupa as pessoas no mundo moderno.

O ser humano está muito conectado ao que acontece com o mundo, por intermédio das mídias sociais, podendo opinar às escuras, se escondendo atrás de teclados de computador ou *smartphones*. O que muitos não percebem é que uma curtida em uma rede social não significa a verdadeira amizade ou relacionamento.

O relacionamento vem do berço, pois é quando percebemos o olhar brilhante do pai, o sorriso da mãe e o beijo da avó, são apenas maneiras de se relacionar com aquele pequeno pedaço de gente.

Com o passar do tempo, o ser humano começa a constituir os próprios amiguinhos para a vida. Esses amigos, provavelmente, ficarão no esquecimento e virão outros com características diferentes e que agregarão para o desenvolvimento profissional.

Relacionamento com alguém é entender e ter alguém que torce por você. Ir até o final. É nesse momento que se percebe a importância dessa ação. O ótimo relacionamento dará mais força para seguir o objetivo tão esperado, pois ninguém conquista algo sozinho.

Relacionamento é ser participativo e, mesmo diante de uma piada mal contada pelo pai ou um comentário sem fundamento de um amigo, uma lágrima do companheiro(a) quando lhe diz "eu te amo", ou até mesmo uma gargalhada com soluços de um filho, é que sabemos que tudo que fazemos é para o melhor de todos e não de nós mesmos.

Essas foram as quatro ações que levo na minha vida e me ajudaram no meu sucesso.

Mas, ter sucesso é saber que o que foi feito teve um propósito na sua vida e na vida das pessoas, pois não adianta acreditar em um ideal e perceber que não acrescentou nada para o desenvolvimento humano de alguém.

Perceber e entender os pontos de melhorias de vida, que resultam em crescimento contínuo, e o aumento da percepção das oportunidades que surgirão e farão com que pensamentos prósperos sejam mais frequentes no cérebro, gerando mais energia para chegar ao ponto seguinte do que se acredita alcançar. Muitos profissionais perdem inúmeras chances de se desenvolver intelectualmente, pois se prendem na mesma filosofia e enraízam pensamentos que não os levam a lugar algum e, além do mais, fazem dessas pessoas infelizes.

O que eu desejo é que você tenha um *mindset* único e verdadeiro, para que o sucesso seja compartilhado com os outros, gerando o sentimento de missão de vida cumprida.

48

Coaching: uma ferramenta significativa e eficaz para mudar de atitude e ter resultados diferentes

Este capítulo tem como finalidade esclarecer e diferenciar o processo de *coaching* de outros métodos terapêuticos ou similares, além de explicar de uma forma prática esse processo de acompanhamento para que você atinja os seus objetivos e metas, por meio de uma mudança, de atitude incentivada e direcionada pelo seu *coach* respeitando as suas capacidades, crenças e valores

Silvia Ribeira

Silvia Ribeira

Sócia-proprietária do Integra – Núcleo Brasileiro de Desenvolvimento Humano; *master trainer practitioner* em programação neurolinguística; *coach trainer & practitioner* em PNL e constelação sistêmica pela AICIS – Academia Internacional de Coaching Integrativo Sistêmico, reconhecida internacionalmente pelo ICI – International Association of Coaching Institute. *Life, executive & coach* de vendas; facilitadora em biodança com PNL. Palestrante motivacional com conhecimentos em PNL, atua também na área de hipnose ericksoniana, massoterapia, mestre em *reiki*, acupunturista, alinhamento de chacras, radiestesia, kabalista e cromoterapeuta. Há 20 anos na área de desenvolvimento humano, com formação acadêmica em buco-maxilo-facial pela Universidade Metodista. Pós-graduada em acupuntura; MBA em *coaching* de equipes e liderança estratégica (em formação); e ainda com conhecimentos em eneagrama e treinamentos motivacionais.

Contatos
www.silviaribeira.com.br
www.integrades.com.br
Facebook: Silvia Ribeira
Instagram: coachribeirasilvia/ integraespaco
(11) 98272-5578

O termo *coach*, historicamente, está relacionado com o ato de transportar. No século XIX, passa ser utilizado quando um técnico educador prepara seus alunos para uma determinada avaliação. Já no final do século XX, passou a ter uma forma diferente, conhecida como é hoje: processo pelo qual a pessoa, no caso, o *coachee*, passa para identificar suas metas desejadas e as melhores estratégias para atingi-las, partindo de um estado atual considerado. Esse processo é acompanhado por um profissional capacitado, *coach*, também considerado facilitador, condutor e não terapeuta, mentor, consultor ou psicólogo.

Dessa forma, segundo o *coach* integrativo sistêmico IV, *coaching* é o processo, o método que identifica e reformula valores, metas e é realizado a partir do diálogo em busca de soluções eficazes, transformadoras e contínuas. Pode ser aplicado em diversas áreas da vida pessoal, profissional, social, intelectual, física, espiritual, entre outras. *Coach* é o profissional que conduz esse processo, plenamente capacitado e habilitado para isso. É considerado um condutor, um facilitador, e ajuda o indivíduo a encontrar as próprias respostas, ao invés de direcionar ou impor soluções. *Coachee* é o indivíduo, a pessoa que se propõe a realizar o processo de *coaching*.

Sendo assim, *coaching* é uma técnica, ferramenta de desenvolvimento humano, que apoia o *coachee* a atingir suas metas, estimulando a autoconsciência e responsabilidade, potencializando aptidões, transformando crenças limitantes em possibilitadoras de forma mais concreta, processo de aprendizagem de ambas as partes, pois no *coaching* não existe a questão de hierarquia.

Portanto, *coaching* é o processo pelo qual o cliente sai do estado atual para o desejado por meio de perguntas feitas pelo *coach* e respondidas pelo *coachee*, usando os recursos internos mais externos, trazendo mudanças e desenvolvimento do *coachee*, com o foco sempre no futuro.

No mercado, hoje, temos vários tipos de *coaching*, porém, os principais são o *life coaching*, geralmente indicado para pessoas que desejam melhorar a qualidade de vida, seja pessoal, saúde, relacionamentos e outros; aqui o processo pode durar de 6 a 24 meses, muito mais abrangente. E o *exe-*

cutive coaching, ligado aos aspectos profissionais, ao mundo corporativo e às pessoas em cargos de liderança; nesse processo, o foco está no desenvolvimento das habilidades específicas e competências do meio corporativo, como lideranças, gerenciamentos de metas, planejamento estratégico, motivação de equipes, comunicação e outros.

A estrutura do *life* e *executive coaching* é a mesma, a diferença está no tempo e a quantidade de competências a serem trabalhadas. As metas devem ser construídas de forma positiva (especificar metas, comportamentos, evidências do sucesso, do resultado), tangível, coerente, praticar muito a psicologia positiva.

E para que processo de *coaching* seja realizado e concluído com sucesso, o *coach* deve ter uma harmonia nas suas competências e habilidades, ou seja:

- Escuta efetiva, ativa, com estado de presença, foco no diálogo, interesse por quem fala sem julgamentos, entonação na fala, dar devolutiva da escuta (quando não entender ou quando tomar consciência do que o *coachee* falou);
- Aberto a aprender e enfatizar pontos comuns (novamente sem julgamentos);
- Modelar a excelência.
- Organizar e planejar o trabalho de acordo com as necessidades do *coachee*;
- Monitorar o crescimento do *coachee*;
- Mudar de estratégias. Para isso, o *coach* precisa conhecer várias técnicas e utilizá-las nos momentos mais necessários para flexibilizar;
- Trabalhar técnicas X resultados em cada sessão, observando a necessidade do *coachee* em cada uma delas, ou seja, o seu estado de chegada;
- *Rapport*, ou seja, desenvolver a simpatia;
- Ter clareza e objetividade;
- Liberdade de expressão;
- Fazer "leitura" do *coachee*, comunicação verbal e não verbal;
- Comunicação eficaz, muita atenção com a forma de falar;
- Ouvir o *coachee* com muita percepção;
- Dar e receber *feedbacks*, avaliando o desenvolvimento do processo;
- Manter a atenção em tudo que é importante para o *coachee* e mostrar que as decisões, a responsabilidade de escolhas e realizações de ações é do *coachee*;
- Ter uma visão sistêmica, desenvolver a capacidade de identificar as partes que compõe o todo;
- Olhar de aprendiz, ou seja, tudo que chegar até o *coach* é muito importante.

Como já disse anteriormente, para se obter sucesso, o *coachee* tem que ter consciência de que o processo é dele, ele precisará ter atitudes diferentes para atingir resultados diferentes e que o *coach* apenas o conduzirá nesse processo. Tanto no estado atual como no desejado existem comportamentos, pensamentos e sentimentos, porém, são diferentes e precisará de recursos motivacionais, poderosos para atingir o resultado final, acreditando que esta meta é válida e pode ser atingida.

Mapa estratégico
É um conjunto de ferramentas eficazes aplicadas ao processo de *coaching*, vinculado à programação neurolinguística, para que a meta seja, realmente, alcançada pelo *coachee*.

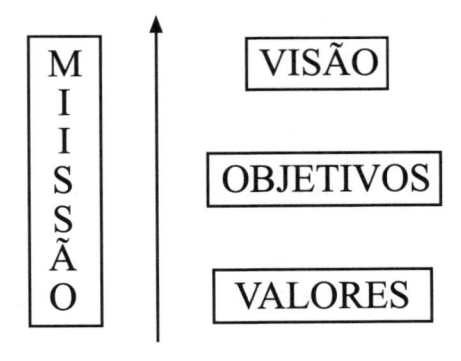

Detalhando mais o processo
Etapa A: nesse primeiro momento, o *coach*, com o auxílio de uma metodologia, ferramentas apropriadas e um questionário efetivo ao seu *coachee*, conhecerá melhor e mais profundamente o estado dele. Será entendido como o *coachee* se encontra emocionalmente, profissionalmente e pessoalmente (estado atual). O *coachee* falará também sobre o seu estado desejado e os motivos que hoje não os permitem atingi-los. Compreenderá as crenças e os valores do *coachee*, analisando a congruência com a sua meta/missão.
Etapa B: como o uso de algumas atividades, o *coachee* escolherá qual a meta que, realmente, deseja trabalhar, ele identificará o objetivo acompanhado pelo *coach*. Sabe-se que, em

alguns casos, para que o *coachee* atinja essa meta, será necessário trabalhar algumas "submetas" ou dividirmos o processo quando apresentar mais de um objetivo (trabalhar a prioridade). Nos níveis neurológicos da PNL, o objetivo está relacionado com a capacidade e comportamento do *coachee*. Nessa etapa, ele compreenderá o que impede de atingir esta meta e, se obtiver o resultado desejado, o que esse resultado fará por ele, a dimensão correta, compreender qual o efeito que terá com o resultado, atingido tanto na vida como nos relacionamentos, o que mais fará depois de atingir a meta e, finalmente, dar o primeiro passo. Agir.

Etapa C: pode-se chamar de planejamento ou estratégias para atingir a meta. O *coach* auxilia o *coachee* a compreender como e quais as melhores maneiras de alcançar a missão/meta, de que forma o processo será conduzido, passo a passo, também levando em consideração a capacidade e comportamento do *coachee*, de forma que continue coerente com seus valores e crenças. Aqui, o *coachee* começa ter a visão das suas ações (estratégias definidas), ele perceberá os recursos adequados e as opções necessárias para atingi-la. Essa etapa está relacionada com a espiritualidade na pirâmide dos níveis neurológicos, ou seja, com a alma, com a essência do *coachee*. É necessário ter uma relação de confiança muito forte entre o *coach* e o *coachee*, pois as tarefas poderão afetar os valores. As tarefas podem ser:

• **Desafiadoras** – ao desafiar o *coachee*, o *coach* deve mostrar o quanto confia e acredita na capacidade de execução e entende os seus limites;

• **Convite** – sugerir uma tarefa como proposta, pedido, para que o *coachee* fique à vontade para executá-la;

• **Superação** – aqui, algumas sugestões de superação podem ser trabalhadas, valorizando o *coachee* e mostrando do que realmente ele é capaz, como pode atingir mudanças antes impensáveis;

• **Modelo** – nessa tarefa, o *coach* pode pedir para que o *coachee* observe alguém que tenha ou faça aquilo que ele está querendo, modelando a pessoa que tem o recurso desejado.

É muito importante que as tarefas sejam executadas e que o *coach* entenda isso, pois alguns ajustes podem significar fuga. Como, por exemplo, o verbo "tentar", que mostra a possibilidade de não fazer, por encontrar alguma dificuldade. A isso podemos dar o nome de sabotagem ou incongruência com o processo ou meta.

Etapa D: resultado, meta ou missão atingida. Devido à insistência, empenho e orientação personalizada, o *coachee*, com seus pensamentos focados na etapa c, se direciona para alcançar o resultado. Lembrando que cada avanço deve ser comemorado com muita energia, energia esta que continuará motivando o processo não só até ele ser finalizado, mas também ser desfrutado, aproveitado sem peso ou culpa, com muito prazer. Essa fase está relacionada com o nível identidade na pirâmide dos níveis neurológicos, em que se trabalha os conflitos e superações, a percepção, o sentimento fundamental que o *coachee* tem dele mesmo, da sua personalidade, o foco está nos valores mais profundos, na missão e no autoconhecimento para identificar o melhor ponto de intervenção e obter o estado desejado. Nesse momento, o *coach* deve comemorar muito com seu *coachee* o resultado final, pois este compreenderá que essa metodologia pode e deve ser aplicada em diversas situações, sempre quando o *coachee* se deparar com um obstáculo ou desafio, afinal, no dia a dia, o que mais aparece são desafios.

Dessa forma, acredito que você, leitor, pode entender como o *coaching* é uma ferramenta significativa e eficaz para quem busca mudar de atitude e ter resultados diferentes. O processo pode mudar a vida de uma pessoa.

Os resultados do *coaching* estão cada vez mais perto da vida atual, é necessário que, ao termos um desejo, um objetivo, vejamos, sintamos, percebamos a real necessidade, o quanto isso é importante, o quanto isso está congruente com seus valores, com a sua capacidade, ou se você apenas quer por querer. Procuramos muitas coisas na nossa vida, coisas boas e outras nem tanto assim, coisas que talvez não condigam com a nossa realidade, mas sofremos, nos desgastamos demais para termos e, muitas vezes, quando conquistamos, não damos o devido valor, abandonamos no meio do caminho.

Dessa forma, entendemos o quanto o processo de *coaching* é extremamente importante e eficiente, pois pode ser aplicado em várias partes da nossa vida: na financeira, na social, na intelectual, na emocional, na pessoal, na profissional, na espiritual, no lazer etc...

O *coaching* propõe a mudança por meio de foco, planejamento, para que o *coachee* obtenha resultados, objetivos, crescimento pessoal, profissional e realize seus sonhos e metas.

Segundo pesquisa da *Fortune Magazine*, com mil empresas que utilizam *coaching*, observaram que o processo aumenta a produtividade

(53%), relacionamentos (71%), trabalho em equipe (67%), redução de conflito (52%), redução de custos (23%) e *turn over* (12%).

Com relação ao Brasil, um estudo da Latin American Human Resource Partnership (LAHRP) pesquisou, em 2010, 182 empresas de 16 países latino – americanos, sendo 39 do Brasil, e constatou que 84,6% já utilizam o *coaching*.

Esses dados mostram a amplitude do *coaching* ao trabalhar com empresas, executivos, profissionais, estudantes e qualquer pessoa que busque o sucesso com foco e atitude.

A grande diferença do *coaching* de outras metodologias importantes como terapia, *mentoring* e consultoria, é o foco no presente e as ações para que seu futuro se construa por meio do seu *insight*. O *coach* apoia com técnicas efetivas, para o planejamento e conquista dos objetivos, porém, realizadas pelo próprio *coachee*.

Assim, concluímos que o processo de *coaching* dá resultado e retorno de investimento imediato, uma vez que entra em ação em busca de sucesso. E sucesso tem tudo a ver com atitude. Pense diferente, faça diferente e se quiser apoio nessa trajetória, sim, o *coaching* traz resultado.

> "O insucesso é apenas uma oportunidade para recomeçar de novo com mais inteligência."
> Henry Ford

Referências

AUGUSTO, Bento. *Coaching integrativo sistêmico iv – uma jornada do autoconhecimento.* 1. ed. Editora Gráfica Pampulha.

GOMES, Aline. *Mas afinal, coaching dá resultado?* Disponível em: <http://www.administradores.com.br/artigos/carreira/mas-afinal-coaching-da-resultado>. Acesso em: 22 de out. de 2018.

O'CONNOR, Joseph; SEYMOUR, John. *Introdução à programação neurolinguística: como entender e influenciar as pessoas.* 7. ed. Summus editorial.

O'CONNOR, Joseph. *Manual de programação neurolinguística PNL: um guia prático para alcançar os resultados que você quer.* 11. ed. Editora Qualitymark.

PERICIA, André; SITA, Mauricio. *Coaching: a solução: grandes gurus mostram os caminhos para vencer.* 1. ed. Editora Literare Books.

49

Funcionário público: a segurança do plano A e o despreparo para o plano B

Passamos uma vida justificando a segurança da carreira pública, mas não imaginamos que, em algum momento, a falta de sentido gritará mais alto do que a zona de conforto

Silvio César Silva de Almeida Saraiva

Silvio César Silva de Almeida Saraiva

Coronel da Reserva da Polícia Militar do Estado de São Paulo, trabalhou em diversas cidades do estado. Foi professor em cursos de formação e especialização, com pós-graduação, mestrado e doutorado pelo Centro de Altos Estudos de Segurança. Atuou como auditor em quatro edições do Prêmio de Qualidade da Polícia Militar. Graduado em direito pela Faculdade Toledo de Presidente Prudente/SP. Facilitador em treinamento de liderança servidora (Fórmula Treinamentos), com base no livro *O monge e o executivo*, de James Hunter. Palestrante motivacional e de liderança, certificado como *Life coach* (Lifeforming Institute) e como *coach* em saúde integrativa sistêmica (Health Coaching International Institute – Gladia Bernardi). Dedica-se ao desenvolvimento humano, em especial nas fases pré e pós-aposentadoria de servidores públicos, com ênfase na qualidade de vida, saúde e longevidade.

Contatos
silviocesarsaraiva@gmail.com.br
Facebook: Silvio Cesar Saraiva
(18) 99603-6505

> "Há dois grandes dias da vida de cada pessoa – o dia em que ela nasce e o dia em que ela descobre por que nasceu."
> William Barclay

Inicio este artigo com alguns questionamentos:

1. Você, funcionário público, está satisfeito com a sua carreira? Sente-se seguro com a estabilidade funcional?

2. Já pensou ou sonhou com alguma outra atividade, a qual se dedicaria para o resto da vida, mesmo sem remuneração?

3. Mesmo se sentindo realizado, já pensou como será no momento em que chegar a sua aposentadoria? Considera importante ter um planejamento?

Deixe-me falar um pouco sobre minha experiência no assunto.

Aos 15 anos de idade, consegui aprovação em um dos concursos mais concorridos a cargo público. Ingressei na Academia de Polícia Militar do Barro Branco, em São Paulo, e iniciei minha carreira. Considero-me realizado com minha profissão, tendo alcançado o topo da carreira, aposentando-me como Coronel. Para mim, isso foi uma grande conquista, pois sempre quis me dedicar a proteger e salvar pessoas.

Após 33 anos de serviço, decidi que era hora de parar, e então percebi que havia cometido um erro. Não me preparei adequadamente para aquele momento, não planejei, suficientemente, quais seriam os meus passos quando não fosse mais necessário vestir a farda diariamente. Era comum ouvir de colegas mais antigos comentários do tipo: "quando me aposentar, vou pescar todos os dias...". Não tenho nada contra pescadores, mas, sinceramente, essa não seria minha opção. Estava com saúde, com força e disposição física e mental, e teria que descobrir uma nova atividade que me proporcionasse prazer e, preferencialmente, desse algum retorno financeiro.

A estabilidade é um dos principais atrativos para quem almeja ingressar em qualquer carreira pública, ou seja, ter a segurança de que, independentemente do que aconteça, a remuneração virá ao final do mês. O ser humano precisa e busca isso: segurança e sentimento de estar imune às turbulências do mercado. Entretanto, não podemos cair na "armadilha" que a estabilidade funcional cria, pois ela pode ser uma grande vilã ao nos impulsionar para a famigerada "zona de conforto".

Normalmente, nos preocupamos com apenas dois momentos: ingressar no serviço, incluindo aqui todo o esforço e dedicação para conseguir aprovação em concurso público, e construir a carreira, propriamente. A terceira fase, já próxima da aposentadoria, a chamada "reta final", normalmente é negligenciada. Arrisco a dizer que não há esse hábito na maioria das pessoas, de sequer "pensar sobre o assunto". Parece um tabu, assim como pensar na morte...

Mas a questão pode não ser tão simples, pois ocupar-se não é a mesma coisa que ser produtivo. Isso tem uma íntima relação com "sentir-se útil" para alguém ou para a sociedade. Quem nunca ouviu estórias de pessoas que começaram a apresentar doenças após se aposentarem?

Pouco antes de me aposentar, um amigo me convenceu a participar de um treinamento em liderança servidora, tema do *best-seller O monge e o executivo*, de James Hunter, o que foi decisivo para que eu começasse a despertar para essa necessidade de buscar algo novo. Dentre as várias abordagens sobre as características do líder servidor, e durante outros treinamentos de que também participei, ficou muito clara a importância de sabermos qual é o nosso propósito, a razão pela qual existimos.

Diante dessa situação, analisei todas as possibilidades sobre uma nova atividade, mas acabei por fazer uma capacitação em *coaching*, que aumentou meu leque de opções. O desafio era grande, pois sentia a necessidade de buscar conhecimento, sobretudo o autoconhecimento. Após alguns cursos e treinamentos, cheguei à conclusão de que meu "negócio", o que realmente me move, está relacionado ao desenvolvimento humano. Nasci para bem me relacionar com pessoas e auxiliá-las em seu desenvolvimento pessoal, com dedicação e amor. Nessa descrição de meu propósito, consigo encaixar todas as ideias e sentimentos que me vêm quando penso nisso, e tenho consciência de que fiz isso durante toda a minha vida.

Aliando todos esses fatos e fazendo as reflexões decorrentes, iniciei a mudança de *mindset*. Eu tinha que empreender, mesmo que essa ideia parecesse contraditória com toda minha estória de vida! A questão era: como aproveitar toda a minha experiência profissional em uma atividade nova, que me proporcionasse satisfação e retorno financeiro? Como colocar em andamento um "plano B", sem ainda tê-lo ao menos desenhado na mente? Como iniciar, ainda que tardiamente, a transição?

As respostas foram sendo encontradas com o emprego da metodologia do *coaching*. O *autocoaching* foi decisivo para que chegasse à clareza necessária para desvendar o que queria fazer para o resto da vida, e também para saber o que não queria fazer! O *coaching* prevê a aplicação de uma série de ferramentas na busca do autoconhecimento e das respostas para as questões a serem resolvidas, no novo ciclo que se iniciou com a aposentadoria.

Pesquisas mostram que, com o avanço da ciência e, principalmente, da medicina, estamos vivendo mais. Entretanto, precisamos ficar atentos para que isso se reflita não somente no tempo de vida, mas também na qualidade da vida do tempo acrescentado. Ao se aposentarem, as pessoas estão com disposição e capacidade mental, tendo ainda muito a contribuir para com a sociedade. Há movimentos e grupos dedicados a promover discussões sobre a necessidade de conectar as diferentes gerações potencializando as relações de forma propositiva, colaborativa e positiva. A força sênior pode e deve ser aproveitada, com sua reinserção no mercado de trabalho e como fonte e meio de transmissão de conhecimentos e experiências às gerações mais novas.

> "Você deve assumir suas responsabilidades. Você não é capaz de mudar as circunstâncias, as estações do ano ou o vento, mas pode mudar a si próprio."
> Jim Rohn

O que fazer, então?

As possibilidades do "despertar" para essa questão são inúmeras, mas, destaco aqui a utilização do *coaching*, cuja proposta é, justamente, achar as respostas que estão dentro de cada um de nós, para nossos problemas. Acaba sendo ideal para essa finalidade: busca do autoconhecimento, descoberta do propósito de vida, elaboração de um plano de ação, e estabelecimento das estratégias a serem utilizadas para isso.

Nos processos de *coaching* que desenvolvo, voltados para profissionais com esse perfil – funcionário público, com estabilidade no trabalho e tempo razoável de serviço, prestes a se aposentar ou já aposentado – fica evidente certo desconhecimento do *coachee* sobre a sua própria identidade. As dinâmicas e o uso de ferramentas provocam profundas reflexões, com momentos de absoluto silêncio, seguidos de emocionantes descobertas. Ressalto que passei, exatamente, por tudo isso, e tenho ajudado pessoas a percorrerem esse caminho de forma mais tranquila e previsível.

Assim, destaco de forma simples e objetiva tudo o que precisamos saber e fazer para chegarmos à etapa final da carreira, possibilitando uma transição sem muitos solavancos, e iniciar a etapa seguinte com clareza e assertividade. Ficou muito clara a eficácia da metodologia do *coaching*, trilhando o seguinte roteiro:

1. Busca pelo autoconhecimento

Conhecer, exatamente, seu tipo de personalidade, seus valores e crenças, pontos fortes e fracos, dons, talentos e habilidades, é o ponto de partida para qualquer mudança. Explorar o universo da inteligência emocional também é fundamental. Cada ser humano é único, não havendo como estabelecer um padrão ou nível a ser alcançado, daí a importância de cada pessoa saber, exatamente, quais são suas características e marcas pessoais, que a tornam singular. E, uma vez iniciada essa descoberta, investir no autodesenvolvimento, pois somos seres em constante evolução. Buscar o equilíbrio físico, mental e espiritual é um grande desafio. Testes de personalidade são ferramentas poderosas para auxiliar nesse momento. Atenção especial deve ser dedicada ao trabalho com as crenças limitantes, enfraquecendo os nossos "sabotadores" e fortalecendo os poderes do "sábio", parte mais profunda e inteligente de cada um de nós.

2. Definição de propósito

Como consequência da busca pelo autoconhecimento, identificar o propósito de vida de forma clara é extremamente importante, pois a partir dele iremos definir as atividades as quais poderemos nos dedicar "para o resto de nossas vidas", caso isso já não esteja ocorrendo. Não é uma tarefa fácil, pois exige, sobretudo, dedicação e estudos sobre si e, muitas vezes, não há essa disposição de mergulhar tão profundamente nesse oceano. E como saber qual é o nosso propósito? Não há fórmula ou receita a ser seguida, mas é certo que estaremos no caminho para essa descoberta, se nos preocuparmos em ouvir nosso coração, prestarmos atenção aos sinais para descobrir aquilo que faz nossos olhos brilharem e que nos dê alegria e satisfação em realizar, de forma realmente desinteressada. É o que nos faz acordar e viver intensamente todos os dias, com alegria e amor. Mais importante do que entender "o quê" ou "como" fazer, é chegar ao "porquê" fazer. Uma vez descoberto o "porquê", os demais acabam sendo consequências.

3. Mudança de *mindset*

Segundo Carol S. Dweck, o *mindset* pode ser definido como "a atitude mental de uma pessoa que, se controlado, pode influenciar positivamente a vida de qualquer um". Pode ser "fixo", quando se acredita que já nasceu com dons e habilidades que não podem ser alterados, ou "crescente", quando se crê ser possível desenvolver essas habilidades com dedicação e esforço. O objetivo no processo é fazer um trabalho para alterar a forma de encarar os desafios, adequando-se o *mindset*, passando a considerar possível e alcançável aquilo que parecia impossível ou inatingível. Ou seja, ser positivo diante de qualquer situação é fator decisivo para o sucesso e alcance de nossos objetivos.

4. Foco

Há um ditado popular que diz "para quem não sabe onde quer chegar, qualquer caminho serve". Saber, exatamente, qual é o ponto de partida, para determinar o ponto de chegada, é um dos objetivos do processo de *coaching*, isso em todos os aspectos da vida, ou seja, saber identificar o estágio atual para se determinar qual é o estágio a ser alcançado, e o que falta para chegar nele. Para isso, é preciso ter passado pelos estágios anteriores, caso contrário, haverá confusão e falta de clareza. Nesse caminho, é preciso estabelecer os níveis de relevância das metas a serem alcançadas.

5. Planejamento

Formular planejamento para os próximos dois anos, tempo que considero razoável à fixação de metas maiores, desdobradas em metas menores e objetivas. Vale lembrar o princípio das metas SMART – específicas, mensuráveis, alcançáveis, relevantes e com tempo certo para serem atingidas. Traçar ações para cada área da vida, sendo fundamental a participação dos potenciais "apoios", ou seja, pessoas que serão importantes como auxílio para o sucesso de cada ação e que serão também afetadas pelos resultados. Nesse aspecto, é notável a diferença com que se encaram os desafios, quando há consciência de que haverá o auxílio de outras pessoas com as quais se convive, e isso tem representado um diferencial e tanto na obtenção de resultados.

6. Execução

Cada ação planejada é executada com o devido acompanhamento, mensuração e engajamento. Evidentemente, nem todas as metas poderão ser acompanhadas durante o processo de *coaching*, mas aquelas mais imediatas têm a atenção durante o processo. Tão importante quanto o planejamento, a execução é a parte na qual se "coloca a mão na massa", em que as ações saem do papel e se materializam. Aprendida a forma de "como fazer", o *coachee* terá condições de "andar com as próprias pernas".

7. Avaliação de resultados

Momento de colher os frutos do esforço, sejam os resultados bons ou ruins. O atingimento de metas serve como estímulo para a fixação de outras, enquanto que o contrário deve servir como combustível para uma autoanálise e aprendizado. É preciso celebrar cada pequena vitória, visando alavancar a autoconfiança e autoestima, tornando mais provável a conquista dos objetivos principais. De qualquer forma, todo resultado é importante.

Além do *coaching*, que busca desenvolver a consciência, a responsabilidade e a autoconfiança, existem outras formas de fazer aflorar novas ideias e de como colocá-las em prática. Minha experiência tem mostrado o quão vastas são as possibilidades, e o quão valioso é o auxílio de um *coach*. Qualquer pessoa pode descobrir suas potencialidades (na maioria das vezes, desconhecidas) e motivar-se a encarar novos desafios, desde que esteja, realmente, determinada a isso.

E você, por acaso está passando por essa fase? Conhece alguém com essa necessidade? Está disposto a mergulhar nesse universo maravilhoso que é o seu próprio "eu"? Saiba que o *coaching* pode ser decisivo na sua mudança de *mindset*, possibilitando novos caminhos a serem trilhados nas fases seguintes da vida. Pode acreditar!

Referência
DWECK, Carol S. *Mindset: a nova psicologia do sucesso*. Editora Objetiva, São Paulo, 2017.

50

Mas, afinal, o que é sucesso?

Podemos encontrar a definição de sucesso no dicionário, ou na Wikipédia. Mas, o que é sucesso para nós? E o que alimentamos em nossa mente, que pode nos impulsionar como uma mola, ou nos puxar para trás como um elástico?

Soráya Thomeran

Soráya Thomeran

Professional & self coach, analista comportamental e *leader coach* pelo IBC – Instituto Brasileiro de Coaching, com certificação Internacional pela ECA – European Coaching Association, e GCC – Global Coaching Community (Alemanha/Suíça). Consultora com formação internacional em Panorama Neurossocial com o psicólogo holandês, criador da técnica, Lucas Derks. *Practitioner* em PNL, consteladora sistêmica, autora dos livros *Coaching aceleração de resultados* e *Estratégias para a vida*, ambos da editora Literare Books. Idealizadora do site *Coach de Alma*, advogada, empresária e escritora.

Contatos
www.coachdealma.com.br
coachdealmas@gmail.com
Facebook: Coach de Alma

Q uais as definições básicas de sucesso? Aquelas encontradas no dicionário? Na Wikipédia? Ou em algum outro lugar que diga o que é sucesso? Segundo o dicionário Aurélio, a palavra sucesso é definida como:

> **s.m. Resultado feliz; êxito. / Acontecimento, fato, caso, ocorrência.**
> **Ou ainda: Êxito;consequência positiva;acontecimento favorável; resultado feliz.**
> Na Etimologia , ou seja na origem da palavra *sucesso*, temos nosso amigo Latim: **SUCCESSUS**, "avanço, seguimento, resultado propício", de **SUCCEDERE**, "vir depois, chegar perto de", formado por SUB-, no caso "depois, o seguinte", + **CEDERE**, "ir, mover-se, deslocar-se".

Este livro chama-se *Coaching mindset II*, então, nada mais normal do que falar sobre isso.

Mas, não adianta apenas procurar as definições de sucesso encontradas em "fontes externas", principalmente, quando o parâmetro de mensuração do sucesso é algo muito pessoal. Assim, a principal fonte da palavra sucesso encontra-se, exatamente, dentro de nós.

Justamente a dificuldade de mensurar o sucesso é o que o faz tão único. Quando um atleta vai participar de uma corrida, ele dá tudo de si; chegar em primeiro lugar é o que ele quer. Ele, provavelmente, dedicou--se muito a isso, e atingir o seu objetivo, que é chegar em primeiro, é um ato mensurável de sucesso, pelo menos para ele. Talvez, algum outro atleta nessa corrida nem esperava se classificar, mas acabou conseguindo entrar, e isso para ele já é uma vitória, ou seja, o seu sucesso.

Mas, falar de *mindset* é falar sobre aquilo que alimentamos em nossa mente, para que possamos encontrar o sucesso, ou pelo menos aquilo que dentro de nós ele representa. Temos crenças, muitas crenças. Às vezes, elas nos levam para frente, mas, às vezes, são como um elástico que nos impede de chegar onde queremos. Quando nos aproximamos do nosso objetivo, eis que somos puxados para trás por algo que, na maioria das vezes, nem sabemos o que é.

Existe um autor muito interessante, chamado Dr. Alexander Loyd, em seu livro *O código da cura*, ele comenta sobre os estudos que a neurociência já fez no campo das conexões cerebrais.

Nosso cérebro é um *software* altamente sofisticado, mas, às vezes, não reconhece as programações que são apresentadas. Na concepção do "*software* cérebro", existe uma comunicação que define a sobrevivência daquele ser onde ele está "instalado". Vocês já ouviram falar em respostas do cérebro para luta, fuga, situações paralisantes e essas coisas. Mas, aposto que não sabiam (meu queixo caiu quando descobri) que o cérebro escolhe as conexões mais absurdas de nossa tenra idade, para considerar como "perigo de existência" algo que, para nós adultos, pode ser bem besta.

Ocorre que, quando crianças, não temos o discernimento e a maturidade para entender determinadas situações. O ralhar de nossa mãe conosco, o salto dado no portão do vizinho quando o cachorro latiu, o picolé que caiu no chão etc. Tudo isso, para um cérebro em formação, pode ser determinante nas conquistas que terá quando adulto.

"Poxa, isso não é justo! Quando sei que tenho crenças limitantes sobre meus objetivos, tudo bem. Posso buscar ajuda, melhorar e ressignificar essas crenças para que eu possa ir mais longe. Mas, quando minhas próprias conexões neurais me passam a perna, aí, realmente, complica um pouco".

Existem técnicas, hoje, para ajudar a "limpar as conexões neurais", mas, quero falar um pouco daquelas que podemos começar a olhar com mais carinho.

Certa vez, li em algum lugar uma frase que dizia:

> "Defina sucesso.
> Agora, alcance-o."

"Oh, que frase legal, empoderadora" – pensei. Via-me como uma executiva de sucesso fechando um negócio milionário (Isso era minha ideia de sucesso quando li). Porém, logo depois, essa ideia sumiu, pois percebi que definir sucesso não era algo tão simples. A verdade é que nem sempre sabemos, exatamente, o que é sucesso para nós.

Quem já não teve aquela necessidade de saber qual sua "missão" na Terra? O que vim fazer aqui? Qual o meu propósito? Achamos que precisamos de uma "missão especial", sermos escolhidos para algo. Se isso não acontece, sentimos como se não "tivéssemos chegado lá". Eu também tive essa busca por muito tempo. Frustrava-me saber que não era "especial", que não tinha "dom mágico" nenhum. Era uma pessoa comum, fazendo coisas comuns. Então, eu, realmente, não sabia definir o que era sucesso para mim. Busquei, de inúmeras formas, achar uma resposta, alguém que dissesse: "Você tem que fazer isso, pois é a sua missão".

Sou muito flexível e aberta a muitas variantes de terapia existencial. Cada uma das coisas que fiz me ajudou a ficar mais perto de mim, de me conhecer melhor. Algumas terapias me ajudaram mais do que outras, mas nenhuma delas disse: "Aqui, você tem que ir".

Em certa oportunidade, eu estava em crise existencial (acredite, tenho muitas), e li em algum lugar, que nem lembro onde era, uma definição de sucesso que me levou a outro patamar da minha própria existência e compreensão.

A leitura dizia mais ou menos algo assim:

> Você acha que precisa ter uma missão para fazer sentido nesta vida. Acha que precisa passar por aqui, deixando uma marca, um legado, algo para ficar na história. Passar pela Terra ao som de trombetas e fogos de artifícios. E quando retornar de onde veio, quer prestar contas e dizer que cumpriu sua meta. Mas, deixa eu falar, sua vidinha é comum, talvez até você tenha sido predestinado para ser um grande líder como Gandhi, ou deixar um legado histórico que mencione seu nome para as outras gerações, mas, a verdade, verdade mesmo é que sucesso é algo muito pessoal. O sucesso é conquistado todos os dias, todos os momentos em pequenas doses. Tal como a felicidade é algo que precisa ser alimentado.

Parece uma leitura boba, mas, para mim, foi um divisor de águas em muitas crenças limitantes que eu tinha. Crenças do tipo: "sucesso só acontece com os outros, você vai sobrevivendo aí", "só se você mudar o mundo, você será um sucesso, senão você é só mais um", e por aí vai.

Então, resolvi fazer um pequeno exercício comigo, e talvez você, amigo leitor, também queira fazer isso.

De todas as coisas que eu já tinha feito na vida, o que eu achava que era um sucesso?

Comecei lá atrás, no início da minha adolescência, e me lembrei de que eu era uma jogadora de xadrez excelente, que ganhava todos os campeonatos dos quais participava. Eu me senti um sucesso olhando para minhas medalhas no quadro (estão guardadas até hoje).

Pensei, então, no meu relacionamento, como nos conhecemos, nos conectamos e como lutamos para ficar juntos... Dois adolescentes teimando que tinham futuro (e não é que tínhamos mesmo?).

Depois, pensei na minha filha mais velha. A coragem que tive ao querer gerar um bebê, quando eu nem tinha um lugar decente para morar. Depois a faculdade com um bebê pequeno. Depois, um bebê pequeno, faculdade e mais um bebê pequeno (gostava de fazer bebês). Olhando apenas essas pequenas coisas, vi quanto sucesso eu tinha tido, como havia ido longe, onde muitos sequer tinham se aventurado. Senti orgulho de mim. Da minha coragem. Percebi que, mesmo com todo o medo que eu tive em muitas ocasiões (e ainda tenho), eu tinha sido um sucesso. Muitas outras coisas vieram a minha mente, algumas comuns e banais, outras nem tanto.

Então, eu parei de pensar que tinha uma missão com o mundo. Comecei a pensar que eu tinha uma missão comigo. Se eu queria mudar o mundo, precisava começar em mim. Cuidar da minha família, dos meus negócios, ser uma boa amiga, uma boa companheira. Fazer a diferença nas pequenas coisas, e não apenas achar que só o grandioso tem valor. Melhorar a cada dia, apesar dos defeitos. Foi um alívio, um alívio saber que eu poderia ser eu, e que sucesso era uma coisa, metas e objetivos eram outra. Sucesso era aquilo que eu sentia dentro de mim, o gostinho de fazer algo difícil, de superar um medo, a energia da motivação que me levava adiante, sendo apenas eu, sem muitas pretensões. Meta era aquilo que eu tinha colocado no papel, desejado, investido, trabalhado e que, talvez, mesmo me esforçando, eu não conseguisse. Mas, eu tinha feito meu melhor.

Eu convido você, querido leitor, a ressignificar o sucesso dentro de você e deixá-lo leve. Somente quando ele for leve, sem expectativas e pressões é que ele, realmente, poderá fluir, e você poderá ser aquilo que foi destinado a ser: você.

Acredite, isso já é um sucesso!

51

Alavanque os resultados por meio do seu *mindset*

Eu aprendi a obter conhecimento por meio de histórias e visões de mundo de outras pessoas. Acreditei em suas verdades e construí uma enorme barreira que me distanciou da minha essência, me levando a tomar atitudes impensadas. Neste texto, vou mostrar um caminho para inspirar você a realizar seus sonhos e, por mais incrível que possa parecer, é fácil quando alguém lhe fornece o mapa

Suelen Freitas

Suelen Freitas

Master coach 360°, desenvolve projetos de consultoria e treinamentos em todos os níveis organizacionais. Educadora de formação, graduada em pedagogia e tecnóloga em gestão comercial. *Practitioner* em neurolinguística reconhecida internacionalmente. Possui 15 anos de experiência em *contact center* de cobrança e vendas. Ajuda na construção de equipes autônomas, por meio de treinamentos e do projeto Gestão Ecológica Empresarial, que visa colaborar com as organizações na construção de relações mais harmônicas com a sociedade.

Contatos
sbf.moura@gmail.com
Facebook: Suelen Freitas Coach Empresarial
(91) 99229-3929

E spero que o meu trabalho possa contribuir com aqueles que, diariamente, realizam suas tarefas com esmero e cuidado, mas não conseguem realizar seus sonhos.

Há quatro anos, descobri que minhas crenças influenciavam meus resultados e que, na busca de resultados, precisava reorientar meu *mindset* em direção aos meus objetivos.

O primeiro despertar foi pensar como algumas pessoas são capazes de transformar o fracasso em sucesso, e como eu poderia fazer isso.

Sempre pensei que, para obter os resultados desejados, eu deveria evitar fracassar, errar; deveria me esforçar e perseverar. Isso me fazia criar uma a opinião a meu respeito, mas, o que eu não sabia é que essa opinião afetava, diretamente, a maneira que eu levava minha vida. Essa maneira decidia se eu queria ser a pessoa que desejava ser, e se realizaria aquilo que era importante para mim.

Na maioria das vezes, o meu *mindset* me fazia enxergar um resultado ruim como um padrão de resposta, que significava: "sou uma fracassa-da total", "sou uma perdedora", "todos os outros são melhores do que eu", "sou uma farsa". Em outras palavras, entendia o que aconteceu como uma medida direta de minha competência e valor.

Sempre foi muito difícil ter que ocultar minhas deficiências emocionais. Eu não sabia que podia vencê-las, transpor aquilo que já tinha aprendido. Olhar para dentro me fez despertar para um *mindset* de crescimento e desenvolvimento.

Não pensem que, quando não estava lidando com o fracasso, sen-tia-me assim, ao contrário, me sentia valiosa, otimista e inteligente. Mas, então, qual foi a novidade que gerou a mudança? Foi a mudança da minha percepção de quem eu era.

Como isso aconteceu? Como pode uma simples percepção ter o poder de transformar minha psicologia e, consequentemente, minha vida?

Acreditar que minhas qualidades são imutáveis – o *mindset* fixo – criava a necessidade constante de provar a mim o meu valor.

Quando fiz meu primeiro curso de PNL, descobri que era possível desenvolver as qualidades desejadas e, a partir daí, criei uma paixão pelo aprendizado. Foi nesse ponto que percebi que não precisava perder tempo provando, constantemente, a mim minhas qualidades. Afinal, eu poderia me aperfeiçoar.

As ideias a respeito de quem eu era, do meu valor, mudaram a partir da minha necessidade de desenvolvimento pessoal. Isso passou a expandir minha mentalidade quanto ao conceito de realidade, medos e resultados.

À medida em que comecei a compreender que minhas qualidades não eram estáticas, que elas poderiam ser cultivadas a partir de pensamentos e atos, guiando-me por um caminho completamente diferente daquele trilhado até aquele momento, houve uma espécie de revolução pessoal. Passei de um *mindset* fixo para um *mindset* de crescimento.

Para entender como essa transformação ocorreu, é necessário compreender o que você pensa sobre si. Quando você atua com um *mindset* fixo?

É provável que você tenha uma percepção distorcida quanto as suas qualidades, habilidades e competências. Isso acontece porque essa percepção tem base em um autojulgamento, ou seja, suas preciosas características são vistas como boas ou más.

Quem tem *mindset* fixo acredita que a questão é, simplesmente, ter ou não aptidão para algumas tarefas, que a aptidão se revelará por si só, antes que ocorra qualquer aprendizado.

Até então, eu acreditava que minha capacidade estava envolta de uma capacidade fixa, já nascida comigo, e que precisa ser provada, autenticada por resultados medidos e comprovados.

Agora a questão era, caso fosse adiante com a dedicação, o esforço e a concentração no treinamento da minha mente e da minha autopercepção, isso mudaria o que em minha vida?

Comecei os estudos e me encantei com o mundo mágico das novas descobertas e tudo o que poderia aprender sobre mim, no entanto, no convívio com pessoas que já estudavam há anos o comportamento humano, padrões mentais, me vi, novamente, presa no *mindset* fixo. Eu olhava os professores e sua longa lista de publicações e pensava: "Oh, meu Deus, não consigo fazer isso". Olhava os alunos mais adiantados que escreviam artigos para publicação e atendiam outras pessoas e pensava, novamente: "Oh, meu Deus, não consigo fazer isso". Esqueci de reformular a frase para: "ainda não consigo". Afinal, eu estava estudando para aprender como fazer aquilo, e não porque já sabia tudo.

Naquele momento, eu não sabia que para desenvolver uma nova mentalidade eu precisava de tempo para o meu potencial florescer.

Era difícil compreender que o meu potencial não era medido pelo número de livros que já havia lido, pelos resultados obtidos, ou por quanto dinheiro havia ganho. Foi uma disruptura de tudo o que eu acreditava que media o meu valor, tudo o que me tornava especial, e até mesmo superior.

Até descobrir os meus *mindsets* e seus funcionamentos, eu me considerava mais talentosa do que as outras pessoas, talvez, mais respeitável do que elas, por causa dos meus resultados. A ideia mais assustadora sobre a qual eu, raramente, meditava era a possibilidade de que eu fosse uma pessoa comum. Esse tipo de pensamento me levava a buscar aprovação constante. Cada comentário, cada olhar tinha algum significado, ficava registrado na pontuação de minha inteligência, de minha beleza, de minha simpatia pessoal.

Para uma mentalidade não desenvolvida ter que lidar com o fracasso pode ser desastroso, pois entender que fracassar é uma experiência, e não uma classificação, que o fracasso traz consigo o presente da experiência e do aprendizado, foi um momento transformador. Essa descoberta me libertava de obrigações que me faziam sofrer, e pensamentos que me aprisionavam.

Agora as fichas caem, e começo a perceber que esquivar-me das dificuldades encontradas e culpar os outros não é receita para o sucesso. Esforçar-me menos por não ter alcançado os resultados desejados não faria com que meus objetivos fossem realizados. Pensar que existem pessoas que sabem menos do que eu não restabeleceria a minha autoestima.

Quando passei a acreditar que minhas qualidades básicas podiam ser desenvolvidas, os fracassos passaram a ser menos dolorosos, por não me definirem. E, se é possível expandir as capacidades – se a mudança e o crescimento são possíveis – então ainda há muitos caminhos para o sucesso.

Essas mudanças internas foram dolorosas e, ao mesmo tempo, instigantes. Comecei a fazer ensaios mentais de tudo que gostaria de ser, mesmo sabendo que ainda não era. Esses ensaios me permitiram mudar alguns hábitos destrutivos que tinha em relação a mim, pensamentos perturbadores que jamais os aceitaria se fossem ditos por outras pessoas, então por que aceitá-los vindo de mim?

Algumas pessoas ficam presas nesse nível de julgamento, e essa armadilha não as permite ver além de suas mentes. Eu passei a entender que eu não era a minha mente, não era a minha personalidade, que o que sempre estive buscando era a minha essência, a minha relação com o todo.

No passado, isso teria sido inconcebível, pois eu não havia me dado autorização para a mudança. Autorizar a mudança seria confrontar tudo o que havia aprendido até aqui, confrontar minhas raízes, meus antepassados e ancestrais. Agora, porém, estava fazendo por eles, estava fazendo a mudança por mim.

Aqueles que não são capazes de ver além da forma ficam mais arraigados a suas crenças, isto é, a seus próprios pensamentos. Eu testemunhei não apenas uma influência sem precedentes da consciência como também uma resistência e uma intensificação do meu ego. O ego está destinado a se dissolver todas as suas estruturas rígidas, criadas ainda na primeira infância, que ficam arraigadas, nos impedindo de encontrar nosso verdadeiro eu.

A mudança mais profunda, na verdade, foi saber que eu não era aquela "voz dentro da minha cabeça". Quem eu era então?

Tudo o que eu percebia, sentia e pensava a meu respeito era uma camada superficial da realidade, menos do que a ponta do *iceberg*. Sob essa aparência superficial, todas as coisas que eu tinha conhecimento sobre mim foram criadas. Quando olhamos para algo assim ou o seguramos com uma sensação de assombro, de maravilha que surge dentro de nós ou deixamos ir. As palavras aqui descritas reduzem a realidade a algo que o leitor é capaz de entender. O lado bom é que, se você também for capaz de reconhecer a ilusão do seu ego, ele se dissolverá. Aquilo a que costumamos nos referir quando dizemos "eu" não é quem nós somos, isso é nosso ego. O ego é, invariavelmente, a identificação com as formas, não apenas objetos materiais e corpos físicos. Mais essenciais do que essas formas externas são as formas de pensamento que surgem, de modo contínuo, no campo da consciência.

Para mim, construir um novo *mindset* significava despertar para uma mudança de consciência, que ocorreu quando passei a separar meus pensamentos, não permitindo que eles agissem de maneira autônoma, sendo possível ter controle sobre eles, trazendo para minha vida um estado de presença, sentir experiências sem a interferência de interpretações e significados passados. É difícil escrever um passo a passo de como podemos tomar conta de nossos pensamentos, mas, se neste breve relato ele trouxer um lampejo de luz que desencadeie o seu despertar, me sentirei feliz com o resultado.

Algo de verdadeiro nasceu em meu íntimo, como nunca experimentado antes. Era a vontade de crescer e estar alinhada com o meu propósito interior. No momento, não sabia, exatamente, o que era esse propósito ou o que isso poderia se tornar.

Agora a necessidade de lutar me parecia equivocada, como se tivesse sido uma ilusão da qual agora eu acordava. Mudar a minha mentalidade foi equivalente a mudar as lentes sobre as quais eu enxergava o mundo a minha volta. O momento presente me garantia um estado de felicidade e meu propósito interior estava ali, em viver o momento presente. O meu propósito exterior estava onde o momento presente iria me levar. Quando você se torna presente e, portanto, permanece por inteiro naquilo que faz, suas ações ficam carregadas de energia, estar consciente daquilo que eu estava fazendo.

Não permita que o mundo lhe diga o que é sucesso. Entenda, sucesso é estar pleno no momento presente, é ter qualidade naquilo que se faz. Quando esses elementos estão presentes em nossa vida, quando nos permitimos ter consciência de nossas ações, de nossos pensamentos, estamos trazendo qualidade para o momento presente e eliminando a pressão, preocupação, e todo o restante que não se encontra no agora.

Como é possível se reconciliar com o agora?

• Encontre a essência de quem você é, na consciência do momento presente;

• Diferencie-se do seu ego;

• Traga novos significados para o seu dia a dia, desapegue-se de significados antigos ou adquiridos ao longo da sua jornada, por meio da experiência de outras pessoas;

• Permita-se romper com o passado e com as experiências com o trabalho, sua condição de vida, seus relacionamentos;

• Permita-se não utilizar decisões pré-fabricadas, ou seja, aquelas que você já sabe o que fazer. Traga novos pensamentos a essa decisão, traga novas possibilidades;

• Permita-se não saber o que fazer. A segurança é uma ilusão;

• Quando seu ego começar a rachar, quando as vozes do seu ego começam a ser questionadas, a compreensão desse processo, até então desconhecido, emerge para entender que seu propósito interior aparecerá quando seu propósito exterior entrar em colapso.

Muitas vezes, me perguntei o que fazer com aquilo que eu era. Esse movimento de saída, de crescimento e expansão, que nos permite mudar a mentalidade, desencadeia uma série de mudanças que respondem a dúvida do que fazer com aquilo que se é.

Esse amadurecimento profundo me permitiu diminuir as queixas, o medo, a raiva, a autopiedade, a culpa, acusações, e tantos outros sentimentos que me deixavam apegada ao passado, desajustada com o momento presente. Entendi a diferença entre estresse e intensidade, o estresse é a manifestação do ego, é quando nos sentimos em lados opostos às pessoas, e a intensidade é sentir-se parte do todo, parte integrante e criativa com aqueles que compartilhamos nossas vidas.

Eu recriei minha nova versão, muitas vezes, e continuo fazendo, com vislumbre de encontrar minha essência não manifestada. Esse processo evolutivo é como a natureza, nunca tem fim, e essa ação de despertar traz à minha vida aceitação, prazer e entusiasmo.

Desperte seu *mindset* de crescimento e assuma a responsabilidade pela sua vida e de seus resultados.

52

Como vencer o medo e alcançar o sucesso que você merece

Sempre que fazemos algo, visamos alcançar o sucesso, mas, ele nem sempre chega para todo mundo. Por que será que algumas pessoas não o atingem? Neste capítulo, vamos abordar por que isso acontece e como vencer o principal fator, que é o medo. Aliás, medos, pois são vários envolvidos, inclusive o medo de ter sucesso

Suzana Dias

Suzana Dias

Especialista em organização pessoal e profissional pela OZ! (2015), gestão de tempo e produtividade pela Triad PS, do Christian Barbosa (2016), *coach* e analista comportamental pelo IBC (2017). Atua, principalmente, ajudando empreendedores a organizarem suas atividades profissionais, sem esquecer a vida pessoal, proporcionando qualidade de vida. Além da parte prática da organização, identifica e ajuda no processo de superação de problemas de produtividade e *mindset* para o sucesso.

Contatos
www.suzanadias.com.br
contato@suzanadias.com.br
Instagram: suzanadias_organizer
(41) 99652-9503

Você deseja ter sucesso na vida e nos seus projetos, certo? Eu desejo muito, e o mundo inteiro também! Mas, por que há horas em que empacamos, desanimamos, colocamos desculpas e temos várias outras atitudes para não concluir os passos que nos levarão ao êxito? Neste artigo, quero abordar como podemos superar os medos que acompanham as nossas empreitadas tanto na vida profissional como pessoal. E não é só do medo do fracasso, não, existe o medo do sucesso também! Mas, primeiro, precisamos entender o ciclo desse sentimento, as causas mais comuns e como lidarmos com elas.

Sabe aquela coisa de não começar uma tarefa ou começar e não terminar? Ou de ficar num ciclo de altos e baixos, em que você começa animado, vê os resultados e crescimento, mas faz algo (ou deixa de fazer) que acaba declinando esse crescimento. Quando chega lá embaixo, resolve se dedicar novamente, começa a crescer e, de repente, cai de novo. A pessoa que fica nesses altos e baixos entra num ciclo de sabotagem e faz com que seus sonhos e desejos demorem para acontecer ou nunca sejam realizados.

Outro comportamento que pode indicar esse medo é sempre começar um trabalho e não terminar. É bem parecido com a situação anterior, mas, nesse caso, a pessoa, simplesmente, deixa de fazer, alega que não tem mais tempo, que perdeu o interesse e outras desculpas. Existem mais casos de desistências do que de sucesso e de fracasso.

Aliás, o contrário de sucesso não é fracasso, é desistir.

Claro que podem acontecer coisas que dificultam ou atrasam o sucesso, mas, nesses casos, a situação se repete e o motivo para essa estagnação ou queda não fica evidente, sempre parece uma desculpa. Existem muitos motivos para procrastinarmos tarefas, principalmente as grandes e que nos trarão mudanças de vida. Mas, um dos principais motivos é o medo.

Medo do meu empreendimento dar errado

Existem muitos motivos que podem fazer com que seu negócio dê errado. Alguns são fatores externos como crise econômica, uma nova tecnologia que torna seu produto ou serviço obsoleto, mudança de leis, falta de matéria-prima ou aumento excessivo do preço, enfim, vários fatores ambientais, políticos, sociais e econômicos. São coisas que não podemos controlar, mas que podemos contornar com nossas atitudes criativas, otimistas e empreendedoras. Com um *mindset* de sucesso, saberemos como reagir da melhor maneira e administrar os fatores que podemos controlar: nossos medos, nossas atitudes, nossos pensamentos. Inclusive, é a partir do pensamento que geramos um ciclo (que pode ser tanto positivo quanto negativo) de ações e resultados. Veja como este ciclo funciona:

Vamos exemplificar com uma situação bem comum:
• Você pensa que seu cliente vai achar caro o preço que está cobrando: pensamento;
• Então, sente medo de perder a venda: sentimento;
• Por isso, decide cobrar mais barato: ação/escolha;
• O cliente fecha a compra pelo preço baixo que você cobrou: resultado;
• Você reforça o pensamento de que sempre tem que cobrar mais barato para fechar a venda: pensamento.

Pensar positivo, então, é o primeiro passo, mas, como agir com os fatores que nos deixam com medo do fracasso profissional?
Vamos à lista de alguns desses fatores:

1 – Empreender envolve riscos
Ninguém quer começar algo para que dê errado, estamos sempre buscando o êxito e o progresso. Por isso, geralmente, analisamos os riscos e todas as possibilidades antes de iniciar um projeto. Precisamos coletar dados sobre o mercado, a área de atuação, público-alvo, e uma infinidade de informações importantes dentro do mundo dos negócios, fazendo um *Canvas* e pensando o que pode ser uma dificuldade em cada setor. E já

pense em possíveis soluções ou formas de evitar ou minimizar esses riscos. Isso é, realmente, bem importante, mas, não podemos ficar paralisados diante das informações, o que chamamos de parálise, a paralisia por análise. Temos, sim, que analisar os dados e riscos, e achar alternativas para minimizar os erros, mas agir. Você também pode contratar um *coach* ou consultor para ajudá-lo nesse processo de mapeamento.

O medo morre de medo da ação!

2 – Ser criticado

Outro fator é o medo de ser criticado se errarmos. Mesmo calculando os riscos e tendo estratégias para minimizá-los, podemos errar, afinal, somos humanos. E existem outros fatores alheios a você que podem interferir no seu sucesso, como uma situação econômica ou o lançamento de uma nova tecnologia. O que não quer dizer, também, que você pode transferir a responsabilidade de fracasso somente a esses fatores. Como vimos, existem situações que não podemos mudar, mas podemos alterar a nossa reação a elas.

Sei que é chato ficar ouvindo críticas dos outros e, muitas vezes, não podemos impedir o outro de dar a sua opinião, mas o que vamos fazer com elas é nossa escolha. Bem aquela frase de Carlos Drummond de Andrade: "a dor é inevitável, mas o sofrimento é opcional".

Os erros servem para nos fazer aprender com eles, uma oportunidade de evoluir. Então, se sua atitude for a de evoluir com os erros, as pessoas (e você também) vão acabar focando na sua reação e não no seu erro. E, falando em aprender, melhor ainda é aprender com os erros dos outros. Muitas pessoas erraram e se superaram, então, você pode aprender com eles, em biografias e *cases*.

3 – A insegurança

Com o estudo de casos e preparação, você vai se sentir mais seguro e preparado, pois a insegurança é outro fator que nos impede de tentarmos coisas novas. Tudo o que é novo gera um certo medo, mas, como já dito, o medo morre de medo da ação. Então, da mesma forma que combatemos os riscos, vamos nos preparar para nos sentirmos mais confiantes. Hoje, temos muitas opções de cursos para nos desenvolvermos tanto profissional como pessoalmente. Isso não quer dizer que precisamos ter terminado milhares de cursos, para nos sentirmos prontos para iniciar, pois há gente que nunca se acha pronta para começar.

A nossa evolução é contínua, mas, com certeza, já temos conhecimento suficiente para iniciar algo e ir progredindo. Sem falar que alguns ajustes na rota só poderão ser feitos durante a caminhada.

Só durante a fase real e diária do seu empreendimento, que vai perceber onde há algumas falhas ou pontos de melhoria. Outra vantagem de não esperar demais é que a oportunidade pode passar e não voltar a bater na sua porta, ou do seu concorrente lançar antes de você.

4 – A ansiedade

Outro fator que anda junto com a insegurança é a ansiedade. Na insegurança, a consequência é esperar demais, ficar postergando. E, na ansiedade, é querer tudo para já, imediatismo por resultados. Não podemos esquecer que o sucesso não vem do dia para a noite, não existe fama instantânea. Portanto, precisamos deixar a ansiedade de lado e ter paciência, disciplina e persistência. Claro que, hoje, as coisas acontecem muito mais rápido do que antigamente. Estamos acostumados com a instantaneidade da *Internet*, mas, tudo na vida passa por fases e etapas.

Evite o pensamento de que tudo tem que acontecer imediatamente: faturar já no início, ter o negócio dos sonhos, ser uma empresa de referência sem passar pelo tempo de maturação, dar emprego a todo mundo, comprar isso, investir naquilo, capturar *leads*, criar autoridade, fazer um lançamento e outros. Enfim, sabemos que os resultados não são imediatos.

Para controlar a ansiedade, utilize métodos como respiração, *yoga*, ou até mesmo fazer outra coisa totalmente diferente, que tire seu foco do negócio, como ir ao cinema, dar uma volta ao ar livre, sair com amigos (e não falar de trabalho), ver séries. Nós somos seres integrais e precisamos cuidar de todas as áreas de nossas vidas, cuidar do corpo, da mente e do espírito, nos relacionarmos com pessoas queridas, ter lazer e nos divertir. O autoconhecimento também ajuda muito. Conhecer-se, reconhecer suas emoções, o que o deixa ansioso, o que o faz se sentir melhor e mais tranquilo.

Aqui, o *coaching* tem excelentes resultados na conquista deste equilíbrio nos setores da vida, tanto que, uma das principais ferramentas é a Roda da vida, onde avaliamos 12 áreas da vida.

Medo de dar certo

Mas, por que teríamos medo de dar certo? Parece muito estranho, não é mesmo?

Os motivos são vários, e se você acha que passa por isso, preste atenção ao que sente quando abandona um projeto ou vê alguém tendo sucesso. Novamente, o autoconhecimento e a percepção dos seus sentimentos e ações vão ajudar. Ter consciência de uma atitude ou crença é o primeiro e mais importante passo para mudar. Novamente, existem alguns fatores para esse medo, vejamos os mais comuns:

1 – Medo da mudança

Todos nós temos medo da mudança, de enfrentar algo que não conhecemos, de novas situações, e isso é normal. O que é prejudicial é não enfrentar esse medo do novo, de sair da nossa zona de conforto. E, geralmente, essa zona de conforto não é nada confortável, é apenas o que já conhecemos e, por isso, nos sentimos seguros ali. Quando queremos mudar, buscar algo diferente, enfrentamos a zona de medo até chegar ao ponto que queremos. Algumas pessoas passam pela zona do medo e chegam onde desejam, outras pessoas se assustam e voltam para a (des)confortável zona de conforto.

Uma vez, em uma consultoria de empreendedorismo, uma pessoa me falou que estava se programando bem certinho para abrir seu negócio criativo, mas que estava com medo de como seria sua nova rotina, principalmente, se o negócio crescesse. Se desse errado, ela já saberia como seria sua rotina, mas, se desse certo, não. Claro que devemos pensar em tudo o que pode acontecer e nos prepararmos, mas ali, primeiro tinha que abrir o negócio e ver o que ia acontecer. Se crescesse, quem sabe daria para contratar alguém para ajudar.

Aliás, fiz uma pesquisa informal com conhecidos e clientes sobre os medos do sucesso, e o que mais apareceu foi o medo de como seria a rotina, principalmente para as mulheres, que ficaram com medo de perder o tempo em família e para se cuidar.

Tudo isso é um receio de sair da zona de conforto, mas, o que devemos fazer é ampliar a zona de conforto então. Claro que, para isso, temos que passar pelas fases intermediárias. Veja o gráfico:

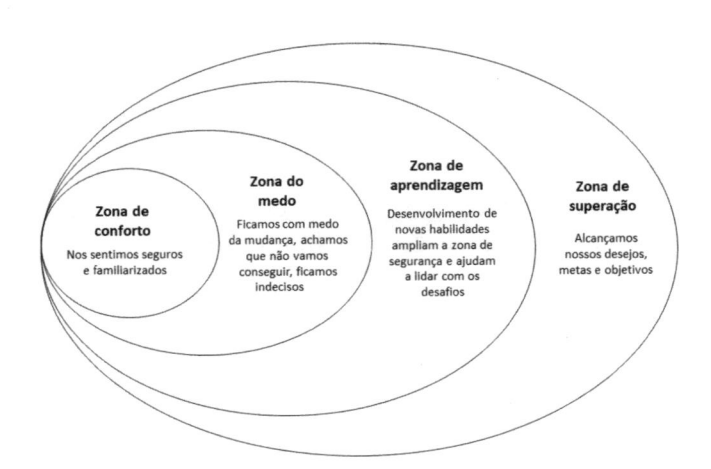

Quando queremos fazer algo diferente, já saímos da zona de conforto e vamos para a zona do medo, onde achamos que não vamos conseguir e ficamos com medo das mudanças que podem ocorrer. Quando a vontade é maior do que o medo, passamos para a zona de aprendizagem, onde vamos nos desenvolver para que as novas atividades sejam mais assertivas e fluidas, até que ela se torna familiarizada e segura, onde, novamente, nos sentimos na zona de conforto, só que ela estará ampliada. E, depois, novamente, queremos outras metas e começamos o processo outra vez, criando um desenvolvimento contínuo.

Claro que você não precisa passar por todo esse processo sozinho, não tenha receio de pedir ajuda para um *coach*. Até porque, geralmente, não sabemos que medos são esses e em que crenças estão enraizados.

2 -Sentimento de culpa

Sim, culpa por dar certo! Por ter dado certo e pessoas próximas a você, não.

Tem gente que não se sente bem com a ideia de ser mais próspero do que seus pais, ou a mulher que não pode ganhar mais do que seu marido. Por ter sucesso e dinheiro em um mundo com tanta desigualdade, com tanta gente com fome e sem conforto. Tudo isso é inconsciente, mas acaba fazendo a gente tomar algumas atitudes que evitam o nosso sucesso e, assim, nos sabotamos.

Novamente, o primeiro passo para resolver isso é tomar consciência das suas crenças. Pare e preste atenção ao que passa pela sua cabeça e ao que você sente. Tenha certeza de que sua família vai apoiá-lo e ter orgulho de você e do seu sucesso. O diálogo é fundamental para você ter certeza se esse receio procede, então, converse com cada um de seus membros, peça a sua "benção" para o seu sucesso. Você pode fazer isso apenas mentalmente, ou conversando realmente com eles. Também indico, sempre, aos meus clientes, uma leitura que julgo fundamental para a saúde financeira: *Os segredos da mente milionária*.

Desejo que este texto o tenha ajudado a compreender melhor o *mindset* de sucesso. Convido você a conversar comigo, pois estarei à disposição, e a conhecer mais do trabalho no *site*.

53

Gerontologia: utilizando o *coaching* como estratégia para melhor longevidade

"Envelhecer é inevitável!". Essa fase chegará para muitos de nós. Não adianta se iludir ou fugir. Envelhecer não significa estar velho. Os avanços tecnológicos e as pesquisas na área da saúde continuam eclodindo, e é mister não só acompanhar essa ascensão, como também aproveitar as oportunidades que nos proporcionam de maneira segura e saudável

Suzana Lyra

Suzana Lyra

Neuropsicóloga clínica, especialista em dificuldades de aprendizagem, comportamento e demências. Palestrante nas áreas de transtornos do humor e comportamento. Habilitada COGMED®. Desenvolve reabilitação cognitiva, estimulação cerebral com idosos e pacientes que sofreram AVC, neurocirurgia, TCE, e apresentam quadro de declínio cognitivo. Especialista em avaliação neuropsicológica em crianças, adolescentes, adultos e idosos. Graduanda em investigação forense e perícia criminal e pós-graduanda em Geriatria e Gerontologia. Desenvolveu trabalhos motivacionais, comportamentais, PNL e *coach* junto às áreas de gestão de RH, supervisão, diretoria de grandes empresas nacionais e internacionais. Presidente do CBDH, palestrante em grandes eventos voltados para administração e psicologia. Participação em TV e emissoras de rádio locais. Escritora de artigos voltados à saúde do idoso, em revistas específicas para a gerontologia. Responde dúvidas de internautas em sites voltados para a saúde mental.

Contatos
www.clinicaviahumana.com.br
suzananeuropsi@gmail.com
Facebook/ Instagram: clinicaviahumana
(71) 99955-5055 / 3018-3735

Afinal, o que é gerontologia?

G erontologia é a ciência que estuda o envelhecimento humano e lida como algo natural, que abrange não só a pessoa idosa, como também a sua família, promovendo saúde e cuidado do idoso.

O envelhecer

O envelhecimento humano vem aumentando a cada ano e, com isso, a necessidade de ampliar o conhecimento acerca do envelhecer de maneira saudável, produtiva, proporcionando à pessoa idosa melhoria da sua autoestima, conhecimento de suas limitações, planejamento das suas práticas diárias. Além de tornar prazeroso, zelar pelo bem-estar físico, mental, nutricional e financeiro, haja vista a maioria dos idosos é responsável pelo orçamento (total ou parcial) dos lares em que vive, incluindo manutenção dos filhos, netos e agregados. Saber envelhecer não é uma escolha, mas, sim, uma arte! Temos a convicção de que um país sem livro é um país sem memória e um país sem idoso é um país sem história!

É muito importante que o idoso desfrute com plenitude de sua (pouca) capacidade física e mental para que possa enfrentar as adversidades e desafios impostos pelas coisas do dia a dia, numa sociedade discriminativa, injusta, desigual, consumista, que valoriza o belo, o jovem, e o poder, afinal, alcançar essa fase (ser idoso) da vida é um privilégio!

Envelhecer de forma saudável e consciente, assegurando à pessoa idosa mais conhecimento, aproveitamento positivo e assertivo nas suas ações, passou a ser estratégia, desejo, prática e não mais um mito! Segundo a OMS, existe um crescimento mundial de população acima de 60 anos que poderá provocar falência, principalmente, no sistema de saúde.

Viver a velhice não significa, propriamente, estar velho. É preciso se dar conta de "o que" quer viver a cada dia e, logo em seguida, "como" quer vivê-los. O importante é escolher, decidir e praticar. É preciso ter um objetivo. Para isso, não requer habilidade, mas encontrar motivação e sabedoria para a mudança. Envelhecer, muitos de nós irão, mas, é preciso ter o desejo de amadurecer! É nessa fase que muitos pedem a aposentadoria, algo tão esperado, sonhado, porém, pouco realizado devido a dificuldades financeiras e limitações psicofísicas, como doenças, angústia e senso de inutilidade. Desfrutar a aposentadoria com qualidade é um privilégio para poucos. Nem todo mundo consegue. Por isso, o *coaching* é importante nessa fase. Para promover melhor planejamento, organização, estabelecendo metas, compromissos, novos desafios, gerando mais vitalidade, consciência, modificando estilos de vida para alcançar seus objetivos e motivar o idoso a curtir melhor a sua tão sonhada aposentadoria com saúde, qualidade de vida e controle financeiro.

O idoso é a fonte de saber mais próxima que temos, e, na maioria das vezes, desprezamos ou deixamos em algum canto da casa ou em abrigos. Ele nos possibilita, com sua experiência de vida, uma oportunidade para descobrir um saber donde não imaginamos alcançar.

Não podemos permitir que a pessoa idosa seja objeto de negligência, crueldade, discriminação. Os fantasmas da fragilidade psicológica, física, dos abusos e descasos cerceiam a vida do idoso, tornando-a, na maioria das vezes, um fardo pesado.

Aqueles idosos com óculos na ponta do nariz, esquecidos, combalidos, sem sair de casa, não existem mais. Hoje, cruzamos com eles em academias, *shoppings*, festas e outros lugares que, antes, eram frequentados apenas pelos mais jovens. O perfil mudou! Ainda bem!

Os idosos são guerreiros, pois enfrentam, diariamente, batalhas. Como diz o Papa Francisco: "nunca desanimem, não percam a confiança, não deixem que se apague a esperança, a realidade pode mudar".

O papel do *coaching*:

O propósito do *coaching* é preparar a pessoa idosa para enfrentar os desafios que a vida lhes impõe, fazendo com que envelheçam de forma saudável.

Para isso, é interessante utilizar as técnicas de *coaching* para induzir a hábitos saudáveis, facilitando as atividades de vida diária do idoso.

É preciso avaliar a capacidade de forma individual, personalizando, para que haja resultado favorável. Após essa análise, o *coach* poderá introduzir técnicas para que o idoso modifique sua maneira de pensar, alterando, assim, o seu comportamento, desenvolvendo suas capacidades, preparando-o para um envelhecimento saudável, implementando projetos plausíveis e motivacionais para que possa potencializar a eficácia da sua longevidade.

Coaching é inovação, é melhoria de capacidade, é investimento, é colocar um projeto em ação.

Envelhecer de forma saudável é muito mais a forma como gerenciamos a vida do que, de fato, por questões genéticas. É lógico que esses fatores influenciam, mas não é a parte principal. É preciso cuidar do corpo com atividades físicas, boa alimentação, equilíbrio emocional e bom planejamento/gerenciamento financeiro.

Saber dosar é a chave do sucesso. É preciso identificar o que é necessário, importante e útil.

O futuro já é incerto. Por essa razão, é interessante planejar, desenvolver e nutrir hábitos saudáveis.

Criar amizades e desenvolver relações saudáveis, seja em uma atividade física, igreja/congregação, cursos diversos, é muito importante, pois essas conexões sociais serão úteis para manter a motivação do idoso na prática do *coaching* e, com isso, facilitar sua conduta no aprimoramento das técnicas para alcançar etapas na concretização de seus objetivos, alcançando uma melhor longevidade de maneira saudável.

O *coaching* trabalhará as suas tolerâncias na vida pessoal, seus pontos limitantes, seus medos e anseios.

O envelhecimento é natural, dinâmico, progressivo e não é um processo fácil de lidar.

Existem fatores que são importantes para manter um envelhecimento ativo:

1) Alimentação;
2) Convívio social;
3) Aspectos neuropsicológicos;
4) Atividades físicas;
5) Equilíbrio financeiro;
6) Ambiente familiar saudável;
7) Acompanhamento médico e dentário;
8) Espiritualidade.

Alimentação: a alimentação é fator importante para uma melhor longevidade. Mantenha uma alimentação balanceada.

É interessante ter um acompanhamento nutricional (seja com nutricionista ou nutrólogo). Alimentos têm impactos importantes na vida do idoso. Muitos terminam praticando uma dieta rica em alguns nutrientes e pobres em outros. Ingerindo, muitas vezes, alimentos calóricos impróprios para a sua ingesta ou com baixa caloria, causando um desequilíbrio de sais minerais e nutrientes que devem compor as necessidades do corpo.

Convívio social: ter um convívio social faz com que se sinta útil, pode começar a cuidar de sobrinhos, netos, ser voluntário(a) em algum projeto. O idoso deve participar de eventos culturais, sociais, turísticos, políticos ou até mesmo laboral.

Aspectos neuropsicológicos: exercícios mentais são excelentes para manter a "boa forma" do cérebro. Coisas simples como leituras diárias, cantar, escrever palavras com determinada letra, olhar o ambiente por cinco segundos e depois descrever o que viu (é interessante colocar no papel para verificar sua resposta), fazem com que as funções cognitivas estejam estimuladas, assim, o processamento cerebral se dará da maneira mais eficiente.

Cuidar da saúde mental é o item mais importante, é fator crucial para um bom envelhecimento, pois é por meio dela que o indivíduo estará motivado ou determinado a efetuar mudanças na sua vida. A depressão é uma doença que afeta muitos idosos, chega de forma branda, silenciosa e não se pode negligenciar quando o idoso apresenta-se lacônico, sem vontade de sair de casa.

Atividade física: é importante colocar o corpo em movimento, por diversas razões: melhora as funções cardiorrespiratórias, sua capacidade funcional, força muscular, flexibilidade, diminuindo riscos de doenças cardiovasculares, hipertensão, diabetes, AVC, obesidade, melhora a autoestima, imagem corporal, o sono, humor e funções cognitivas.

Equilíbrio financeiro: o controle financeiro da pessoa idosa se faz necessário a cada dia, pois sua renda está cada vez mais enxuta e seus gastos com plano de saúde (quando tem) e medicações aumentam excessivamente, comprometendo mais da metade da sua renda. Ainda é necessário manter em dia as despesas básicas e lazer, sem contar com ajuda financeira para filhos e agregados. Muitos idosos devem dar aula de como fazem para sobreviver, gerir e gastar de forma segura. A sua educação financeira e controle de gastos são primordiais.

Ambiente residencial: é importante mantê-lo de forma segura dentro de sua residência. O ambiente deve ser revisto para não proporcionar quedas. Tapetes, móveis com quinas não são aconselháveis em casas que tenham algum idoso. Que seja próximo a supermercado, farmácia, igreja, para lhe proporcionar autonomia e independência. A proximidade de membros da família é de grande significância, pois é a referência que tem.

Saúde oral e física: muitos idosos fazem uso de próteses ou não têm uma dentição saudável, cuidar da saúde bucal é muito importante. Doenças periodontais podem causar doenças físicas como câncer bucal, cáries, perda óssea e de dente, halitose e outros, rebaixando a autoestima do idoso.

Fazer bochecho ao menos três vezes ao dia, passar uma gaze na língua e usar escova macia com um bom creme dental já ajuda a manter a cavidade oral limpa.

É interessante que o idoso faça um acompanhamento com um profissional da área de odontologia, uma vez ao ano.

Evitar tabagismo, bebidas alcoólicas e sedentarismo, pois podem potencializar sintomas de algumas patologias preexistentes, aumentando o risco cardiovascular e prejuízo cognitivo.

Geralmente, o idoso é plurimedicado. É preciso haver um acompanhamento médico criterioso e observar de perto, principalmente quem é o responsável pelo controle dos horários das medicações. É interessante marcar as medicações com cores, tarjetas, números ou algo que possa orientar a automedicação, caso more só.

Espiritualidade: é importante que o idoso tenha participação religiosa ou espiritual, participe com frequência, se engaje em projetos da comunidade, pois estará, também, estimulando o convívio social e cognitivo. Geralmente, quando se tem fé ou religiosidade, o indivíduo consegue superar as adversidades com mais tranquilidade, paciência, resignação, melhorando sua saúde psicofísica.

O *coach* deve permitir que o idoso esteja em contexto com outras gerações, fazendo com que haja estreitamento de laços, confiança, melhorando a qualidade de vida do idoso e daqueles que o cercam, estimulando-o a tomar decisões de acordo com seus desejos e necessidades, promovendo independência e propiciando autonomia nas suas atividades diárias, melhorando, assim, sua qualidade de vida. Manter o idoso ativo não é fácil, mas também não é algo impossível.

É muito importante que o *coach* perceba as expectativas da pessoa idosa, suas preocupações, desejos, limitações para que possa programar algo plausível. O papel do *coach* vai muito além do seu próprio papel. É preciso ouvir, notar, perceber, estar, sentir, motivar, compreender e mostrar. É saber quando deve recuar ou avançar.

É preciso estimular práticas saudáveis no contexto familiar, para que aquele núcleo se sinta motivado a estar curtindo o envelhecimento de maneira menos traumática possível.

Referências

FILHO, Wilson Jacob. *Envelhecimento: uma visão interdisciplinar.* 1 ed. São Paulo: Atheneu, 2015. p.370.

NETTO, Matheus Papaléo. *Gerontologia: a velhice e o envelhecimento em visão globalizada.* São Paulo: Atheneu, 1999. p.524.

54

Mindset inabalável!

A mudança começa por uma decisão, ela acontece de dentro para fora. Nessa jornada de autoconhecimento, você conseguirá identificar suas crenças, como seu cérebro funciona e como se tornar protagonista da sua história

Talitha Zamplonio

Talitha Zamplonio

Master executive coach, com certificação pelo IBCI – International Business Coaching Institute. *Personal, professional & leader coach* certificada pelas instituições Association for Coaching (AC), Institute of Coaching Research (ICR). Analista comportamental, hipnoterapeuta, *practitioner* em PNL, sócia da Mindset de Crescimento. Atua com *coaching*, treinamentos, palestras e recursos humanos. Especialista em desenvolvimento humano, com pós-graduação em gestão estratégica de pessoas e psicologia organizacional. Graduação em gestão de recursos humanos, experiência profissional de 18 anos com recursos humanos.

Contatos
talitha.zamplonio@gmail.com
Facebook: Talitha Zamplonio
Instagram: talithazamplonio
LinkedIn: Talitha Zamplonio
(11) 96349-7599

"O melhor está por vir!". Utilizamos demais essa frase, de modo geral, acreditamos nela. Eu pergunto a você: qual o motivo desse melhor não chegar?

Vamos falar um pouco de como funciona nosso cérebro, e como estamos nos sabotando utilizando frases de conforto como a acima. Nosso cérebro é dividido em três, conhecido como cérebro trino. Essa divisão explica de onde vêm nosso pensar, sentir e agir.

O cérebro trino

Conhecido como reptiliano, límbico e neocórtex.

Nosso cérebro reptiliano, ligado à nossa coluna vertebral, que é responsável por todas as nossas memórias instintivas, aquelas nossas reações ligadas à sobrevivência e emoções primárias e instintivas como fome, sede, medo, autodefesa, nossa respiração e nosso ritmo cardíaco. Todas as vezes que estamos frente a um perigo ou prazer, o nosso reptiliano paralisa nosso neocórtex, que é o nosso cérebro pensante.

O reptiliano é o responsável por impedi-lo de utilizar toda a sua genialidade, que o faz travar e não realizar os seus maiores sonhos. É aquele que o faz procrastinar. O famoso piloto automático, aquelas atitudes que temos no dia a dia, que não nos recordamos, são de responsabilidade do nosso reptiliano, com o intuito de economizar energia.

O cérebro límbico, assim como o reptiliano, também é um cérebro que não pensa. Ele é acionado quando há gatilhos emocionais envolvidos. Tudo o que aciona as emoções, aciona o límbico.

Dentro do sistema límbico existem alguns componentes, porém, quero compartilhar com vocês a amígdala, que podemos chamar de radar de perigo, pois a função dela é de identificar as situações que geram perigos físicos e emocionais.

Sabe aquelas atitudes impulsivas que você toma sem pensar e se arrepende? Quando sua emoção domina seu corpo e você nem faz ideia do que está fazendo, simplesmente reage e, depois, vem aquela ressaca moral do arrependimento.

Tenho algo para contar que, possivelmente, você ainda não saiba: você já foi sequestrado(a)!

Como assim sequestrado(a)?

Sim, exatamente! Sua amígdala o sequestrou! Esse termo se dá nos nossos atos de impulsos, quando estamos em um estado de perigo emocional, aqueles momentos em que estamos no famoso descontrole emocional, aquele ato momentâneo de perda da lucidez.

E, finalmente, o nosso neocórtex, nosso cérebro inteligente, nossa cognição, planejamento, raciocínio, encontro de soluções.

Muitas decisões que tomamos por extintos ou emoções são impensadas, portanto, para o desenvolvimento de atitudes com inteligência emocional, precisamos mudar nosso *mindset*, e acionar nosso neocórtex, agir de forma pensada e controlada, dominando nossas emoções.

Após ter claro o funcionamento da mente, fica explícito como temos acionado nosso cérebro e o motivo dos nossos resultados.

Aquelas velhas e boas crenças, realmente, estão me limitando?

Crenças limitantes têm sido, a cada dia, mais faladas. Muitas pessoas costumam até dizer, com certo apego, que não alcançaram o que desejam, por conta de suas "crenças limitantes" de estimação.

Mas, afinal, o que são essas crenças, por que elas o limitam?

Crenças são suas certezas, suas convicções de que algo é real, é correto. Os seus resultados em todas as suas ações estão, diretamente, ligados nas suas crenças, ou seja, naquilo que você acredita.

As crenças foram aprendidas, todas elas têm uma influência hereditária, social ou pessoal. Suas experiências em cada uma dessas condições positivas ou negativas criaram seus padrões de convicções que geraram suas crenças.

As crenças podem ser classificadas em três categorias: identidade, capacidade e merecimento.

Crenças de identidade são aquelas que determinam seus resultados, pois é a forma que você se vê, quem você acredita, realmente, que você é.

Crenças de capacidade são aquelas que determinam o que você, realmente, acredita que é capaz de fazer, conseguir, conquistar.

Crenças de merecimento são aquelas que você acredita que é merecedor de ter, de sentir, de receber.

As crenças podem potencializá-lo, por serem fortalecedoras ou podem travar sua vida, por serem limitantes.

A boa notícia é que você pode reprogramá-las!

O famoso *mindset*

Mindset é a configuração da sua mente, é como um computador, você tem os *softwares*, pentes de memória e seus programas instalados. Nosso mapa mental, nosso guia, aquilo que nossa mente está programada para ver, sentir e pensar. A forma como vemos o mundo e tudo que tem acontecido ao nosso redor.

Para iniciar a mudança do seu *mindset*, faça uma autorreflexão, identifique os seus pontos de melhoria, avalie seus comportamentos, pensamentos, impulsos, aqueles desejos que você tem e que nunca consegue alcançar, avalie as crenças que estão o limitando.

Gere a consciência de autorresponsabilidade, seja honesto na sua avaliação. Ao olhar de forma macro para as áreas da sua vida pessoal, familiar, profissional e qualidade de vida, responda para si o quanto você tem deixado o vitimismo tomar conta. Você tem protagonizado a sua vida?

Anote as necessidades de mudança, faça um plano, tudo o que tiramos da esfera dos sonhos e planejamos, direcionamos para conquistar.

Cuide das etapas da sua mudança, seguindo o passo a passo da receita, com o mesmo entusiasmo e atenção que uma avó segue para fazer um bolo aos seus netos.

Traga para si a responsabilidade dessa mudança, somente você poderá mudar os seus resultados. Agora que sabe como identificar as necessidades de mudança, é hora de agir.

O procrastinador e o hiper-realizador

"Daqui a pouco eu vejo isso", "depois eu leio", vou ver só mais um pouco as redes sociais", "depois eu vou fazer o que preciso", "amanhã eu estudo", "atualizo meu CV depois", e tantas outras situações que deixamos para depois.

O ato de procrastinar é o adiar, deixar para depois, sempre seguindo na lei do menor esforço.

A mania de deixar para depois, de não dar atenção, de abrir mão, de focar, de esperar que façam ou resolvam por você.

Quantas boas oportunidades você perdeu por não ter cumprido um planejamento? Por ter atrasado cinco minutos? Quantos sonhos você tem deixado para depois, pois permite a essas rotinas o consumirem? Quantas promessas de ano novo você fez e o natal chegou e nem sequer começou a pensar como conquistar?

Suas crenças estão, diretamente, ligadas à forma que você tem gerenciado seu tempo, suas prioridades.

Temos procrastinado pelas nossas crenças limitantes, tudo o que nos limita nos faz paralisar, nos faz deixar para depois, gera comodismo, nos impede de alcançar.

O contrário também pode ocorrer, ou seja, os hiper-realizadores estão sempre fazendo algo, misturam o trabalho, a família, deixando de dar foco nas atividades, fazendo várias atividades ao mesmo tempo.

Sendo um hiper-realizador você aciona, por exemplo, a crença de que pessoas que focam são pessoas que fazem poucas atividades, quando, na verdade, geram resultados extraordinários e não medianos.

O hiper-realizador está sempre sobrecarregado, correndo, cansado, confunde resultados, com excesso de demanda.

Torne -se personal trainer do seu sucesso

Treine para atingir o seu sucesso, com a mesma garra que um *personal* faz seu cliente treinar para atingir os resultados esperados.

Fazendo uma analogia com a academia, podemos perceber que, como diz o Conrado Adolpho, "sucesso é uma decisão", pois tudo que, verdadeiramente, decidimos e geramos foco, atingimos esses resultados.

De acordo com Daniel Goleman, o foco é uma musculatura que pode ser treinável. O autor fala da metacognição, capacidade de perceber que perdemos o foco, e trazer a mente focada novamente, trabalhando essa "musculatura" do foco.

Todo treinamento, seja na academia ou cerebral, requer dedicação, entrega, busca, exercícios, erros, repetições e acertos.

Nessa prática esportiva, várias modalidades irão ser utilizadas, inclusive as artes marciais.

Vou ter que treinar a musculatura e ir à luta?

Exatamente, essa luta será contra sua possível resistência às mudanças, à quebra das crenças limitantes, à dificuldade de gerar um *mindset* de flexibilidade.

Essa luta será para criar novas atitudes, pois, naturalmente, você buscará as atitudes anteriores, sair da zona de conforto e identificar que deve tornar-se resiliente.

A hora da virada

Agora que você já sabe o funcionamento do cérebro e tudo que o tem sabotado, já tem consciência de que o melhor não está por vir e sim deve ser planejado e conquistado para ser alcançado para tirar seus sonhos e promessas e "o melhor" que está por vir sair do abstrato, seguem algumas etapas que precisam ser percorridas:

• **Saiba qual é esse seu "melhor"**, você precisa ter de forma muito clara onde você quer chegar, quais são seus sonhos, suas metas. De 0 a 10 qual nota você tem dado para cada área da sua vida?

• **Divida suas metas em tarefas diárias** e tenha um acompanhamento dos resultados.

• **Analise o seu estado atual**, é extremamente importante olhar para o momento atual, não importa o quanto pareça estar distante de alcançar a sua meta, tenha claro o seu momento. Os resultados que você tem colhido, estão de acordo com o que tem planejado para a sua vida?

• **Identifique suas crenças limitantes**, analise uma a uma, liste os motivos que fizeram você ter essas crenças, se tiver dificuldade de fazer esse trabalho sozinho procure ajuda, mas quebrar as crenças que o limitam, substituí-las por crenças que o fortalecerão e o ajudarão a tornar-se alguém com um *mindset* de realização. Se você tiver as mesmas atitudes, manterá os mesmos resultados em tudo o que tem feito, MUDE essa atitude, pois depende exclusivamente de você. Para que as mudanças ocorram, você precisa ter de maneira clara quais são os seus pensamentos sabotadores. Reflita em questões comuns que geram crenças limitantes como, por exemplo, trabalho é para ganhar dinheiro e não trazer felicidade, sou muito velho(a) para isso, pessoas novas não têm sucesso, devo ter uma profissão que dê dinheiro e não alegria, não é possível viver do que se ama, nunca vou alcançar esse objetivo, eu não sou bom o suficiente, estudar é para quem tem dinheiro, filho de peixe peixinho é, eu tenho vergonha, sempre fui burro(a) não mereço crescer, sou feio(a) não vou casar, eu não nasci para guardar dinheiro, muitas e muitas outras.

• **Autorresponsabilidade** – não terceirize suas derrotas e dificuldades assim como naturalmente não terceirizamos nossas conquistas. Pessoas autorresponsáveis sabem que onde estão é reflexo do caminho que trilharam e devem ser humildes em assumir e seguir na jornada.

Há quanto tempo você tem se confortado com belas palavras? Se consolando, buscando pessoas que acreditem e apoiem esse seu auto-consolo? Pare agora, seus resultados são consequências suas, das suas escolhas, você deixou para depois aquele curso que precisava fazer, aquele livro que precisava ler, escolheu o celular ao invés da academia, deixou sua família de lado para ver TV, deixou com que seu trabalho dominasse sua vida e não que fizesse parte dela. Se responsabilizar, não é punição, não é cobrança, é abrir os olhos, perceber as necessidades de mudança, aceitar os erros, aprender com eles e agir.

• **Mantenha o foco** – diga não para tudo que tirá-lo do caminho que chegará no seu destino, diariamente terá bons convites que farão você pensar em desviar a rota, lembre – se que você tem um objetivo extraordinário para alcançar. Perceba o que o distrai, você precisa ter claramente esses riscos, pois eles são silenciosos e, quando perceber, pode ter novamente desviado a rota do seu objetivo.

• **Mexa-se** – diariamente você deve criar novos hábitos, buscar novos conhecimentos, procure conhecer pessoas que o ajudem no alcance das suas metas.

• **Protagonize** – Encontre uma solução para cada problema, somos condicionados a encontrar um problema para cada solução, questionar, reclamar, lembre-se de que a responsabilidade da conquista é sua, pois o sucesso é uma decisão. Não fale palavras contra seu próprio plano/ meta, você deve verdadeiramente acreditar, as palavras independentemente de crenças religiosas têm muito poder, use-as para atingir suas metas.

• **Mude sua fisiologia**, Anthony Robbins trabalha muito essa comunicação fisiológica, se sua postura for de derrota, assim será o seu resultado, se sua expressão for de depressão, o mesmo irá ocorrer. Portanto, mude sua fisiologia e você perceberá as alterações positivas que irão ocorrer.

Olhe no espelho e fale para si o quanto é vencedor(a), bata no peito e sinta isso, você terá um dia muito mais energizado se fizer esse exercício pela manhã.

• **Fale com seu Eu** – diariamente tenha cinco minutos sinceros de conversa consigo, analise seu dia, seus pensamentos, suas ações. Avalie o que você pensou, falou, com quem conversou, se os conselhos recebidos fazem sentido para seu momento de vida, se teve um dia produtivo, se suas ações o levam em direção ao seu objetivo, você tem cuidado de si? Analise sua saúde física e mental, tire um tempo para meditar e relaxar.

• **Mude suas crenças**, sua maneira de pensar, pare de fazer mais do mesmo, tenha metas e objetivos claros e planejados, jogue fora o lixo acumulado durante tantos anos e terá um *Mindset* Vencedor!

55

Alcance o sucesso por meio do autoconhecimento

Temos um grande desafio para percorrer em nossas vidas, ir atrás do sucesso tão almejado por todos. Para isso, há necessidade de se autoconhecer, descobrir quem realmente somos, o que queremos e como podemos alcançar esses objetivos. Ir em busca do nosso verdadeiro eu, da nossa mais profunda essência. Tome as rédeas da sua vida e tenha o sucesso tão desejado

Tatiane Prates Machado

Tatiane Prates Machado

Graduada em administração e processos gerenciais; especialização em educação a distância: gestão e tutoria; especialização em docência do ensino superior; MBA em gestão empresarial e *coaching* pela UNIASSELVI. *Line coaching* pela Impulsão Profissional. Atualmente, tutora externa do Centro Universitário Leonardo da Vinci, polos Alvorada/RS e Canoas/RS.

Contatos
tathyprates@hotmail.com
Facebook: Tatiane Prates
Instagram: tathyprates
(51) 99312-4982

As pessoas têm uma mentalidade de como agir, pensar e tomar decisões que são construídas desde a concepção do ser. São coisas que trazemos de tudo que aprendemos no nosso desenvolvimento, nosso crescimento, em nossos lares, círculo familiar, sociedade, amigos, ambientes no qual frequentamos.

Esses modos, que foram preestabelecidos pelo meio em que vivemos, nos fazem acreditar no que é certo ou errado, da forma que temos de agir e reagir. Além disso, temos algo que fica no nosso subconsciente e vai nos influenciar em nossas relações na vida adulta, em todas as áreas: profissional, social e familiar.

Mesmo nesse padrão ético social, como muitos venham a acreditar, cada ser, cada indivíduo pensa, reage, atua de forma única. Cada pessoa tem a sua vivência, experiência, traumas, conquistas e sonhos. "O que não compreendemos é que o mais importante é o ponto de vista que observamos as coisas, e como a vemos, como a sentimos e como ouvimos aquilo que nos é oferecido". (SOARES, 2013, p. 69)

E, é claro, isso acabou sendo questionado por cientistas, como foi apresentado em vários cases no livro *Mindset: a nova psicologia do sucesso*, da PhD. Carol S. Dweck (2017).

Um dos questionamentos desta obra é: por que as pessoas são diferentes? Há duas colocações bem interessantes que nos convidam a pensar.

> Desde o começo dos tempos, as pessoas pensaram, agiram e viveram de modo diverso umas das outras. Obviamente alguém iria querer saber por que as pessoas eram diferentes – por que algumas são mais inteligentes ou mais éticas – e se havia alguma coisa que as tornava, permanentemente, distintas. As pessoas podem ter diferentes temperamentos e aptidões no início de suas vidas, mas, evidentemente, a experiência, o treinamento e o esforço pessoal conduzem-nas no restante do percurso.

De acordo com as colocações anteriores, podemos, também, nos questionar sobre o porquê dessas diferenças. Se observarmos o nosso meio, as pessoas reagem de forma diferente à mesma situação. Conforme a mesma autora, essa forma de pensar "afeta, profundamente, a maneira pela qual você leva a vida" (2017, p. 14). Segundo estudos desenvolvidos por psicólogos, o *mindset* foi classificado em dois tipos: o fixo e o do crescimento. Mas, quais características são inatas de cada *mindset*? Ainda dentro da mesma obra, temos a seguinte explicação para cada um.

O *mindset* fixo se caracteriza por pessoas acreditarem que suas qualidades são imutáveis e têm "a necessidade constante de provar a si mesmo o seu valor". Já o *mindset* de crescimento são pessoas capazes de se modificar e se desenvolverem por meio de seus esforços contínuos, ligando a suas experiências.

Então, caro leitor, convido você: "ouse sentir, ouvir, interiorizar cada palavra que fizer sentido e ficar com a intenção positiva para criar uma expansão do seu próprio eu" (SOARES, 2013, p. 69). Na vida, nada é estático, estamos aprimorando nossos saberes, continuamente, e, consequentemente, podemos mudar nosso *mindset* nas situações em que a caminhada nos apresentar maiores dificuldades.

Mas, será que é tão simples assim? Conseguimos, num estalar de dedos, mudar a nossa forma de se comportar diante dos percalços? Sinto informar, caro leitor, que a resposta é não. Esse processo exige uma mudança nas nossas convicções. Temos que nos libertar das nossas crenças limitantes. E, para isso:

> Você deve estar pronto, preparado, como o solo para o plantio, deve estar aberto a receber e a compreender coisas novas, para gerar atitudes diferentes, a percorrer novos caminhos e a encontrar novos resultados, aqueles que realmente vão lhe conduzir a uma fase de vida diferente da que vinha vivendo e a compreender que tudo é possível e só depende de você, da energia, do comprometimento e da força que vai colocar para realizar tudo o que deseja realizar.
> (SOARES, 2013, p. 70)

Devemos trocar a nossa mentalidade, o nosso *mindset* fixo pelo *mindset* de crescimento. Deixar de ser o nosso ego maior que os objetivos. Não permitir que os tropeços e as críticas façam o papel principal de nossas vidas. "Focar na solução não nos problemas e tomar ações efetivas para conquistar seus objetivos." (MELO, 2013, p. 169)

Para muitas pessoas, os resultados dos objetivos são chamados de sucesso. O que é sucesso? O cargo tão almejado na empresa; ter o nome conhecido pelo mundo pelos feitos, pela criação de algo inovador; a conta bancária recheada de zeros; uma família amorosa, um lar acolhedor. Enfim, pode ser uma série de coisas. Depende de cada um o seu desejo de sucesso. O que se deve pensar é como alcançar o tal sucesso. O que preciso fazer? No que há necessidade de melhorar? Que métodos devo aprimorar? Mas, devemos lembrar, também, que o sucesso não está ligado somente a uma área de nossa vida e, sim, envolve todo o nosso viver. Somos uma cadeia, uma área afeta, ou melhor, interfere na outra. Então, quando queremos definir o nosso sucesso, temos que pensar num todo. Como cada parte irá influenciar a outra?

"Todos temos um propósito em nossas vidas, e esse processo promove movimentos em cadeia, num verdadeiro efeito dominó. Basta observar que cada ação gera uma reação e uma consequência." (TREVISIOLI, 2013, p. 27)

Ficou complicado? Calma, não se trata de algo de outro planeta. Como nos diz Murakami (2017, p. 239):

> Quando somos questionados, nosso campo de visão se expande, conseguimos perceber muito mais possibilidades para a mesma situação, principalmente sobre nós mesmos. Enxergarmos que o que temos de melhor nos fortalece para realizar o que queremos, sem esquecer o que temos de melhorar, mas sem nos limitar a isso.

Por onde começar?

Devemos iniciar pelo começo. Certo. Qual é o começo? Respondendo à pergunta: quem sou eu? "O autoconhecimento é uma prática diária e traz benefícios duradouros para as nossas vidas." (LOPES, 2015, p. 194)

Tarefa nada fácil e, com certeza, a mais importante, é buscar a nossa verdadeira essência. Como diz Lopes (2015, p. 192): "buscar a essência é conectar-se com o nosso ser. É descobrir tudo aquilo que chama a nossa real atenção sem os filtros sociais e as influências do mundo exterior".

Para chegarmos ao tão sonhado sucesso, precisamos estar bem cientes de quem somos, onde queremos chegar e ter nítido em nossas mentes que tudo o que criamos até aqui é resultado das nossas escolhas de caminho, pensamentos e ações. E é em cima dessa análise que podemos chegar à conclusão de que somos os únicos responsáveis pelas nossas mudanças. "Definir o seu destino é ponto fundamental para buscar a vida dos seus sonhos." (LOPES, 2015, p. 194) Então, mãos à obra.

Lembre-se de que devemos nos manter conectados com os objetivos e bem definido o plano de ação, com isso, conseguimos driblar a grande trave que costumamos deixar se manifestar em no nosso dia a dia: a procrastinação. Como nos elucida Arruda (2013, p. 95):

> Mesmo que saibamos o que temos de fazer, às vezes, enganamos a nós mesmos e adiamos, uma e outra vez, frequentemente, com desculpas que sabemos serem fracas e, muitas vezes, até mesmo falsas. Entramos num ciclo vicioso de fazer pouco ou nada, tanto sobre o que queremos como o que não queremos, ficamos presos e sem reação. Para obter sucesso na vida pessoal e profissional em dias atuais é necessário tomar decisões e realizar ações de forma rápida e efetiva.

E como fazer?

O autoconhecimento é a chave que nos abre as possibilidades para alcançar nossos sucessos. Após responder à questão do item anterior, conseguimos dar o pontapé para sair da procrastinação e agirmos em prol de nós mesmos.

Segundo Vieira (2017, p. 27), "todo o processo de mudança precisa de três ingredientes." O que seriam esses três ingredientes? Conforme ele, são:

> O primeiro é identificar, com total clareza e verdade, o estado atual, ou seja, onde e como a pessoa se encontra. A segunda etapa é descobrir aonde ela realmente quer chegar – afinal, para quem não sabe aonde quer chegar, o caminho não é importante. E a terceira etapa é a elaboração consistente, precisa e flexível de um plano de ação.
> (VIEIRA, 2017, p. 27)

E, para isso, não podemos esquecer, jamais, de que somos os únicos responsáveis pelos nossos sucessos e fracassos. A forma como nos conhecemos e definimos o nosso plano de ação é que vai gerar o fruto de amanhã. Por isso, a importância de sermos sinceros na descoberta do nosso eu mais profundo.

Pois, somente assim poderemos perceber quais são nossas reais fraquezas, limitações, *mindset* dominante, pontos fortes, anseios, sonhos mais profundos, prioridades de vida. Nessa parte do processo, não devemos nos sabotar.

Por meio dessas revelações de como, realmente, somos, a descoberta do verdadeiro eu, passamos a ter mais domínio e equilíbrio emocional, permitindo o *mindset* de crescimento aflorar. Atingindo, assim, uma agilidade emocional que nos permitirá ter uma clareza de como avançar rumo ao sucesso.

David (2018, pp. 21-23) sugere que, para se adquirir o tal equilíbrio emocional, que ela definiu como "agilidade emocional", é necessário colocar no nosso processo diário, quatro ações essenciais:

> olhar de frente [que] significa enfrentar voluntariamente seus pensamentos, emoções e comportamentos, com boa vontade, curiosidade e gentileza. Afastar-se, [...] depois de enfrentar seus pensamentos e emoções, é dissociar-se deles e observá-los para enxergá-los pelo que são – apenas pensamentos, apenas emoções. Ser coerente como seus motivos [...] começar a nos concentrar mais naquilo que realmente nos interessa: nossos valores essenciais, nossas metas mais importantes. Seguir em frente: [Susan David, divide esse passo em dois princípios] o princípio dos pequenos ajustes [...] quando ajustamos as partes rotineiras e habituais da vida, as quais, por meio da repetição diária, passam a proporcionar um tremendo poder para a mudança. [E] o princípio da gangorra [...] nós também precisamos encontrar o equilíbrio perfeito entre o desafio e a competência de maneira a não ficar nem complacentes nem aturdidos, e sim estimulados, entusiasmados e revigorados pelos desafios.

Como podemos perceber, há várias sugestões de como podemos seguir rumo aos nossos sucessos. Só basta querer, realmente, nos conhecer, melhorar, evoluir, crescer, nos desafiar ao novo, nos permitir sermos completos, realizados, felizes.

A tarefa, com certeza, não é fácil, como já percebemos. Mas, desafio você, caro leitor, a chegar onde sempre almejou estar, com plenitude do seu eu. Sempre em busca de mais conhecimento de si e de tudo que o rodeia. Domínio pelos seus atos, pensamentos, sentimentos e emoções. Não deixe a procrastinação fazer você adiar mais o seu sucesso, evite as distrações que não agregam nada, só o fazem sair dos trilhos. Quando elas tentarem tirá-lo do caminho, pare, respire fundo, perceba o que é, realmente, importante para você e daí, sim, siga em frente.

Referências

ARRUDA, Fabio. *Procrastinação: não deixe o sucesso para depois.* In: SITA, Mauricio (coord.). *Capital intelectual: a fórmula do sucesso.* São Paulo: Literare Books International, 2013. 255 p.

DAVID, Susan. *Agilidade emocional: abra sua mente, aceite as mudanças e prospere no trabalho e na vida.* São Paulo: Cultrix, 2018. 294 p.

DWECK, Carol S. *Mindset: a nova psicologia do sucesso.* São Paulo: Objetiva, 2017. 310 p.

LOPES, Filipe. *Construindo seu caminho ideal: seja a pessoa dos seus sonhos.* In: RUMICH, Fabiola. *O poder do coaching: sua vida em suas mãos.* Porto Alegre: BesouroBox, 2015. 208 p.

MURAKAMI, Gisele. *Efeito borboleta: a transformação.* In: SITA, Mauricio (coord). *Coaching: a hora da virada.* São Paulo: Literare Books International, 2017. 399 p.

SOARES, Darcimeire. *O sucesso começa com a sua atitude!* In: PERCIA, André; SITA, Mauricio (coord.). *Coaching – a solução – grandes gurus ensinam os caminhos para vencer.* São Paulo: Literare Books International, 2013. 335 pp.

TREVISIOLI, Alvaro. *Coaching como ferramenta rumo ao sucesso, felicidade e uma vida plena.* In: WUNDERLICH, Marcos; SITA, Mauricio (coord). *Coaching & Mentoring foco na excelência: saiba como ultrapassar a barreira do comum e vencer a vida pessoal e profissional.* São Paulo: Literare Books International, 2013. 383 p.

VIEIRA, Paulo. *Poder e alta performance: o manual prático para reprogramar seus hábitos e promover mudanças profundas em sua vida.* São Paulo: Gente, 2017. 256 p.

56

Emagrecer sem fronteiras: seis passos para transformar o seu *mindset*

Descubra como transformar a autoimagem positiva, reprogramando a mentalidade para o sucesso do emagrecimento, com um método passo a passo, que o guiará por um processo de emagrecimento saudável e definitivo, resolvendo a raiz do problema da obesidade, que está na mente. Assuma o controle do seu corpo e da sua mente, agora

Viviane Alcantara Minozzo

Viviane Alcantara Minozzo

Psicóloga, hipnoterapeuta, *master coach*, especialista em inteligência emocional e emagrecimento sustentável, consultora e palestrante. Ajuda pessoas a descobrirem o seu melhor, por meio da transformação de uma autoimagem positiva e da reprogramação mental, quer seja no processo de emagrecimento ou na busca do equilíbrio emocional. Depois de 20 anos trabalhando com desenvolvimento de pessoas no mundo corporativo, decidiu construir um trabalho com mais sentido e propósito, fazendo uso de quem é e da sua jornada. Mergulhou no universo das mais modernas técnicas e estudos científicos em neurociência, hipnoterapia clínica, reprogramação mental, física quântica, inteligência emocional, hábitos saudáveis e emagrecimento definitivo e, buscando impactar pessoas a descobrirem a sua melhor versão, criou, entre outros projetos, o método *Emagrecer sem fronteiras em seis passos.*

Contatos
www.vivianeminozzo.com.br
contato@vivianeminozzo.com.br
Facebook: Viviane Minozzo - Psicóloga e Coach
(11) 5071-0815

Emagrecer tem se tornado uma prioridade para a maioria das pessoas insatisfeitas com o excesso de peso. No Brasil, o Ministério da Saúde estima, atualmente, que mais da metade dos brasileiros estejam acima do peso (54% dos homens e 48% das mulheres). Não dá para negar os enormes prejuízos para quem enfrenta esse problema, como: baixa autoestima, falta de esperança, indisposição, complicações de saúde e redução da expectativa de vida são elementos comuns nesse cenário.

Felizmente, hoje, dispomos de modernas e avançadas técnicas de reprogramação mental de sucesso, já utilizadas em inúmeros setores da vida humana, e que podem também contribuir, substancialmente, para a cura da obesidade, uma vez que, segundo a própria Organização Mundial da Saúde, a obesidade é uma doença com consequências e desdobramentos nefastos.

Durante anos, aprendemos que bastava controlar o que comíamos, o quanto comíamos e o quanto gastávamos de energia, para mantermos o peso ideal, mas agora já sabemos que o como comemos é tão importante quanto o que comemos.

A Universidade de Cambridge publicou um artigo científico em 2007, que concluía que "a regulação do peso corporal é um processo altamente complexo, regulado, centralmente, pelo cérebro". O que nos permite entender que emagrecer não é só uma questão de força de vontade e de conhecimento sobre alimentação saudável ou prática de exercícios.

O nosso cérebro controla tudo, desde as nossas emoções, fome, saciedade, peso, quando comer, quando parar, o equilíbrio energético, o quanto vai armazenar de gordura, ou seja, o cérebro controla nosso peso corporal.

A forma como pensamos conduz os comportamentos, e de nada adiantará mudar o corpo externamente se continuarmos, por dentro, a mesma pessoa.

A chave do sucesso para emagrecer de vez é promover a transformação da mentalidade e da autoimagem, para que consigamos não somente emagrecer, mas também manter o peso desejado.

Um método eficiente para promover essa transformação é o *coaching* de emagrecimento.

Coaching para o sucesso do emagrecimento

O *coaching* de emagrecimento é um processo estruturado que trabalha a causa raiz do problema da obesidade, que está na mente, utilizando técnicas modernas e eficientes para as transformações emocionais e comportamentais das pessoas que vivem brigando com a balança.

Esse processo levará à mudança de *mindset*, com a reconstrução da autoimagem e a transformação da estrutura emocional que impede o emagrecimento, reprogramando as crenças limitantes, traçando metas e ações que levem ao resultado desejado, elevando a autoestima, de forma a conquistar, rapidamente, uma mente magra e hábitos saudáveis.

Despertando a consciência

Segundo a neurociência, o nosso inconsciente controla 95% das nossas decisões, escolhas e comportamentos. Ou seja, apenas 5% vêm da mente racional, onde funciona o nosso intelecto. A mente inconsciente é onde guardamos os traumas, emoções negativas e crenças limitantes que funcionam como programas automáticos que nos levam às escolhas e comportamentos que criam a nossa realidade.

Tudo em nossa vida é uma expressão da nossa mentalidade.

Para termos uma noção do que, frequentemente, estamos pensando, é só olharmos para os nossos resultados. Os resultados sempre nos mostram, porque sempre estamos pensando em resultados, o tempo todo.

Observe quais são os pensamentos que passam pela sua mente quando pensa em emagrecer. Quais são os seus comportamentos no dia a dia? Eles o estão aproximando do seu resultado esperado ou o afastando dele?

Se você não está conseguindo atingir o resultado esperado, pode ter certeza de que há uma crença limitante aí...

Se você quer melhorar seus resultados, primeiro deve mudar os pensamentos e desativar as crenças que o limitam.

Lembre-se de que a autorresponssabilidade é a primeira grande chave da mudança. Somos 100% responsáveis pelas nossas escolhas, podemos escolher aceitar ou rejeitar qualquer ideia.

Seis passos para emagrecer sem fronteiras

Quando temos um método, passo a passo, para emagrecer e manter, fica muito mais simples e motivador seguir a jornada rumo ao peso ideal.

A seguir, descrevo seis passos pautados em eficientes técnicas de *coaching* e inteligência emocional, para a reprogramação mental de sucesso, desenvolvendo hábitos saudáveis, elevando a autoestima e a qualidade de vida.

Esses seis passos, ou seja, os 6Ms, implementados de forma alinhada, transformarão a mentalidade para o sucesso do emagrecimento.

Passo 1: motivação e decisão

Para iniciar a jornada do sucesso no emagrecimento é importante descobrir qual a motivação para a tomada de decisão.

> "É nos momentos de decisão que o
> seu destino é traçado."
> Tony Robbins

Gosto muito dessa frase porque ela ilustra, exatamente, o significado desse passo, pois para mobilizarmos energia para a mudança em nossas vidas e conquistarmos o peso ideal, é muito importante identificar qual o nosso grande porquê. Por que emagrecer é importante para você?

Independentemente do motivo, é muito importante também se perguntar: por que engordei?

Analise sua história, as suas dificuldades e o que pode estar o deixando estressado, pois o estresse pode liberar hormônios como o cortisol no organismo e este pode alterar o funcionamento da insulina, fazendo com que se acumule gordura.

Você deseja mudar sua relação consigo ou apenas eliminar peso?

Fazemos diversas escolhas todos os dias, mas somente a escolha certa nos levará à conquista de nossos objetivos, por isso, precisamos descobrir os motivos certos para emagrecer.

> "A recompensa de amanhã é a decisão de hoje."

Passo 2: meta e planejamento

Existe uma trajetória a ser cumprida, um caminho que vai da programação da mentalidade obesa até a mentalidade magra.

O problema é que a maioria das pessoas não sabe onde está e muito menos aonde quer chegar. Então, responda sinceramente:

Qual resultado você quer? Quantos quilos quer emagrecer? Em quanto tempo? Aonde de fato deseja chegar?

A sua meta é como você enxerga a sua vida no futuro. O que você se vê fazendo, as experiências que se vê vivenciando, quanto estará pesando, como serão seus sentimentos e interações com as outras pessoas.

É importante definir a meta de emagrecimento, de forma neurologicamente correta e traçar um plano de ação para conquistá-la. Exemplo: você quer emagrecer 20 quilos, mas quando olha essa meta, parece ser bastante desafiadora. Como seria se você estabelecesse a meta de eliminar 1 quilo ou 500 gramas por semana?

Cada vez que conseguir atingi-la, verá que é possível e estará cada vez mais perto do peso ideal. Você só chegará onde deseja, se realmente souber onde quer chegar, para isso, é preciso comprometer-se em 100%, para chegar lá!

Comece definindo quantos quilos quer eliminar (meta realista), em quanto tempo (data), os compromissos que estabelecerá em seu planejamento para atingi-la e entre em ação.

"Uma meta sem um plano é apenas um desejo."

Passo 3: mapeamento de sabotadores

Descobrir quais são as crenças limitantes, os sabotadores que impedem o emagrecimento é um importante passo para eliminar a compulsão alimentar.

Você sabia que 85% das causas da obesidade são de origens culturais, emocionais e comportamentais? E que somente 15% das causas da obesidade são de origem metabólica? Desses 15%, podemos dizer que 5% são genéticas e 10% hormonais.[1]

As pessoas acima do peso comem além da conta, porque têm sempre uma emoção e um sentimento por trás da compulsão alimentar.

Descobrir quais são as causas emocionais que impedem o emagrecimento é um importante passo para trazer à consciência os reais motivos que bloqueiam a conquista do peso ideal ou até mesmo a sua manutenção.

Podemos dizer que os sabotadores do emagrecimento são as causas emocionais da obesidade, pois aquilo que nos sabota tem um grande valor em nossas vidas e, quanto maior esse valor, maior é a probabilidade de cedermos e o sabotador vencer, pois estamos falando de crenças limitantes.

Os sabotadores devem ser entendidos como ganhos secundários que trazem um prazer imediato e ajudam a lidar com algum desconforto ou com a falta de algo. Dessa forma, podemos entender que, por vezes, comemos para eliminar, momentaneamente, um desconforto e/ou para nos equilibrarmos emocionalmente, mesmo que a consequência disso seja ganhar alguns quilos a mais.

Estamos falando de causas emocionais, pensamentos, sentimentos, crenças limitantes que acabam servindo como gatilhos para gerar a compulsão alimentar.

---

1 fonte: http://newsemcimadahora.wordpress.com

A autossabotagem ocorre, porque ganhamos algo em troca.

A primeira etapa para resolver isso é fazer um paralelo com a nossa própria vida. Reflita:

O que a comida pode estar representando ou substituindo em minha vida? O que está faltando em minha vida? O que esse excesso de peso está querendo mostrar, que não estou querendo enxergar?

Se você sabe tudo o que tem que fazer para emagrecer, mas não faz e, portanto, não consegue atingir seu resultado, tenha certeza de que tem crença limitante aí...

"O corpo alcança o que a mente acredita."

Passo 4: metamorfose

A transformação interior! É preciso desativar as crenças limitantes e ativar crenças fortalecedoras que motivem a chegar ao peso ideal.

Aqui, deve-se efetivar a mudança de *mindset* para o sucesso do emagrecimento, pois a autoimagem precisa ser desenvolvida de forma positiva para um emagrecimento efetivo.

Como anda a sua autoimagem?

A maneira como nos vemos, em nossa mente, influencia a forma como o mundo nos vê. Uma autoimagem positiva nos conduz ao sucesso, ao passo que uma autoimagem negativa nos impede de alcançá-lo. A autoimagem é muito poderosa, porque nosso comportamento quase nunca se desvia dessa programação mental, dizendo como devemos nos comportar e agir de maneira congruente com o tipo de pessoa que acreditamos ser.

Se a avaliação da nossa autoimagem está positiva, a nossa autoestima estará em alta, e vai nos impulsionar com força e confiança rumo aos objetivos traçados, como conquistar o peso ideal, ter sucesso profissional ou financeiro, por exemplo. Mas, o inverso também pode acontecer, se a nossa autoestima estiver em baixa, precisaremos de energia para demonstrar as nossas qualidades e as nossas competências.

Você é como imagina ser!

Quanto mais falamos de autoimagem, mais falamos de autoconhecimento, e desenvolver uma autoimagem positiva é colocar em coerência o que está dentro de nós, com o que praticamos e transmitimos ao mundo.

Transformar-se começa pela estrutura de novos pensamentos, atreladas a novos sentimentos que desencadearão escolhas mais saudáveis e, por consequência, novos comportamentos que farão com que se instalem novos hábitos saudáveis, mantendo a motivação, disciplina, organização e foco para seguir em busca do peso ideal.

"Acredite em uma nova história para a sua vida!"

Passo 5: mudança de hábitos

Esse passo é crucial para que os hábitos bons sejam instalados e potencializados para uma perfeita transformação da mente, para conquistar e manter o peso desejado.

Ouvimos muito falar que é preciso se alimentar saudavelmente e praticar atividade física para emagrecer, isso é fato. No entanto, precisamos desenvolver alguns outros hábitos que são tão importantes quanto, para a nossa qualidade de vida.

Precisamos aprender a diferenciar a fome física da fome emocional (vontade de comer).

O planejamento alimentar que funciona vai desde o momento de fazer compras no supermercado, escolhendo alimentos mais saudáveis, que colaborem com o processo de emagrecimento até o preparo e o momento da refeição. Aqui um ponto de destaque é a atenção plena na hora da refeição. Independentemente de qual plano alimentar se escolher, aprender a saborear os alimentos, a mastigar diversas vezes, sem distrações, fará toda a diferença.

E, para complementar, hidratar-se, ter boas noites de sono e aprender a respirar adequadamente trarão mais bem-estar para uma rotina saudável.

Lembre-se de que: a repetição leva ao hábito, por isso, é necessário aprender a fazer boas escolhas.

"Não há mudança de peso sem mudança de comportamento."

Passo 6: monitoramento

É a manutenção do peso ideal. Não basta emagrecer, é preciso aprender o segredo para manter.

Um grande erro que as pessoas comentem ao conquistarem o peso ideal é achar que podem comer tudo o que deixaram de comer ao longo do período em que estavam focadas em seu emagrecimento, por isso, desenvolver bons hábitos e mantê-los fará toda a diferença.

Eliminar os sabotadores do emagrecimento, descobrindo outras fontes de prazer além da comida já auxiliará na manutenção do peso ideal.

Lembre-se: se você decidiu emagrecer de vez, você pode, você é capaz e merece!

"A motivação faz você começar, o hábito faz você continuar..."

O segredo para emagrecer de vez é fazer as pazes com o corpo e com a mente!